La Constitution

Ouvrages de
Guy Carcassonne

Histoire de la Ve République 1958-2012
avec Jean-Jacques Chevallier et Olivier Duhamel
Dalloz, 2012

QPC
avec Olivier Duhamel
Dalloz, 2011

Petit dictionnaire de droit constitutionnel
Seuil, 2014

La Constitution

introduite et commentée par
Guy Carcassonne et Marc Guillaume

Préface de
Georges Vedel

QUATORZIÈME ÉDITION, 2017

Éditions du Seuil

Ce livre est édité par Olivier Duhamel

ISBN 978-2-7578-6898-0
(ISBN 2-02-063657-3, 1re publication)

À Tony et Françoise

Préface

par Georges Vedel

Si Guy Carcassonne m'avait consulté sur le projet qui a donné naissance à ce livre, il n'est pas sûr que je lui aurais conseillé d'y donner suite. Non certes que j'eusse douté de sa science et de son talent. Mais la présentation de notre Constitution article par article me semblait une gageure dont le succès ne pouvait, au mieux, qu'être relatif.

Les périls de l'entreprise ne sont d'ailleurs pas propres au droit constitutionnel. Ils avaient été éprouvés dans d'autres matières. Le droit civil français ne devint adulte que le jour où on le construisit et où on l'enseigna comme tel, et non comme la litanie du code Napoléon commentée selon la méthode exégétique. En vérité, un article de loi ou de code n'a de sens total que mis en rapport avec un dessein général et un ensemble normatif dont il est à la fois le composant et le captif.

S'agissant des institutions politiques, ces périls sont aggravés. Plus que n'importe quel autre corps de règles, une Constitution exige une approche globale. On ne la lit pas comme un traité de géométrie progressant d'axiomes en théorèmes et de théorèmes en corollaires. Il faut au contraire la déchiffrer comme une partition de symphonie ou d'opéra, toute dans sa complexité de lignes mélodiques, de contrepoint, de rythmes, d'instruments et de voix.

Bien plus : comme il n'est pas question d'omettre l'impact factuel des règles commentées, la difficulté est accrue. Une prescription constitutionnelle n'agit pas comme l'énoncé d'un devoir de conscience assigné à des gouvernants ou à des citoyens pétris de vertu. Elle est en réalité une contrainte parmi d'autres avec lesquelles elle se combine. Il s'agit en fin de compte de faire que l'ambition et les passions légitimes qui nourrissent le goût du pouvoir soient contenues, et tournent au service de la société et de ses valeurs.

Ainsi le réseau des normes constitutionnelles, ses croisements avec des structures et des conjonctures échappent à l'*imperium* normatif, les actions et réactions entre règles et pratiques semblent conjurer toute tentative de lecture linéaire.

Ceci se voit bien dans les mésaventures de l'ingénierie constitutionnelle. Malheur à l'ingénieur qui croit que chaque norme est une flèche volant vers sa cible et, sur cette foi, se forge une âme d'archer ! Plus prosaïquement, qu'il se fasse joueur de billard, préoccupé du sort que réservent à la boule qu'il lance les autres boules et les quatre bandes…

Sans doute peut-on, à travers un commentaire des articles de la Constitution, servir un autre objectif que celui de la synthèse. Sous la direction de François Luchaire et de Gérard Conac, des auteurs de qualité ont apporté à notre littérature de droit constitutionnel une somme précieuse de monographies dont les articles du texte de 1958 fournissent les thèmes successifs, laissant au lecteur averti le soin de la synthèse. De même, Thierry Renoux et Michel de Villiers nous ont-ils récemment donné un Code constitutionnel, auquel d'ailleurs Guy Carcassonne rend hommage et qui, à la manière des codes annotés, fait très exactement le point sur les interprétations données, à chaque article, par le Conseil constitutionnel et par la pratique politique.

Mais ce que je n'aurais pas cru possible, c'est précisément la réussite de l'entreprise différente qu'a voulue Guy Carcassonne : à partir d'un discours formellement analytique, construire un objet – le système politique français – dans la triple dimension du droit, de la pratique institutionnelle, de la critique politique.

Heureusement, Olivier Duhamel a été bon juge et n'a pas hésité sur la bonne fin du projet. Il a compris que notre auteur démontrerait le mouvement par la marche en se jouant magistralement des obstacles à première vue incontournables.

Mais comment alors Guy Carcassonne s'y est-il pris ?

Je crois que son secret majeur est qu'il n'est pas parti des articles pour remonter à la Constitution. Il a fait l'inverse.

Les premières pages du livre nous présentent le système politique français tel qu'il est pour l'essentiel. Démolissant quelques analyses paresseusement attardées, elles le situent dans le monde des démocraties avancées, évaluant le niveau élevé de développement atteint, et suggèrent les moyens de le porter à un plus haut degré d'efficacité et de valeur. Ce prologue est à mes yeux un chef-d'œuvre d'exactitude et de finesse, et un tour de force de concision. Qu'on me passe la comparaison : Guy Carcassonne ne nous présente pas la panoplie des pièces détachées dont le montage fait un engin. Il nous présente d'abord l'engin et, à partir de cette connaissance, en démonte les rouages. Et voilà pourquoi ses commentaires d'articles peuvent être à la fois brefs, clairs et souvent percutants.

Ce parti, au sens architectural, étant pris, la triple voie, déjà évoquée, est ouverte. À propos de chaque article, un commentaire juridique éclaire le sens du texte et le met en rapport avec les autres pièces de l'ensemble et avec l'ensemble lui-même. Puis, dans un deuxième temps, il repère les cheminements plus ou moins aventureux et compliqués par lesquels le texte va exercer des contraintes sur les acteurs du jeu politique et permettre ou encadrer, dans les espaces de liberté qu'il autorise, des pratiques et, notamment, ces conventions de la Constitution si bien remises à l'honneur par Pierre Avril. Et, tout naturellement, pour achever cette triade, vient l'appréciation que l'auteur porte sur la valeur et sur l'efficacité des résultats attachés à la règle commentée.

Que cet exercice, répété une centaine de fois, n'ait pas produit un *in-folio* ; que, dans ses trois parties, chacun des commentaires (sauf une exception que je ferai plus loin) aille à l'essentiel, c'est miracle. Mais le plus étonnant est que l'auteur ait réussi à éviter le double péril des lacunes et des redites auquel l'exposait son projet même. Car il ne faut pas tenir pour des répétitions le retour de certains leitmotive qui font écho aux pages d'introduction. Ainsi en va-t-il notamment, comme l'auteur lui-même le souligne, de la restauration d'une souveraineté nationale enfin soustraite à l'invasion du corporatisme des affaires locales.

Au fil des articles, l'auteur nous livre, fruits d'une analyse aiguë et parfois malicieuse, des réflexions inattendues mais qui vont loin. Par exemple, à propos de l'article 8, il recense les contraintes politiques qui, avec ou sans cohabitation, enchaînent le pouvoir présidentiel, théoriquement discrétionnaire, de nomination du Premier ministre. Et (encore un choix de hasard) que l'on se reporte à la conclusion du commentaire du fameux article 20, parfaitement paradoxale et parfaitement vraie. Je laisse au lecteur le soin de découvrir pas à pas une démonstration quasi socratique : « N'est-il pas vrai, mon ami… ? – Par Zeus, Socrate, tu l'as dit… », etc., conduisant l'interlocuteur, d'abord rebelle, à rendre les armes.

Tout cela est dit dans une langue directe, savoureuse, claire, sans jargon ni circonlocutions.

Le livre s'est voulu objectif ; il ne s'est pas voulu neutre et, notamment sur le terrain des jugements de valeur, l'auteur ne s'attend pas, j'en suis sûr, à une adhésion unanime.

Il ne peut même pas compter sur celle de son préfacier. Je suis obligé pour ma part de récuser les passages du commentaire de l'article 64 qui, tout en critiquant avec pertinence l'abaissement traditionnel du pouvoir judiciaire, se prolongent par une condamnation globale des corps de magistrats qui en furent les victimes. Cette condamnation, même cantonnée au passé, n'est à mes yeux ni juste ni, donc, acceptable et affaiblit d'ailleurs la critique des institutions judiciaires. Je l'ai dit à Guy Carcassonne : il était libre de rester sur ses positions, mais je suis libre aussi de dire que ce ne sont pas les miennes.

Ce heurt de deux libertés mis entre parenthèses, je redis toute mon admiration pour un livre important, original, plein de science et de talent, et dont j'aurais cru le pari impossible – si Guy Carcassonne ne l'avait superbement gagné.

Janvier 1996

Avant-propos

Cet ouvrage constitue une nouvelle édition de l'œuvre de Guy Carcassonne que sa famille et Olivier Duhamel m'ont demandé de poursuivre.

Guy, avec tout son talent, a défendu la Ve République et ce qu'elle a apporté à la France de plus fondamental : une démocratie stable et efficace. Nombre de dispositions originelles ou modifiées de la Constitution du 4 octobre 1958 ont été conçues dans ce but. Guy a aussi toujours su exercer son esprit critique, tantôt sur le texte, tantôt sur la pratique. Après avoir partagé ses analyses, faire perdurer son œuvre est un plaisir et un honneur. Quant aux rares points de vue auxquels il n'était pas parvenu à me rallier, je ne les ai pas gommés. Le temps fera son œuvre.

Guy Carcassonne et Olivier Duhamel ont eu une amitié unique, généreuse pour les autres, qui a, en outre, profondément influé sur de nombreuses réformes : quinquennat, question prioritaire de constitutionnalité, non-cumul des mandats… Ma contribution est dédiée à cette amitié.

Marc Guillaume

Introduction

La Ve République a fait de la France une démocratie moderne, mais elle peut toujours gagner en démocratie et en modernité*.

La Ve République…

Elle est née d'un concours de circonstances. Parce que la IVe République n'avait pas su gagner tous les défis considérables auxquels elle avait été confrontée (reconstruction, décolonisation, modernisation économique…), parce que la Constitution du 27 octobre 1946 avait reproduit les défauts et l'instabilité qui avaient déjà affaibli la IIIe (1875-1940), parce que les Français n'avaient nulle bonne raison d'être attachés à un système politique sans relief ni prestige, et parce que, enfin, la guerre d'Algérie avait fini par éroder jusqu'aux fondements mêmes du régime républicain : il a suffi d'un coup de main de quelques militants déterminés, appuyés par quelques officiers naïfs et enflammés, pour que, au lendemain du 13 mai 1958, Charles de Gaulle se dise prêt à exercer le pouvoir et qu'aussitôt on le lui cède.

* Nombre d'analyses et de conclusions qui figurent ici résultent d'années de fraternité, de dialogue et d'échange avec Olivier Duhamel. On ne s'étonnera donc pas d'en retrouver l'écho, souvent plus développé, dans son livre *Droit constitutionnel et institutions politiques* (Paris, Éd. du Seuil, 2011), ainsi, désormais, que dans la mise à jour que nous avons faite ensemble de l'ouvrage de Jean-Jacques Chevallier, *Histoire des institutions et des régimes politiques de 1789 à nos jours* (J.-J. Chevallier, G. Carcassonne, O. Duhamel, *Histoire de la Ve République, 1958-2012*, Paris, Dalloz, 2012).

Recours des officiers insurgés contre la République, il eut l'habileté de se faire recours de la République contre les officiers insurgés.

Et c'est entouré de gratitudes contraires, après avoir donné à chacun les gages sibyllins dont tous étaient disposés à se satisfaire, que le fondateur de la France libre a été investi comme président du Conseil par l'Assemblée nationale, le 1er juin, laquelle dans la foulée a adopté, le 2, la loi constitutionnelle promulguée le 3 juin 1958. Ayant remis toutes les clés du pouvoir à des mains plus expertes, les députés partirent en vacances. Les trois quarts n'en revinrent jamais.

La révision de la Constitution du 27 octobre 1946 était organisée par son article 90. Il prévoyait une procédure longue, mais il se trouvait qu'il y en avait une en cours. On s'est saisi de l'occasion, on en a changé l'objet et l'on a modifié l'article 90, pour prévoir, par dérogation, que la Constitution serait révisée par le gouvernement du général de Gaulle. Le projet devrait respecter cinq bases (le suffrage universel est la source du pouvoir ; les pouvoirs sont séparés ; le gouvernement est responsable devant le Parlement ; l'autorité judiciaire est indépendante, les libertés de 1789 et 1946 sont réaffirmées ; les peuples d'outre-mer ne sont pas oubliés), être examiné par un Comité consultatif, puis par le Conseil d'État, avant d'être adopté en Conseil des ministres et enfin soumis à référendum.

Ce fut rondement mené. Sous la férule du général de Gaulle, sous la baguette de Michel Debré, garde des Sceaux, sous l'influence des ministres d'État, chefs de ceux des partis de la IVe qui soutenaient la transition, l'avant-projet fut présenté, au mois d'août, au Comité consultatif constitutionnel, composé de spécialistes et, pour les deux tiers, de parlementaires dont la présence faisait la somme de la participation des assemblées.

Après passage au Conseil d'État, qui rendit son avis le 28 août, et adoption en Conseil des ministres le 3 septembre, le projet fut ratifié par les Français, le 28 septembre, à une très large majorité (79,2 % des exprimés, 66,4 % des inscrits en métropole) et promulgué, comme Constitution de la République, le 4 octobre 1958.

Entre le premier appel à de Gaulle et l'entrée en vigueur d'une Constitution totalement nouvelle, cinq mois ne s'étaient pas écoulés.

La Ve République a fait de la France…

Notre histoire constitutionnelle avait été des plus accidentées. Elle n'avait réellement commencé qu'en 1789, mais il avait fallu attendre 1946 pour que naquît un régime qui ne fût pas de fait. Jusqu'alors tous étaient issus de révolutions, de coups d'État, voire de coups de main, et si ceux qui en eurent le temps s'institutionnalisèrent ensuite, aucun d'entre eux n'était le fruit d'une évolution du régime précédent, dans le respect des règles de celui-ci, pas plus que d'une volonté exprimée *a priori* par le suffrage universel.

Ce chaos s'aggravait d'un doute de légitimité. Monarchistes, bonapartistes et républicains prétendaient chacun à un monopole et refusaient toute forme d'adhésion aux régimes qui n'étaient pas de leur choix. Ce n'est que près d'un siècle plus tard que la République a fini par s'imposer, toujours vivement contestée, mais de plus en plus sur des marges trop étroites pour empêcher la formation d'un consensus.

Une fois ainsi trouvé le régime légitime, restait à inventer le régime efficace. Roi, empereur ou président, Parlement comptant une assemblée ou deux, et même trois ou quatre, domination absolue de l'exécutif ou au contraire souveraineté du législatif… la France avait expérimenté à peu près toutes les créations du droit public et en avait même inventé quelques-unes à son usage exclusif.

La République définitive, conçue dans la défiance à l'égard de l'exécutif, accouchée dans la réaction au Second Empire, s'était structurée sur un syllogisme simple, pathologique et finalement mortel : le peuple est souverain, le Parlement représente le peuple, le Parlement est souverain.

Et il en est allé du Parlement comme de tout autre souverain incarné. Il s'est montré tour à tour fort et faible, distant, capricieux, plus souvent bavard que déterminé, sporadiquement apte à de grandes choses et quotidiennement plus porté aux petites, jaloux de tout gouvernement tant soit peu prestigieux et ne trouvant réconfort et plaisir que dans le repli sur soi. Non qu'eussent manqué les hautes ou fortes personnalités, mais aucune ne fut assez haute ou assez forte pour s'imposer durablement à un système qui admirait le savoir-faire et l'habileté plus que la vision et la volonté et n'avait d'indulgence pour l'ambition qu'à condition qu'elle fût individuelle.

Le peuple était tenu à distance. Certes, des élections le consultaient régulièrement, mais avec des modes de scrutin tels qu'ils atomisaient les suffrages, écrêtaient les victoires, édulcoraient les défaites, de sorte que, une fois accomplie cette formalité peu décisive, il revenait bien vite aux groupes parlementaires, incapables de se plier aux solidarités d'une coalition, de former des gouvernements, toujours sous caution, éphémères et beaucoup trop fragiles pour prendre les décisions énergiques que commandait la situation.

Dès la IIIe République des voix s'étaient élevées (Caillaux, Tardieu, Blum, Auriol…), peu suspectes de visées antidémocratiques, pour appeler à un renforcement du pouvoir exécutif, qui ne pourrait se faire, au minimum, qu'en disciplinant le législatif.

Les constituants de 1946 manifestèrent même quelques velléités en ce sens, que très vite emporta la réalité d'un retour aux mauvaises habitudes. De nouveau des voix se firent entendre. La doctrine, représentée par les jeunes auteurs qu'étaient Georges Vedel ou Maurice Duverger, joignit les siennes à celles des politiques. Mendès France tenta l'impossible – réconcilier le système avec la volonté – tandis que Félix Gaillard, fort de l'expérience du précédent et de son échec, comprit qu'il fallait commencer par mettre de l'ordre dans des procédures désordonnées, introduire de la rationalité dans des règles anarchiques. Il entreprit donc, avec intelligence et imagination novatrice, la réforme que devait traduire le projet de révision constitutionnelle de janvier 1958.

La vision était juste mais la réaction tardive. Le parlementarisme allait effectivement se réformer, mais ce ne serait plus l'œuvre de la IVe République.

La Ve République a fait de la France une démocratie moderne…

De Gaulle avait une pensée constitutionnelle. Nourrie de lectures abondantes, y compris, semble-t-il, celle du vénérable Eugène Pierre, elle s'était exprimée une première fois à Bayeux, le 16 juin 1946, mais elle s'était encore enrichie par la suite. Elle reposait sur une figure centrale, celle du chef de l'État accepté par le peuple. Le chef, parce qu'en lui devait s'incarner la Nation, son unité et sa grandeur. L'État, parce qu'il fallait bien que ce chef le fût de quelque chose et que la volonté eût un instrument. Accepté par le peuple car, de quelque nostalgie qu'on pût le soupçonner, de Gaulle vivait avec son temps et savait, sans qu'il y eût lieu à démêler la part de la conviction de celle du calcul, que l'adhésion populaire fait seule, et vraiment, la force et l'efficacité des institutions.

Cela ne l'a pas prémuni contre quelques erreurs, au moins de pronostic. Il voulait un président quasi unanimiste, il s'est révélé l'élu d'une France coupée en deux. Il voulait libérer le pays de l'emprise des partis, jamais ils n'ont tenu un rôle aussi prégnant qu'aujourd'hui…

Mais il reste que les grands linéaments de 1958, complétés par l'apparition inattendue, dès 1962, du fait majoritaire, ont fait entrer la France dans le club, limité mais ouvert, des démocraties modernes.

Pour mériter le substantif « démocratie », il faut, mais il suffit, que soient garantis la liberté et les droits de l'homme, dans le cadre général d'un système au sein duquel le pouvoir est attribué, à intervalles réguliers, à l'occasion d'élections libres et disputées.

Pour mériter l'adjectif « moderne », la démocratie doit, selon moi, réunir trois conditions, simultanément :

A) que les gouvernés choisissent effectivement les gouvernants ;

B) que les gouvernants aient effectivement les moyens de gouverner ;

C) que les gouvernants soient effectivement responsables devant les gouvernés.

L'essentiel est dans l'adverbe : effectivement.

A. Pour que les gouvernés choisissent effectivement les gouvernants, il faut que leur décision électorale se traduise directement en termes d'attribution du pouvoir. Pour garantir ce résultat, arithmétiquement et politiquement, il faut que soit offerte une alternative entre deux partis, ou deux coalitions, de sorte que le chef du parti ou de la coalition qui l'emporte devienne aussitôt chef de l'exécutif. Et pour que soit offerte cette alternative épurée, il faut qu'elle soit favorisée par la combinaison entre le système institutionnel et le mode de scrutin, combinaison qui, elle-même, contraint le spectre des partis à s'adapter.

En Grande-Bretagne, c'est la tradition d'abord, épaulée ensuite par le scrutin majoritaire uninominal à un tour, qui a créé et globalement maintenu le bipartisme. En Allemagne, les conditions qui ont entouré la naissance de la démocratie – à une période, au lendemain de la Seconde Guerre mondiale, où Hitler et Staline avaient donné aux électeurs d'excellentes raisons de fuir les extrémités – ont favorisé l'émergence de deux grandes formations modérées, le SPD et la CDU-CSU. Le mode de scrutin leur a ensuite offert les moyens de se pérenniser, tout en permettant l'émergence d'autres partis, dont la survie n'est durable qu'à condition qu'ils se coalisent avec l'un des deux grands. L'Espagne a emprunté une voie tout à fait comparable.

En France, la chose s'est (un peu) compliquée de ce que le suffrage national s'exprime en deux occasions – présidentielle et législatives – et non une seule. Mais l'effet cumulé du mode de scrutin – qui oblige à la coalition – et du second tour de l'élection présidentielle – qui oblige à faire un choix et à s'y tenir – a produit les mêmes résultats.

De ce fait, dans ces quatre pays (illustrations privilégiées ici, mais nullement exhaustives, auxquelles pourraient aussi s'ajouter le Portugal ou l'Australie, par exemple), ce sont les électeurs qui choisissent effectivement ceux qui vont gouverner. S'ils semblent le faire *directement en droit*, en France, pour le président de la République, ils le font *directement en fait*, en Grande-Bretagne, en Allemagne, en Espagne, pour le chef du gouvernement puisque les votants savent à l'avance qui occupera la fonction, selon que gagne un camp ou l'autre. Et le citoyen, au moment où il vote, le fait évidemment moins en fonction des talents et mérites respectifs des candidats à la députation dans la circonscription qu'en fonction de son souhait de voir le pays dirigé par Frank-Walter Steinmeier ou Angela Merkel (2009), Gordon Brown ou David Cameron (2010), Alfredo Pérez Rubalcaba ou Mariano Rajoy (2011). D'autres démocraties, au contraire, n'offrent pas les mêmes certitudes. Aux élections néerlandaises du 3 mai 1994, c'était le chef du parti que les électeurs venaient de faire régresser le plus qui avait néanmoins conquis la tête de l'exécutif. En Israël, même lorsque plus de 90 % des suffrages se portaient sur les deux grandes formations, aucune n'atteignant la majorité absolue à la Knesset, les petits partis, les moins représentatifs, étaient finalement ceux qui détenaient le privilège exorbitant de choisir, après les élections, qui gouvernerait.

Rien de tel dans les démocraties modernes. Les coalitions, si coalitions il doit y avoir, sont formées avant le scrutin, devant les électeurs, qui les jugent et qui tranchent.

B. Cela assuré, il faut ensuite que ceux choisis pour gouverner aient effectivement les moyens de le faire. Ils peuvent les obtenir naturellement ou artificiellement.

Naturellement, la majorité qui s'est dégagée de la victoire aux élections a toutes les raisons de demeurer stable et soudée. Ses membres savent que les électeurs, à travers eux, ont avant tout désigné un dirigeant, et que le rôle des députés du camp vainqueur devient alors de le soutenir et non de l'entraver. Ainsi, ils lui apportent en premier lieu la garantie de la durée. Dans la plupart des cas, la décision prise par le suffrage universel n'est révocable que par le suffrage universel, à l'occasion des élections suivantes – sauf choix de succession organisée, comme celle de Tony Blair au profit de Gordon Brown en juin 2007 – et la chute du gouvernement a pratiquement disparu de la norme des démocraties modernes. Les députés lui apportent en second lieu le concours de leurs voix, dans un soutien très discipliné (le *député godillot* est très loin d'être une originalité française).

En conséquence, celui qui détient le pouvoir exécutif dispose, en plus, du pouvoir législatif et, contrairement à une idée reçue, le Premier ministre britannique, le chancelier allemand ou le président du gouvernement espagnol sont au moins aussi puissants, chacun dans son pays, que le président de la République en France.

Si la nature, des choses et des êtres, ne suffit pas à assurer ces résultats, l'artifice y pourvoit. Le droit constitutionnel d'après-guerre a en effet inventé, d'abord en Allemagne, les mécanismes du *parlementarisme rationalisé*. La finalité de celui-ci est précisément de faire en sorte, en disciplinant les procédures, que le gouvernement en place dispose des moyens nécessaires à son action, aussi longtemps qu'il n'existe pas une majorité alternative susceptible de donner naissance, et durée, à un autre gouvernement.

En Allemagne comme en Espagne, l'exécutif ne peut être renversé que si, avant le vote, les députés ont indiqué le nom de celui qui deviendra automatiquement chef du gouvernement en cas d'adoption de la motion de censure (système dit de la *motion de censure constructive*). Ainsi sont interdites les majorités hétéroclites et momentanées. Mais si surgit une nouvelle majorité, présentant les garanties nécessaires de solidarité et de stabilité, comme cela s'est produit à Bonn en 1982, alors c'est naturellement elle qui prend aussitôt le pouvoir.

Le gouvernement est libéré de l'obligation de prouver l'existence de son soutien. Le fardeau de la preuve est renversé, et c'est à l'opposition qu'il revient de démontrer sans équivoque qu'elle est devenue majoritaire et apte à conduire les affaires de la Nation. L'exécutif peut même s'accommoder de n'avoir qu'une majorité relative (lorsqu'il est soutenu par moins de la majorité absolue des députés, mais plus qu'aucune autre coalition), dès lors que même relative elle reste majoritaire.

À cette règle de base, dont on verra qu'elle existe en France selon des modalités différentes inspirées de la même logique, s'ajoutent des raffinements techniques de toutes sortes, destinés à faciliter l'action de l'exécutif.

Au contraire, dans d'autres démocraties les titulaires du pouvoir n'ont pas forcément l'autorité nécessaire pour l'exercer. Le président des États-Unis doit batailler sans cesse, souvent en vain, pour faire ce pour quoi il a été élu. La majorité du Congrès peut lui être hostile ou, quand elle ne l'est pas, demeurer divisée. Le système repose sur l'idée, séduisante *a priori*, d'une collaboration nécessaire entre exécutif et législatif. Mais la réalité est qu'ils ne s'accordent que rarement, sauf pour renoncer à agir. Par des voies différentes, c'est un résultat similaire qui se rencontre dans des systèmes parlementaires non majoritaires, comme le fut celui de la France jusqu'en 1958.

C. De même que, selon Portalis, « la justice est la première dette de la souveraineté », la responsabilité est la première dette du pouvoir. Cette responsabilité doit être assumée dans l'intervalle des élections, mais c'est à l'occasion de celles-ci qu'elle doit pouvoir être sanctionnée.

Pour que la responsabilité s'exerce dans l'intervalle des élections, il faut qu'existent des contrôles, juridiques, politiques, médiatiques, sur l'action des gouvernants. Transparence du pouvoir et liberté de la presse en sont les conditions premières. Mais il faut aussi que le Parlement, singulièrement sa minorité, ait les moyens d'enquêter, de questionner, de critiquer. Cela peut produire des effets immédiats (en 1994, le Premier ministre du Danemark, Poul Schlüter, convaincu de n'avoir pas dit l'exacte vérité à une commission parlementaire, avait été aussitôt contraint de démissionner). Mais, au minimum, cela prépare la confrontation électorale.

Pour que celle-ci soit vraiment décisive, pour que les électeurs puissent effectivement défaire qui leur a déplu, il faut à la fois que les responsabilités soient claires et qu'une solution alternative existe.

Lorsque le pouvoir a été exercé par des coalitions mouvantes, dans lesquelles le poids et l'influence respectifs des uns et des autres sont malaisés à apprécier, la responsabilité se dilue. Dans un registre différent, aux États-Unis, à qui tenir rigueur d'une insatisfaction ? Au président qui n'a pas honoré ses promesses ou au Congrès qui l'en a empêché ?

Et quand bien même les responsabilités seraient identifiées, encore faut-il qu'il existe un recours. Si le pouvoir a été exercé par un vaste magma politique, auquel ne sont étrangers que des partis extrémistes, les électeurs n'ont pas de véritable choix, et les sortants se trouvent reconduits, dans des proportions qui varient faiblement, par résignation bien plus que par désir.

Dans les systèmes modernes, au contraire, le parti ou la coalition minoritaire aux élections précédentes est toujours là, disposé à assurer la relève aux suivantes, si tel est le choix des électeurs. L'opposition peut se révéler inapte à offrir cette solution alternative, mais, le système lui en donnant la possibilité, elle est seule responsable de son éventuelle incapacité. Les gauches, en France entre 1958 et 1981 et de 2002 à 2012, en Grande-Bretagne de 1979 à 1997, en Allemagne de 1982 à 1998, et la droite, en Espagne de 1982 à 1996 puis de nouveau de 2004 à 2011, n'ont jamais été flouées d'une victoire. Elles ont simplement été incapables de la mériter aux yeux de leurs concitoyens. Et ce sont toujours eux, en dernière analyse, qui décident souverainement.

Et lorsqu'ils ne le font pas eux-mêmes, d'autres le font pour eux et sous leur contrôle. Il est vrai que, contrairement au président français irrévocable, le Premier ministre britannique peut être limogé en cours de mandat, par son parti, comme Margaret Thatcher l'avait subi en novembre 1990. Mais si les conservateurs avaient fait ce choix, c'était beaucoup moins pour des raisons de désaccords personnels que par une anticipation de la volonté prêtée aux électeurs, anticipation juste, que confirma la victoire inattendue du même parti, avec un autre leader, John Major, aux élections suivantes, d'avril 1992. De la même manière, quand les libéraux allemands, en 1982, avaient opéré un renversement d'alliance, abandonnant leur coalition antérieure avec le SPD pour en conclure une nouvelle avec la CDU et porter Helmut Kohl au pouvoir, c'était parce qu'ils avaient fait le pari que tel était le souhait de leurs concitoyens. Pari gagné aussi par la ratification de ce choix aux élections législatives suivantes.

S'il est vrai, donc, que le chef de l'État dispose en France d'une irrévocabilité de sa *fonction*, que n'ont pas les chefs de l'exécutif dans les autres démocraties modernes, en contrepartie, eux disposent d'une irrévocabilité de leur *pouvoir* que n'a pas le président français. Là, ils peuvent perdre simultanément la fonction et le pouvoir, mais conservent celui-ci aussi longtemps qu'ils ont celle-là. Ici, le président peut garder sa fonction mais perdre son pouvoir, si les électeurs désignent à l'Assemblée nationale une majorité qui lui est hostile. De plus, l'échec de Nicolas Sarkozy en 2012, venant après celui de Valéry Giscard d'Estaing en 1981, traduit une responsabilité présidentielle effective, assez proche de celle des chefs de gouvernement européens.

De quelque manière qu'on l'envisage, donc, ce sont toujours les électeurs qui font la loi, ou au moins font ceux qui feront les lois.

Par-delà les différences réelles, la catégorie a une véritable homogénéité. Il y a moins de distance, en fait, entre deux démocraties modernes, dont une seule est strictement parlementaire (France et Grande-Bretagne par exemple), qu'entre deux démocraties strictement parlementaires, dont une seule est moderne (Pays-Bas et Allemagne par exemple).

Bien des démocraties ne présentent qu'une ou deux des caractéristiques nécessaires, voire aucune. Cela ne signifie ni qu'elles soient moins démocratiques, ni nécessairement qu'elles fonctionnent moins bien. Cela signifie seulement que leur qualité démocratique et leur efficacité tiennent à des causes autres – traditions, tolérance, consensus... – que leur système institutionnel, et que leur force ou leur fragilité sont celles de ces causes mêmes.

Indubitablement, la France présente simultanément les trois critères de la démocratie moderne. Elle y a accédé dans le cadre des institutions nées en 1958. La France avait trouvé son régime légitime avec la République. Elle a trouvé son régime efficace avec la Ve du nom.

La Ve République a fait de la France une démocratie moderne, mais elle peut toujours gagner en démocratie...

Tout, pour autant, est loin d'être pour le mieux dans le meilleur des mondes constitutionnels.

Que, partout, le monde contemporain privilégie le pouvoir exécutif est une évidence. Médias et communication mettent en scène des personnalités, plus facilement que des institutions. Les idées, les propos et, plus prosaïquement encore, le caractère d'une personne ressortent plus clairement que les idées, propos et caractères d'un groupe, plus ou moins indistincts. L'exécutif est composé de personnalités, dominé, ou brigué, par l'une d'elles, tandis que le législatif ne peut prétendre à incarner aussi simplement une orientation, une politique, éventuellement une responsabilité.

Parmi d'autres causes, mais au premier rang d'entre elles, celle-ci explique cette domination générale et constante : le pouvoir tend à la personnalisation, l'exécutif est personnalisé, le pouvoir va vers l'exécutif.

Le phénomène est encore accentué par le fait que ce sont des personnalités, au moins autant que des idées et sans doute plus que des partis, qui gagnent les élections, qui capitalisent une légitimité concentrée sur un(e) seul(e), tandis que la légitimité parlementaire va à l'institution elle-même, plus qu'à chacun de ceux qui la composent et qui, de ce fait, ne peuvent, ni individuellement ni en groupe, se poser en rivaux de celui que le peuple a nominativement investi de sa confiance.

La conjugaison de ces deux éléments – la personnalisation de la politique, la personnalisation de la légitimité – a diminué le rôle des parlements, du moins par rapport à l'image, enjolivée, que l'on garde de leur ancienne toute-puissance. Et il faut n'avoir jamais perçu la complainte du député anglais, allemand ou espagnol pour croire à une dévalorisation qui toucherait le seul Parlement français.

Néanmoins, la Ve République aggrava plutôt la tendance. Non à raison de l'élection présidentielle – on a vu que les chefs d'exécutif étrangers n'ont pas toujours un pouvoir moindre – mais parce que le système, conçu pour compenser l'absence du fait majoritaire, était devenu excessif avec la naissance de celui-ci.

Nul, en 1958, n'imaginait que la France disposerait un jour, à l'Assemblée nationale, de majorités stables, disciplinées, à peu près homogènes, raisonnablement solidaires. Pour s'en passer, les rédacteurs de la Constitution avaient multiplié les privilèges donnés au gouvernement pour assurer sa survie et ses moyens d'action.

En 1962, à la surprise générale, le fait majoritaire apparut, constamment confirmé depuis, quitte à ce que ce soit avec des majorités différentes.

Or l'addition du fait majoritaire et des instruments destinés à pallier son absence engendre toutes sortes d'excès. Les moyens de survie deviennent des facilités, les privilèges des abus, les prérogatives des ukases, et le tout porte à certaines formes d'arrogance. Conçus pour être les béquilles d'un gouvernement flageolant, les instruments du parlementarisme rationalisé étaient devenus, entre les mains de gouvernements forts, des armes outrancières.

Une revendication de la majorité, contre le vœu de l'exécutif, cessait vite d'être un désaccord qu'il fallait régler, pour devenir une rébellion qu'il fallait mater. Et s'il s'agissait d'une initiative de l'opposition, alors on ne prenait même pas le temps de s'y arrêter. Fort de ses moyens, le gouvernement avait pris l'habitude de se croire détenteur du monopole de la raison et de l'intérêt général. Et comme il ne trouvait pas en face de lui suffisamment de députés, suffisamment mobilisés, suffisamment longtemps, pour résister à ses décisions, il les imposait quoi qu'il arrivât, même si, ensuite, il devait opérer les piteux replis que l'opinion lui imposait parfois.

Un premier pas avait été accompli, en 1995, en assouplissant le régime des sessions ordinaires, trop rigide, hérité de 1958. Bien d'autres restaient possibles qui, sans mettre les acquis en cause, rééquilibreraient les institutions. Le rapport du comité présidé par Georges Vedel, présenté le 15 février 1993, recelait certaines de ces améliorations possibles, complétées et enrichies depuis par le rapport du comité présidé par Édouard Balladur (ci-après, le comité Balladur), présenté le 29 octobre 2007, qui a nourri l'importante réforme du 23 juillet 2008.

Mais là où la démocratie, dans notre pays, a le plus de progrès à faire, après comme avant cette révision, c'est dans le fonctionnement des institutions, plus encore que dans leur organisation.

On crie presque au miracle quand des responsables opposés se rencontrent pour parler du pays. On a pu trouver naturel qu'une révision de la Constitution soit décidée entre hiérarques de la seule majorité (1995). On se résigne à ce que le pouvoir de provoquer des commissions d'enquête soit notoirement sous utilisé, et surtout pas sur les sujets qui fâchent. Et l'on riait franchement, jusqu'à ce que cela devînt réalité en 2007, à l'idée que la présidence de la commission des finances à l'Assemblée nationale revînt toujours, comme c'est le cas outre-Manche pour le *Public Account Committee*, à la minorité.

Des progrès notables ont été enregistrés. Les premiers datent du début du septennat de Valéry Giscard d'Estaing. Il souhaitait décrisper les relations entre majorité et opposition. Il avait échoué sur ce plan. En revanche, en ouvrant à la minorité le droit de saisir le Conseil constitutionnel, il avait opéré une réforme fondamentale, pour le plus grand bien de la Constitution et des droits et libertés, mais aussi pour celui de toute opposition, dotée d'un pouvoir nouveau, et même de toute majorité, dissuadée de ses propres excès.

Le début de la décrispation n'est venu que plus tard, à partir de 1988. Dans la nomination, ou le maintien, à des fonctions importantes, l'allégeance politique n'est plus toujours le critère premier. Entre deux personnalités hostiles sur le plan politique, l'estime réciproque n'est plus un secret d'État ni l'amitié éventuelle une maladie honteuse. À l'occasion de la guerre du Golfe, le Premier ministre avait tenu à réunir chaque semaine des représentants de tous les groupes parlementaires et à ne rien leur cacher de ce qui pouvait intéresser la vie et la sécurité de la Nation et de ses soldats. Depuis 1991, un élu de l'opposition siège obligatoirement dans la commission qui contrôle les écoutes téléphoniques, et, depuis 1998, dans celle habilitée à émettre un avis en matière de secret-défense. Depuis 2003, et grâce à Jean-Louis Debré, le groupe parlementaire qui prend l'initiative de proposer une commission d'enquête a droit à ce que l'un des siens soit désigné comme président ou comme rapporteur. Et l'on pourrait ainsi poursuivre les exemples, mineurs ou importants, mais tous significatifs d'une évolution.

Elle restait cependant trop lente, trop timide, trop peu désirée. La majorité répugne à partager tant soit peu les privilèges de sa puissance, l'opposition répugne à renoncer tant soit peu au confort de son irresponsabilité.

Les conflits ne sont pourtant pas moins vifs à l'étranger, les désaccords moins grands, ni la violence verbale moins agressive. Mais jamais le Premier ministre britannique ou le chancelier allemand ne songerait à présider une solennité nationale ou internationale sans être flanqué du principal responsable de l'opposition. Jamais ils ne songeraient à effectuer des nominations, au sein d'une institution, sans veiller à ce que la minorité y trouve sa place.

Et il ne s'agit pas là simplement d'habitudes saines, ni même d'un *fair-play* esthétique. Il s'agit surtout de l'intérêt bien compris d'un fonctionnement démocratique. Non seulement la majorité a toujours vocation à être l'opposition du lendemain, et vice versa, mais encore l'existence de contrôles et de contre-pouvoirs est une protection pour le pouvoir lui-même, qui, sinon, finit toujours par céder aux tentations qu'il offre et, tôt ou tard, par en payer le prix.

Diminuer ce que les prérogatives gouvernementales avaient d'excessif, remédier à ce que le statut de l'opposition avait encore d'insuffisant n'était ni hors de propos ni hors de portée.

Ce fut donc l'ambition – moderniser et rééquilibrer – de la réforme voulue par Nicolas Sarkozy et adoptée, seulement à deux voix près, en juillet 2008, dont il sera souvent question ici. Comme beaucoup d'autres révisions, elle ne révélera sa vérité qu'après avoir été patinée d'alternance.

La Ve République a fait de la France une démocratie moderne, mais elle peut encore gagner en démocratie et en modernité.

La modernité dans une démocratie, comme l'indique l'étymologie de celle-ci, se mesure au degré de participation des citoyens. Droits et devoirs leur sont garantis, qui interdisent à l'État de s'immiscer dans leurs affaires. Mais quant aux droits qu'eux pourraient détenir de s'immiscer dans les affaires de l'État, ils furent longtemps embryonnaires.

Certes, périodiquement, ils attribuent le pouvoir. C'est l'essentiel. En revanche, dans l'intervalle ils sont priés de s'occuper d'autre chose. Les citoyens, tout-puissants un instant, sont impuissants le reste du temps.

Ils n'ont, pour s'en consoler, que la mesure de leurs tendances, qu'enregistrent les sondages. Aucune critique, aucune mise en cause n'a été épargnée aux instituts qui y procèdent, venant avec le plus de véhémence de ceux – journalistes et politiques – qui en sont les plus friands.

Qu'elle soit parfaitement fidèle ou non – après tout, nul ne sait si Dieu ressemble aux représentations que la peinture en a donné, et cela n'a nui ni à l'Église ni à la foi –, heureusement que cette image existe : elle est la seule dont les évolutions encouragent ou tempèrent les politiques, qui, sans elle, n'auraient comme baromètre que celui de la rue. Au demeurant, les sondages ne sont occasionnellement erronés qu'aux yeux de qui a commis l'erreur d'y voir un pronostic, au lieu d'une photographie instantanée.

Quoi qu'il en soit, rien n'impose de limiter à cela la participation civique. L'extension du champ du référendum était beaucoup moins importante que l'élargissement de son initiative. Monopole présidentiel jusqu'à 2008, il pourra gagner, dans des conditions strictes et rigoureuses mais sans doute trop restrictives encore, à être partagé avec les citoyens eux-mêmes. Le règlement de l'Assemblée nationale avait laissé survivre le droit de pétition. Ce sera là un vrai moyen de le relever de sa désuétude.

De même un pas important a-t-il été franchi en 2008, qui permet que les citoyens puissent accéder au juge constitutionnel, comme ils peuvent déjà en appeler aux autres. Au regard des deux siècles précédents, la création du Conseil constitutionnel et l'autorité qu'il a acquise prenaient des allures de miracle dont, à ce titre, on était fondé à se contenter.

Mais le miracle était devenu la norme, et cela rendait plus exigeant, au point qu'on s'étonnait de trouver naturel que le droit de saisir fût réservé à ceux-là seuls qui, d'une manière ou d'une autre, avaient participé à l'élaboration de la loi, tandis que ceux auxquels elle s'appliquait ne pouvaient en aucun cas la contester devant le Conseil constitutionnel. Il était temps d'y remédier.

Il reste que le Parlement demeure au cœur de nos institutions démocratiques et que, partant, l'enjeu est majeur qui consiste à améliorer sa représentativité. Cela vaut pour l'Assemblée nationale mais aussi, différemment et plus encore, pour le Sénat. Dans les deux cas, les réformes nécessaires sont encore devant nous.

Cependant, le pire des archaïsmes, le plus confondant des anachronismes, était sans doute l'interdiction faite aux citoyens français, et maintenue jusqu'ici contre vents et marées, d'avoir des députés qui les représentent et ne représentent qu'eux. Pour exercer cette fonction, les Français ont jusqu'à présent eu des élus locaux, dont 577 se réunissent au Palais-Bourbon et prennent alors le nom d'Assemblée nationale. *Cumulatio delenda est*. Le président et la majorité issus de 2012 s'étaient engagés. La loi organique du 14 février 2014 a interdit le cumul de fonctions exécutives locales avec le mandat de député ou de sénateur. Ses dispositions entreront en vigueur à compter du premier renouvellement de l'Assemblée nationale ou du Sénat suivant le 31 mars 2017, soit au plus tard en septembre 2017. Il ne sera alors plus possible d'être parlementaire et président ou vice-président d'un conseil départemental ou régional mais aussi maire ou adjoint au maire, quelle que soit la taille de la commune concernée. *Cumulatio deleta fuerit*.

*

La Ve République a, plus ou moins brillamment, triomphé de toutes les épreuves auxquelles l'ont soumise les Français et l'histoire. Guerre d'Algérie (n'oublions jamais qu'elle s'est poursuivie presque aussi longtemps sous la Ve que sous la IVe), Mai 68, départ du général de Gaulle, alternances, décentralisation, cohabitations, construction européenne, second tour traumatique à l'élection présidentielle de 2002 lui ont donné toutes sortes d'occasions de prouver sa souplesse et ses capacités d'adaptation.

Ultime démonstration de ses vertus : elle a même résisté aux mandats malheureux de Jacques Chirac, comme elle aura résisté aussi à l'activisme vibrionnant de Nicolas Sarkozy. Ceux-ci avaient révélé, au moins autant qu'ils ne l'avaient provoquée, une crise grave que traversaient la France, son mode de gouvernement et son système représentatif. Le manque d'imagination ou la propension à toujours rechercher des explications en dehors de soi-même poussaient à incriminer les institutions, alors que, plus lucidement, l'on aurait pu s'interroger sur les causes et les effets du manque absolu d'inspiration et de charisme des dirigeants, voire sur quelques traits de comportement des Français eux-mêmes, souvent plus réceptifs qu'ils ne devraient aux démagogues et plus prompts, pour nombre d'entre eux encouragés à cela par les précédents, à rêver les réalités plutôt qu'à les affronter.

Que la Ve soit critiquable, il n'y a aucun doute. Qu'elle puisse souvent gagner à se réformer est une évidence. Qu'aucun tabou ne doive rien protéger est sain. Mais au moins faut-il constater qu'elle est, aujourd'hui, la dernière structure encore solide dans un paysage politique par ailleurs dévasté, de sorte que l'urgence de la détruire à son tour n'apparaît pas certaine.

A ceux qui voudraient en changer, il est aisé, mais nécessaire, de demander ce qu'ils feraient de plus, de mieux, dans un cadre différent. Une autre République, pourquoi pas ? Mais avec qui d'autre ? Pour quoi d'autre ? Aussi longtemps que l'on n'aura pas apporté de réponses convaincantes à ces questions élémentaires et légitimes, il semblera plus sage d'en demeurer à la Constitution actuelle.

Par-delà discours convenus et commentaires sommaires, qui détaillent des changements, parfois des bouleversements, cette République est étonnamment stable et fidèle à elle-même. Que le style de Nicolas Sarkozy ait assez peu ressemblé à celui de Charles de Gaulle, soit ! Que François Hollande, à son tour, se distingue de lui comme, aussi, de ses autres prédécesseurs, encore soit ! Mais il ne s'agit là que du style. Sur le fond, le régime s'est montré plus fort que ceux qui le font vivre, les a pliés à ses règles et nullement lui aux leurs : un système parlementaire à très forte domination présidentielle, qui oblige chacun à tenir, plus ou moins bien, le rôle que les institutions lui assignent, lesquelles ne tolèrent d'improvisations que marginales et passagères. Bien plus que par ses mutations superficielles, la Ve République frappe surtout par son immuabilité.

Plus de cinquante-cinq ans d'existence lui ont déjà donné la deuxième place en termes de longévité et rien n'interdit de penser aujourd'hui qu'elle puisse un jour briguer la première (la IIIe République a duré de 1875 à 1940, 65 ans, âge que la Ve atteindra en 2023 si nos concitoyens lui prêtent vie). Les Français se sont faits à elle, parce qu'elle s'est faite à eux. Même si elle peut encore effectuer des progrès – et elle le peut assez pour ne pas rendre indispensable le passage à une VIe République – elle a offert aux citoyens ce qu'un système institutionnel peut leur offrir de mieux : le pouvoir de décider, clairement et efficacement, de leur avenir et, en cas de déception, la consolation démocratique de ne devoir s'en prendre qu'à eux-mêmes.

Une bonne Constitution ne peut suffire à faire le bonheur d'une nation. Une mauvaise peut suffire à faire son malheur.

Références

Afin de laisser plus de place au texte, les développements qui suivent contiennent peu de références.

On trouvera de fréquents renvois, pour plus de détails qu'il n'était possible d'en donner ici, au travail remarquablement minutieux de Thierry S. Renoux, Michel de Villiers et Xavier Magnon intitulé Code constitutionnel *(Paris, LexisNexis, 7e éd., 2016) rejoints par Michel Lascombe et son* Code constitutionnel et des droits fondamentaux *(Paris, Dalloz, 6e éd., 2016).*

Les décisions du Conseil constitutionnel sont identifiées par leur numéro et leur date. On les retrouve aisément sur son site.

Les majuscules qui apparaissent dans le texte de la Constitution sont celles qui figurent dans le Journal officiel *du 5 octobre 1958 (p. 9151). Pour la Déclaration des droits de l'homme, la typographie suivie est celle de l'extrait du procès-verbal du 1er octobre 1789 (Paris, Baudouin, imprimeur de l'Assemblée nationale, coll. « Procès-verbal de l'Assemblée nationale imprimé par son ordre »).*

CONSTITUTION

PRÉAMBULE

Le peuple français proclame solennellement son attachement aux Droits de l'homme et aux principes de la souveraineté nationale tels qu'ils ont été définis par la Déclaration de 1789, confirmée et complétée par le préambule de la Constitution de 1946, ainsi qu'aux droits et devoirs définis dans la Charte de l'environnement de 2004.

En vertu de ces principes et de celui de libre détermination des peuples, la République offre aux territoires d'Outre-mer qui manifestent la volonté d'y adhérer des institutions nouvelles fondées sur l'idéal commun de liberté, d'égalité et de fraternité et conçues en vue de leur évolution démocratique.

1. Le général de Gaulle avait parcouru, dans une légalité de circonstance, le chemin de Colombey-les-Deux-Églises à Paris. Or ce chemin lui avait été ouvert par les officiers factieux qui, à Alger le 13 mai 1958, s'étaient insurgés contre le pouvoir de la République. Il n'était donc pas superflu, pour dissiper les dernières craintes, de réaffirmer les principes bafoués quelques semaines auparavant.

2. Mais le premier alinéa du préambule a acquis une importance considérable, que ses auteurs n'avaient pu imaginer. C'est en effet la référence explicite à la Déclaration de 1789 et au préambule de 1946 qui a conduit le Conseil constitutionnel, discrètement dès 1970 (70-39 DC du 19 juin 1970), explicitement en 1971 (71-44 DC du 16 juillet 1971), à reconnaître aux principes énoncés par ces deux grands textes une valeur constitutionnelle, exactement égale, en droit, à celle de tous les articles du dispositif de la Constitution.

Où les rédacteurs de la Constitution pensaient sacrifier à un rite opportun, en la faisant précéder d'une formule propitiatoire, ils ont involontairement créé les conditions qui allaient imposer au législateur le respect, effectif et contrôlé (*infra*, articles 61 et 61-1), de principes qui, vénérables jusqu'alors, sont ainsi devenus tangibles et actuels. Les libertés y ont trouvé une protection efficace, sans que la Constitution ait eu besoin d'en faire l'énumération, plus ou moins longue, précise ou inspirée, qui ouvre la plupart des lois fondamentales modernes.

3. Les dix-sept articles de 1789, complétés par les dix-huit alinéas de 1946 (*infra*), qui eux-mêmes incorporent les *principes fondamentaux reconnus par les lois de la République*, tiennent ainsi lieu de Déclaration des droits et libertés, suffisamment éprouvés par le temps pour n'être pas remis en cause, suffisamment éternels pour demeurer modernes, suffisamment précis pour être protecteurs et suffisamment vagues pour se prêter aux évolutions que le progrès a rendues nécessaires, bref, assez adaptés pour rendre vaine, en plus d'être difficile, la rédaction d'une nouvelle charte qui, prétendant détailler des affirmations simples et roboratives, ne pourrait qu'alourdir et, partant, appauvrir.

4. La preuve, hélas, en a été apportée avec la référence incongrue à la Charte de l'environnement, introduite par la loi constitutionnelle n° 2005-205 du 1er mars 2005. Outrecuidance, d'abord, que celle qui place au même rang que des textes éminents un ajout filandreux, mal pensé, mal écrit (*infra*, Charte de l'environnement). Tromperie, ensuite, que celle qui prétend que « le peuple français proclame solennellement » ce sur quoi il n'a pas été consulté. Jusqu'ici, nos constitutions républicaines avaient toujours scrupuleusement marqué la différence entre le peuple et ses représentants, ne faisant parler le premier que s'il l'avait fait par un référendum. Voilà donc qu'a été inventée la prosopopée constitutionnelle. Elle n'est un progrès ni pour la démocratie ni pour le respect élémentaire du sens des mots.

5. Le second alinéa du préambule, au contraire, a perdu toute actualité. Dès 1958, en donnant la victoire au non, la Guinée avait manifesté la volonté de ne pas adhérer à la Communauté. Son indépendance s'en était immédiatement suivie. Tous les autres territoires concernés l'ayant ensuite imitée, cette Communauté mourut dès 1962. Son acte de décès n'a cependant été dressé qu'en 1995, lorsqu'une révision constitutionnelle du 4 août abrogea les dispositions et mentions correspondantes (*infra*, **533**), ne laissant ainsi subsister de trace de cette vision que dans cet alinéa. Passagèrement ressuscité en 2000, par le Conseil constitutionnel (2000-428 DC du 4 mai 2000 et 2000-435 DC du 7 décembre 2000) pour servir de fondement à des consultations organisées outre-mer, il a pu retourner à sa vacuité depuis que la révision de 2003 (*infra*, article 72) a offert à ces consultations une base plus adéquate.

Article premier

La France est une République indivisible, laïque, démocratique et sociale. Elle assure l'égalité devant la loi de tous les citoyens, sans distinction d'origine, de race ou de religion. Elle respecte toutes les croyances. Son organisation est décentralisée.

La loi favorise l'égal accès des femmes et des hommes aux mandats électoraux et fonctions électives, ainsi qu'aux responsabilités professionnelles et sociales.

6. De 1962 à 1995, la Constitution commençait à son article 2. L'article premier de 1958 était en effet consacré à la Communauté instituée entre la République et les peuples des territoires d'outre-mer, qui, tous, avaient accédé à l'indépendance en 1962.

Lorsque la loi constitutionnelle n° 95-880 du 4 août 1995 a supprimé les dispositions qui n'avaient plus lieu d'être (*infra*, **533**), elle abrogea également cet article premier. Mais, pour ne pas laisser vacante cette place éminente, c'est le début de l'ancien article 2 qui l'a opportunément occupée.

La Constitution s'ouvre donc désormais par la proclamation de principes qui, pour partie, reprennent ceux qui figurent déjà dans le préambule, ou s'en déduisent, mais qui tendent à définir, en termes parfois ambigus, les piliers de ce qu'on pourrait appeler le consensus républicain.

Sans doute dans le souci, en 1958, de marquer la continuité républicaine, la première phrase reprend, mot pour mot, ce qui était l'article premier de la Constitution du 27 octobre 1946.

7. La République n'est plus ici l'organisation de la société, la chose publique qu'y voyaient les Latins. Elle n'est pas davantage l'inverse de la tyrannie dont Rousseau écrivait : « J'appelle donc République tout État régi par des lois, la monarchie elle-même est République. » Elle est, plus strictement, la forme de gouvernement qui exclut la transmission héréditaire du pouvoir.

Mais elle est aussi, dans le cas de la France, bien plus que cela seul, car son nom même renvoie à une tradition identificatrice, forgée dans le souvenir des combats historiques qui ont entouré son établissement, autour de l'idée explicite de liberté, colorée par celles, implicites, de rigueur et de vertu.

Bien qu'indéfinie, la tradition républicaine existe, la tradition républicaine oblige. Et lorsque la Constitution permet toutes sortes d'hypothèses préoccupantes, auxquelles le droit n'apporte pas de réponses vraiment satisfaisantes (« Que se passerait-il si... »), c'est somme toute la tradition républicaine, et le fait que la France entière en soit imprégnée, qui suffisent à les rendre absurdes et invraisemblables. Et, ne serait-elle que cela, la tradition républicaine est le refuge ultime du bon sens et de la démocratie (même si le juge constitutionnel est tenu, quant à lui, d'en réduire la portée, *infra*, **562**).

8. L'*indivisibilité* était acquise dès 1791 et, quelques mois plus tard, on payait de sa vie l'accusation de « fédéralisme ». Le monde moderne est plus indulgent, qui admet évidemment l'existence de mouvements autonomistes, voire séparatistes, pourvu qu'ils respectent les lois.

L'indivisibilité n'est pas l'uniformité (*infra*, articles 37-1, 72 à 74-1). Elle impose simplement qu'un seul pouvoir politique exerce la souveraineté sur l'ensemble du territoire de la République, quitte à ce que ce pouvoir attribue des compétences, y compris différenciées selon les lieux, à d'autres collectivités, territoriales notamment.

En revanche, ce principe interdit radicalement qu'une autorité, quelle qu'elle soit, puisse être maîtresse de son propre champ de compétences et se saisir elle-même d'attributions qui ne lui auraient pas été confiées dans le cadre de la Constitution (*infra*, **560**).

9. La *laïcité* pourrait se déduire de la combinaison des articles IV et X de la Déclaration de 1789. Mais on fait généralement remonter son origine à la loi du 9 décembre 1905 relative à la séparation des Églises et de l'État, encore que Jean Carbonnier eût, justement et judicieusement, remarqué qu'elle était en réalité bien antérieure (Dieu était déjà absent du Code civil…). Quoi qu'il en soit, elle occupe, précisément dans la tradition républicaine de la France, une place telle qu'elle méritait une mention particulière, unique au demeurant (celle du préambule de 1946 se limite à l'enseignement).

La laïcité est avant tout envisagée dans sa dimension de neutralité religieuse, que renforce l'avant-dernière phrase de l'alinéa. Ainsi, au nom de la séparation entre les Églises et l'État, celui-ci les respecte toutes, leur vient en aide au besoin, mais sans en privilégier aucune. Si les références à la vie spirituelle sont nombreuses dans les faits, elles sont absentes du droit. Même quand leur statut impose aux magistrats de jurer de « garder *religieusement* le secret des délibérations », le terme est employé dans son sens étymologique (avec un grand scrupule) et non canonique (conforme à la religion).

Récemment soumise à rude épreuve par l'émergence de signes d'appartenance à une communauté religieuse, la laïcité a reçu une nouvelle application, législative cette fois, avec la loi du 15 mars 2004. En 2013, citant l'article 1er de la Constitution, le Conseil constitutionnel a jugé que le principe de laïcité figure au nombre des droits et libertés que la Constitution garantit (2012-297 QPC du 21 février 2013). De ce principe, il a déduit la neutralité de l'État, l'absence de reconnaissance par la République d'aucun culte, le respect de toutes les croyances, la garantie du libre exercice des cultes par la République et l'absence de salariat d'aucun culte par cette dernière. Il a toutefois jugé que les dispositions particulières existantes en 1958 sur certaines portions du territoire, notamment en Alsace-Moselle, n'étaient pas inconstitutionnelles. Cette décision a rendu sans objet l'idée avancée en 2012 d'inscrire la loi de 1905 dans la Constitution.

10. L'affirmation *démocratique* est la pétition d'un principe que toute la Constitution a vocation à mettre en œuvre. Quant à l'affirmation *sociale*, elle correspond davantage à des objectifs, même lorsqu'ils sont définis sous forme de droits, dont l'essentiel figure dans le préambule de 1946.

Néanmoins, dans le débat sur les nationalisations en 1981, Jean Foyer avait prétendu se fonder sur cet adjectif pour défendre l'idée selon laquelle la République, parce qu'elle est sociale, n'est pas socialiste, ce qui donc aurait dû, selon lui, rendre inconstitutionnel le principe même des nationalisations. Il était trop éminent juriste lui-même pour prendre très au sérieux sa propre argumentation sur ce point.

11. L'*égalité*, reprise directement de la Déclaration de 1789 et que l'on trouve à nouveau dans la devise de la République (*infra*, article 2), est l'un des fondements mêmes de l'idéologie républicaine à la française. Elle se traduit directement dans toutes les sphères du droit, et sa rupture est le moyen le plus fréquemment invoqué devant le Conseil constitutionnel.

Ce dernier a d'ailleurs progressivement élaboré, sur sa portée, un considérant de principe selon lequel l'égalité « ne s'oppose ni à ce que le législateur règle de façon différente des situations différentes ni à ce qu'il déroge à l'égalité pour des raisons d'intérêt général, pourvu que dans l'un et l'autre cas la différence de traitement qui en résulte soit en rapport direct avec l'objet de la loi qui l'établit » (par exemple, 2005-514 DC du 28 avril 2005).

De cela il ressort, d'une part, que :

– le principe d'égalité ne s'impose que dans le traitement de situations identiques (par exemple, 93-325 DC du 13 août 1993) : si, en règle générale, ce principe impose de traiter de la même façon des personnes qui se trouvent dans la même situation, il n'en résulte pas pour autant qu'il oblige à traiter différemment des personnes qui se trouvent dans des situations différentes (par exemple, 2013-336 QPC du 1er août 2013) ;

– les situations sont avant tout les situations de droit (par exemple, 81-134 DC du 5 janvier 1982), mais des circonstances particulières peuvent conduire à prendre en considération des situations de fait (par exemple, 82-143 DC du 30 juillet 1982) ;

– les différences créées par le législateur doivent toujours être en rapport direct avec l'objet de la loi (par exemple 98-397 DC du 6 mars 1998) et être fondées sur des critères objectifs et rationnels (par exemple, 91-298 DC du 24 juillet 1991) ;

– les différences introduites par la loi ne doivent pas être excessives par rapport aux différences de situation (par exemple, 87-232 DC du 7 janvier 1988).

Pour autant, le principe d'égalité doit être combiné avec les autres principes constitutionnels. Le Conseil constitutionnel opère un contrôle de la conciliation entre ceux-ci.

12. Mais, au-delà de son champ explicite, il se déduit de la conception française du principe d'égalité, tel qu'il est exprimé dans cet article premier, une portée implicite plus considérable encore. En effet, l'égalité de tous les citoyens, « sans distinction d'origine, de race ou de religion », impose qu'eux seuls soient titulaires de droits, car reconnaître des droits à des groupes pourrait rompre l'égalité entre citoyens selon qu'ils appartiennent ou non à un tel groupe. Ainsi, la Constitution « ne connaît que le peuple français », ce qui interdit à la loi de reconnaître un « peuple corse », celui-ci fût-il présenté comme une composante de celui-là (91-290 DC).

Parce que seuls les individus sont titulaires de droits, égaux, la République ignore les communautés qui, par leur nature, introduiraient des discriminations (de « race », d'origine…) entre les personnes. Parce que les hommes naissent et demeurent égaux, la conception française de la démocratie peut éventuellement admettre des différences en fonction de ce que les citoyens *font* (métier, situation, statut, agissements, etc.), jamais en fonction de ce qu'ils *sont*.

Se trouvent ainsi en principe bannis aussi bien l'*affirmative action*, de type américain (consistant, par des discriminations positives, à compenser, ou au moins à combattre, les discriminations négatives dont certains groupes sont victimes), que la reconnaissance de toute minorité constituée, qu'elle soit ethnique, religieuse ou autre.

Le Conseil constitutionnel contrôle l'encadrement des mesures de différenciation positive, en fonction de l'objectif fixé par le législateur (pour les ZEP et Sciences Po : 2001-450 DC du 11 juillet 2001). En tout état de cause, le recrutement à des emplois publics ne doit être fait qu'en fonction de la capacité, des vertus et des talents (2012-656 DC du 24 octobre 2012).

Cela ne signifie nullement l'inexistence de certaines réalités. Cela signifie seulement que le droit, sagement, refuse de les prendre en considération. D'une part, c'est ce qui prémunit contre l'illusion, souvent calamiteuse, qui consiste à prétendre apporter des réponses juridiques à des problèmes qui, étant sociaux, n'ont de réponses que sociales. D'autre part, c'est ce qui permet, contre les vents communautaristes et les marées intégristes, de préserver l'unité d'une nation qui considère que la personne et le citoyen ont des droits qui n'ont de réalité que s'ils sont seuls à les détenir : l'État, pour respecter également les droits et libertés que chaque personne détient par cela seul qu'elle est, ne peut s'intéresser qu'à ce qu'elle fait, et non à ses préférences sexuelles, à la couleur de sa peau, à ses convictions ou aux racines de sa culture. Comptages et statistiques mêmes ne peuvent porter que sur « des données objectives » (2007-557 DC du 15 novembre 2007) et l'on sait depuis toujours que la couleur (de peau) n'en fait pas partie : *de gustibus et coloribus non disputandum.*

Au demeurant, ce n'est que parce qu'il s'inscrit dans une phrase qui a justement pour objet de lui dénier toute portée que le terme *race* peut être présent dans la Constitution. Il y est entré en 1946. Sa suppression est régulièrement évoquée. Elle ne présenterait pas d'autre inconvénient que celui d'une sorte d'anachronisme, utilisant une gomme d'aujourd'hui pour effacer ce qui était utile, et nullement suspect, au lendemain de la Seconde Guerre mondiale. À ce compte-là, la laïcité aurait dû conduire à censurer, dans la Déclaration de 1789, la référence qu'elle fait, à la fin de son préambule, aux « auspices de l'Être suprême ».

13. C'est la révision constitutionnelle du 28 mars 2003 qui a cru bon d'ajouter la dernière phrase du premier alinéa. Elle est utile à cela qu'elle permet de lever un doute : le pronom « elle » visait-il la France ou la République ? Les deux étaient concevables. Désormais, c'est bien de la République qu'il s'agit, car c'est elle dont l'organisation est décentralisée, pas la France qui demeure éternelle…

Au-delà, l'ajout est aussi superflu qu'inélégant, qui introduit un principe certes bienvenu (*infra*, article 72), mais un peu prosaïque au regard des valeurs fondamentales qu'il ponctue platement.

14. À l'indivisibilité de la République répond celle du peuple (*infra*, article 3) qui fonde le suffrage universel. Par un abus de langage, on avait appelé ainsi, de 1848 à 1945, le suffrage hémiplégique dont était exclue la moitié féminine de la population. Une fois cette aberration supprimée, constat fut néanmoins opéré d'une très faible représentation féminine dans les assemblées politiques, mais le Conseil constitutionnel rejeta l'idée d'un quota de femmes aux élections municipales (82-146 DC du 18 novembre 1982). C'est pour franchir cet obstacle que fut adoptée la loi constitutionnelle n° 99-569 du 8 juillet 1999, qui créa un objectif d'égal accès des femmes et des hommes aux mandats électoraux et fonctions électives. Le Parlement s'étant chargé de le concrétiser par voie législative, le visage des assemblées électives françaises a considérablement changé. Le système politique, ici, a donné l'exemple.

Ayant voulu l'étendre au-delà, il se heurta derechef au juge constitutionnel (2006-533 DC du 16 mars 2006) et c'est pourquoi la révision de 2008 étendit aux responsabilités professionnelles et sociales (les conseils d'administration se féminisent enfin) ce qui n'existait alors que dans le champ politique. Du coup, la disposition ainsi élargie n'était plus à sa place à l'article 3, où elle avait été inscrite en 1999, et c'est pourquoi elle est remontée de deux crans pour figurer dès l'article premier.

L'article 1er ouvre désormais un vaste champ à la loi pour favoriser la parité homme / femme. C'est sur ce fondement que la loi n° 2013-403 du 17 mai 2013 a institué le binôme (homme / femme) de candidats pour l'élection aux conseils départementaux (2013-667 DC du 16 mai 2013) ou qu'a été prise la loi du 4 août 2014 pour l'égalité réelle entre les femmes et les hommes. Il ne s'agit pas d'un droit ou d'une liberté invocable en QPC (2015-465 QPC du 24 avril 2015).

TITRE PREMIER

DE LA SOUVERAINETÉ

Article 2

La langue de la République est le français.

L'emblème national est le drapeau tricolore, bleu, blanc, rouge.

L'hymne national est « La Marseillaise ».

La devise de la République est « Liberté, Égalité, Fraternité ».

Son principe est : gouvernement du peuple, par le peuple et pour le peuple.

15. La monarchie est en elle-même un symbole de tradition et la famille régnante une incarnation de l'unité nationale. La République a eu besoin de fabriquer les siens. L'histoire y a pourvu et la Constitution, en partie, consacre ses acquis.

16. La constitutionnalisation de la langue n'allait pas d'elle-même. La France s'en était d'ailleurs passée jusqu'à la révision du 25 juin 1992 (*infra*, **533**). Habituellement, les textes constitutionnels ne se préoccupent de la langue que lorsqu'il y a lieu de traiter un problème comme, le plus souvent, celui du caractère officiel de plusieurs langues coexistant au sein de la même nation (Belgique, Espagne…). Rien de tel en France, où cette mention n'apportait rien que l'évidence n'eût déjà assuré, si ce n'était de dresser un obstacle à la reconnaissance, même raisonnable, des langues régionales ou minoritaires. Aussi le constituant aurait-il pu aller au bout de cette logique singulière, en inscrivant dans la Constitution que le territoire, l'histoire, la culture et la tradition de la République sont, respectivement, le territoire français, l'histoire de France, la culture française et la tradition française, sans parler d'une référence à la gastronomie pour combattre McDonald's. C'eût été aussi justifié.

La langue française n'étant pas figée (seules le sont les langues mortes et c'est d'ailleurs à cela qu'on les reconnaît), la Constitution se réfère donc à une réalité évolutive, et la liberté d'expression interdit à quiconque de prétendre guider ou limiter cette évolution. Quant à l'usage obligatoire d'une terminologie officielle, et au bannissement de certains mots, le Conseil constitutionnel a rappelé qu'ils ne peuvent être imposés, au plus, qu'aux personnes morales de droit public ou aux personnes privées dans l'exercice d'une mission de service public (94-345 DC du 29 juillet 1984). Cet alinéa n'autorise donc pas une police de la langue. Il n'était pas vraiment nocif, seulement incongru jusqu'à ce que le Conseil constitutionnel l'invoquât, de manière excessivement rigide (99-412 DC du 15 juin 1999) pour faire échec à la ratification de la charte européenne, pourtant pas bien méchante. Pour autant, n'est pas inconstitutionnel l'accord de Londres sur les brevets européens (2006-541 DC du 28 septembre 2006). Le constituant intervint de nouveau, en 2008, mais comme la mention des langues régionales dès l'article 2 eût chagriné les sénateurs, on la renvoya pudiquement à un nouvel article 75-1 (*infra*).

17. Le drapeau, l'hymne et la devise sont effectivement des legs de l'histoire. Sur le premier, l'article 2 de la Constitution de 1946, plus précis, ajoutait qu'il était « à trois bandes verticales d'égales dimensions ».

Le souhait exprimé par Valéry Giscard d'Estaing, lorsqu'il était président de la République, que *La Marseillaise* fût interprétée, lors des cérémonies officielles, dans une orchestration moins martiale, sans tambours ni trompettes, fut satisfait, le temps de son mandat, sans qu'il eût été jugé nécessaire d'opérer préalablement une révision de la Constitution.

Quant à la devise, ses deux premiers termes figurent explicitement dans les règles et principes de valeur constitutionnelle, tandis que le troisième, apparu en 1848, a plus de difficulté à se frayer une place. Mais, gravée au fronton de tous les monuments publics, cette devise s'en est trouvée pétrifiée.

18. Quant au principe, « gouvernement du peuple, par le peuple et pour le peuple », il est également repris de l'article 2 de la Constitution de la IVe République, qui, elle-même, l'avait emprunté à Abraham Lincoln dans son Adresse de Gettysburg. La formule a plus de sonorité que de sens, «*plus sonnat quam valet*», disait Sénèque. Le peuple peut être le détenteur de la souveraineté nationale (*infra*, article 3), il ne gère pas pour autant ses propres affaires, et ne peut pas même, contrairement à des peuples voisins, prendre seul l'initiative de modifier par référendum les lois qui lui sont applicables. Ce qui est pompeux, en étant de surcroît inexact, est un peu ridicule.

Il est à noter enfin, outre l'oubli du coq qui pourtant orne la grille d'honneur de l'Élysée, que la Constitution n'a pas choisi de consacrer Paris comme capitale.

Article 3

La souveraineté nationale appartient au peuple qui l'exerce par ses représentants et par la voie du référendum.

Aucune section du peuple ni aucun individu ne peut s'en attribuer l'exercice.

Le suffrage peut être direct ou indirect dans les conditions prévues par la Constitution. Il est toujours universel, égal et secret.

Sont électeurs, dans les conditions déterminées par la loi, tous les nationaux français majeurs des deux sexes, jouissant de leurs droits civils et politiques.

19. Depuis deux siècles, les tenants de la souveraineté nationale et ceux de la souveraineté populaire s'opposaient de manière irréductible. Qu'à cela ne tienne: les constituants de 1946, repris en 1958, closent le débat en en juxtaposant les termes. La souveraineté est qualifiée nationale, mais c'est au peuple qu'elle appartient. Qu'importe l'incompatibilité théorique: la formule ne règle pas le problème, elle l'évacue.

Quant à l'exercice de cette souveraineté, 1958 innove par rapport à 1946, en l'attribuant, en plus des représentants du peuple, au référendum (*infra*, articles 11 et 89). Mais le véritable changement est postérieur. C'est celui par lequel le président de la République devient lui-même élu par le peuple: l'Assemblée nationale perd son monopole et ne tarde d'ailleurs pas à être dominée par cette concurrence (*infra*, article 6).

20. En revanche, le Conseil constitutionnel a rappelé que seuls participent à la souveraineté ceux que les Français ont « élus dans le cadre des institutions de la République » (76-71 DC du 30 décembre 1976). La condition de l'élection par le peuple français exclut donc toutes les autorités nommées, mais aussi toutes celles qui, élues, ne le sont pas par le peuple français mais par les administrés des collectivités territoriales. Quant à la condition d'appartenance aux institutions de la République, elle exclut toute assemblée autre que celles mentionnées par la Constitution et donc, en particulier, le Parlement européen.

Ces acquis laissent entière la question de la définition du mandat sénatorial. Ses détenteurs sont évidemment des représentants de la Nation (99-410 DC du 15 mars 1999), de son territoire en particulier. Sont-ils pour autant des représentants du peuple ? L'article 24 (*infra*) fait explicitement d'eux les représentants des collectivités territoriales. Mais, en sens inverse, le Conseil constitutionnel a souligné qu'« en sa qualité d'assemblée parlementaire le Sénat participe à l'exercice de la souveraineté nationale » (92-308 DC du 9 avril 1992), que l'article 3 réserve aux seuls représentants du peuple. Soit, donc, il faudrait en conclure que c'est la représentation en son sein des Français établis hors de France (*infra*, article 24) qui suffit à faire du Sénat dans son ensemble une assemblée de représentants du peuple, soit il faut en conclure que cet article 3… est décidément mal rédigé.

21. Le principe d'égalité a permis au Conseil constitutionnel, à partir de sa décision 85-196 DC du 8 août 1985, d'exercer un contrôle minimum sur les découpages électoraux. Ceux-ci doivent donc se faire « sur des bases essentiellement démographiques » et si « le législateur peut tenir compte d'impératifs d'intérêt général susceptibles d'atténuer la portée de cette règle fondamentale, il ne saurait le faire que dans une mesure limitée » (86-208 DC du 2 juillet 1986). Le Conseil a progressivement renforcé son contrôle, censurant le maintien d'un minimum de deux députés par département (2010-602 DC du

18 février 2010). Cela ne peut naturellement suffire à prémunir contre des astuces de découpage, mais cela dissuade au moins le charcutage et désarme l'apprenti charcutier (*infra*, **179**).

Ainsi est garanti un certain équilibre. Ainsi est du même coup confirmée la prise en compte de la population plutôt que celle des électeurs. Ceux, donc, qui n'ont pas cette qualité sont néanmoins représentés par les élus, même s'ils ne participent pas à leur désignation. Ce n'est que justice : outre les ressortissants étrangers en situation régulière qu'il est souhaitable de prendre en compte, cette catégorie est également composée des mineurs, qui, pour n'être pas encore électeurs, font partie du peuple et sont déjà citoyens, passifs, titulaires de droits à ce titre (*infra*, **180**).

22. Par ailleurs, l'abaissement de l'âge de la majorité de 21 à 18 ans, par la loi du 5 juillet 1974, a, sans en altérer la rédaction, substantiellement modifié le contenu du dernier alinéa. Quant à la condition de jouissance des droits civils et politiques, qui rappelle qu'il n'est pas de démocratie sans responsabilité ou éthique, elle permet seulement d'écarter ceux que leur état mental ou leur méconnaissance grave de la loi disqualifie pour l'exercice des fonctions civiques.

Enfin, le renvoi à la loi a permis à celle-ci de prévoir, en 1997, l'inscription automatique au moment où est atteint l'âge de la majorité. Privilégiant la motivation sur l'universalité, la France n'impose normalement pas le vote obligatoire, tel qu'il se pratique, sous peine de sanction, dans quelques rares pays européens. Une exception, comme de juste, confirme cette règle : l'article L. 318 du Code électoral menace d'une amende de 100 euros tout membre du collège qui, sans cause légitime, n'aura pas pris part au scrutin pour les élections sénatoriales.

Article 4

Les partis et groupements politiques concourent à l'expression du suffrage. Ils se forment et exercent leur activité librement. Ils doivent respecter les principes

de la souveraineté nationale et de la démocratie. Ils contribuent à la mise en œuvre du principe énoncé au second alinéa de l'article 1er dans les conditions déterminées par la loi.

La loi garantit les expressions pluralistes des opinions et la participation équitable des partis et groupements politiques à la vie démocratique de la Nation.

23. Ainsi sont formellement consacrés les partis, mais avec une vocation limitée au concours à l'expression du suffrage. Leur liberté est proclamée, sous une réserve que, dès 1959, le Conseil constitutionnel a réduite à peu de chose en excluant (59-2 DC du 24 juin 1959) que les autorités parlementaires puissent contrôler le respect par un groupe politique, au moment de sa formation, des principes de la souveraineté nationale et de la démocratie (difficilement compatibles avec l'objectif de dictature du prolétariat que le Parti communiste se donnait encore à l'époque).

Les partis n'ont donc pas de véritable statut, ni ne sont soumis à des obligations dont le respect serait susceptible de contrôle, contrairement à ce qui existe en Allemagne. Après avoir longtemps erré dans une sorte de *no man's land* juridique, où ils étaient régis en partie, mais en partie seulement, par le droit des associations, le Conseil constitutionnel, de manière négative, puis la loi, de manière positive, leur ont progressivement dessiné les contours d'un quasi-statut.

24. Le Conseil constitutionnel ne leur a pas apporté des droits, mais il a veillé à ce que ne soient pas méconnus ceux qui se déduisent de la Constitution (par exemple, 59-2 DC du 24 juin 1959, 71-42 DC du 18 mai 1971, 84-181 DC du 11 octobre 1984…). Il rattache, en matière de vie politique, le principe constitutionnel du pluralisme des courants d'idées et d'opinions au troisième alinéa de l'article 4 de la Constitution (2011-4538 SEN du 12 janvier 2012). Pour autant il laisse au législateur une large marge de manœuvre, pouvant par exemple subordonner une aide aux partis à un minimum d'audience (89-271 DC du 11 janvier 1990).

Le législateur, avec la loi du 11 mars 1988, puis, surtout, celle du 15 janvier 1990, modifiée, leur a apporté des ressources, en contrepartie de la transparence. Il a mis fin à cette hypocrisie, indigne et désastreuse, dans laquelle chacun admettait que la démocratie fût coûteuse mais feignait de croire que les cotisations des militants suffisaient à en financer les dépenses. Qu'ils aient ou non des élus au Parlement, les partis disposent aujourd'hui de ressources publiques, peuvent recevoir des dons bénéficiant d'un avantage fiscal, à charge pour eux de publier annuellement leurs comptes. La démocratie y gagne ce qu'y ont perdu d'opaques entremetteurs ou certains élus peu scrupuleux.

25. Quant à l'essentiel – le rôle des partis sous la Ve République –, il est assez contrasté. Paradoxalement, les institutions qui visaient à mettre fin au « régime exclusif des partis » (Charles de Gaulle) ont eu pour effet de les renforcer : tandis que ceux de la IVe République étaient, pour nombre d'entre eux, de simples rassemblements d'ambitions, indisciplinés, faiblement organisés et structurés, sans véritable influence hors le Parlement, c'est la Ve République qui a généralisé les formations solides, identifiées, hors desquelles il y a peu de survies durables.

Les contraintes du mode de scrutin (*infra*, **168** à **170**), encore renforcées par la simplicité binaire du second tour de l'élection présidentielle (*infra*, **34**), obligent des tendances différenciées à coexister au sein du même parti, et des partis concurrents à se fédérer en coalition, sauf, pour les uns comme les autres, à perdre séparément ce qu'ils ne peuvent gagner qu'ensemble.

26. Leur fonctionnement a subi la contagion présidentielle de la Ve République, dont une nouvelle étape a été franchie avec l'organisation de primaires, calquées sur la Constitution. Un parti trouve d'autant mieux sa place qu'il la définit par rapport à un président ou à un présidentiable, qu'il s'agit de soutenir au pouvoir ou d'y porter. Il n'est pas fortuit que les plus grands partis aient été créés par un présidentiable ou par un président et que chacun d'entre eux se trouve désemparé dans les périodes où ne s'impose pas un leader incontesté au profit duquel agir. Il n'est donc pas excessif de dire que, s'il est vrai que le président a besoin d'un parti qui le soutienne, qui tisse et encadre un réseau d'élus, néanmoins le présidentiable fait le parti bien plus que le parti ne fait le présidentiable. Il ne peut en aller autrement que lorsque la formation n'a de toute façon aucune chance de devenir majoritaire (PCF).

27. Mais pour limitée qu'elle soit ainsi, l'action des partis demeure déterminante. C'est elle, d'abord, qui sélectionne les candidats aux fonctions électives et les dote de thématiques et de moyens communs. C'est elle, ensuite, qui assure le maintien d'un ensemble d'élus locaux dont l'implantation permet de survivre aux reflux de la politique nationale. C'est elle encore qui offre ses relais à une candidature présidentielle, d'autant plus efficace qu'elle n'est pas le fait d'une personnalité isolée, elle qui organise et remplit les meetings, mobilise et démarche les électeurs. C'est elle, enfin, qui garantit à ceux qui gouvernent le soutien de forces canalisées et raisonnablement disciplinées. Et, si peu populaires que soient les partis dans l'opinion, ceux qui veulent s'affranchir de l'obligation de constituer une vraie formation ont, comme les écologistes s'étaient longtemps acharnés à le prouver, bien du mal à s'implanter.

Quant aux efforts de rééquilibrage entre les sexes, consécutifs au nouvel alinéa introduit en 1999 et transféré en 2008 (*supra*, **14**), ils les accomplissent en pestant, mais ils les accomplissent peu ou prou, et cela seul importe.

28. Parce qu'elle a donné lieu aux maintes tractations qui assurèrent son étroite victoire, la révision de 2008 ne pouvait laisser sans espoirs ceux auxquels avait été refusée l'introduction, pourtant souhaitable, d'une dose de proportionnelle. Ils acceptèrent donc une traite sur l'avenir, ni chiffrée, ni datée, ni signée avec la mention constitutionnelle d'une participation équitable à la vie démocratique de la Nation. En l'état, cela n'engage pas à grand-chose, sauf à ce qu'une interprétation constructive du Conseil constitutionnel vienne un jour démentir heureusement ce pronostic désolé.

TITRE II

LE PRÉSIDENT DE LA RÉPUBLIQUE

Article 5

Le président de la République veille au respect de la Constitution. Il assure, par son arbitrage, le fonctionnement régulier des pouvoirs publics ainsi que la continuité de l'État.
Il est le garant de l'indépendance nationale, de l'intégrité du territoire et du respect des traités.

29. Cet article définit six missions et n'envisage qu'un moyen, l'*arbitrage*. Chacune de ces missions trouve un écho et une mise en œuvre, ou plusieurs, dans d'autres dispositions de la Constitution, et ces dernières (à la seule exception de l'article 17 sur le droit de grâce) se rattachent toutes, directement ou indirectement, à l'une des mentions de l'article 5.

Est-ce à dire qu'il s'agit là d'une disposition intrinsèquement sans portée et qui ne prendrait de sens que par les développements dont elle fait l'objet par ailleurs ? Oui, dans la mesure où l'on considère qu'une mission n'a de réalité que celle des moyens qui permettent de l'accomplir. Oui encore, en ceci que les IIIe et IVe Républiques auraient très bien pu, si la fantaisie les en avait saisies et sans en être incommodées, définir le rôle présidentiel exactement dans les mêmes termes. Mais non, dès lors que l'énoncé de cet article a contribué à donner à la fonction la configuration qui est devenue la sienne. Et non encore, sur un tout autre plan, depuis que le Conseil constitutionnel a été conduit à se référer aux missions de l'article 5 comme à autant de principes de valeur constitutionnelle (par exemple, en déduisant la continuité du service public de la continuité de l'État, dans sa décision 79-111 DC du 30 décembre 1979, ou en invoquant l'indépendance nationale, dans sa décision 86-207 DC du 26 juin 1986) ou encore à juger, en rapprochant cet article 5 et l'article 16 de la Déclaration de 1789, que le principe de la séparation des pouvoirs s'applique à l'égard du président de la République (2011-192 QPC du 10 novembre 2011).

30. Si l'article vaut par son contenu, il frappe d'abord par sa position. Le président, de 1946 à 1958, est remonté du titre V au titre II, devenant ainsi le premier des pouvoirs publics. La place marquait l'intention. De Gaulle se chargea de la réaliser.

Contrairement à une idée reçue, ce n'est pas, ou pas seulement, son mode d'élection qui a fait la puissance du président. Ici, l'existence a précédé l'essence et l'organe a créé la fonction. Dès l'entrée en vigueur de la Constitution, dès son accession à l'Élysée le 8 janvier 1959, le fondateur de la Ve République a taillé un costume présidentiel à l'ample mesure qui, depuis le discours de Bayeux du 16 juin 1946, lui paraissait la bonne.

Et c'est là qu'a pris tout son (non-) sens la notion d'arbitrage : elle n'est qu'une formule ambiguë, destinée à ne point trop effaroucher les nostalgiques du parlementarisme. En elle-même, elle ne commande ni n'exclut rien. Elle est le pseudonyme d'un rapport de forces politique : que le président puisse miser sur la subordination de ses interlocuteurs et il additionnera leurs pouvoirs aux siens propres ; qu'il ne puisse compter sur leur bénévolence et le voilà ramené au noyau dur de ses compétences, qui lui donnent des moyens de survie plus que d'action (*infra*, article 19).

Mais l'effet de commencement joue, en matière institutionnelle, un rôle considérable, jamais trop souligné. Si une présidence, qui potentiellement pouvait être semblable, n'est pas du tout la même au Portugal et en France, cela tient avant tout au fait que, pour généraux qu'ils étaient l'un et l'autre, Eanes n'était pas de Gaulle, et lors même que leurs successeurs sont, dans les deux pays, issus du suffrage universel direct, deux traditions opposées se sont instaurées, identiques en cela seulement que chacune a persévéré dans son être initial.

Juridiquement, de Gaulle pouvait se dispenser de l'article 5, d'autres dispositions déclinant son contenu de manière opérationnelle. Symboliquement, il avait besoin, et ses successeurs plus encore, que le chef de l'État prît le pas sur tous les autres pouvoirs. Juridiquement, les propos fameux qu'il a tenus dans sa conférence de presse du 31 janvier 1964 sont discutables. Symboliquement, l'article 5 pouvait, en partie (*infra*, **423**), leur donner un support constitutionnel.

Article 6

Le président de la République est élu pour cinq ans au suffrage universel direct.

Nul ne peut exercer plus de deux mandats consécutifs.

Les modalités d'application du présent article sont fixées par une loi organique.

31. Comme Léon Blum l'avait compris dès le discours de Bayeux (*Le Populaire*, 21 juin 1946), comme de Gaulle le voulait dès 1958 (Alain Peyrefitte, *C'était de Gaulle*, p. 215), il a saisi la première occasion pour établir l'élection présidentielle au suffrage universel direct (elle se faisait déjà au suffrage universel, mais indirect), renouant avec le précédent éphémère et funeste de 1848.

L'hostilité parlementaire, le poids de l'outre-mer, le spectre d'une possible victoire communiste un jour étaient autant de raisons qui avaient dissuadé le fondateur de la Ve République d'imposer sa préférence dès l'origine. Il s'était contenté alors d'un collège élargi (81 764 élus, locaux et nationaux) pour, au moins, libérer le président de toute dépendance à l'égard des chambres.

32. En 1962, la décolonisation est achevée, l'opposition est divisée, les temps sont mûrs et l'attentat raté du Petit-Clamart offre le prétexte. Le *Blitzkrieg* est lancé le 20 septembre par l'annonce de la révision et de sa procédure surprenante (*infra*, **100**), le gouvernement est renversé le 4 octobre, l'Assemblée nationale est dissoute le 9, le référendum donne une large victoire au oui le 28, les Français offrent à leur président, pour la première fois, une majorité parlementaire homogène les 18 et 25 novembre, Georges Pompidou est renommé Premier ministre le 28. En deux mois, la Ve République est devenue ce qu'elle est.

33. Avant même la révision, avant sa première application en 1965, la puissance présidentielle était déjà installée. De Gaulle, parce que c'était lui et parce que les Français, indirectement mais clairement, le soutenaient, avait eu assez d'autorité pour dessiner la fonction selon ses vœux. Mais il pensait aussi qu'elle ne lui survivrait pas, puisque ses successeurs ne seraient pas lui-même. Faute de sa légitimité historique propre, il faudrait leur en greffer une, et cette prothèse, le peuple seul, et directement, pourrait la fabriquer. D'où la révision de 1962.

Ainsi, non seulement, comme on l'a déjà dit, ce n'est pas le mode d'élection qui a fait la puissance présidentielle (*supra*, **30**), mais il apparaît au contraire que c'est bien la puissance présidentielle qui a fait le mode d'élection. La révision de 1962 n'a donc pas véritablement modifié le système de 1958 : elle lui a simplement permis de se pérenniser. Mais elle n'a pas davantage été un aboutissement, justement parce que la puissance ainsi acquise aux successeurs du général de Gaulle permettrait à chacun d'eux une pratique en partie liée à sa personnalité, et donc un système plus ou moins évolutif.

34. L'élection présidentielle est à la fois prédominante et structurante.

Prédominante parce que nul ne peut disputer sa légitimité à celui que la majorité du peuple a directement investi, tandis que la légitimité égale de l'Assemblée nationale, seule autre institution issue de la même source, est en fait atomisée entre 577 députés.

Prédominante encore parce que de cette source, populaire et solennelle, découle normalement la subordination du gouvernement, qui tient formellement son existence de la volonté du président (*infra*, article 8), tandis qu'il n'est redevable au Parlement que d'un acquiescement.

Structurante parce que son existence détermine le système et la vie des partis. Tout entier tournés vers la conquête de la fonction suprême – ou, pour ceux qui ne peuvent espérer la victoire, désireux de figurer dans la compétition –, les partis s'identifient à un candidat, voire à un président (*supra*, **26**). Leur fonctionnement interne lui-même se présidentialise, le leader l'emporte sur la doctrine, ses intérêts sur ceux de la formation.

Structurante encore parce que l'offre binaire du second tour (*infra*, **51**) oblige tous les acteurs à choisir un camp, puis (hors le cas atypique de 2002) à se tenir à ce choix jusqu'à l'élection présidentielle suivante : comme dans la vie sportive, il existe dans la vie politique une période de transferts, mais elle ne s'ouvre qu'une fois tous les sept ans hier, tous les cinq ans aujourd'hui. Or ceux qui ont opté pour le candidat finalement vainqueur s'obligent par là même à lui permettre de remplir son rôle. Ils se placent ainsi sous sa domination (quitte, parfois, à la secouer), et c'est ainsi que le président, auquel est déjà subordonné le gouvernement, subjugue aussi la majorité parlementaire, à condition, du moins, d'être élu avant celle-ci (*infra*, **107**).

35. C'est donc l'élection au suffrage universel direct qui permet la primauté présidentielle, mais il est fondamental de souligner que la primauté présidentielle est strictement proportionnée au soutien parlementaire. C'est l'originalité du système français, très variable dans sa géométrie : selon que la majorité des députés soutient inconditionnellement, conditionnellement ou pas du tout le chef de l'État, sa primauté sera inconditionnelle, conditionnelle, ou ne sera pas. Ainsi François Mitterrand a-t-il, en deux septennats, expérimenté toutes les possibilités, démontrant que le président peut être pratiquement tout-puissant (1981-1986, majorité absolue PS), puissant (1988-1993, majorité relative PS) ou pratiquement impuissant (1986-1988, 1993-1995, majorité absolue RPR-UDF). Jacques Chirac, lui, n'a expérimenté que la première (1995-1997 et 2002-2007) et la dernière (1997-2002) de ces trois situations.

36. Et c'est ici que se révèle la véritable nature du régime de la Ve République. Ni présidentielle, ni même semi-présidentielle, elle est tout bonnement parlementaire. Elle l'est juridiquement, puisqu'un régime est qualifié parlementaire dès l'instant où l'exécutif y est responsable devant le législatif (*infra*, **148**). Elle l'est surtout politiquement, puisque, si une victoire à l'élection présidentielle donne des possibilités, seules les élections législatives attribuent réellement le pouvoir.

L'élection présidentielle procure des atouts considérables, mais elle ne produit en elle-même aucun changement suffisant : si François Mitterrand, en 1981 comme en 1988, n'avait pas dissous, ou n'avait pas gagné la dissolution, il n'aurait conquis que les pouvoirs d'un président en cohabitation, dont on sait qu'ils sont faibles. De la même manière, avoir perdu les législatives de 1997 a privé Jacques Chirac de l'essentiel de sa puissance jusqu'en 2002, lors même qu'il avait remporté la présidentielle assez peu de temps auparavant. Il faut donc le répéter, ne jamais l'oublier : si central que soit le rôle qu'elle joue, l'élection présidentielle n'offre à celui qui la gagne que des possibilités ; seule la victoire aux élections législatives donne le pouvoir. Mais elle le donne alors pleinement, comme Nicolas Sarkozy a pris un plaisir trop ostensible à le montrer chaque jour, là où François Hollande cache plus le sien, qui n'est sans doute pas moindre.

37. C'est cette double manifestation du suffrage universel, à l'occasion de l'élection présidentielle et des élections législatives, qui posait le problème de la durée du mandat. Hérité de causes purement circonstancielles remontant à 1873, le septennat ne présentait aucun inconvénient avec la présidence discrète des républiques antérieures. Il ne créait pas non plus de problème majeur avec le général de Gaulle, qui, pratiquant ce que René Capitant avait érigé en doctrine, considérait que tout désaveu que le peuple français lui infligerait, quelles qu'en fussent la forme et l'occasion, le conduirait à se retirer, ce qu'il fit effectivement au lendemain de l'échec du référendum du 27 avril 1969 (*infra*, **96**).

En revanche, lorsque, dans son discours de Verdun-sur-le-Doubs du 27 janvier 1978, Valéry Giscard d'Estaing accepta virtuellement la cohabitation, et lorsque François Mitterrand la subit effectivement à partir de mars 1986, la question de la durée du mandat resurgit, avec beaucoup plus d'acuité que lorsque Georges Pompidou avait, le 10 septembre 1973, pris l'initiative, finalement sans lendemain, de proposer l'instauration du quinquennat (*infra*, **532**).

La Constitution supporte la cohabitation, mais elle n'a pas été faite pour cela. Quant à la France, nul ne plaide qu'elle gagne à cette situation bancale, dans laquelle s'estompe, au demeurant, la troisième condition de la démocratie moderne (*supra*, Introduction) puisque s'opacifient les responsabilités. La Ve République souffrait de ce que Jean-Luc Parodi avait souligné, et qu'Olivier Duhamel avait baptisé « arythmie » puisque, le pouvoir dévolu dans une élection présidentielle devant être confirmé dans les législatives suivantes, la conduite du pays n'était confiée ni pour cinq ans ni pour sept, mais pour la période, qui pouvait varier d'un à cinq ans, qui séparait deux élections nationales. La longévité était théorique, la réalité était chaotique.

38. Certes, il n'était pas acquis que le président de la République perdît des élections législatives en cours de mandat. Mais dès lors que le risque existait, il pouvait sembler logique d'en diminuer la plausibilité en ramenant à cinq ans la durée du mandat présidentiel. Le pouvoir est alors attribué pour cinq ans. Et si, d'aventure, une vacance présidentielle ou une dissolution de l'Assemblée nationale venait perturber cet ordonnancement des choses, ce serait sans inconvénient (sous réserve de ce qui est dit *infra*, **41**) : soit le président suivant a un intérêt politique à cette situation, et il laisse à l'un de ses successeurs le soin d'y mettre fin, soit il ne peut s'en accommoder et il rétablit la contemporanéité par une dissolution dès le lendemain de sa propre élection.

Ainsi le pouvoir est-il attribué pour une durée stable, cinq ans, comparable à celle que pratiquent les autres démocraties modernes. En outre, si, d'un côté, on estime quelque peu excessive l'emprise présidentielle, si, d'un autre côté, on reconnaît qu'elle lui vient de sa force politique plus que des pouvoirs que la Constitution lui donne, rogner ces derniers serait vain et l'issue est plutôt raisonnable qui amène le président de la République, juridiquement irresponsable (*infra*, article 68), à répondre plus souvent devant les Français de la manière dont il a exercé son mandat, et l'échec de Nicolas Sarkozy en 2012, après celui de VGE en 1981, montre ce que cette responsabilité a de réel.

39. Il n'y avait de véritable alternative qu'entre le *statu quo*, qui avait prouvé qu'on pouvait y survivre, et le quinquennat. Quand bien même la France unanime pouvait souhaiter ce dernier, elle n'avait aucun moyen de l'imposer à des présidents qui lui opposaient l'inertie : 40 millions de oui, 1 non, le non l'emportait. Aussi a-t-il fallu un concours de circonstances heureux pour que, enfin, l'article 6 soit révisé, un nouvel adjectif numéral – cinq – remplaçant le précédent – sept – par l'effet de l'article unique de la loi constitutionnelle n° 2000-964 du 2 octobre 2000.

Sauf accident (et l'on sait qu'il eut lieu), il paraissait à peu près acquis que le président élu en 2002 serait l'un des deux finalistes qui s'étaient déjà affrontés en 1995. Lionel Jospin s'était alors très fermement engagé sur le quinquennat. Entre n'importe qui pour cinq ans et n'importe qui pour sept, les électeurs auraient probablement choisi le candidat à cinq ans. Jacques Chirac devait donc se résigner soit au quinquennat, soit à être battu d'avance. Il a choisi le quinquennat.

Après l'adoption en termes identiques par les deux chambres, le président choisit de recourir au référendum pour ratifier la réforme. C'était une première, dans le cadre de l'article 89 (*infra*). Elle pouvait parfaitement se justifier à condition qu'on l'expliquât correctement. Ce ne fut pas fait et le référendum, tenu le 24 septembre 2000, s'il donna lieu à une très large victoire du oui (73,2 % des exprimés), fut surtout le triomphe de l'abstention (74,7 % des inscrits). C'était désolant mais, après tout, seul importait l'acquis : le quinquennat enfin.

40. Rares furent ceux, en 2008, qui prirent position contre la limitation à deux mandats consécutifs. Le comité Balladur avait renoncé à la proposer, mais le chef de l'État y tenait, pour montrer son propre détachement à l'égard du pouvoir, à moins qu'il ne se fût agi pour lui de prévenir ses propres penchants. Elle fut donc introduite sans véritable débat. Espérons que nous n'aurons pas à le regretter.

Rien n'est plus exaspérant que cette manie contemporaine qui prétend, par la norme, protéger contre eux-mêmes des adultes consentants. Ici, ils sont rien de moins que le suffrage universel, présumé trop nigaud pour voir où est son intérêt, alors pourtant que ce sont bien les citoyens qui, les premiers, paient les erreurs qu'ils commettent. Qu'importe, voilà qu'on leur interdit d'élire qui ils veulent.

Rien n'est plus dangereux que d'insulter l'avenir ; on le sait susceptible. Le nombre de mandats, politique ou biologie obligent, se limite de lui-même, mais s'il se trouvait malgré tout une situation dont un seul serait l'homme (ou la femme), pourquoi diable empêcher qu'on l'élise ? Qu'eût été l'histoire du monde si Roosevelt, qui avait déjà accompli deux mandats, avait été inéligible en 1940 (l'interdit américain ne fut érigé, par le 22e amendement, qu'en 1951) ? Limiter la durée au pouvoir est prudent lorsque le système n'est pas démocratique, mais abusif et imprudent dans les autres cas.

Rien n'est plus illusoire que de croire que le président en fin de second mandat (lequel, on l'a vu, n'est certes pas acquis d'avance de toute façon), libéré de tout enjeu personnel, pourrait alors prendre des mesures courageuses. C'est une vue de l'esprit car il n'aurait plus l'autorité de les imposer, et notamment pas à ses propres amis, et il est plus probable, lorsque la situation se présentera, qu'on le découvre alors privé de l'essentiel de son influence, à l'instar de ses homologues américains dans les deux dernières années de leur second mandat.

Rien n'est plus incohérent que d'avoir fait les choses à moitié. Mieux eût valu éviter cette limitation, mais quitte à l'introduire au moins fallait-il protéger le système et lui épargner le spectre d'un ancien président, encore jeune, qui menacerait de se représenter après cinq années d'abstinence et les perturbations de tous ordres qu'il pourrait produire durant cet intervalle. Ce qui semble satisfaire la Russie de Vladimir Poutine n'est pas, pour autant, très indiqué en France.

Enfin, exaspérant, dangereux, illusoire, incohérent, cet alinéa, en outre, a modifié, par mégarde, l'équilibre de l'article 68 (*infra*, **443**).

41. Pour le reste, l'élection présidentielle se déroule toujours selon le calendrier consécutif à la mort de Georges Pompidou. Valéry Giscard d'Estaing avait été proclamé président de la République, par le Conseil constitutionnel, le 24 mai 1974. Quoique, par accord avec Alain Poher qui exerçait l'intérim, il ne fût effectivement entré à l'Élysée que le 27 mai, c'est la date de sa propre proclamation que le Conseil constitutionnel retint lorsque, sept ans plus tard, il précisa, en publiant les résultats du second tour de 1981, que les fonctions du président sortant cesseraient exactement sept ans après, soit « au plus tard le 24 mai 1981, à 0 heure ». En organisant la passation de pouvoirs le 21 mai, Valéry Giscard d'Estaing a donc offert trois jours à son successeur, lequel, deux septennats plus tard, a rendu ces trois jours, et pas une heure de plus, en cédant la place le 17 mai. Dans sa décision consécutive à l'élection de 2002, le Conseil constitutionnel a précisé que le nouveau mandat de Jacques Chirac débuterait « à compter du 17 mai 2002 à 0 heure ». Il devait prendre fin le 16 mai 2007 à minuit. L'installation de son successeur eut lieu le matin même, ce qui fit de Nicolas

Sarkozy le premier chef de l'État à être intronisé le dernier jour du mandat de son prédécesseur. Mais ce précédent fut reproduit dès la fois suivante, puisque lui-même laissa la place le 15 mai 2012, dernier jour de son propre mandat, à François Hollande dont le mandat s'est achevé le 14 mai 2017, date de la prise de fonctions d'Emmanuel Macron.

Au-delà de ces anecdotes éclairantes, le calendrier actuel stérilise plusieurs semaines de travail parlementaire, bouleverse la préparation du budget, et tout cela pourrait encore s'aggraver si un président avait la mauvaise idée de démissionner ou de décéder début juillet : sous réserve des pouvoirs du Conseil constitutionnel (*infra*, **63**), tous ses successeurs devraient être élus en août. À tous égards, donc, il serait rationnel d'arrêter une date fixe, comme le comité présidé par le doyen Vedel l'avait proposé. Il suffirait de prévoir non pas que le chef de l'État est élu pour cinq ans, mais que son mandat prend fin le 1er ou le 15 mars de la cinquième année. Ainsi l'élection présidentielle aurait toujours lieu fin janvier ou en février, et si un accident survenait, le retour à la normale se ferait dès la fois suivante.

42. L'article 6 renvoie ses modalités d'application à une loi organique, celle n° 62 1292 modifiée du 6 novembre 1962. L'âge minimal pour être candidat est de 18 ans. C'est l'article 3-I de cette même loi qui, révisé par une loi organique du 18 juin 1976, a porté de 100 à 500 le nombre des parrainages nécessaires à une candidature à l'élection présidentielle. Ont qualité pour donner ce parrainage les parlementaires, les conseillers départementaux, les maires, ainsi que les membres des assemblées territoriales des territoires d'outre-mer, du Conseil de Paris, du conseil de la métropole de Lyon, de l'Assemblée de Corse et ceux élus au Conseil supérieur des Français de l'étranger, ainsi que les maires délégués de communes déléguées, les maires des arrondissements de Paris et les présidents des organes délibérants des métropoles. 30 départements ou territoires au moins doivent être représentés, aucun ne pouvant fournir seul plus de 50 parrains. La loi organique du 25 avril 2016 a modernisé les règles applicables à l'élection présidentielle. Les parrainages sont désormais adressés directement au Conseil. Au fur et à mesure de leur réception, celui-ci rend publics au moins deux fois par semaine le nom et la qualité des citoyens qui ont valablement présenté des candidats. Une fois envoyée, une présentation ne peut être retirée.

La réforme de 1976 avait, dans un premier temps, diminué le nombre de candidats et donné lieu, ensuite, à une chasse aux signatures qui nuit quelque peu à la dignité des chasseurs, parfois à celle du gibier. Éviter l'inflation des candidats est un souci louable. Mais il doit être mis au regard du fait que, élection après élection, le pourcentage des voix recueillies au premier tour par ceux qui seront les finalistes n'a cessé de régresser : de 76 % des exprimés (64 % des inscrits) en 1965, il était tombé jusqu'à moins de 37 % des exprimés (25 % des inscrits) en 2002, avant de remonter, à 57 % des exprimés seulement (47 % des inscrits), en 2007, puis à près de 56 % (43 % des inscrits) en 2012. Que sont les grands candidats devenus ?

Le système des signatures a certes ses limites et laisse des candidats dont le résultat prouve qu'ils ne représentent à peu près qu'eux-mêmes franchir l'obstacle. Mais, d'une part, aucun candidat significatif n'est écarté. D'autre part, le nombre des candidats est, après l'excès de 16 candidats en 2002, constant : 12 en 2007, 10 en 2012, 11 en 2017, ce qui n'est pas illégitime pour l'élection présidentielle. Les « parrains » exercent bien leur rôle, avec 14 586 formulaires de parrainage déposés en 2017 (soit 34 % des « parrains »). Rien ne permet de penser qu'un autre dispositif – par exemple en permettant aux électeurs eux-mêmes de devenir parrains-citoyens – fonctionnerait mieux. En la matière, les sagesses populaire et constitutionnelle se rejoignent : on sait ce qu'on perdrait, on ne sait pas ce qu'on gagnerait.

C'est la même loi organique qui impose l'égalité entre les candidats dans l'accès aux moyens publics de propagande, et qui, depuis 1988 et surtout 1990, a fixé un plafond de dépenses de campagne et contraint au contrôle et à la publication des comptes. La loi organique du 25 avril 2016 a modifié les règles applicables à l'égard des candidats dans les médias audiovisuels. Entre la publication de la liste des candidats et le début de la campagne officielle, les médias respectent seulement, sous le contrôle du Conseil supérieur de l'audiovisuel, un principe d'équité du temps de parole et non un principe d'égalité. Dans cet exercice, le CSA tient notamment compte de la représentativité des candidats. Le principe d'égalité s'applique pendant la campagne officielle.

43. Comme les bonnes idées, d'où qu'elles viennent, méritent toujours de retenir l'attention, il y aurait peut-être lieu à importer en France un mécanisme qui existe au Nicaragua. Dans ce pays, tous les candidats qui ont atteint un score significatif à l'élection présidentielle deviennent, de droit, membres de l'Assemblée nationale. Celle de 1995, en France, ne comptait aucune des personnalités qui venaient d'animer la campagne, et dont certaines avaient réuni sur leur nom plusieurs millions de suffrages. Serait-il absurde d'envisager que tous ceux, très peu nombreux par définition, qui auront atteint, par exemple, 10 % des suffrages exprimés à l'élection présidentielle, seront de droit députés dans la législature suivante ? On ne courrait pas grand risque de déséquilibre et l'on permettrait ainsi à de grandes voix de continuer à se faire entendre là où elles ont vocation à être les plus utiles. Ce n'est certes pas une réforme essentielle, juste une modeste suggestion, en passant.

44. Le président de la République, par son élection, accède à un statut constitutionnel et organique, mais aussi… traditionnel et même étranger. C'est la Constitution qui définit ses pouvoirs et ses prérogatives et qui consacre son irresponsabilité. Ce sont certaines dispositions organiques qui complètent ce dispositif. Ainsi elles prévoient que la déclaration de patrimoine du président de la République est rendue publique à l'issue de son mandat, de même qu'avant toute élection présidentielle la déclaration de patrimoine de tous les candidats à cette élection. Mais c'est la tradition qui, tout comme elle le fait haut protecteur de l'Académie française ou chanoine honoraire de Saint-Jean-de-Latran à Rome, lui impose une incompatibilité absolue, conduisant un nouveau président à démissionner de la totalité des mandats qu'il détient. En accédant à l'Élysée, enfin, il acquiert des sujets, les Andorrans, dont il est, à titre personnel, le coprince, ce qui l'oblige à prêter le serment de respecter la Constitution andorrane, tandis que la française, bonne fille, ne l'exige pas pour elle-même.

45. En fin de compte, l'élection présidentielle au suffrage universel direct a perpétué une surpuissance, fréquemment dénoncée comme monarchie républicaine. De fait, on pourrait s'en passer, mais il est faux de croire que c'est d'elle que le principal chef de l'exécutif tient sa primauté. Il n'est que d'observer ce qui se produit dans toutes les démocraties modernes (*supra*, Introduction) pour constater que le Premier ministre britannique, le chancelier allemand, le président du gouvernement espagnol sont, chacun dans son pays, au moins aussi puissants qu'un président français, et n'ont même pas, contrairement à lui, à subir la présence d'un second qui peut être encombrant. Tous, malgré quelques différences subalternes, sont en fait désignés par le suffrage universel lui-même. Tous ne sont véritablement responsables que devant lui. Et c'est une approche très superficielle que celle qui voit dans notre système une exception française.

S'il pèche, ce n'est pas par la concentration du pouvoir entre les mains du principal responsable de l'exécutif – non seulement cela n'est pas propre à notre pays, mais en plus c'est, sous réserve de précautions appropriées, une condition de la modernité démocratique –, ce serait plutôt par l'inconvénient qu'il peut y avoir, dans une France imprégnée d'histoire, à faire coexister dans la même personne le symbole et la force, l'incarnation intemporelle de la Nation et celle temporelle du pouvoir, l'attachement affectif à la figure de l'unité et l'adhésion politique à des divisions assumées. Les autres régimes ont dissocié ces deux rôles, que le nôtre confond. Là ils échappent aux dérives, qui toujours sont menaçantes ici. D'où l'équation suivante : Cameron = Merkel = Rajoy = (Hollande + Valls – le protocole).

46. Il reste, au-delà de l'évidence intrinsèquement insatisfaisante selon laquelle les Français n'accepteraient sans doute pas de renoncer à leur pouvoir de se choisir un président, qu'ils ont fait la preuve de leur sagacité. Ils ont bien établi deux règles. Règle n° 1 : le premier tour provoque toujours une surprise et le second jamais. Les miracles de l'alchimie démocratique, chez un peuple cultivé et expérimenté, l'amènent, quand le choix est ouvert, à délivrer des messages aussi précis qu'inattendus, puis, quand l'éventail se referme sur une seule alternative, à élire systématiquement celui qui correspond le mieux, ou le moins mal, aux nécessités de la période, et dans les deux cas 2002 ne fait certes pas exception. Règle n° 2 : pour gagner, être parfaitement connu des Français est insuffisant mais nécessaire. Contrairement aux États-Unis, un possible vainqueur n'émerge pas en quelques mois. Il y faut des années (sept seulement ont suffi à Georges Pompidou, mais les six qu'il avait passées à Matignon comptaient triple), de la présence, au point d'ap-par-tenir au paysage familier des électeurs. Ceux-ci veulent avoir le sentiment, même erroné, de très bien connaître celui qu'ils vont choisir, de conjurer le risque de voir un candidat se révéler, une fois élu, tout autre qu'ils l'avaient imaginé. Risquer de surprendre, même heureusement, semble un handicap difficilement surmontable.

L'élection présidentielle de 2017 a confirmé la première de ces deux règles et infirmé la seconde. Emmanuel Macron a largement battu Marine Le Pen au second tour de l'élection (66 % contre 34 % des suffrages exprimés) mais il était inconnu des Français avant sa nomination comme ministre de l'Économie, de l'Industrie et du Numérique en août 2014. Lors de sa démission de ses fonctions ministérielles en août 2016, il ne disposait pas de soutiens nombreux et a créé de toute pièce son mouvement En Marche !. Cette seconde règle a ainsi fonctionné à rebours : les Français connaissaient bien les autres candidats tant aux primaires qu'à l'élection présidentielle ; ils ne voulaient pas choisir l'un d'eux comme président ; ils ont préféré un candidat qu'ils connaissaient moins à ceux qu'ils connaissaient bien.

Alors, bien sûr, on peut contester ce mode de recrutement, mais à condition de n'oublier jamais que, en dernière analyse, il confie aux citoyens eux-mêmes un pouvoir considérable, un choix épuré, direct et souverain, qu'ils ont toujours exercé, et exerceront probablement toujours, avec discernement.

Article 7

Le président de la République est élu à la majorité absolue des suffrages exprimés. Si celle-ci n'est pas obtenue au premier tour de scrutin, il est procédé, le quatorzième jour suivant, à un second tour. Seuls peuvent s'y présenter les deux candidats qui, le cas échéant, après le retrait de candidats plus favorisés, se trouvent avoir recueilli le plus grand nombre de suffrages au premier tour.

Le scrutin est ouvert sur convocation du Gouvernement.

L'élection du nouveau président a lieu vingt jours au moins et trente-cinq jours au plus avant l'expiration des pouvoirs du président en exercice.

En cas de vacance de la Présidence de la République pour quelque cause que ce soit, ou d'empêchement constaté par le Conseil Constitutionnel saisi par le Gouvernement et statuant à la majorité absolue de ses membres, les fonctions de président de la République, à l'exception de celles prévues aux articles 11 et 12 ci-dessous, sont provisoirement exercées par le Président du Sénat et, si celui-ci est à son tour empêché d'exercer ces fonctions, par le Gouvernement.

En cas de vacance ou lorsque l'empêchement est déclaré définitif par le Conseil Constitutionnel, le scrutin pour l'élection du nouveau président a lieu, sauf cas de force majeure constaté par le Conseil Constitutionnel, vingt jours au moins et trente-cinq jours au plus après l'ouverture de la vacance ou la déclaration du caractère définitif de l'empêchement.

Si, dans les sept jours précédant la date limite du dépôt des présentations de candidatures, une des personnes ayant, moins de trente jours avant cette date, annoncé publiquement sa décision d'être candidate décède ou se trouve empêchée, le Conseil Constitutionnel peut décider de reporter l'élection.

Si, avant le premier tour, un des candidats décède ou se trouve empêché, le Conseil Constitutionnel prononce le report de l'élection.

En cas de décès ou d'empêchement de l'un des candidats les plus favorisés au premier tour avant les retraits éventuels, le Conseil Constitutionnel déclare qu'il doit être procédé de nouveau à l'ensemble des opérations électorales ; il en est de même en cas de décès ou d'empêchement de l'un des deux candidats restés en présence en vue du second tour.

Dans tous les cas, le Conseil Constitutionnel est saisi dans les conditions fixées au deuxième alinéa de l'article 61 ci-dessous ou dans celles déterminées pour la présentation d'un candidat par la loi organique prévue à l'article 6 ci-dessus.

Le Conseil Constitutionnel peut proroger les délais prévus aux troisième et cinquième alinéas sans que le scrutin puisse avoir lieu plus de trente-cinq jours après la date de la décision du Conseil Constitutionnel. Si l'application des dispositions du présent alinéa a eu pour effet de reporter l'élection à une date postérieure à l'expiration des pouvoirs du président en exercice, celui-ci demeure en fonction jusqu'à la proclamation de son successeur.

Il ne peut être fait application ni des articles 49 et 50 ni de l'article 89 durant la vacance de la Présidence de la République ou durant la période qui s'écoule entre la déclaration du caractère définitif de l'empêchement du président de la République et l'élection de son successeur.

47. Cet article, l'un des plus longs de la Constitution, a fait l'objet de trois révisions : la première, en 1962, lorsque a été introduite l'élection au suffrage universel direct (*supra*, article 6), la deuxième, en 1976 (*infra*, **533**), quand il a fallu prévoir divers événements susceptibles d'entraver le déroulement normal de l'élection présidentielle, la troisième en 2003 (*infra*, **49**).

La norme (premier, deuxième et troisième alinéas)

48. Pour être élu dès le premier tour, ce que nul n'est parvenu à faire à ce jour, un candidat doit avoir obtenu au moins la moitié des voix plus une. Cette majorité, qualifiée d'absolue, est calculée non pas sur le total des suffrages, mais sur le total des suffrages *exprimés*. Cela signifie que les bulletins blancs et nuls ne sont pas pris en considération, même si, depuis la loi du 21 février 2014, ils sont décomptés séparément. D'un point de vue théorique, on pourrait le déplorer : à part les cas d'erreur de l'électeur, un bulletin blanc ou nul peut exprimer une position politique réfléchie, celle du citoyen qui, tout en refusant l'abstention, estime qu'aucun des candidats en présence ne mérite son soutien. D'un point de vue pratique, la prise en compte des bulletins blancs et nuls dans le calcul de la majorité absolue n'aurait d'effets que dans l'hypothèse où un candidat obtient, au second tour, la majorité absolue des exprimés sans atteindre celle des votants. Il n'y aurait pas alors d'autre ressource que de recommencer l'élection au risque de reproduire le même phénomène, ce qui, on en conviendra, n'aurait pas grand sens. Aussi faut-il se résigner à ce que voter blanc ou nul expose à être doublement pénalisé : non seulement ces électeurs n'ont pas de candidat qui leur convienne, mais encore leur suffrage ne peut être pris en compte, même symboliquement. Or, si ces suffrages représentent en général entre 1 et 2 % des votants, leur nombre peut être sensiblement plus élevé : il a représenté 6,41 % des électeurs au second tour de l'élection de 1969, 5,97 % à celui de 1995 et encore 5,82 % à celui de 2012, soit sensiblement plus que la différence entre les deux finalistes. Jacques Chirac, en 1995, puis François Hollande ont ainsi été les seuls présidents de la République élus sans avoir atteint la majorité absolue des *votants* au second tour.

49. Pour ce dernier, la Constitution elle-même fixe le calendrier en prévoyant un délai de deux semaines. Plus long que le délai usuel dans les élections à deux tours (une semaine), cet intervalle doit permettre que la confrontation prenne toute son ampleur. Plus court que ce qui se pratique dans de nombreux pays, il diminue les risques de manœuvres politiques.

Parce que l'article 7 mentionnait le « deuxième dimanche », les départements et territoires d'outre-mer situés à l'ouest de la métropole votaient alors qu'étaient déjà connues les estimations diffusées à 20 heures à Paris. La révision de 2003 ayant supprimé, dans le premier alinéa, la mention dominicale, la référence au « quatorzième jour » permet donc, depuis, que le scrutin se déroule le samedi dans les territoires occidentaux qui, ainsi, ferment leurs bureaux de vote avant ceux de la métropole, plutôt qu'une fois le résultat déjà acquis et connu.

50. Tout candidat en position de participer au second tour peut se désister. Aucun, à ce jour, n'a fait preuve d'une telle abnégation et, même si l'hypothèse avait été évoquée au cas où Jacques Chirac et Édouard Balladur seraient arrivés en tête au premier tour de l'élection de 1995, il est peu probable que cela se produise un jour.

Il est peu probable aussi que se rencontre un jour l'hypothèse, que la Constitution n'a pas envisagée, d'une stricte égalité de suffrages entre deux candidats. Dans le silence des textes, le rôle du Conseil constitutionnel serait alors déterminant, soit en annulant, s'il y a lieu, des bulletins douteux, soit, plus plausiblement, en constatant la nécessité de procéder à nouveau à l'élection.

51. Il reste, et c'est le plus important, qu'en limitant à deux en tout état de cause le nombre des participants au second tour, la Constitution garantit arithmétiquement que l'un d'eux recueillera la majorité absolue des suffrages exprimés et garantit politiquement que nul ne pourra de ce fait contester sa légitimité. Le système français se distingue ainsi des élections à un tour, dans lesquelles le candidat arrivé en tête est proclamé élu, quel que soit son pourcentage de voix, le total des suffrages exprimés qui se sont portés sur le président pouvant alors être inférieur, voire très inférieur, au total des suffrages exprimant un choix différent.

52. La date de l'élection n'est officiellement connue que tardivement puisque c'est le gouvernement qui la fixe. Quoique la Constitution, non plus qu'aucune autre norme, ne l'impose expressément, il est d'usage que cette convocation prenne la forme d'un décret *en Conseil des ministres*, moyennant quoi ce pouvoir, que l'article 13 confie au seul gouvernement, s'exerce en fait sous la signature du président. C'est ce décret qui sert de point de départ aux délais de dépôt des candidatures (*supra*, **42**).

La marge d'action du gouvernement est précisément limitée à une période de quinze jours, qui ne lui offre de choix qu'entre deux dimanches (ou trois si le mandat en cours s'achève lui-même un dimanche). Le point de départ de ce délai de vingt à trente-cinq jours résulte de la date d'entrée en fonctions du président en exercice (*supra*, **41**). Quant à l'« élection » dont il est question ici, il ne peut s'agir que du premier tour. En effet, si l'on considérait qu'il peut s'agir du second tour, le premier pourrait être fixé plus de trente-cinq jours avant l'expiration du mandat et si un candidat était élu dès ce premier tour, il le serait dans des conditions inconstitutionnelles.

Vacance, empêchement, intérim (quatrième et cinquième alinéas)

53. Le texte distingue la vacance et l'empêchement. S'agissant de la première, il précise inutilement « pour quelque cause que ce soit ». En effet, la vacance n'existe que lorsque la fonction n'a plus de titulaire, ce qui, dès lors qu'un sort particulier est réservé à l'empêchement, ne peut viser que la démission, le décès ou la destitution (*infra*, **440**).

54. L'empêchement peut résulter de n'importe quelle circonstance de fait – maladie, enlèvement, disparition, aliénation, etc. – par laquelle le président de la République se trouve dans l'impossibilité d'exercer ses fonctions. Sagement, la Constitution n'essaie pas de prévoir l'imprévisible et se borne à définir l'empêchement par ses effets, non par sa cause. C'est alors le gouvernement qui doit prendre l'initiative (sans que celle-ci soit autrement formalisée dans le texte) de saisir le Conseil constitutionnel, qui, à la majorité absolue de ses membres (*infra*, article 56, 2e alinéa), constate l'empêchement. Le projet de loi constitutionnelle réformant le statut juridictionnel du chef de l'État avait prévu que le vote d'une assemblée en faveur de la réunion de la Haute Cour (*infra*, **440**) emporterait empêchement provisoire jusqu'à ce que celle-ci eût statué sur la destitution, mais les parlementaires, jugeant cela trop sévère, y ont renoncé.

55. Cela laisse à peu près entier le problème de la maladie. Même si le président devenait fou (Deschanel), sénile (Tito, Bourguiba, Franco), ou à ce point préoccupé par une maladie fatale que, tout en conservant ses facultés, cela ne lui laisse pas la disponibilité nécessaire au plein accomplissement de sa fonction (Pompidou, Mitterrand ?), il est probable que le Premier ministre serait toujours dans l'impossibilité, affective ou politique, de consentir à la saisine du Conseil constitutionnel qui ne peut se saisir lui-même. Bref, en l'état, l'on en est réduit à seulement former des vœux, qu'on l'apprécie ou non, pour la santé du chef.

56. Mais on ne peut pas se satisfaire d'un tel aléa. Parce que la Constitution a vocation à durer, se produira tôt ou tard la situation qui fera amèrement regretter de n'avoir pas anticipé. Comment y remédier ? Ce serait assez simple. Il suffirait d'imaginer que le chef de l'État soit soumis, au moins une fois par an, à une visite assurée par un collège très restreint, et indépendant, de médecins qui feraient rapport au seul président du Conseil constitutionnel. Ce dernier, de même que le chef de l'État lui-même, pourrait prendre l'initiative de tout examen supplémentaire qui paraîtrait nécessaire. Au vu des résultats, s'il y a lieu, le président du Conseil constitutionnel saisirait ses collègues, qui seraient alors appelés à statuer sur un éventuel empêchement.

Le fait qu'une telle procédure existe suffirait à apaiser toute crainte légitime des Français, à régler tout problème réel qui viendrait à surgir et, le reste du temps, à faire sortir du débat toute interrogation ou toute spéculation sur la santé présidentielle. Le secret le plus strict pourrait être imposé, et sa violation lourdement sanctionnée, le peuple étant assez informé dès lors qu'il constate que le président n'est pas empêché ou, au contraire, découvre qu'il doit l'être. Ainsi pourra être évitée la situation dramatique d'un pays dirigé par celui qui n'est plus en état de le faire, tout comme la situation indigne née d'un mensonge effronté et persistant.

57. Lorsqu'il y a vacance comme lorsqu'il y a empêchement, l'intérim est aussitôt confié au président du Sénat ou, si celui-ci est également empêché, au gouvernement.

Afin d'éviter que l'intérimaire n'en profite pour prendre des décisions trop politiques, il ne peut y avoir ni dissolution de l'Assemblée nationale, ni référendum, ni non plus (*infra*, **65**) mise en cause de la responsabilité du gouvernement ou révision de la Constitution. Il est à noter que le titulaire de l'intérim, au contraire, conserve, si nécessaire, le droit de recourir à l'article 16, les effets des circonstances exceptionnelles l'emportant alors très logiquement sur ceux de la vacance ou de l'empêchement.

58. Ici apparaît, de manière implicite mais claire, la prise en considération de deux types d'empêchement, entraînant deux types de conséquences. L'empêchement peut n'être que provisoire (le président malade ayant guéri ou le président enlevé étant libéré, par exemple). Dans ce cas, s'il y a évidemment lieu à intérim dès l'empêchement constaté, pour assurer la continuité de la charge, rien ne justifie que soit organisée l'élection d'un autre président alors que celui en fonction peut être à nouveau en mesure d'assumer son rôle. C'est pourquoi il n'y a lieu de prévoir une élection que si le Conseil constitutionnel constate d'abord (sans que la Constitution précise dans ce cas, contrairement à l'alinéa précédent, ni qu'il doive être saisi par quiconque, ni qu'il doive statuer à une majorité qualifiée) le caractère définitif de l'empêchement (si la maladie qui a provoqué l'empêchement se révèle incurable, ou encore s'il a disparu et ne reparaît décidément pas…). Alors, mais alors seulement, et comme en cas de vacance, l'élection présidentielle est organisée, sur convocation du gouvernement (*supra*, **52**) et, sauf cas de force majeure, entre le vingtième et le trente-cinquième jour (*infra*, **63**) qui suit la décision du Conseil constatant la vacance ou déclarant le caractère définitif de l'empêchement.

La durée de l'intérim n'est donc pas *a priori* limitée. Si elle ne peut normalement, en cas de vacance ou d'empêchement définitif, excéder une quarantaine de jours (temps nécessaire à l'organisation de l'élection et à la proclamation de ses résultats) elle pourrait, en cas d'empêchement provisoire, durer ce que durerait celui-ci.

Aléas de campagne
(sixième, septième et huitième alinéas)

59. Avant la date limite de dépôt des candidatures, le décès ou l'empêchement de l'un des candidats déclarés autorise le Conseil constitutionnel, s'il l'estime nécessaire, à décider le report de l'élection. C'est donc à lui qu'il revient d'apprécier la notion d'empêchement, par exemple de savoir si celui-ci inclut ou non une décision de nature judiciaire ayant conduit l'intéressé à ne plus se présenter. De même, c'est au Conseil, en fonction de l'audience présumée de la personne concernée, d'en tirer les conséquences : s'il s'agit d'une candidature jugée marginale, sa disparition peut ne pas suffire à justifier le report.

À l'inverse, celle d'un candidat significatif pourrait entacher gravement le scrutin si sa famille politique était privée de la possibilité de désigner un autre champion.

60. Le texte est néanmoins restrictif car il pose deux conditions, dont l'une au moins est sans doute trop stricte. La première est que l'intéressé ait annoncé publiquement sa candidature durant les trente jours précédents. Textuellement, cela signifierait que si la candidature avait été annoncée plus longtemps à l'avance, le décès ou l'empêchement ne permettrait pas le report de l'élection. Mais le Conseil constitutionnel ne serait sans doute pas tenu par une interprétation littérale qui pourrait provoquer des effets absurdes. En revanche, le texte est formel quant à la date du décès ou de l'empêchement susceptible d'autoriser le report : il faut qu'il intervienne durant les sept jours précédant la date limite de dépôt des candidatures. Si, donc, un candidat important venait à disparaître huit ou neuf jours avant, le Conseil n'aurait pas la faculté de reporter l'élection et une grande formation politique devrait alors improviser un candidat et une campagne dans des conditions de précipitation susceptibles de nuire gravement à ses chances, et donc à l'équité du scrutin.

61. Dès qu'est passée la date limite de dépôt des candidatures (et même, donc, si le Conseil constitutionnel n'a pas encore publié la liste officielle), le décès ou l'empêchement impose le report de l'élection. Ici, la stricte égalité entre les candidats prime l'évaluation de leurs chances. Mais le Conseil conserve une marge d'appréciation, limitée (*infra*, **63**), en ce qui concerne l'ampleur du report qu'il est alors obligé de prononcer.

62. Enfin, et très naturellement, le décès ou l'empêchement d'un des deux finalistes entraîne impérativement non pas un simple report, mais bien la nécessité de reprendre tout le processus : nouvelle convocation, nouveau délai de dépôt des candidatures, nouveaux premier et, le cas échéant, second tours.

Saisine du Conseil constitutionnel **(neuvième et dixième alinéas)**

63. Dans les débats qui ont entouré la révision de 1976, les parlementaires ont explicitement souhaité écarter l'autosaisine du Conseil constitutionnel, qui, bien qu'elle eût sans doute été pleinement justifiée en l'espèce, ne correspond pas aux traditions de la Ve République. En contrepartie, la saisine, contrairement au cas d'empêchement du président de la République en exercice, n'est pas réservée au seul gouvernement. Elle est ouverte au président de la République, au Premier ministre, aux présidents des assemblées, ou encore à 60 députés ou 60 sénateurs, et même à 500 des personnes (issues d'au moins 30 départements ou territoires d'outre-mer, aucun ne pouvant fournir plus de 50 signatures) qui ont la capacité de parrainer un candidat à l'élection présidentielle.

Le pouvoir, ou le devoir, qu'a le Conseil de reporter ou de recommencer l'élection ne peut être illimité. Aussi, quelle que soit l'hypothèse, elle doit être organisée dans les trente-cinq jours suivant la date à laquelle le Conseil constitutionnel a décidé, ou prononcé, le report ou le recommencement. Dans ce cas, le président de la République en exercice – qu'il s'agisse du président antérieurement élu ou de l'intérimaire – reste en fonction jusqu'à la proclamation du nouveau chef de l'État, aux lendemains de l'élection reportée ou recommencée.

64. Si prévoyant qu'ait été le constituant de 1976, il aurait dû régler au passage une autre hypothèse : celle de la disparition non pas d'un candidat mais du président élu. À raison de ce silence, il faudrait alors attendre la fin du mandat en cours, puis constater la vacance, puis déclencher l'intérim, puis convoquer une nouvelle élection. Sans doute serait-il plus expédient de prévoir, comme c'est déjà le cas au dixième alinéa, qu'une nouvelle élection est aussitôt organisée tandis que la fonction du prédécesseur est prorogée. Peut-être est-ce pour ne pas tenter ce dernier que l'on s'est abstenu.

Effets de l'intérim (onzième alinéa)

65. Pour ne pas ajouter la crise à l'incertitude, la mise en cause de la responsabilité du gouvernement et l'engagement ou la poursuite d'une révision de la Constitution ne sont possibles ni durant la vacance, ni dans l'intervalle qui sépare l'empêchement définitif du président et l'élection de son successeur. Il faut donc déduire de cette rédaction assez discutable que les articles 49, 50 et 89 peuvent s'appliquer en période d'empêchement provisoire. Ce n'est pas anormal s'agissant de la responsabilité du gouvernement car, l'empêchement provisoire pouvant durer, il n'y a pas lieu d'enfermer dans une parenthèse trop longue les mécanismes des articles 49 et 50. En revanche, la rédaction retenue donne à penser que le président par intérim pourrait prendre l'initiative d'une révision constitutionnelle (puisqu'elle n'est interdite qu'entre le constat de l'empêchement *définitif* et l'élection, elle est autorisée tant que l'empêchement est provisoire), ce qui est pour le moins singulier. Quant aux procédures en cours au moment où apparaîtrait l'une des hypothèses prévues par cet alinéa, l'on est en droit de penser qu'elles devraient être impérativement suspendues.

Article 8

Le président de la République nomme le Premier Ministre. Il met fin à ses fonctions sur présentation par celui-ci de la démission du Gouvernement.

Sur la proposition du Premier Ministre, il nomme les autres membres du Gouvernement et met fin à leurs fonctions.

Le Premier ministre

66. S'il choisit en principe librement le Premier ministre, le président de la République, toujours en principe, ne peut pas le révoquer puisque seule la démission du gouvernement entraîne son départ.

a) La nomination

67. Dès lors que la place est vacante, et seulement dans ce cas (*infra*, b), le chef de l'État a la possibilité de désigner le Premier ministre. Il le fait par un décret dont il est le seul signataire (*infra*, article 19). Son pouvoir n'est soumis à aucune contrainte autre que celle de la vacance du poste : il nomme absolument qui il veut, sans la moindre limite et sans condition explicite ni d'âge, ni même de nationalité.

L'article 8 n'impose pas non plus de délai : c'est au président qu'il revient de fixer celui qu'il estime approprié. Normalement, il agit sans délai. Toutefois, lorsque Édouard Balladur a présenté, le 10 mai 1995, la démission de son gouvernement, il n'a pas été aussitôt remplacé par François Mitterrand, qui a évidemment laissé ce soin à son successeur. Celui-ci aurait pu agir dès son entrée en fonction, le 17 mai. Il a préféré attendre le lendemain. Mais il aurait pu aussi ne le faire que plus tard.

La nomination par le président de la République suffit à donner au Premier ministre la plénitude de sa fonction : cette dernière, contrairement à ce qui se produisait sous les Républiques antérieures, n'est plus subordonnée à un vote parlementaire (*infra*, article 49). Toutefois, parce que le gouvernement est responsable devant le Parlement (*infra*, articles 20 et 49), il faut que le Premier ministre, sauf à être immédiatement renversé, soit acceptable pour la majorité parlementaire, c'est-à-dire de même couleur politique que celle-ci.

Est-ce à dire que, sous cette réserve, le président agit totalement à sa guise ? Beaucoup moins qu'on ne le dit, car on peut ici avancer un théorème et un corollaire.

68. Théorème : le premier chef du gouvernement d'un mandat présidentiel n'est jamais une surprise, le second toujours. Corollaire : le choix présidentiel est juridiquement discrétionnaire mais politiquement contraint pour le premier Premier ministre d'un mandat. Cela peut aisément se constater et, le tenant pour acquis, il importe davantage de l'expliquer.

Au lendemain de son élection, le nouveau président doit s'élever vers l'Olympe (ou le retrouver, en cas de réélection, après que la campagne l'a obligé à en descendre) sur lequel sa fonction est supposée s'exercer. Il lui faut se détacher des contingences de sa vie antérieure et il ne peut donc entamer son mandat en devant justifier le choix qu'il fait de son Premier ministre. Aussi lui faut-il désigner celui que tout le monde attend, auquel tout le monde s'attend, fût-ce depuis peu comme Jean-Pierre Raffarin. Celui-ci, parce qu'il aura su s'imposer comme une sorte d'évidence pendant la campagne électorale – évidence tenant à la combinaison, très sélective, entre des caractéristiques personnelles et la situation politique du moment –, conquiert donc Matignon plus qu'il ne le reçoit.

Au lendemain de son élection, Emmanuel Macron a, en 2017, choisi avec Édouard Philippe un responsable politique de droite comme Premier ministre. C'était l'aboutissement politique de sa campagne présidentielle renouvelée et n'était à ce titre plus une surprise. Pour autant nombre d'évidences antérieures ont semblé devoir être remises en cause en 2017 et notamment ce théorème du choix des premiers Premier ministres. L'avenir le dira.

C'est, dans un premier temps, un élément de commodité pour le nouveau chef de l'État. Sans avoir à subir les affres d'un choix, il dispose à ses côtés d'une personnalité qui a prouvé qu'elle existait par elle-même et détient donc les atouts nécessaires pour imposer son autorité à la majorité parlementaire. Mais, pour les mêmes raisons, la situation finit par se tendre : parce qu'il ne doit pas tout au président, parce qu'il existe par lui-même, parce que, de ce double fait, il aspire à incarner une politique qui lui soit propre au moins en partie, tout premier Premier ministre, tôt ou tard et sans que sa loyauté soit en cause, est conduit à s'éloigner peu ou prou du chef de l'État, ou le chef de l'État de lui, à moins que ce soit son usure qui ait rendu son remplacement inévitable.

C'est aussi ce qui explique que le second Premier ministre (sauf dans le cas très particulier de Lionel Jospin, qui a dû sa nomination aux électeurs et non au président) soit à l'opposé de son prédécesseur : le sort tombe sur lui comme il aurait pu tomber sur d'autres ; ce qui lui est demandé avant tout, indépendamment des qualités qui peuvent être les siennes, c'est d'apparaître clairement comme une créature présidentielle, n'ayant, *a priori*, pas d'autre légitimité que celle que lui confère l'onction du chef de l'État. Ce dernier, dans une seconde étape de son mandat, alors que généralement se profilent des échéances électorales, marque ainsi son intérêt renouvelé pour le champ intérieur et fait en sorte que nul n'en ignore. Même la nomination de Dominique de Villepin n'infirme pas ce théorème : si elle n'a pas surpris, tant il semblait évident que Jacques Chirac en avait depuis longtemps envie, elle a porté à Matignon un titulaire qui devait tout à la confiance présidentielle et rien à sa propre légitimité, inexistante. À sa manière, la reconduction, à l'automne 2010, de François Fillon, seul chef du gouvernement à être demeuré en place tout au long du mandat de celui qui l'avait nommé, constitua également une surprise. Le résultat final n'en démontra pas le bien-fondé. Le choix de Manuel Valls, qui avait obtenu 6 % des voix à la primaire de la gauche de 2011, fut également un choix du président de la République.

69. À ce jour, seuls deux présidents de la République ont nommé trois Premiers ministres pendant un seul mandat. D'une part, François Mitterrand en 1992 obligé de remplacer précocement – mais pas prématurément – Édith Cresson. D'autre part, François Hollande en 2016 à la suite de la démission de Manuel Valls voulant se présenter à la primaire de la gauche. Ces deux situations sont trop singulières pour que des règles puissent en être déduites. En revanche, le président, s'il perd les élections législatives, perd du même coup le choix du Premier ministre. Non seulement il doit désigner un adversaire, mais il lui faut prendre celui que la nouvelle majorité lui impose, Jacques Chirac en 1986, Édouard Balladur en 1993, Lionel Jospin en 1997. Certes, il tente de faire croire qu'il pourrait agir autrement mais, en réalité, très affaibli par sa défaite législative, il n'a pas l'autorité qui lui permettrait de s'affranchir des contraintes.

Ainsi donc, quoique tout candidat à l'élection présidentielle, hors Nicolas Sarkozy, se pique d'entretenir un faux suspense sur le nom de celui qu'il nommerait Premier ministre, quoique le président en situation de cohabitation feigne de disposer d'une marge de choix, le pouvoir présidentiel est loin d'être aussi libre que l'article 8 le donne à penser.

b) La démission

70. Elle est obligatoire, en cas de désapprobation du programme ou d'une déclaration de politique générale ou en cas d'adoption d'une motion de censure (*infra*, article 50). Sinon, elle est toujours volontaire, ce qui ne signifie pas pour autant qu'elle soit voulue. Seule la démission du précédent donne lieu à un nouveau gouvernement (parfois avec le même Premier ministre), tandis que les changements, quelle que soit leur importance, qui interviennent sans cette démission collective présentée par le Premier ministre sont simplement des remaniements ou réaménagements.

Même lorsque la démission est obligatoire, seul le président de la République, du fait de l'article 8, met fin aux fonctions du gouvernement. Aussi longtemps qu'il ne l'a pas fait (par un décret sans contreseing), le gouvernement demeure en fonction. Si le Premier ministre a présenté la démission, les compétences du gouvernement se limitent « selon un principe traditionnel du droit public » (Conseil d'État, 19 octobre 1962, *Brocas*) à l'expédition des affaires courantes, notion qui inclut les décisions relevant de l'activité quotidienne et continue de l'administration et, sous le contrôle du juge administratif, les décisions commandées par l'urgence.

Quant à la démission volontaire, elle peut être spontanée ou provoquée.

71. Au lendemain d'un scrutin national, présidentiel ou législatif, le chef du gouvernement démissionne. Ne l'y force que la tradition, qu'on appelle républicaine, à laquelle aucun n'a dérogé, quelles que soient les circonstances, dissipant ainsi les fantasmes oublieux que certaines lois non écrites sont plus contraignantes encore que les autres (ainsi, avant chaque alternance, des esprits plus imaginatifs que perspicaces avaient-ils évoqué le droit du Premier ministre en exercice de ne pas se retirer).

Hors cette situation, seuls deux Premiers ministres, à ce jour, ont quitté Matignon de leur propre fait. D'une part, Jacques Chirac, qui, en août 1976, avait décidé de mettre ainsi un terme au conflit larvé qui l'opposait depuis plusieurs semaines au président Giscard d'Estaing. D'autre part, Manuel Valls, en décembre 2016, pour se présenter à la primaire de la gauche.

72. Dans tous les autres cas, la démission a été provoquée par le chef de l'État. Michel Jobert affirmait que le général de Gaulle demandait au Premier ministre qu'il nommait de lui remettre une lettre de démission non datée, de sorte qu'il pût s'en séparer au moment de son choix. À supposer le fait exact, il s'agissait d'une précaution superflue : qui accède à Matignon sait n'être pas maître de sa durée. Si injuste qu'il puisse éventuellement la trouver au moment de son départ, il accepte cette règle du jeu, qui, elle non plus, n'est pas moins contraignante pour n'être qu'implicite.

Aurait-il la tentation de se rebeller que ceux-là mêmes qui peuvent regretter son départ, et à plus forte raison les autres, jugeraient inconvenante la velléité de se maintenir si elle devait ouvrir une crise.

C'est ce qui explique qu'aucun des Premiers ministres sollicités (ce que traduit la rédaction des lettres de démission) de céder la place n'ait balancé à le faire, quelque amertume que plusieurs d'entre eux aient pu remâcher ensuite.

73. Encore faut-il souligner, à nouveau, que la question du départ provoqué ne se pose avec acuité que pour le premier chef du gouvernement d'un président, la durée de vie du second et, s'il y a lieu, des suivants étant toujours bornée par une échéance électorale.

C'est donc une situation singulière que celle de ce Premier ministre, dont l'arrivée et le départ, en fait, se font tout au rebours de ce que la Constitution affirme. Celui qui ouvre un mandat doit sa nomination avant tout à lui-même et sa retraite au président, alors que l'article 8 prévoit exactement l'inverse. Pour le second Premier ministre (hors cohabitation), le chef de l'État dispose enfin d'une véritable liberté de choix, mais il perd en contrepartie la maîtrise de la durée car, sauf catastrophe, le chef du gouvernement est assuré de demeurer en place jusqu'aux élections nationales suivantes. Quant au Premier ministre de cohabitation, le président n'a ni le choix du nom, imposé par les dirigeants de la majorité, ni le choix de la durée, dictée par l'échéance suivante.

Là où la Constitution prévoit un pouvoir totalement discrétionnaire quant au nom du titulaire et ne prévoit aucun choix quant à sa durée, la réalité varie au long du mandat : pour son premier chef du gouvernement, le président n'a pas le choix du nom mais il a celui de la durée ; pour le deuxième, il a le choix du nom mais n'a pas celui de la durée ; pour le troisième, il n'a le choix ni du nom ni de la durée.

Les autres membres du gouvernement

74. Qu'il s'agisse de les nommer ou de les révoquer, cela procède toujours d'une codécision dans laquelle en principe le Premier ministre propose et le président dispose.

a) La nomination

75. Sous réserve qu'il soit exercé en commun, ce pouvoir est inconditionnel. Président et Premier ministre peuvent désigner qui ils souhaitent, ne sont tenus au respect ni de nombres, ni de dénominations, ni de structures.

Les effectifs gouvernementaux ont pu varier du simple (Pompidou III, 26 membres) à près du double (Rocard II, 47 membres).

Aux deux échelons classiques – ministre, secrétaire d'État – s'ajoutent occasionnellement d'autres catégories – ministre d'État, ministre délégué. De 2007 à 2010, Martin Hirsch a été membre du gouvernement en tant que Haut Commissaire aux Solidarités actives et Haut Commissaire à la Jeunesse. Le décret de nomination détermine un ordre protocolaire entre les ministres de plein exercice, juridiquement égaux, le titre de ministre d'État n'étant qu'honorifique. Les ministres délégués et secrétaires d'État, en revanche, le sont soit auprès du Premier ministre, soit même auprès d'un autre ministre ou, parfois, autonomes. Membres du gouvernement, tous ne sont néanmoins pas membres du Conseil des ministres (*infra*, **82**).

76. La structure du gouvernement n'est pas fixe. Tous les ministères ont au moins une fois changé de dénomination sous la Ve République et souvent de contours. Même le ministère de la Justice, pourtant ainsi dénommé à l'article 65 de la Constitution, s'est intitulé « ministère de la Justice et des Libertés » de 2009 à 2012. Au lendemain de la nomination, ou du remaniement, de chaque gouvernement sont pris, en Conseil d'État et en Conseil des ministres, les décrets d'*attribution* qui répartissent les services de l'État entre les membres du gouvernement, provoquant parfois le nomadisme de certaines directions d'administration centrale, qui vont d'un ministère à l'autre.

En fait, ce sont évidemment des considérations avant tout politiques qui président à la composition du gouvernement. Sa structuration administrative est un moyen peu coûteux pour manifester une volonté, faire valoir une originalité ou indiquer une priorité. Sa structuration politique obéit à des exigences plus strictes. Elles varient selon les périodes.

77. Après une élection présidentielle, qu'elle soit ou non suivie d'une dissolution, la composition politique du gouvernement reflète toujours la majorité présidentielle. Ce sont normalement les forces qui ont soutenu le candidat élu qui sont représentées au sein du cabinet, quelle qu'ait été auparavant leur attitude au sein du Parlement. Et c'est en partie pour avoir manqué à cette règle de bienséance politique, en excluant du gouvernement formé au lendemain de la présidentielle de 1995 tous ceux qui avaient soutenu Édouard Balladur, que Jacques Chirac n'a cessé de rencontrer des difficultés avec ses députés, qui n'ont sûrement pas été sans conséquences sur le choix des Français en 1997. Au contraire, Nicolas Sarkozy a voulu manifester son esprit d'ouverture et son ouverture d'esprit en confiant des responsabilités importantes à des personnalités de gauche qui, quelques jours auparavant, appartenaient au camp de sa concurrente. Il a renoué ainsi avec la pratique que Mitterrand avait inaugurée en 1988.

À l'opposé, en cas de cohabitation, c'est bien sûr la majorité parlementaire qui seule structure la composition du gouvernement, y compris, comme entre 1997 et 2002, dans toutes les nuances de sa pluralité.

Entre ces deux situations, il n'y a pas de règle, circonstances politiques et choix des acteurs dictant les solutions.

78. Enfin, la sélection des personnes relève toujours d'une codécision, toujours inégalitaire. En période normale, le président de la République est l'autorité décisive, le Premier ministre n'ayant qu'une influence réelle mais résiduelle. En période de cohabitation, le Premier ministre est l'autorité décisive, le président de la République n'ayant qu'une influence réelle mais résiduelle : tout au plus peut-il refuser de nommer quelqu'un avec qui il ne pourrait pas s'entendre dans les domaines de la Défense nationale et des Affaires étrangères (*supra*, article 5 ; *infra*, articles 15 et 52), où la Constitution lui attribue des responsabilités particulières.

b) La démission ou la révocation

79. Tout membre du gouvernement peut démissionner, ce qui dépend de lui seul. Tout membre du gouvernement peut être révoqué, ce qui suppose encore la codécision du président et du Premier ministre.

La liberté de démission est le gage de la solidarité gouvernementale : celui qui estime ne pas pouvoir soutenir une décision est libre de partir, en contrepartie de quoi, aussi longtemps qu'il demeure, il doit manifester sa solidarité avec l'action de ses collègues, même lorsqu'il n'y est pas associé.

La révocation, plus rare encore, est purement et simplement une sanction politique.

Pour autant, la distinction entre démission et révocation, juridiquement claire, ne l'est pas politiquement : il peut se produire en effet qu'un ministre, s'il ne s'y résout pas lui-même, soit invité, avec plus ou moins d'insistance et de discrétion, à démissionner.

Hélas, il se produit surtout que des ministres ne songent jamais à démissionner, lorsqu'ils le devraient. Si un dysfonctionnement grave se révèle, le fait qu'il se soit produit sous leur autorité, même s'ils y sont étrangers, doit les conduire à en assumer les conséquences. C'est comme cela que fonctionne la responsabilité politique, parfois injuste dans ses effets mais toujours nécessaire dans son principe, et c'est faute, trop souvent, qu'il en aille ainsi que l'on va chercher des ressources funestes du côté de la responsabilité pénale (*infra*, article 68-1).

Emmanuel Macron a innové sur ce point comme sur d'autres en inventant la démission comme étape vers l'Élysée. En quittant ses fonctions plusieurs mois avant la décision de François Hollande de ne pas se représenter, il a détaché l'annonce de sa candidature de ce renoncement. Sa démission est alors apparue comme un acte de liberté personnelle dans une démarche inédite.

Article 9

Le président de la République préside le Conseil des Ministres.

80. Pour être laconique, cet article n'en est pas moins essentiel. S'il est vrai que le gouvernement peut se réunir sous la présidence du Premier ministre, et l'on parle alors de *conseil de gouvernement* ou conseil de cabinet, il ne le fait – sauf exception, par exemple tous les quinze jours autour de M. Valls puis autour de M. Cazeneuve – que très rarement. Aussi est-ce en présence et sous l'autorité du président de la République que les ministres délibèrent, sauf les cas exceptionnels (*infra*, **156**) dans lesquels le Premier ministre le supplée.

Cette présidence, déjà consacrée au profit du chef de l'État par l'article 32 de la Constitution de 1946, est devenue beaucoup plus effective dès 1958.

81. Il se déduit de cette présidence que le chef de l'État est maître de l'ordre du jour et de la délibération. Or les dispositions constitutionnelles sont nombreuses qui mentionnent l'intervention obligatoire du Conseil (*infra*, articles 13, 36, 38, 39, 49, 74-1, 76). Le président, dès lors, est en mesure de peser directement sur les décisions qui, bien qu'étant de compétence gouvernementale, ne peuvent être prises qu'en sa présence.

Au besoin, en période de cohabitation, rien n'est plus facile que de transformer un projet en proposition de loi pour court-circuiter le Conseil des ministres.

L'ordre du jour, concerté entre les deux chefs de l'exécutif, généralement lors d'une rencontre du vendredi, est arrêté le lundi, lorsque le président de la République reçoit le secrétaire général du gouvernement. Il est divisé en trois parties (depuis que François Hollande a refermé la parenthèse que Nicolas Sarkozy avait ouverte en n'en ménageant que deux : communications et adoption de décisions) : la partie A, dans laquelle sont adoptés (la Constitution dit délibérés, mais il est rarissime que la pratique s'y conforme à ce stade) les projets de loi, les décrets en Conseil des ministres, les ordonnances ou les engagements de responsabilité (*infra*, articles 13, 39 et 49) ;

la partie B, qui concerne les mesures individuelles ; la partie C, où sont inscrites les communications faites au Conseil par les membres du gouvernement (sur les travaux en cours ou la situation dans un secteur donné).

82. La composition du Conseil est variable. Y siègent, outre le président de la République et le Premier ministre, tous les ministres de plein exercice. La participation des ministres délégués dépend de ce que prévoit à ce sujet leur décret de nomination, tandis qu'en règle générale les secrétaires d'État n'y sont conviés, s'ils existent, que lorsque l'ordre du jour justifie leur présence. En revanche, le secrétaire général de la présidence de la République et le secrétaire général du gouvernement assistent au Conseil des ministres, sans en être membres. Conclusion : l'on peut être ministre (délégué) et ne pas siéger au Conseil, ou y siéger sans être ministre (secrétaire d'État).

83. Le fonctionnement de cette instance essentielle n'est régi par aucun autre article de la Constitution. Ses compétences peuvent être étendues par une simple loi (lorsqu'elle prévoit l'intervention d'un décret en Conseil des ministres) ou simplement par l'usage (*infra*, **89**). On ne vote normalement pas (*infra*, **110**) au Conseil des ministres : d'une part, en effet, la République a un président et le gouvernement un chef qui, l'un comme l'autre, ont des pouvoirs de décision qu'aucun vote des ministres ne saurait amputer ; d'autre part, le Conseil des ministres est le lieu de décisions dont en fait il n'est jamais l'auteur.

Sur chaque sujet, le président prend la parole en dernier et nul ne s'exprime après lui. Maintes fois rappelée, et encore plus souvent transgressée, la règle du secret s'y impose. Le secrétaire général du gouvernement, en principe seul autorisé à prendre des notes, dresse le procès-verbal, tandis qu'un communiqué officiel, préparé à l'avance et éventuellement retouché en séance, est publié à l'issue de la réunion, traditionnellement hebdomadaire, traditionnellement le mercredi matin. À la suite des attentats du 13 novembre au soir, le Conseil des ministres s'est tenu le samedi 14 novembre à 0 heure ; l'état d'urgence a alors été déclaré.

84. Il semble, en fait, que le Conseil des ministres ait sensiblement changé de nature au fil des ans. Il est l'endroit et le moment où s'incarne la collégialité gouvernementale, celui où, longtemps, se sont tenus les débats les plus importants. Or, pendant quelques années, la durée s'était constamment raccourcie, au point que parfois moins d'une heure, voire moins d'une demi-heure, suffisait à une discussion appauvrie, tarie, jusqu'à ne plus exister, tandis que s'y était instaurée, aux dires des témoins, l'atmosphère empesée d'une instance désormais consacrée à enregistrer des décisions, bien plus qu'à les délibérer.

Sans être redevenu ce qu'il était au début de la Ve République, le Conseil semble s'être ranimé depuis 1995. Même la cohabitation ne l'a pas complètement renvoyé au pur formalisme et l'ambiance y paraissait plutôt détendue, au moins hors périodes électorales.

Il reste qu'une nouvelle évolution devra s'opérer afin que le Conseil des ministres justifie à nouveau son nom et redevienne ce qu'il doit être : le lieu d'une collégialité active, solidaire et, partant, efficace.

Dès le premier Conseil des ministres de son quinquennat, Emmanuel Macron a indiqué sa volonté de refaire du Conseil un lieu d'échanges.

Article 10

Le président de la République promulgue les lois dans les quinze jours qui suivent la transmission au Gouvernement de la loi définitivement adoptée.

Il peut, avant l'expiration de ce délai, demander au Parlement une nouvelle délibération de la loi ou de certains de ses articles. Cette nouvelle délibération ne peut être refusée.

85. La promulgation est l'acte par lequel le chef de l'État authentifie la loi et la rend exécutoire. En ce sens, il se distingue de la *sanction*, plutôt pratiquée par les régimes monarchiques, qui, à l'origine au moins, comportait une connotation d'assentiment, totalement absente dans la promulgation.

Au contraire, il s'agit là du seul cas dans lequel une compétence présidentielle est enfermée dans un délai strict. Le président de l'assemblée qui a procédé à la lecture définitive de la loi en transmet aussitôt le texte au gouvernement (en fait, à son secrétaire général). Celui-ci recueille alors les contreseings, en sens inverse de l'ordre hiérarchique, de sorte que tous les ministres aient déjà signé quand le texte est présenté au Premier d'entre eux, puis que celui-ci l'ait paraphé à son tour lorsqu'il est soumis au chef de l'État, qui se trouve donc ici avoir compétence liée, c'est-à-dire être tenu de signer, qu'il approuve le texte ou non.

C'est avant l'achèvement de cette procédure que le Conseil constitutionnel peut être saisi dans le cadre de l'article 16, ce qui suspend le délai de promulgation, lequel ne recommencera à courir qu'à compter de la date de la décision du Conseil constitutionnel (*infra*, **404**). Ce mécanisme ayant fait craindre qu'une promulgation accélérée interdise la saisine du Conseil, l'usage s'est instauré selon lequel le secrétariat général du gouvernement suspend de lui-même la procédure lorsqu'il est informé que la loi va être déférée au contrôle du juge (*infra*, **421**). Faut-il encore qu'on l'en informe : alors que, avec soixante de ses collègues, M. Xavier de Villepin, sénateur, voulait déférer la réforme du service national, il n'en avait avisé personne, notamment pas son fils Dominique, alors secrétaire général de l'Élysée, qui présenta donc le texte à la promulgation présidentielle. Une fois celle-ci opérée, le Conseil ne put que constater la tardiveté de la saisine arrivée ensuite (97-392 DC du 7 novembre 1997).

86. Ce peut être soit dans le cadre, soit indépendamment, de l'obligation qui lui est faite de veiller au respect de la Constitution (*supra*, article 5) que le président de la République peut surseoir à promulguer en demandant au Parlement une nouvelle délibération.

Le Conseil constitutionnel (85-197 DC du 23 août 1985) a rappelé que, sur le fond, ce pouvoir « n'est soumis à aucune condition autre que celles résultant de ce texte » (l'article 10). Sur la forme, il souligne également que la demande de seconde délibération résulte d'un décret qui n'est nullement dispensé du contreseing (*infra*, article 19). Or obtenir celui-ci ne va pas toujours de soi, si le contexte politique ne s'y prête pas.

Sous cette réserve, le président peut donc faire usage de son droit à toute fin qu'il juge utile. Ce pourrait être pour inviter solennellement le Parlement à reconsidérer une position. Ce fut, le 13 juillet 1983, pour revenir sur la décision d'organiser l'Exposition universelle de 1989 à Paris (pour tenir compte, comme promis, du refus finalement opposé par le maire), le projet ayant ensuite disparu dans les oubliettes. Ce fut surtout le cas, en août 1985, afin de permettre aux assemblées de tirer les conséquences de l'inconstitutionnalité de certains articles de la loi, déclarés non conformes par une décision du Conseil, précédent réutilisé depuis.

87. Quant à la notion de nouvelle délibération, elle est sujette à interprétation. Le Conseil constitutionnel a observé qu'il n'y avait pas lieu d'opérer une distinction entre la nouvelle délibération et la nouvelle lecture que mentionne l'article 23 de l'ordonnance organique du 7 novembre 1958. Dans les deux cas, la délibération doit s'entendre du nombre de lectures nécessaires, dans chaque assemblée, pour parvenir à l'adoption du texte dans les conditions prévues par l'article 45 de la Constitution (*infra*).

Enfin, si cette nouvelle délibération ne peut être refusée, elle n'est pour autant pas enfermée dans un délai. Mais comme elle suspend celui de la promulgation, exécutif et législatif n'ont de choix qu'entre procéder à la nouvelle délibération ou se résigner à ce que la loi précédemment votée n'entre jamais en vigueur.

Article 11

Le président de la République, sur proposition du Gouvernement pendant la durée des sessions ou sur proposition conjointe des deux assemblées, publiées au Journal officiel, peut soumettre au référendum tout projet de loi portant sur l'organisation des pouvoirs publics, sur des réformes relatives à la politique économique, sociale ou environnementale de la Nation et aux services publics qui y concourent, ou tendant à autoriser la ratification d'un traité qui, sans être contraire à la Constitution, aurait des incidences sur le fonctionnement des institutions.

Lorsque le référendum est organisé sur proposition du

Gouvernement, celui-ci fait devant chaque assemblée une déclaration qui est suivie d'un débat.

Un référendum portant sur un objet mentionné au premier alinéa peut être organisé à l'initiative d'un cinquième des membres du Parlement, soutenue par un dixième des électeurs inscrits sur les listes électorales. Cette initiative prend la forme d'une proposition de loi et ne peut avoir pour objet l'abrogation d'une disposition législative promulguée depuis moins d'un an.

Les conditions de sa présentation et celles dans lesquelles le Conseil constitutionnel contrôle le respect des dispositions de l'alinéa précédent sont déterminées par une loi organique.

Si la proposition de loi n'a pas été examinée par les deux assemblées dans un délai fixé par la loi organique, le président de la République la soumet au référendum.

Lorsque la proposition de loi n'est pas adoptée par le peuple français, aucune nouvelle proposition de référendum portant sur le même sujet ne peut être présentée avant l'expiration d'un délai de deux ans suivant la date du scrutin.

Lorsque le référendum a conclu à l'adoption du projet ou de la proposition, le président de la République promulgue la loi dans les quinze jours qui suivent la proclamation des résultats de la consultation.

88. Créés par la Révolution, exploités par les Bonaparte, les appels directs au peuple, par-dessus les assemblées, ont toujours été envisagés avec réticence par les républicains en général et la gauche en particulier, hostilité encore accrue par le recours dictatorial au référendum qu'ont pratiqué, chez nos voisins immédiats, aussi bien Hitler avant-guerre que Franco après.

Mais le référendum, dans sa version démocratique, faisait néanmoins partie de la geste gaullienne, qui y voyait à la fois l'instrument d'un « arbitrage national » et la manifestation du lien qui unit le peuple à celui qui préside à ses destinées.

C'est la raison pour laquelle la Constitution en fait, au même titre que les représentants, l'un des deux moyens dont le peuple dispose pour exercer la souveraineté qui lui appartient (*supra*, article 3).

Le référendum est aujourd'hui prévu aussi dans le cadre de l'élargissement de l'Europe (*infra*, article 88-5) et de la révision constitutionnelle (*infra*, article 89). Il se trouve également, sous une forme atténuée et partielle (qui justifie d'ailleurs que le terme ne soit pas employé), dans la consultation des populations intéressées par une cession, un échange ou une adjonction de territoire (*infra*, article 53), ainsi que, dans sa version locale, à l'article 72-1 (*infra*). et pour les changements statutaires pour les collectivités d'outre-mer à l'article 72-4 (*infra*) et les accords de Nouméa à l'article 76 (*infra*) Mais c'est l'article 11 qui envisage son utilisation jusqu'ici la plus fréquente.

89. La décision appartient au président de la République. Elle n'est pas soumise à l'obligation du contreseing du Premier ministre (*infra*, article 19), mais cela n'a guère de portée dans la mesure où le chef de l'État ne peut théoriquement agir de sa propre autorité, puisqu'il lui faut être saisi d'une proposition. Celle-ci peut émaner du gouvernement ou des deux assemblées.

La préférence donnée au gouvernement, plutôt qu'au seul Premier ministre comme à l'article 89, marquait à l'origine le souci d'engager la collégialité ministérielle et non son seul chef. Si la proposition ne peut être faite que lorsque le Parlement est en session, c'est pour permettre à ce dernier, le cas échéant, de mettre en cause la responsabilité du gouvernement qui propose, faute de pouvoir s'en prendre au président qui dispose, et c'est exactement ce qui s'était produit en 1962 (*supra*, **32**). En outre, et bien que la Constitution n'en fasse pas explicitement obligation, cette proposition a toujours été faite en Conseil des ministres (*supra*, **83**).

Quant à l'initiative parlementaire, elle ne peut, curieusement, s'exercer que sur un texte d'origine gouvernementale. La Constitution ne prévoit pas qu'une proposition de loi (*infra*, **261**) puisse faire l'objet d'un référendum, hors les cas où il s'agit d'une initiative minoritaire (*infra*, **98**) ou d'une proposition de loi constitutionnelle (*infra*, **527**). La procédure, prévue par les règlements des assemblées, suppose une motion de renvoi au référendum qui, si elle est adoptée par l'une des deux chambres, est transmise à l'autre. Si cette motion est également délibérée et adoptée par la seconde assemblée saisie, ce qui n'est jamais arrivé à ce jour, le président de la République n'est pas pour autant tenu de convoquer le référendum : la Constitution exprime bien que, même dans ce cas, il *peut* soumettre le texte au peuple, et non qu'il y est tenu.

90. La révision opérée sur cet article par la loi constitutionnelle n° 95-880 du 4 août 1995 a ajouté une étape supplémentaire à la procédure. Désormais, lorsque la proposition émane du gouvernement, ce dernier est tenu de faire, devant chaque assemblée, une déclaration suivie d'un débat, mais non sanctionnée par un vote.

Il peut paraître normal qu'une discussion qui va être portée devant les Français, qui va (plus ou moins) occuper les médias et (plus ou moins) mobiliser l'opinion, se déroule aussi, et en l'occurrence d'abord, au Parlement.

Mais, dans le même temps, il y a pourtant quelque chose de contradictoire à engager simultanément une consultation parlementaire et une procédure référendaire (dans le cas de l'article 89, il ne peut y avoir de référendum que sur un texte préalablement *adopté* dans les mêmes termes par les deux assemblées). Si le Parlement débat sur le projet, ne pas le laisser décider ne suggère-t-il pas qu'il manque de légitimité ? Si le peuple s'exprime lui-même, est-il besoin de donner la parole d'abord à ses représentants, au risque d'ailleurs de voir un grand nombre de ceux-ci ultérieurement contredits ? De plus, s'il est vrai que le débat ne doit pas se conclure par un vote, il reste que l'opposition, quelle qu'elle soit, sera souvent tentée de juger l'initiative intempestive, et de déposer en conséquence une motion de censure (*infra*, **335**). Quant à la majorité, qu'on n'a pratiquement jamais vue unanime sur l'opportunité d'un référendum, le débat lui donnera l'occasion d'étaler ses divisions, ou au moins ses nuances, ce qui pourra suffire à dissuader l'initiative présidentielle.

91. S'agissant de l'objet auquel doit être consacré le projet soumis à l'approbation des Français, il a évolué. À l'origine, il était limité aux textes portant sur « l'organisation des pouvoirs publics, comportant approbation d'un accord de Communauté ou tendant à la ratification d'un traité qui, sans être contraire à la Constitution, aurait des incidences sur le fonctionnement des institutions ».

La Communauté ayant disparu en 1962 (*infra*, **494**), ne subsistaient donc que l'organisation des pouvoirs publics et les traités. De ce fait, ne pouvaient faire l'objet d'un référendum les sujets qui concernaient le plus directement les Français, ceux relatifs à ce qu'on a appelé, par une formule usuelle, les grandes questions de société.

François Mitterrand avait donc proposé, en 1984, d'élargir le champ du référendum aux projets « concernant les garanties fondamentales des libertés publiques ». Le texte était bon mais le contexte mauvais, et la révision avait très vite échoué (*infra*, **530**). Et ce sont finalement les ajouts introduits sous Jacques Chirac et Nicolas Sarkozy qui ont conduit au texte actuel.

92. Aux rubriques existantes ont été ajoutées les réformes relatives à la politique économique et sociale (et environnementale en 2008) de la Nation et aux services publics qui y concourent.

En la forme, il aurait été logique de profiter de l'occasion pour modifier la définition des traités relevant du référendum. Il était en effet normal de n'envisager que ceux ayant des incidences sur le fonctionnement des institutions lorsque le référendum était limité à l'organisation des pouvoirs publics. Mais dès lors que d'autres sujets entrent dans son champ, il aurait été sage d'y faire entrer aussi les traités ayant des incidences sur les mêmes sujets (un nouveau traité européen, par exemple, qui emporterait une réforme profonde de la politique économique, sociale ou environnementale de la Nation, ne pourrait pas, dans une application littérale de l'article 11, être soumis à référendum faute d'avoir une incidence sur le fonctionnement des institutions…).

Sur le fond, le champ ainsi défini est à la fois trop étroit et trop large.

Trop étroit à un double titre : d'une part, tout le champ des libertés ainsi que de très nombreuses décisions de caractère hautement politique sont fermés à la consultation populaire (après tout, une reprise des essais nucléaires, pour s'en tenir à ce seul exemple, aurait pu mériter une décision référendaire) ; d'autre part, la limitation à des *réformes* interdit de demander aux Français de réaffirmer leur attachement à un acquis (on pourrait, par exemple, proposer de remettre en cause, par référendum, la scolarité gratuite, laïque et obligatoire car ce serait une réforme, mais on ne pourrait, par référendum, demander aux Français de confirmer leur faveur à ces principes républicains, lors même qu'ils seraient contestés dans des débats récurrents).

Trop large, le nouveau champ du référendum l'est aussi en ce que la réforme de la politique économique et sociale de la Nation et des services publics qui y concourent couvre un domaine tel qu'il multiplie les occasions, et les tentations, de porter atteinte à des règles ou principes de valeur constitutionnelle.

93. Une loi adoptée par référendum est promulguée dans les quinze jours non pas du vote, contrairement aux lois parlementaires (*supra*, article 10), mais de la proclamation des résultats par le Conseil constitutionnel.

Elle prend, dans la hiérarchie des normes, la place que son contenu lui donne. Selon qu'il s'agit de dispositions de nature constitutionnelle (*infra*, **100**), organique ou ordinaire, elles pourront être ensuite modifiées, voire abrogées, par une loi constitutionnelle, organique ou ordinaire, sans repasser par un référendum (et des dispositions de caractère réglementaire adoptées par le peuple pourraient même être modifiées par décret, rien ne s'opposant formellement à leur déclassement, *infra*, **250**).

En revanche, depuis sa décision du 6 novembre 1962, le Conseil constitutionnel se déclare incompétent pour se prononcer sur la conformité à la Constitution d'une loi adoptée par référendum, dans laquelle il voit « l'expression directe de la souveraineté nationale » (62-20 DC du 6 novembre 1962). De même le Conseil juge qu'une question prioritaire de constitutionnalité ne peut pas porter sur une loi adoptée par référendum (n° 2014-392 QPC du 25 avril 2014).

La crainte existe, de ce fait, que le référendum fasse l'objet d'une utilisation démagogique dont pourraient être victimes des droits et libertés de valeur constitutionnelle, qui n'auraient plus comme protection que celle que leur apporte la vigilance des Français, que certains craignent de voir prise en défaut.

94. Est-ce à dire que le référendum peut devenir une menace pour les droits et libertés de valeur constitutionnelle ? Sans doute pas, et ce pour plusieurs raisons.

En premier lieu, il serait naïf celui qui croirait que les Français le sont, et il n'est pas du tout certain que la démagogie soit toujours gage de succès.

En deuxième lieu, le Conseil constitutionnel, outre qu'il est obligatoirement consulté sur toutes les mesures relatives au référendum (*infra*, **390**), y compris sur le décret qui y convoque, accepte désormais d'examiner les recours dont il est saisi avant le scrutin lorsque son abstention, sinon, « risquerait de compromettre gravement l'efficacité de son contrôle des opérations référendaires, vicierait le déroulement général du vote ou porterait atteinte au fonctionnement normal des pouvoirs publics » (25 juillet 2000, *Hauchemaille*), ce qui, notons-le au passage, pourrait faire obstacle à un référendum qui prétendrait réviser la Constitution dans le cadre de cet article 11.

Mais, en troisième lieu, la protection la plus sûre résidera dans les dangers que le référendum présente pour son initiateur lui-même.

95. Neuf référendums ont été organisés depuis 1958 dans le cadre de l'article 11. Ils ont porté sur le principe de l'autodétermination de l'Algérie (8 janvier 1961), la ratification des accords d'Évian sur son indépendance (8 avril 1962), l'élection présidentielle au suffrage universel direct (28 octobre 1962), la réforme du Sénat et des régions (27 avril 1969), l'élargissement des communautés européennes à la Grande-Bretagne, à l'Irlande et au Danemark (ainsi que la Norvège, laquelle s'est finalement ravisée) (23 avril 1972), l'approbation des accords de Matignon sur la Nouvelle-Calédonie (6 novembre 1988), la ratification du traité de Maastricht (20 septembre 1992, le quinquennat (24 septembre 2000) et, enfin, le traité établissant une Constitution pour l'Europe (29 mai 2005).

96. Les trois premiers avaient donné une victoire spectaculaire au oui, avec un taux de participation élevé. Le non l'emporta dans celui de 1969, contraignant le général de Gaulle à la démission annoncée dans cette hypothèse. Celui de 1972 avait donné des résultats tellement médiocres que Georges Pompidou regretta de l'avoir organisé et que Valéry Giscard d'Estaing se garda bien de suivre cet exemple. Le référendum sur la Nouvelle-Calédonie avait tout à fait rempli son rôle, puisque son organisation était une des conditions mises à la signature des accords qui ramenèrent la paix sur un territoire en proie à un début de guerre civile, mais, avec un taux d'abstentions supérieur à 63 %, on ne pouvait le considérer comme un grand succès populaire. Le référendum de 1992, lancé dans l'euphorie d'une large victoire annoncée, se solda par une majorité extrêmement courte, qui n'épargna pas à son promoteur de subir de surcroît, six mois plus tard, la défaite législative la plus cuisante de l'histoire de la République. Celui de 2000 permit à une forte majorité mais avec une non moins forte abstention le passage au quinquennat. Quant à celui de 2005, il a donné au non le pourcentage le plus élevé de l'histoire et provoqué une onde de choc qui secoua toute l'Europe.

97. Depuis 1962, donc, chaque fois qu'un chef de l'État a pris l'initiative d'un référendum en espérant, par celui-ci, retremper sa légitimité et/ou remporter une victoire flatteuse, l'opération s'est soldée, au mieux, par une déception, au pire, par un séisme.

Aussi y a-t-il tout lieu de penser que ne seront provoqués dans l'avenir que des référendums ne présentant pas le moindre risque. Mais ceux-ci peuvent ne pas présenter le moindre intérêt non plus. Et s'ils ne présentent pas d'intérêt, pourquoi en prendre l'initiative, affronter un débat dans chaque assemblée, pour finalement, au mieux, enregistrer un résultat faiblement gratifiant ?

Mais, avec la Constitution européenne, plus question de faux-fuyants : quel que fût le risque, il était inévitable de le courir, tant les institutions et la construction communautaire eussent été ensemble déconsidérées si l'on s'était refusé à donner la parole aux Français en cette occasion. Ils la prirent donc, avec tonitruance, dans un scrutin où parurent se mêler l'avenir de l'Europe et le présent de la France, l'espérance du premier sacrifiée au malaise du second.

Toute l'ambiguïté du référendum français est là : le monopole donné, en fait, au chef de l'État conduit fatalement à ce que les électeurs répondent non seulement à la question, mais aussi, dans une proportion variable, à son auteur. Redonner à cette consultation sa véritable utilité exigeait donc qu'elle fût en quelque sorte dépersonnalisée, et que l'initiative, comme l'avait proposé le comité présidé par Georges Vedel, pût être issue d'une autre origine.

98. C'est à la révision de 2008 qu'il revint de trancher. Comme trop souvent, elle ne l'a fait qu'à moitié (*infra*, **534**). Où il semblait souhaitable de créer un référendum d'initiative populaire, le résultat est qu'il ne s'agit ni d'une initiative populaire, ni d'un référendum.

Il ne s'agit pas d'une initiative populaire, puisqu'elle doit d'abord être prise par un cinquième des parlementaires. Cela signifie deux choses : d'une part, on s'en remet aux partis, au risque élevé de colorer ainsi le vote et d'amener à nouveau les électeurs à se prononcer moins en fonction de la question que de ceux qui la posent ; d'autre part, les Français sont invités à soutenir mais non à promouvoir, la consultation du suffrage universel semblant ainsi être chose trop sérieuse pour la confier… aux citoyens. Comprenne qui pourra !

Il ne s'agit pas d'un référendum car si l'initiative réussit l'exploit – difficile même si sa réalisation peut être facilitée grâce à Internet – de rassembler plus de quatre millions de signatures, cela ne lui donne droit qu'à ce que le Parlement en débatte, et ce n'est qu'à défaut de cela que le chef de l'État la soumet au peuple.

La loi organique du 6 décembre 2013 précise les modalités de mise en œuvre de la procédure et prévoit notamment que le soutien des électeurs sera recueilli par voie électronique et accessoirement par voie papier. Ce recueil sera suspendu pendant la campagne électorale pour l'élection du président de la République ou des élections législatives générales.

Les précautions nécessaires ont été prises, puisque le Conseil constitutionnel vérifie obligatoirement la conformité de la proposition à la Constitution, afin d'éviter que s'engagent des débats indignes ou oiseux, de même qu'une initiative identique ne peut être reprise aussitôt, ni tendre à abroger des dispositions récentes, afin d'écarter les débats répétitifs.

99. Malgré ces restrictions, ne nous y trompons pas : cette innovation peut révéler des ressources réelles lorsque son utilisation sera devenue possible. Même s'ils ne sont nullement contraints d'adopter la proposition, les parlementaires y réfléchiront à plusieurs fois avant d'écarter une réforme qui aurait fait la preuve d'un soutien populaire réel.

Cependant, il est à craindre que cette faculté nouvelle demeure, hélas, inemployée, mais peut-être était-ce le souhait profond de ceux qui l'avaient ainsi conçue.

Quant au référendum présidentiel, il est peu plausible que l'instrument soit à nouveau manié, sauf au moment où il peut offrir des facilités à son initiateur sans l'exposer à un désaveu cruel, c'est-à-dire dans la période qui suit de près sa propre élection, et durant laquelle l'appel direct au suffrage universel peut permettre des réformes impossibles autrement.

Une voie reste à explorer, qui pourrait tenter l'actuel président, celle du référendum multiple, par lequel seraient posées plusieurs questions, auxquelles seraient données autant de réponses, offrant aux Français la possibilité de trancher des choix, constitutionnels ou non, qui pourraient être bienvenus et, éventuellement, amortir les effets d'un refus d'une réforme ou une autre.

100. Reste alors le problème de l'utilisation de l'article 11 pour réviser la Constitution. De forts arguments plaident en droit pour l'exclure (ne serait-ce, pour s'en tenir à cela, que l'existence d'un titre et d'un article spécifiquement consacrés à la révision, qui n'auraient guère de sens si celle-ci pouvait emprunter une autre voie), auxquels le Conseil d'État a jugé utile d'apporter récemment son grain de sel (30 octobre 1998, *Sarran*). On ne peut même pas soutenir que la réponse affirmative du peuple à l'utilisation qui en a été faite en 1962 valait modification implicite de la procédure de révision, parce qu'il faudrait alors conclure de l'échec de 1969 qu'il valait à son tour abrogation implicite de cette modification implicite !

Indubitablement, le texte de la Constitution n'autorise pas sa révision par le référendum de l'article 11. Mais, tout aussi indubitablement, l'esprit de la démocratie ne permet pas de se résigner à ce qu'une assemblée inamovible et irresponsable puisse, pour l'éternité des temps, faire échec à des évolutions de son pacte fondamental, que tout le reste de la Nation pourrait vouloir (*infra*, **536**).

Alors peut-être serait-ce pécher que d'utiliser l'article 11 pour réviser la Constitution, mais si, par ce moyen, devait être définitivement réglée la question de l'article 89 (*infra*), mériteraient d'être absous par avance ceux qui pécheraient ainsi pour la dernière fois. Surtout, la gauche qui détient actuellement la majorité dans les deux chambres, serait bien inspirée d'en profiter, car cela peut ne pas durer, pour réviser la révision (*infra*, 537), ce à quoi la droite aurait du mal à s'opposer.

Article 12

Le président de la République peut, après consultation du Premier Ministre et des Présidents des assemblées, prononcer la dissolution de l'Assemblée Nationale.

Les élections générales ont lieu vingt jours au moins et quarante jours au plus après la dissolution.

L'Assemblée Nationale se réunit de plein droit le deuxième jeudi qui suit son élection. Si cette réunion a lieu en dehors de la période prévue pour la session ordinaire, une session est ouverte de droit pour une durée de quinze jours.

Il ne peut être procédé à une nouvelle dissolution dans l'année qui suit ces élections.

101. Qui ? Le président de la République. Quand ? À peu près n'importe quand. Comment ? Par décret sans contreseing, après de simples consultations. Pourquoi ? Pour ce qu'il veut.

102. Commençons par les rares exigences. Avant de dissoudre, le chef de l'État doit officiellement consulter le Premier ministre (même démissionnaire, comme en 1962), le président de l'Assemblée nationale (seul cas dans la Constitution où est sadiquement requis l'avis d'une personnalité sur une décision qui va mettre fin à ses fonctions !) et le président du Sénat (qui, en 1962, eut avec le président de la République un entretien d'une trentaine de… secondes). Et quand les trois diraient non, cela ne ferait pas obstacle au décret de dissolution.

103. Poursuivons par les rares interdits. Celui du dernier alinéa prévoit un intervalle minimal d'environ treize mois entre deux dissolutions : environ treize mois, et non douze, car le point de départ du délai n'est pas la première dissolution, mais les élections consécutives à celle-ci (sans doute leur premier tour, puisque la notion d'élections générales ne peut pas avoir, dans le dernier alinéa, un sens différent de celui qu'elle a dans le deuxième – *infra*, **104**). Ainsi « dissolution sur dissolution ne vaut », rien n'étant plus irrespectueux du suffrage universel que de l'appeler répétitivement à reconsidérer ses verdicts. Par ailleurs, l'Assemblée nationale ne peut pas être dissoute par le président de la République par intérim (*supra*, **57**), ni en période de circonstances exceptionnelles (*infra*, **125**).

La violation de ces interdits n'est qu'une hypothèse d'école (*supra*, **7**). Mais, pour calmer les esprits les plus anxieux, précisons que si ce scénario se réalisait malgré tout, il justifierait que le Conseil constitutionnel utilise les potentialités que recèle sa décision du 11 juin 1981 (*infra*, **384**) ou étende à cette hypothèse celle du 25 juillet 2000 (*supra*, **94**).

104. S'agissant des effets, la Constitution prend prudemment soin d'interdire que la dissolution permette au chef de l'État d'écarter durablement l'Assemblée nationale.

À cette fin, en premier lieu les élections sont obligatoirement organisées dans un délai strict, quarante jours au plus, tout en permettant une véritable campagne électorale, vingt jours au moins. Ce délai, comme celui du troisième alinéa de l'article 7 et pour les mêmes raisons (*supra*, **52**), s'applique au premier tour. Celui-ci, d'ailleurs, eut lieu, en 1962, le quarantième jour suivant le décret de dissolution.

En second lieu, l'Assemblée nationale se réunit de droit (sans, donc, que soit nécessaire un décret présidentiel pour la convoquer – *infra*, article 30) le deuxième jeudi qui suit son élection (le singulier indique qu'il s'agit cette fois-ci du second tour, sauf si tous les députés formant l'Assemblée nationale sont, sans exception, élus dès le premier tour). Ainsi la nouvelle législature est-elle aussitôt en mesure d'exercer ses pouvoirs, dont celui de renverser le gouvernement s'il y a lieu (comme ce pourrait être le cas si les électeurs, appelés à trancher un conflit entre exécutif et législatif, le faisaient en faveur de ce dernier et que le Premier ministre ne démissionnait pas aussitôt de lui-même). Par ailleurs, si le deuxième jeudi se trouve en période de session mais que celle-ci s'achève normalement quelques jours plus tard, elle est prolongée de telle sorte que soient assurés les quinze jours de droit. En d'autres termes, la durée l'emporte sur le moment.

105. Le pouvoir présidentiel de dissolution est ainsi quasi discrétionnaire. Il a été utilisé aussi bien, dans sa facture la plus classique, pour réagir à la censure du gouvernement par les députés (1962), qu'afin de retremper une légitimité qu'une crise sociale et politique d'importance avait mise à mal (1968), ou pour permettre aux Français de donner au président nouvellement élu la majorité parlementaire sans laquelle son pouvoir eût été inconsistant (1981, 1988).

Nul ne conteste que la dissolution soit un moyen démocratique et approprié de faire trancher un conflit grave par le suffrage universel. Nul ne conteste non plus qu'elle puisse être justifiée au lendemain de l'élection d'un président de la République issu d'une tendance opposée à celle qui compose la majorité parlementaire. Ses autres utilisations, plus tactiques, avaient été écartées jusqu'à la tentative aventureuse de 1997.

106. Au temps du septennat, tout président nouvellement élu devait dissoudre, afin de s'assurer, pour cinq ans, la fidélité sans faille d'une majorité de députés qui lui devaient leur (ré) élection.

Mais tout président nouvellement élu ne voulait pas nécessairement dissoudre, soit parce qu'il avait dû, pour l'emporter, prendre l'engagement de ne pas le faire, soit parce qu'il pensait qu'il serait de mauvais augure d'entamer un septennat en perdant des circonscriptions, soit encore parce qu'il préjugeait que des législatives seraient plus difficilement gagnées après cinq ans qu'après une période moins longue. Aucune de ces considérations, pourtant, ne valait contre la règle, et à qui ne l'avait pas encore saisi, Jacques Chirac l'avait définitivement fait comprendre.

La question, désormais, ne se posera plus dans les mêmes termes. Avec le quinquennat, normalement, les élections législatives ont lieu de manière naturelle aussitôt après chaque élection présidentielle, et il n'est donc plus nécessaire de les provoquer par une dissolution.

Toutefois, si cette contemporanéité cessait pour une raison ou une autre (décès, démission ou destitution d'un président, dissolution de l'Assemblée), alors la règle qui vient d'être énoncée reprendrait sa vigueur et tout président nouvellement élu sans que des législatives doivent intervenir aussitôt après devrait se résoudre à dissoudre.

107. La logique des institutions suppose une harmonie entre les majorités présidentielle et parlementaire. L'élection présidentielle ne suffit pas à l'assurer. Passé l'éphémère état de grâce, les failles peuvent apparaître rapidement entre le président de la République et des députés qui, élus avant lui, ne lui doivent, ni n'en attendent, rien de particulier. Ainsi, aux premières difficultés, les députés seront plus soucieux de leur réélection prochaine que de leur solidarité intime avec le chef de l'État (sans parler de l'éventuel appétit de revanche de partenaires que le président a dû vaincre pour être élu). Celui-ci peut alors se trouver isolé, contesté par des frondes parlementaires plus ou moins graves, plus ou moins fréquentes, toujours usantes. Les causes qui avaient engendré bien des déconvenues pour Valéry Giscard d'Estaing ne tardèrent pas, en 1995, à produire les mêmes effets au détriment de Jacques Chirac, qui, prisonnier de la quantité de son soutien parlementaire, n'a pas pu en rechercher la qualité, avec l'issue que l'on sait en 1997.

Un danger similaire aurait menacé, pour les mêmes raisons, tous les présidents élus à partir de 2002 *après* les députés de la majorité. En effet, les pouvoirs de l'Assemblée élue en juin 1997, à la suite de la dissolution, devaient expirer en mars 2002 (*infra*, **176**) juste *avant* que ne se déroulât l'élection présidentielle, en avril et mai. C'était ce que François Bayrou avait appelé « le calendrier dingo ». Il décida donc, avec ses amis, d'aider le gouvernement à remettre le scénario à l'endroit. C'est ainsi que fut adoptée la loi organique du 15 mai 2001 qui, retardant de quelques semaines la fin de la législature, a renvoyé les élections législatives après le scrutin présidentiel. Au vu des résultats de la séquence de 2002, les socialistes l'ont regretté ensuite. On peut les comprendre, mais non sans observer que, soit ils avaient agi dans un but politiquement intéressé – accroître leurs chances de succès – et ils furent alors punis par où ils avaient péché, soit ils avaient agi dans un but désintéressé – rétablir la logique des institutions – et ce but avait été parfaitement atteint, fût-ce à l'avantage de leurs adversaires, ce qui témoigne d'une rigueur morale qui est belle comme l'antique.

En revanche, rien n'est plus inexact que de continuer à parler à ce propos d'une inversion du calendrier : jamais, depuis l'élection présidentielle directe, il ne s'était produit qu'un président fût élu aussitôt après l'Assemblée. Si inversion il y eut, donc, ce fut celle provoquée involontairement en 1997, tandis que la mesure prise en 2001 fut un simple rétablissement.

108. Au-delà de ces péripéties, l'importance du droit de dissolution ne tient pas seulement à ses utilisations. Elle tient avant tout à la menace qu'en permanence il fait peser sur les députés. Avec le scrutin majoritaire, tout député déteste la dissolution, qui, au mieux, lui coûte le temps et l'argent de la campagne et, au pis, peut lui faire perdre son siège (Max-Pierre Montagne, député gaulliste de Dole, défait par Jacques Duhamel en 1962, a démontré ainsi que même un sortant appartenant au camp vainqueur au niveau national peut être battu dans une dissolution). Cette crainte révérencielle est gage de sagesse : si la prise occasionnelle de positions individuelles est tolérée, si la fronde collective est supportée, chacun fait en sorte de les contenir dans les limites au-delà desquelles le spectre de la dissolution viendrait hanter les nuits parlementaires.

C'est pourquoi le droit de dissolution, à peu près inconditionnel, est un des éléments fondamentaux du fonctionnement des institutions, une sorte d'assurance-discipline quand la discipline fait la force des coalitions politiques aussi certainement que celle des armées, y compris, d'ailleurs, avec ce que cela emporte parfois de caporalisme excessif.

La Grande-Bretagne, elle, a révolutionné ses propres institutions – sans que l'écho n'en parvienne jusqu'en France – avec le *Fixed-term Parliaments Act* du 15 septembre 2011, selon lequel les Communes ne peuvent plus être dissoutes qu'après soit la chute d'un gouvernement dont aucun successeur ne pourrait être investi dans les quatorze jours, soit un vote des députés eux-mêmes à la majorité des deux tiers. Étrange rigidité nouvelle que la mère du parlementarisme pourrait avoir à regretter un jour.

Article 13

Le président de la République signe les ordonnances et les décrets délibérés en Conseil des Ministres.

Il nomme aux emplois civils et militaires de l'État.

Les conseillers d'État, le grand chancelier de la Légion d'Honneur, les ambassadeurs et envoyés extraordinaires, les conseillers maîtres à la Cour des Comptes, les préfets, les représentants de l'État dans les collectivités d'Outre-mer régies par l'article 74 et en Nouvelle-Calédonie, les officiers généraux, les recteurs des académies, les directeurs des administrations centrales sont nommés en Conseil des Ministres.

Une loi organique détermine les autres emplois auxquels il est pourvu en Conseil des Ministres ainsi que les conditions dans lesquelles le pouvoir de nomination du président de la République peut être délégué par lui pour être exercé en son nom.

Une loi organique détermine les emplois ou fonctions, autres que ceux mentionnés au troisième alinéa, pour lesquels, en raison de leur importance pour la garantie des droits et libertés ou la vie économique et sociale de la Nation, le pouvoir de nomination du président de la République s'exerce après avis public de la commission permanente compétente de chaque assemblée. Le président de la République ne peut procéder à une nomination lorsque l'addition des votes négatifs dans chaque commission représente au moins trois cinquièmes des suffrages exprimés au sein des deux commissions. La loi détermine les commissions permanentes compétentes selon les emplois ou fonctions concernés.

109. Il est singulier que la Constitution ait prévu la signature présidentielle des ordonnances. Celles-ci sont destinées à l'exécution du programme du gouvernement et rendues possibles à la demande de ce dernier (*infra*, article 38). Il aurait donc paru logique que, comme les projets de loi (*infra*, article 39), elles ne requièrent que la signature du Premier ministre.

Aussi n'est-ce sans doute que pour réaffirmer la primauté du président de la République que sa signature est exigée. Toujours est-il qu'elle l'est et qu'il est vain, à partir de là, de polémiquer sur le point de savoir s'il peut la refuser ou non.

110. En effet, la situation créée en 1986, lorsque François Mitterrand refusa de signer trois ordonnances (bien que le Premier ministre, semble-t-il, eût sollicité à cette occasion un vote du Conseil des ministres), illustre bien toute la distance qui peut occasionnellement séparer le droit pur du droit réel, l'interprétation *scientifique* de l'interprétation *authentique* (*infra*, **418**). En droit pur, on pourrait parfaitement soutenir la thèse de la compétence liée (l'argument contraire, avancé à l'époque, selon lequel le chef de l'État ne serait tenu que dans le seul cas du délai de promulgation de l'article 10 est inexact : pour s'en tenir à ce seul exemple, lorsqu'il revient au président de la République de signer la nomination de fonctionnaires reçus à un concours, sa compétence est totalement liée). Mais quelque thèse que l'analyse juridique permette de soutenir avec pertinence, c'est le droit réel qui tranche : la preuve que le chef de l'État peut refuser de signer des ordonnances, c'est qu'il l'a fait ; et la preuve qu'il ne peut pas refuser de signer des ordonnances serait que le Parlement, comme il le peut lui aussi, voie là un motif de destitution.

C'est donc ici, en fait, la réalité d'une situation politique qui, dans l'interstice des ambiguïtés du texte, dicte ce que le président peut faire ou non.

111. Les décrets délibérés en Conseil des ministres ne sont pas énumérés. Un seul est explicitement prévu par la Constitution (*infra*, article 36). D'autres sont prévus par des lois organiques, voire par des lois ordinaires.

Tous sont en principe des actes du président de la République – la Constitution lui attribue expressément le pouvoir de les signer – et sont autant d'exceptions à la règle selon laquelle c'est le Premier ministre qui est détenteur du pouvoir réglementaire (*infra*, **155**).

Précisément parce qu'il s'agit d'une dérogation au droit commun, on pourrait la penser d'interprétation stricte. Ainsi, lorsque la pratique a fait très tôt apparaître la signature du chef de l'État sur quelques décrets non délibérés en Conseil des ministres, ne relevant donc pas de l'article 13, le Conseil d'État a considéré que les décrets en cause restaient des actes du Premier ministre, toujours susceptibles d'être modifiés par ce dernier (27 avril 1962, *Syndicat national des élèves-conseillers et conseillers au travail et à la législation sociale*), consacrant ainsi l'existence de signatures présidentielles à caractère ornemental. Il s'agit souvent pour le Président de la République et le Premier ministre de souligner l'importance d'une mesure. Ainsi, après la composition du gouvernement, le premier décret du 18 mai 2017 d'Emmanuel Macron et Édouard Philippe a réduit le nombre des membres des cabinets ministériels.

112. En revanche, il a depuis jugé (10 septembre 1992, *Meyet*) que, dès lors qu'un décret était évoqué en Conseil des ministres, quand bien même aucun texte n'imposait cette délibération, il devait être signé par le président de la République. On ne voit pas très clairement pourquoi il n'a pas appliqué à cette seconde situation le raisonnement qu'il avait retenu pour la précédente, ce qui l'aurait conduit à considérer que la délibération, lorsqu'elle n'est pas obligatoire, n'emporte pas de conséquences de droit, et notamment laisse entière la compétence réglementaire du Premier ministre.

Au contraire, la jurisprudence *Meyet* pourrait permettre une extension à l'infini du pouvoir présidentiel, surtout compte tenu de ce que le chef de l'État, parce qu'il préside le Conseil des ministres, en arrête l'ordre du jour (*supra*, article 9). On pourrait même imaginer la situation dans laquelle il prendrait sur lui de faire délibérer le Conseil sur n'importe quel décret – ce qui suffirait à rendre sa signature nécessaire – pour ensuite exiger qu'il soit modifié selon ses vœux, voire refuser de le signer !

La modification de ces décrets ne peut être opérée que dans les mêmes formes. Le Conseil d'État a néanmoins apporté un assouplissement : le président de la République peut restituer sa compétence au Premier ministre par un décret en conseil des ministres disposant que les règles prises pourront à l'avenir être abrogées ou modifiées par décret du Premier ministre (CE, 9 septembre 1996, *Collas*).

113. S'agissant du pouvoir de nomination, il est quantitativement délimité mais qualitativement essentiel. L'énumération du troisième alinéa (modifié en la forme par la révision du 28 mars 2003, *infra*, article 72) a en effet, conformément au quatrième, été complétée par l'ordonnance organique n° 58-1136 du 28 novembre 1958, qui, elle-même, renvoie à un décret en Conseil des ministres le soin de dresser la liste des emplois de direction des établissements et entreprises publics et des sociétés nationales qui doivent être pourvus en Conseil des ministres.

Dans cette cascade normative – Constitution, loi organique, décret –, le Conseil constitutionnel avait refusé que la loi ordinaire eût sa place (86-217 DC). Le dernier alinéa de l'article 13 l'excluait effectivement, mais cela eut comme conséquence que le Conseil des ministres put, par un décret du 6 août 1985, allonger significativement la liste des emplois relevant du Conseil des ministres, donc de la signature présidentielle, ce qui était pour le chef de l'État un moyen astucieux, sinon élégant, de renforcer sa main dans la perspective d'une cohabitation attendue.

La loi organique du 8 août 2016 a pu symboliquement retirer de la liste des emplois pourvus en Conseil des ministres les emplois de procureur général près la Cour de cassation et de procureur général près une cour d'appel.

114. La portée du deuxième alinéa de l'article ne se limite pas aux hypothèses que décrivent les troisième et quatrième alinéas. Si le chef de l'État signe toutes les nominations en Conseil des ministres, il ne signe pas que celles-là. L'article 2 de l'ordonnance organique précitée dresse en effet une autre liste : celle des fonctionnaires nommés par décret du président de la République (membres du Conseil d'État, de la Cour des comptes, de la magistrature, professeurs de l'enseignement supérieur, officiers des trois armes, etc.) sans intervention du Conseil des ministres.

Cette catégorie est la plus dense, mais elle est aussi celle qui donne le moins de pouvoir au chef de l'État, dont la compétence est le plus souvent liée soit par les résultats d'un concours, soit par les dispositions statutaires qui régissent la carrière des intéressés.

115. Pour autant, le pouvoir de nomination que le président de la République tient de l'article 13 revêt une importance essentielle. S'il ne peut en principe rien faire seul, notamment du fait du contreseing obligatoire (*infra*, article 19), rien non plus ne peut se faire sans lui pour toutes les désignations les plus importantes.

De ce fait, dans les périodes où le gouvernement lui est subordonné, ce pouvoir de nomination, sans cesser d'être important, n'offre au président de la République qu'une des nombreuses capacités qui sont alors les siennes. En période de cohabitation, en revanche, il prend d'autant plus de relief que, d'une part, nombre de ses autres aptitudes se sont évanouies et que, d'autre part, le rythme des nominations voulues par le gouvernement est généralement soutenu. Chacune permet donc au chef de l'État de faire sentir son poids, de rappeler son existence. De là des négociations permanentes, qui prennent parfois allure de marchandage.

Cela confirme, et il n'est jamais vain de le souligner, qu'un pouvoir ne s'apprécie pas seulement en lui-même, mais aussi en tenant compte du contexte dans lequel il s'exerce. Une même prérogative peut changer substantiellement de portée selon, notamment, la période.

116. Surtout, l'on ne tardera pas à prendre conscience des effets de l'innovation introduite par la révision de 2008, au dernier alinéa qui est entré en application en même temps que la loi organique n° 2010-837 du 23 juillet 2010. Outre les nominations au Conseil constitutionnel et au Conseil supérieur de la magistrature, cette loi organique définit 52 emplois pour lesquels, en raison de leur importance pour la garantie des droits et libertés ou la vie économique et sociale de la Nation, la nomination est précédée d'un avis public des commissions parlementaires compétentes. Cette liste a été plusieurs fois modifiée, par exemple pour y inclure le directeur général de la Banque publique d'investissement, même si elle ne peut s'étendre sans limite (2013-677 DC du14 novembre 2013). Cet avis est lui-même précédé d'une audition, évidemment publique (loi – ordinaire – n° 2010-838 du 23 juillet 2010). Une loi ordinaire viole la Constitution si elle prévoit qu'une nomination que doit opérer le pouvoir exécutif doit être précédée d'une audition parlementaire hors du cadre de l'article 13 (2015-718 DC du 13 avril 2015).

Tout change alors. Le chef de l'État ne peut plus utiliser son pouvoir pour gratifier un collaborateur plus connu pour sa fidélité ou ses attachements partisans que pour ses qualités professionnelles et morales, sauf à ce que celui-ci se trouve déconsidéré, et son mentor avec lui, lors de son audition. Qu'importe alors si son choix ne peut être exclu que par un improbable vote à la majorité des trois cinquièmes des deux commissions : le président ne pourra, en fait, présenter que des candidats présentables, et c'est bien cela qu'il faut mais qu'il suffit de garantir.

Il y a eu un avis négatif à la majorité des trois cinquièmes. La commission des lois de l'Assemblée nationale s'est opposée en janvier 2014 par 16 voix contre, 9 pour et 2 bulletins blancs à la nomination au Conseil supérieur de la magistrature du professeur Fabrice Hourquebie proposée par le président de l'Assemblée nationale. Par ailleurs, le couperet était passé tout près pour quatre autres nominations, avec des votes défavorables dans l'une des deux assemblées sans que la majorité des trois cinquièmes ne soit atteinte : Yves de Gaulle à la présidence du directoire de la Compagnie nationale du Rhône en 2011, Soraya Amrami Mekki au CSM en 2014, Christian Dubreuil à la direction générale de l'Office national des forêts en 2015, Philippe Martin à la présidence de l'Agence française pour la biodiversité en 2017. Il existe un autre exemple de vote défavorable cette fois intervenu hors du champ de l'article 13 pour une nomination du président du Sénat à la Haute Autorité pour la transparence de la vie publique pour laquelle la loi du 11 octobre 2013 a pu prévoir l'obligation d'un avis conforme à la majorité des trois-cinquièmes. À une voix près, la commission des lois du Sénat n'a pas retenu, le 19 mai 2015, la candidature de Jean-Michel Lemoyne de Forges.

Avant l'audition de François Villeroy de Galhau pour le poste de gouverneur de la Banque de France, la commission des finances du Sénat a procédé en 2015 à l'audition de personnalités dont celle de Jean-Claude Trichet, gouverneur honoraire.

Article 14

Le président de la République accrédite les ambassadeurs et les envoyés extraordinaires auprès des puissances étrangères ; les ambassadeurs et les envoyés extraordinaires étrangers sont accrédités auprès de lui.

117. Les *lettres de créance*, qui traduisent l'accréditation, sont une habilitation à représenter. Elles sont remises au chef d'État destinataire – en France comme à l'étranger – à l'occasion d'audiences protocolaires. Il s'agit de la survivance d'un usage diplomatique bien plus que de l'affirmation d'un nouveau pouvoir présidentiel, dans la mesure où celui-ci – qui était d'ailleurs défini dans les mêmes termes par l'article 31 de la Constitution de 1946 – n'ajoute pas véritablement aux capacités que le chef de l'État tient déjà du troisième alinéa de l'article 13 (*supra*, **113**).

Toutefois, au nom du parallélisme des formes, les lettres de rappel, qui mettent fin à l'accréditation, doivent également être signées par le président de la République, et être contre signées.

Cet article, enfin, est d'interprétation stricte : seuls sont concernés les diplomates qu'il vise expressément, tous les autres relevant de l'accréditation par le gouvernement.

Article 15

Le président de la République est le chef des armées. Il préside les conseils et comités supérieurs de la Défense Nationale.

118. Le titre de chef des armées, en France, va traditionnellement de pair avec celui de chef de l'État. Ce n'est donc pas en cela que la Ve République a innové mais, comme souvent, en donnant une substance réelle à une attribution qui, jusqu'alors, était essentiellement nominale.

La logique politique – celle de la primauté présidentielle – et la logique stratégique – celle de la primauté nucléaire – se sont ici conjuguées pour donner au Président un rôle fondamental. En faisant de lui le garant de l'indépendance nationale et de l'intégrité du territoire, l'article 5 (*supra*) lui assigne une mission, tandis que l'article 15 lui donne un titre et des moyens.

119. La partie législative du code de la défense (articles L 1121-1) fait explicitement référence au titre de chef des armées mais ce n'est qu'une modeste disposition réglementaire (article R 1411-5) qui mentionne « l'ordre d'engagement donné par le président de la République ». Au Premier ministre, il revient de faire en sorte, selon des méthodes et procédures couvertes par le secret de la défense nationale, que le chef de l'État « dispose en toutes circonstances des moyens de la dissuasion nucléaire » (article R 1411-7). Se pose alors la délicate question du contreseing, dont on ne peut être sûr qu'elle a reçu une réponse juridiquement satisfaisante (*infra*, **143**).

120. Textuellement, les conseils et comités sont ceux prévus par le code de la défense.

Pratiquement, toutes les réunions importantes consacrées à la chose militaire se tiennent à l'Élysée, sous la présidence effective du chef des armées. Au-delà des formations prévues par le code, peuvent être convoqués, selon les besoins, des conseils restreints, réunissant le Premier ministre et les ministres compétents, ou de véritables réunions d'état-major, dans lesquelles les mêmes participants reçoivent le renfort des chefs militaires.

Selon qu'il s'agit d'arrêter, à froid, les grandes lignes de la stratégie ou de la programmation, de décider, à chaud, l'envoi de troupes sur un théâtre extérieur d'opérations ou encore de suivre, heure par heure, le déroulement d'un conflit en cours, le président de la République choisit, à peu près librement en fait, la forme de réunion qui lui semble la plus appropriée. À la suite de la déclaration puis de la prorogation de l'état d'urgence en novembre 2015, François Hollande a réuni un conseil de défense presque chaque semaine le mercredi avant le Conseil des ministres.

121. Trois choses sont acquises en tout état de cause. Premièrement, aucun soldat français ne peut être envoyé en mission armée à l'étranger sans que le chef de l'État en décide, mais, depuis 2008, il lui faut un consentement parlementaire au-delà de quatre mois (*infra*, article 35). Deuxièmement, si nul ne conteste sa primauté, la Constitution impose cependant le contreseing de chacune de ses décisions juridiques ou l'exécution par le gouvernement de chacune de ses décisions matérielles, ce qui, en cas de cohabitation tendue, pourrait finir par poser problème. Troisièmement, comme il semble qu'un civil ne se sente jamais plus président de la République que lorsqu'il agit comme chef des armées, tous les titulaires de la charge se sont montrés également jaloux de leurs compétences dans ce domaine. Quant au Premier ministre, il ne lui reste que la tâche ingrate d'assumer devant le Parlement la responsabilité de la Défense nationale (*infra*, **154**), pour répondre devant les députés, y compris impromptu, comme en 1976, de décisions que chacun sait n'être pas les siennes, d'autant moins qu'il n'est jamais invité à suppléer le chef de l'État (*infra*, **156**).

Article 16

Lorsque les institutions de la République, l'indépendance de la Nation, l'intégrité de son territoire ou l'exécution de ses engagements internationaux sont menacées d'une manière grave et immédiate et que le fonctionnement régulier des pouvoirs publics constitutionnels est interrompu, le président de la République prend les mesures exigées par ces circonstances, après consultation officielle du Premier Ministre, des Présidents des assemblées ainsi que du Conseil Constitutionnel.

Il en informe la Nation par un message.

Ces mesures doivent être inspirées par la volonté d'assurer aux pouvoirs publics constitutionnels, dans les moindres délais, les moyens d'accomplir leur mission. Le Conseil Constitutionnel est consulté à leur sujet.

Le Parlement se réunit de plein droit.

L'Assemblée Nationale ne peut être dissoute pendant l'exercice des pouvoirs exceptionnels.

Après trente jours d'exercice des pouvoirs exceptionnels, le Conseil Constitutionnel peut être saisi par le président de l'Assemblée nationale, le président du Sénat, soixante députés ou soixante sénateurs, aux fins d'examiner si les conditions énoncées au premier alinéa demeurent réunies. Il se prononce dans les délais les plus brefs par un avis public. Il procède de plein droit à cet examen et se prononce dans les mêmes conditions au terme de soixante jours d'exercice des pouvoirs exceptionnels et à tout moment au-delà de cette durée.

122. Lorsque les circonstances deviennent exceptionnelles, le droit devient dérogatoire. La chose n'est pas nouvelle. La Rome antique et républicaine avait son article 16, sénatus-consulte ultime, sobre, qui se bornait à proclamer laconiquement : les consuls prennent garde que rien de fâcheux n'arrive à la République (traduction approximative de Cicéron : « *caveant consules ne quid detrimenti res publica accipiat* »). Plus récemment, la jurisprudence administrative a construit, dès 1918, sa propre théorie des circonstances exceptionnelles.

L'innovation n'est donc pas dans le principe, mais dans le fait qu'il soit érigé en norme constitutionnelle.

123. Le président est seul juge de la mise en œuvre. La Constitution la subordonne à des conditions, mais lui seul, et dans les deux seules limites du dernier alinéa ou du manquement à ses devoirs manifestement incompatible avec l'exercice de son mandat (*infra*, article 68), en apprécie la réunion. Ces conditions sont parfois cumulatives, parfois alternatives.

Cumulatives : il faut que pèse une menace grave *et* immédiate. Si la menace est grave mais lointaine, ou immédiate mais sans réel danger, l'article 16 est exclu.

Alternatives : la menace peut porter soit sur les institutions de la République, soit sur l'indépendance de la Nation, soit sur l'intégrité de son territoire, soit, enfin, sur l'exécution de ses engagements internationaux. Il suffit qu'un seul de ces quatre éléments soit en cause, et à plus forte raison plusieurs.

Cumulatives : il faut que le caractère grave et immédiat de la menace, sur n'importe lequel des enjeux cités, se conjugue avec l'interruption du fonctionnement régulier des pouvoirs publics constitutionnels : ces derniers sont réputés pouvoir faire face, dans le respect de leurs règles ordinaires de fonctionnement, à une menace grave et immédiate et ce n'est donc que s'ils sont eux-mêmes entravés qu'il devient possible de recourir à cet article.

Le président de la République est tenu à des consultations officielles, dont seule celle du Conseil constitutionnel, conformément à l'article 53 de l'ordonnance organique n° 58-1067 du 7 novembre 1958, donne lieu à un avis motivé et publié au *Journal officiel*. S'il n'est aucunement lié par les opinions qu'il recueille, si sa décision n'a pas à être contresignée (*infra*, article 19), le désaccord juridique et public du juge constitutionnel (ou de l'une des trois autres autorités politiques qui ne sont nullement astreintes au silence) le mettrait dans une position difficile.

124. La Nation est informée par un message, dont la forme n'est pas précisée. C'est à la radio et à la télévision que de Gaulle avait choisi de livrer, le 23 avril 1961, un texte d'anthologie. S'il y avait lieu, dans l'avenir, ce pourrait être une occasion indiscutable d'user de la nouvelle possibilité introduite à l'article 18 en 2008 (*infra*).

La finalité assignée, par son troisième alinéa, aux mesures prises en application de l'article 16 est le rétablissement du fonctionnement normal des pouvoirs publics constitutionnels. Cela semblerait signifier, implicitement, que ce n'est pas au chef de l'État seul qu'est confiée la mission de mettre fin au danger mais que, aussi rapidement que le permettent les circonstances et les décisions présidentielles, l'ensemble des pouvoirs publics doit concourir à conjurer la menace.

Sur ces décisions, également prises sans contreseing, seul le Conseil constitutionnel est consulté, mais l'article 54 de l'ordonnance organique précitée ne prévoit pas la publication de ces avis.

Au-delà, la Constitution se garde de trop de précisions. La volonté de rétablir, dans les moindres délais, le fonctionnement des pouvoirs publics doit *inspirer* les mesures prises, mais elles peuvent ne pas se limiter à cela et leur objet général demeure, tel qu'il résulte du premier alinéa, de réagir aux circonstances.

Si la décision de mise en œuvre de l'article 16 n'est susceptible d'aucun recours (Conseil d'État, 2 mars 1962, *Rubin de Servens*, p. 143), les mesures prises en application de celui-ci peuvent être soumises au juge administratif, qui, toutefois, n'exerce de contrôle que sur celles de leurs dispositions qui ont, en période normale, un caractère réglementaire (*ibid.*), tandis que celles qui sont de nature législative, les plus importantes, bénéficient ainsi d'une espèce d'immunité juridictionnelle, que seul tempère l'avis préalable du Conseil constitutionnel. Il est probable, toutefois, que le Conseil d'État, le cas échéant, ferait évoluer cette jurisprudence datée et déjà insuffisante à son origine.

125. Le Parlement se réunit de plein droit et l'Assemblée nationale ne peut être dissoute. Ainsi semble dissipé le spectre de la dictature. Mais les capacités d'action des chambres, en 1961, furent réduites à peu près à néant par une suite d'interprétations plus que discutables.

C'est d'abord, dans son message au Parlement du 25 avril 1961, le général de Gaulle qui invite les élus à ne pas s'immiscer dans les mesures « prises ou à prendre en vertu de l'article 16 ». *Exit* l'actualité. C'est ensuite par une lettre à son Premier ministre du 31 août qu'il exclut que, hors les périodes normales de session, la réunion du Parlement « ait un aboutissement législatif ». *Exit* la fonction législative. C'est enfin le président de l'Assemblée nationale qui prend sur lui, le 19 septembre 1961, de décider qu'une « motion de censure déposée en dehors des sessions normales ne peut être reçue ». *Exit* la fonction de contrôle.

Est-ce à dire que le Parlement se réunit pour rien ? Non, pour au moins quatre raisons. Premièrement, la réforme du régime des sessions (*infra*, article 28) a disloqué les murailles dans lesquelles le précédent de 1961 avait enfermé les assemblées. Deuxièmement, ce qu'une interprétation avait imposé hier, une autre interprétation pourrait le changer demain. Troisièmement, surtout, la mise en œuvre du dernier alinéa s'en trouve facilitée. Quatrièmement, enfin, la garantie demeure en tout état de cause, qui permettrait au Parlement de destituer le président qui détournerait le pouvoir que lui donne l'article 16.

On objectera que cette garantie est théorique. Certes, mais dans l'exacte mesure où l'hypothèse l'est aussi.

126. On l'a dit inutile ou dangereux. L'article 16, issu du souvenir du désastre de 1940, n'aurait pas permis de l'éviter : soit le chef de l'exécutif est déterminé et soutenu, et Clemenceau, par exemple, a démontré qu'un tel article n'était pas indispensable ; soit le chef de l'exécutif n'est pas déterminé, ou pas soutenu, et un tel article n'est pas efficace. C'est un peu court. Lebrun, en 1940, ne pouvait constitutionnellement à peu près rien faire. Eût-il disposé de l'article 16 qu'il n'eût certes pu l'opposer aux panzers. Mais il eût pu, et sans doute voulu par cela seul que la Constitution l'y eût invité, décider le repli immédiat des autorités, et surtout donner à la marine, à l'armée de l'air et à ce qui subsistait de l'armée de terre l'ordre de rejoindre les possessions françaises d'outre-mer et de poursuivre la lutte aux côtés des alliés britanniques. La guerre mondiale en eût été notablement abrégée, et c'est peut-être insulter l'avenir que d'exclure qu'une occurrence de même type puisse se reproduire.

Quant au danger, s'il a suscité bien des inquiétudes, alimenté bien des conjectures, l'article 16 ne peut plus raisonnablement effrayer. Non pas que ses risques potentiels se soient tous évanouis, mais parce qu'il est très peu plausible que, jamais, l'un de ceux que les Français ont choisi pour la magistrature suprême soit si peu démocrate qu'il fasse un usage inacceptable de l'article 16. Optimisme imprudent ? Pas plus que le pari démocratique lui-même, qui tout entier repose, en dernière analyse, sur une vertu minimale.

127. Il reste que la Constitution a gagné, en 2008, à ce que le Conseil constitutionnel puisse être, après trente jours, appelé à constater qu'ont pris fin les circonstances ayant motivé la mise en application de l'article 16. On a pu discuter sur le point de savoir si elles étaient réunies lorsque le général de Gaulle l'avait mis en vigueur, le 23 avril 1961. Il est indiscutable qu'elles avaient de toute façon cessé de l'être au bout d'une semaine, ce qui n'empêcha pas le chef de l'État de maintenir ses pouvoirs exceptionnels (et de maltraiter au passage le principe constitutionnel d'inamovibilité des magistrats du siège) jusqu'au 29 septembre ! Ce ne sera plus concevable à l'avenir :

le contrôle facultatif au bout d'un mois devient obligatoire et permanent après soixante jours. Certes, le Conseil ne peut prendre sur lui de suspendre l'article, mais le président ne peut le maintenir en application s'il n'y a plus lieu, sauf à donner crédit à l'hypothèse de sa destitution.

Article 17

Le président de la République a le droit de faire grâce à titre individuel.

128. Héritage de la monarchie dans son principe, le droit de faire grâce n'aurait eu nulle raison de survivre s'il n'était devenu une sorte de soupape de la justice républicaine.

Ce droit permet à son titulaire de dispenser son bénéficiaire de tout ou partie de l'exécution d'une peine pénale. Il se distingue de l'amnistie en ceci qu'il n'a d'effets que futurs et n'efface pas la condamnation prononcée, qui reste inscrite au casier judiciaire. La grâce peut être totale ou partielle (par exemple, en dispensant de la prison mais en maintenant l'amende), définitive ou conditionnelle (par exemple, en ne dispensant de la prison que sous réserve du paiement effectif de l'amende). Si le président de la République est seul titulaire du droit de grâce, le Code de procédure pénale (articles 721 et suivants) prévoit des réductions de peine qui peuvent produire des effets comparables.

129. La grâce prend la forme d'un décret du président de la République, contresigné par le Premier ministre, le garde des Sceaux et, éventuellement, d'autres ministres dont les circonstances justifieraient la compétence particulière. Ce décret n'est pas publié au *Journal officiel*.

Parce qu'il ne s'agit pas d'un acte administratif, le décret de grâce n'est pas susceptible d'un recours pour excès de pouvoir, tout comme, d'ailleurs, le refus de grâce, qui au demeurant ne se traduit pas par un décret.

Jusqu'à la révision constitutionnelle du 27 juillet 1993, l'article 65 de la Constitution prévoyait l'intervention du Conseil supérieur de la magistrature « dans les conditions fixées par une loi organique ». L'ordonnance organique n° 58-1271 du 22 décembre 1958 ne rendait cet avis obligatoire que pour les recours concernant l'exécution de la peine capitale, tandis que, pour les autres, le dernier alinéa laissait au président de la République le soin de décider s'il y avait lieu de solliciter cet avis. La nouvelle rédaction de l'article 65, ainsi que la loi organique consécutive, a supprimé toute mention du droit de grâce. L'avis n'est donc plus nécessaire, ni même envisagé.

130. Le droit de faire grâce a changé de substance depuis l'abolition de la peine de mort. Il ne s'agit plus, pour le chef de l'État, de prendre la décision terrible, ultime, que sa conscience lui dicte. Il s'agit davantage, désormais, de redresser des situations individuelles inéquitables que la justice peut produire lorsqu'elle devient machine judiciaire ou de permettre l'élargissement anticipé d'un personnage médiatique aussi encombrant que José Bové à l'été 2003. Jacqueline Sauvage a bénéficié en 2016 de deux décrets successifs de grâce remettant partiellement puis totalement sa peine d'emprisonnement.

Plus prosaïquement, ce droit avait souvent servi aussi à accorder collectivement de courtes remises de peine, surtout au début de l'été, pour éviter que les effets conjugués de la chaleur et du surencombrement ne provoquent des mutineries dans les prisons. C'est exclu depuis la révision de 2008, qui n'admet plus la grâce qu'individuelle. Du point de vue de la séparation des pouvoirs, on doit s'en féliciter. Pour autant demeurent possibles les décrets de grâce « collective » dès lors qu'ils sont individualisés. Cette option peut s'avérer utile du point de vue des conditions de vie dans des prisons intolérablement surpeuplées.

Article 18

Le président de la République communique avec les deux assemblées du Parlement par des messages qu'il fait lire et qui ne donnent lieu à aucun débat.

Il prend la parole devant le Parlement réuni à cet effet en Congrès. Sa déclaration peut donner lieu, hors sa présence, à un débat qui ne fait l'objet d'aucun vote.

Hors session, les assemblées parlementaires sont réunies spécialement à cet effet.

131. Le président de la République était l'unique personne dont la tradition prohibait la présence dans l'hémicycle des assemblées, fût-ce leurs tribunes. Ce que des causes circonstancielles avaient produit (la sanction, traduite par la loi de Broglie du 13 mars 1873, des penchants républicains que la majorité monarchiste reprochait à Thiers), les républiques l'avaient pérennisé : le chef de l'État n'avait de contact officiel avec les chambres que par la voie du message.

Sans doute cette entrave était-elle devenue surannée. Charles de Gaulle avait souhaité y mettre fin avant d'y renoncer face à l'hostilité de l'opposition. Nicolas Sarkozy le voulut à son tour. Le changement fut opéré, mais dans des conditions qui le rendent douteusement opératoire.

132. Sauf à présumer magique le verbe présidentiel, les parlementaires n'avaient pas à craindre d'en être subjugués. Ils furent pourtant de réticents à franchement hostiles, invoquant le fait que le président risquait d'apparaître dominant et court-circuitant son Premier ministre, comme s'il s'agissait là de nouveautés. Pourtant, le Parlement eût gagné, par exemple, à ce qu'un discours exceptionnel, comme celui du 23 avril 1961 (*supra*, **124**), fût prononcé devant lui, de même que d'autres qui ont accompagné des grandes crises internationales. Plus prosaïquement, qu'une fois l'an il puisse exposer le bilan des mois écoulés et les perspectives de ceux à venir, à la tribune plutôt que lors des vœux indigents qu'il présente le 31 décembre puis dans les premiers jours de janvier, n'aurait pas nui à l'autorité du chef du gouvernement et aurait obligé le chef de l'État à se montrer clair et dense, devant l'auditoire le plus difficile qui soit.

Mais ce dernier n'en voulut point. Pour ne pas trop attrister l'initiateur de la mesure, le constituant l'a votée en 2008, mais en posant comme condition que ce ne soit que devant les deux assemblées réunies en congrès (sans qu'on soit allé jusqu'à imposer que ce soit forcément à Versailles). Autant dire que cela se fera peu, nul président ne voulant courir le risque du ridicule en déplaçant plus de neuf cents parlementaires à seule fin d'écouter un discours, surtout si celui-ci peut décevoir, et d'en débattre éventuellement mais sans pouvoir voter. Nicolas Sarkozy prononça un discours devant le Congrès le 22 juin 2009 et François Hollande le fit le 16 novembre 2015 à la suite des attentats du 13 novembre.

Les dernières fois qu'un chef de l'État s'était adressé à la représentation nationale, il s'agissait de Louis XVI à l'ouverture des États généraux, de Thiers puis Mac-Mahon au début de la IIIe République. Cela s'était fort mal terminé pour eux.

133. Contrairement à la prise de parole, le message peut être adressé à une seule des deux assemblées. Contrairement aux systèmes antérieurs, il n'est pas contresigné (*infra*, article 19). Le président de la République l'émet sous sa seule autorité, et la responsabilité gouvernementale a d'autant moins lieu à être mise en cause directement à cette occasion que non seulement aucun ministre ne l'a endossée avec un contreseing, mais encore que le texte interdit formellement qu'un débat puisse s'ouvrir. Est ainsi préservé, implicitement mais efficacement, le rôle prioritaire du Premier ministre dans les relations de l'exécutif vers le législatif.

134. Le troisième alinéa de l'article n'a pas reçu application et la révision de l'article 28 (*infra*) rend très peu probable l'hypothèse qu'il vise. Chaque fois, dans le passé, qu'un message a été émis en dehors des périodes normales de session, il s'est trouvé que le Parlement était déjà réuni en session extraordinaire. Une mention particulière doit être faite des deux messages des 27 août 1990 et 16 janvier 1991. Dans les deux cas, en effet, la session extraordinaire avait le même objet (la guerre du Golfe) et à peu près le même ordre du jour : message présidentiel et déclaration du gouvernement. L'addition de ces deux procédures, celle de l'article 18 et la déclaration du gouvernement (en application de l'article 49 en janvier 1991), amenait donc le gouvernement à répondre devant la représentation nationale de la politique conduite par le chef de l'État, dans des conditions proches de celles des messages contresignés des républiques antérieures.

135. Le président seul décide de l'opportunité, de l'objet et du contenu du message ou de la prise de parole. Le message a servi essentiellement trois types de propos : courtois, commémoratif, politique. La *courtoisie* consiste à gratifier d'un message une assemblée nouvellement élue ou à marquer la prise de fonctions d'un nouveau chef de l'État. Toutes les nouvelles législatures n'ont pas reçu un message mais tous les présidents, avant Nicolas Sarkozy et François Hollande, en avaient adressé un à l'occasion de leur (première) prise de fonctions. La *commémoration* du centième anniversaire de la naissance de Robert Schuman a créé un précédent sans lendemain à ce jour, mais que le goût français des célébrations fera suivre tôt ou tard. La *politique* enfin peut être nationale (annonces de référendum) ou internationale (situation au Moyen-Orient durant la guerre du Golfe). Naturellement, courtoisie et politique peuvent se mêler : le message délivré après des élections nationales peut avoir un contenu politique prononcé, comme en 1981 ou en 1986, il peut aussi receler l'annonce d'initiatives constitutionnelles, comme ce fut le cas en 1974 et en 1995.

Le message présidentiel de l'article 18 n'est pas le seul prévu par la Constitution : l'article 16 (*supra*, **124**) prévoit également un message, obligatoire celui-ci, et destiné à la Nation, non à ses représentants seuls.

Article 19

Les actes du président de la République, autres que ceux prévus aux articles 8 (1er alinéa), 11, 12, 16, 18, 54, 56 et 61 sont contresignés par le Premier Ministre et, le cas échéant, par les ministres responsables.

136. Le contreseing se définit comme la ou les signatures qui suivent celle de l'auteur de l'acte, président de la République dans l'article 19, Premier ministre dans l'article 22 (*infra*).

137. Cet article fut une des innovations les plus frappantes en 1958. Ce n'est pas tant la liste des pouvoirs sans contreseing qui a impressionné, que le principe même : jusqu'alors la tradition républicaine et démocratique avait toujours considéré que, en contrepartie de son irresponsabilité politique, le président devait voir contresigner chacun de ses actes, non pas simplement, comme il est d'usage, pour l'authentifier, mais surtout afin que le Parlement puisse, le cas échéant, en demander compte au contresignataire, faute de pouvoir le faire à l'auteur. En écartant cette précaution, les constituants de 1958 ont clairement voulu marquer la place nouvelle du chef de l'État, sans pour autant le priver du bénéfice de l'irresponsabilité, au moins en droit, au moins devant le Parlement.

138. De ce fait, l'article 19 est fréquemment présenté comme dressant l'inventaire des *pouvoirs propres* du président, par opposition aux autres, qui seraient des pouvoirs partagés. Cette analyse, bien qu'usuelle, est triplement inexacte. En premier lieu, il est des pouvoirs qui, soumis à contreseing, restent des pouvoirs propres au président en ce que lui seul peut les utiliser et qu'aucune autre procédure ne permet de parvenir à un résultat équivalent (nouvelle délibération de l'article 10, par exemple). En deuxième lieu, et en sens inverse, plusieurs des pouvoirs de l'article 19 sont des pouvoirs partagés en ce sens que le président de la République, même dispensé de contreseing, ne peut pas agir seul : s'il peut nommer le Premier ministre, c'est à condition que la place soit vacante ; s'il peut convoquer un référendum, c'est à condition que le gouvernement ou les assemblées lui en aient fait la proposition. En troisième lieu, enfin, certains de ces pouvoirs lui sont d'autant moins *propres* qu'il n'en a pas le monopole : ainsi des nominations au – et surtout des saisines du – Conseil constitutionnel. Pour toutes ces raisons, il est sage de s'en tenir à la dénomination de pouvoirs sans contreseing, seule sûre, plutôt que de recourir à des adjectifs, tous discutables.

139. Quant à la nature de ces pouvoirs sans contreseing, elle éclaire la formule de Michel Debré selon laquelle le président « n'a pas d'autre pouvoir que de solliciter un autre pouvoir ». Par le premier alinéa de l'article 8, il sollicite celui qui dirigera le gouvernement. Avec les articles 11 et 12, il sollicite le suffrage universel, tout comme il sollicite le Parlement avec l'article 18. Ayant sollicité un tiers de ceux qui seront juges constitutionnels par l'article 56, les articles 54 et 61 ne lui permettent que de solliciter ensuite leur décision. Ainsi, en définitive, seul l'article 16 lui permet d'agir par lui-même. C'est à la fois beaucoup et peu.

140. Il n'est pas excessif de dire que l'article 19 n'a pratiquement plus beaucoup de sens, si tant est qu'il en ait jamais eu autant qu'on lui en a attribué. L'état de subordination dans lequel se trouve ordinairement le gouvernement ne lui permet pas de refuser son contreseing au président : entre le contreseing acquis par avance et la dispense de contreseing, la différence est ténue. Quant à la situation de cohabitation, on a vu que le président n'a pas véritablement le choix du Premier ministre (*supra*, **68**) ; qu'il ne peut pas provoquer seul un référendum (article 11) ; que la dissolution (article 12) décidée par un président finissant, peu de temps après des élections législatives et avant une élection présidentielle (cohabitation courte), ou par un président déjà désavoué par une première dissolution (cohabitation longue), serait extraordinairement périlleuse ; que le Parlement, hostile par hypothèse, peut être sourd à tout message ; tandis que le Conseil constitutionnel peut être aussi efficacement saisi par soixante députés ou soixante sénateurs. La dispense de contreseing, dans une cohabitation brève, limite donc ses effets réels, outre l'article 16, au pouvoir de nommer un membre du Conseil constitutionnel, éventuellement son président. De nouveau, c'est à la fois beaucoup et peu. Et ce n'est que dans l'hypothèse de la cohabitation longue que la dispense de contreseing pour la dissolution reprend de l'importance, mais à condition de rappeler que, ayant déjà, par hypothèse, été désavoué une fois, il ne pourrait sans doute pas se maintenir, ou perdrait définitivement tout crédit, s'il l'était une seconde fois.

141. Mais l'exception ne doit pas faire oublier la règle : les actes du président de la République sont contresignés. Le contreseing ne fait pas de ceux qui le donnent les coauteurs de la décision, qui reste présidentielle : simplement, outre la responsabilité qu'ils endossent, le cas échéant, pour en répondre devant le Parlement, le contreseing les signale comme acteurs essentiels de la préparation ou de l'exécution de l'acte.

142. Ce qui n'est le plus souvent, pour des raisons politiques, qu'une formalité en période normale se transforme en instrument et objet de négociation en cohabitation : ni le chef de l'État ni celui du gouvernement ne peuvent agir l'un sans l'autre dans des domaines variés, dont le principal devient alors le pouvoir de nomination (*supra*, **115**), sur lequel, *volens nolens*, il leur faut bien s'entendre.

Au-delà, il faut remarquer que, pour les domaines dans lesquels elle attribue des pouvoirs particuliers au président de la République (*supra*, article 15 ; *infra*, article 52), la Constitution les soumet néanmoins à l'exigence du contreseing, qui modère quelque peu les clichés habituels sur le domaine « réservé » (*supra*, article 5). Rappelons encore que si le chef de l'État est seul compétent pour convoquer le Congrès (*infra*, article 89), il n'est pas compétent pour le convoquer seul. Il a besoin de la signature du Premier ministre, y compris pour décider d'un report. Rappelons enfin que le pouvoir présidentiel de demander une nouvelle délibération de la loi adoptée exige lui aussi un contreseing (*supra*, **86**). Il ne peut donc servir, en cohabitation, à en appeler au chef de l'État sur un texte contesté, contrairement aux demandes qui lui furent périodiquement adressées en ce sens, par des parlementaires qui n'attestaient ainsi que de leur ignorance.

143. Enfin, *last not least,* quoique très mal connue du fait du secret militaire qui la couvre, il n'est pas assuré que la décision d'utilisation de l'arme nucléaire par le président de la République respecte scrupuleusement l'obligation de contreseing imposée par l'article 19 de la Constitution. D'ailleurs, le code de la défense ne fait aucune référence à un contreseing du Premier ministre. Certes, la logique même de la dissuasion s'accommoderait mal d'une mise en délibéré préalable à l'emploi de l'arme nucléaire, mais on peut convenir que la Constitution gagnerait à traduire cette évidence, plutôt qu'à être méconnue par elle.

TITRE III

LE GOUVERNEMENT

Article 20

Le Gouvernement détermine et conduit la politique de la Nation.

Il dispose de l'administration et de la force armée.

Il est responsable devant le Parlement dans les conditions et suivant les procédures prévues aux articles 49 et 50.

144. Le premier alinéa fait figure d'antiphrase, rituellement raillée par quiconque critique le fonctionnement des institutions. Il est certes aisé de mettre le texte en regard d'une pratique qui le dément. Parce que, et lorsque, le gouvernement est subordonné au président de la République, il lui cède, volontiers ou non, son pouvoir de déterminer la politique de la Nation.

Mais, d'une part, la paternité réelle importe moins que la présomption juridique, qui seule permet de saisir une responsabilité. D'autre part, le gouvernement joue effectivement le rôle que la Constitution lui confie, si l'on se rappelle que le Conseil des ministres en reste le théâtre permanent (*supra*, article 9). Enfin, même lorsqu'il abandonne au chef de l'État le soin de déterminer la politique de la Nation, il conserve toujours, pour l'essentiel, celui de la conduire.

De plus, sachant que la primauté présidentielle est proportionnée au soutien parlementaire (*supra*, **35**), elle disparaît avec lui et le gouvernement recouvre alors l'intégralité des capacités, y compris intellectuelles, que l'article 20 lui attribue. La cohabitation, vérité de la Constitution ? Oui, en partie, puisque l'antagonisme des acteurs les ramène à peu près à la lettre du texte. Non, puisque l'esprit suppose le concours des légitimités et la collaboration des pouvoirs.

C'est d'ailleurs pour cela que l'insignifiante retouche envisagée aux articles 5 et 20 à l'occasion de la révision constitutionnelle de 2008, qui avait provoqué des réactions disproportionnées, disparut finalement.

145. Organe collégial, le gouvernement est juridiquement maître tant de son organisation et de son fonctionnement que de son action. On sait que sa structure n'est définie que par le décret qui le compose (*supra*, **75**). On sait également que, s'il se réunit en Conseil des ministres (*supra*, article 9), d'une part l'usage seul a imposé à celui-ci le rythme hebdomadaire qui peut à tout moment être remis en cause, comme ce fut le cas lors des attentats de novembre 2015 avec deux Conseils des ministres réunis le samedi 14 novembre en plus de ceux des mercredis 11 et 18 novembre. D'autre part, hormis les prérogatives que la Constitution réserve expressément au Conseil des ministres, le gouvernement peut recourir à toute autre forme de rencontre.

En tout état de cause, le Conseil constitutionnel a souligné que jamais le Parlement, même sous la forme d'une loi, ne peut ni adresser des injonctions au gouvernement (82-142 DC du 27 juillet 1982), ni confier à d'autres ce que la Constitution lui réserve (93-324 DC du 3 août 1993, à propos de la loi qui entendait confier à la Banque de France le soin de « définir la politique monétaire », le Conseil avait rappelé que la détermination de la politique de la Nation impliquait celle de chacun de ses aspects).

146. Parce que c'est le gouvernement qui dispose de l'administration et même de la force armée, ni le président de la République, ni le Parlement ne peuvent agir sans lui. L'un (par ses instructions) et l'autre (par ses lois) peuvent prendre des décisions, mais ni l'un ni l'autre n'ont les moyens de les mettre en œuvre sans lui.

L'administration et les forces armées sont soumises à un strict principe hiérarchique sans lequel il serait vain de parler de démocratie. « *Cedant arma togae* », Cicéron toujours aussi concis : la force armée n'est pas un pouvoir dans la République, elle dont c'est « le devoir, l'honneur, la raison d'être de servir et d'obéir » (de Gaulle, 23 avril 1961). Sous réserve de la moindre rigueur qui distingue le civil du militaire, exactement les mêmes termes pourraient valoir pour l'administration, qui, elle non plus, n'est en principe pas maîtresse de sa propre puissance, ce qui justifie que ses responsables demeurent nommés par le seul Conseil des ministres, sans être assujettis à l'avis parlementaire préalable (*supra*, **116**).

Placé au sommet de cette hiérarchie, le gouvernement ne tient pas sa légitimité de l'élection, mais de celle que lui transfusent, sous leur contrôle permanent, les deux autorités – président de la République et Assemblée nationale – directement issues du suffrage universel.

147. En proclamant que le gouvernement est responsable devant le Parlement, le dernier alinéa est tout à la fois clair et ambigu. Clair, en ceci qu'il fait de la Ve République un régime indubitablement parlementaire dans sa définition, puisque est ainsi présent le critère exclusif de cette catégorie (*supra*, **36**). Ambigu, en ce que le Parlement est mentionné, alors que l'Assemblée nationale a seule les moyens de faire que cette responsabilité prenne réellement effet (*infra*, article 49).

148. Mais le plus novateur tient au second membre de la même phrase. Dès 1959, le Conseil constitutionnel (59-2 DC du 24 juin 1959) l'a légitimement interprété comme signifiant que le gouvernement n'est responsable *que* dans les conditions prévues aux articles 49 et 50.

En d'autres termes, le Parlement peut à tout moment refuser de voter les projets qui lui sont soumis, créer des commissions d'enquête, harceler le gouvernement de questions, etc. Mais aussi longtemps que l'Assemblée nationale ne le renverse pas dans les formes prévues à l'article 49, il demeure en fonction. Ainsi les parlementaires n'ont-ils plus eu aucun moyen d'exprimer leurs réserves, critiques ou réticences à l'égard du gouvernement par des votes strictement politiques, fréquents sous les républiques antérieures, et le nouvel article 34-1 (*infra*) qui a organisé la résurrection des résolutions, a pris soin de le rappeler.

Sous cette réserve (et celle des résolutions de l'article 88-4, *infra,* **516**), le gouvernement est donc parfaitement libre de l'usage qu'il fait de ses prérogatives, à charge pour l'Assemblée de le renverser si elle l'estime justifié ou, dans le cas contraire, de se résigner à sa survie.

149. En fin de compte, l'expérience a montré que cet article recèle une sorte de contradiction interne. L'unique fois où la censure a été adoptée (1962) et les rares fois où elle a été frôlée (1990-1992), la réalité de la responsabilité du gouvernement, ainsi attestée, s'appliquait à des situations dans lesquelles ce n'était pas lui qui déterminait la politique de la Nation. Au contraire, lorsqu'il recouvre la plénitude des pouvoirs qu'il tient du premier alinéa de l'article 20, c'est-à-dire en cohabitation, la contrainte du dernier alinéa disparaît, puisque la conjoncture lui garantit, presque en tout état de cause, face au chef de l'État, le soutien parlementaire.

Paradoxe, donc, qui fait que lorsque le gouvernement détermine la politique de la Nation, il n'est pas véritablement responsable devant le Parlement, et qu'il ne l'est que lorsqu'il ne détermine pas vraiment la politique de la Nation !

Article 21

Le Premier Ministre dirige l'action du Gouvernement. Il est responsable de la Défense Nationale. Il assure l'exécution des lois. Sous réserve des dispositions de l'article 13, il exerce le pouvoir réglementaire et nomme aux emplois civils et militaires.

Il peut déléguer certains de ses pouvoirs aux ministres.

Il supplée, le cas échéant, le président de la République dans la présidence des conseils et comités prévus à l'article 15.

Il peut, à titre exceptionnel, le suppléer pour la présidence d'un Conseil des Ministres en vertu d'une délégation expresse et pour un ordre du jour déterminé.

150. L'article 21 donne l'esprit de la fonction, il ne fait pas la somme de ses attributions (*supra*, articles 8, 2e alinéa, 12, 1er alinéa, 16, 1er alinéa, et 19 ; *infra*, articles 29, 1er et 3e alinéas, 33, 2e alinéa, 39, 1er alinéa, 45, 2e alinéa, 49, 1er, 3e et 4e alinéas, 50, 54, 61, 2e alinéa, et 89, 1er alinéa). À cette liste, déjà dense, il faut ajouter tous ceux des actes du président de la République pour lesquels le contreseing du Premier ministre est obligatoire (*supra*, article 19), ainsi que toutes les compétences attribuées collectivement au gouvernement qui ne s'exercent qu'autant que son chef y participe (*supra*, article 11, 1er alinéa ; *infra*, articles 36, 1er alinéa, 38, etc.) ou au moins ne s'y oppose pas (*infra*, articles 41, 43, 44, etc.). Ainsi, même lorsqu'il n'est pas explicitement cité, le Premier ministre dans la Constitution, comme Dieu dans le monde selon Kierkegaard, est présent partout incognito.

151. Dans le discours de présentation du projet constitutionnel devant le Conseil d'État, Michel Debré avait dit du président de la République qu'il était la clé de voûte des institutions. L'image, séduisante, a fait florès. Techniquement, elle est fausse : la clé de voûte, c'est-à-dire le point géométrique où s'équilibrent des forces antagoniques, c'est le Premier ministre ; le chef de l'État, dans la métaphore architecturale, serait plutôt la flèche de l'édifice.

C'est en effet le Premier ministre qui est, juridiquement, à l'articulation entre tous les pouvoirs : entre le président et le gouvernement, entre l'exécutif et le législatif, entre le politique et l'administratif… C'est lui en outre qui est au centre des relations entre la majorité, dont il est le chef, et l'opposition, dont il est la cible, entre le pouvoir qu'il doit incarner et l'opinion qu'il doit convaincre…

La cohabitation peut enfermer le président dans une sorte de parenthèse. Aucune situation ne peut diminuer la place du Premier ministre, sans lequel, formellement, rien ne peut se décider ou se faire. Preuve définitive : même Nicolas Sarkozy n'avait pu condamner François Fillon au chômage technique.

152. En vérité, la Ve République ne fonctionne de manière à peu près harmonieuse que dans le déséquilibre : déséquilibre au profit du président en période normale, au profit du Premier ministre en période de cohabitation. Mais, hors l'appel aux Français, le système n'organise aucun mode de sortie des blocages, au cas où, l'équilibre politique s'étant établi, aucun des deux ne voudrait plus s'incliner devant l'autre. Si, demain, surgissait un désaccord de fond, substantiel, sur l'Europe, la politique étrangère ou la défense, le président n'aurait pas les moyens d'imposer son point de vue à un Premier ministre qui aurait décidé de ne plus le ménager, mais le chef du gouvernement pourrait ne pas non plus disposer du pouvoir de l'emporter sur le chef de l'État.

On a dit parfois les Français favorables à la cohabitation.

C'est faux. Ils ont appris à ne plus la craindre, mais la preuve qu'ils ne l'aiment pas c'est, alors qu'ils avaient le choix de la poursuivre s'ils le voulaient, qu'ils y ont toujours mis fin à la première occasion, au moins jusqu'ici. Et ils ont eu bien raison. Ils ont encore montré cette volonté lors des élections législatives des 11 et 18 juin 2017 qui ont donné une majorité absolue à l'Assemblée nationale au président Emmanuel Macron.

153. Pour en rester au texte, le Premier ministre dirige le gouvernement, il ne le résume pas, et sa signature ne peut remplacer celle d'un ministre. Mais c'est lui, au nom de son pouvoir de direction, qui convoque les réunions préparatoires ou décisionnelles, tranche les désaccords, fréquents, entre ministres, indique à chacun d'eux les contraintes budgétaires qu'il lui impose et, d'une manière générale, se comporte en chef de l'équipe gouvernementale.

Le vocabulaire politique évoque les *arbitrages* du Premier ministre. Le terme est aussi fréquent qu'impropre : le chef du gouvernement n'est jamais le tiers neutre par rapport à un différend ; il est toujours celui qui, devant assumer la totalité des positions gouvernementales, a le pouvoir de décision. Nul, sur un terrain de sport, ne confondrait arbitre et capitaine. En politique, si.

154. Responsable de la Défense nationale, le Premier ministre, en principe, « exerce la direction générale et la direction militaire de la défense » ; à ce titre, il « formule les directives générales pour les négociations concernant la défense et suit le développement de ces négociations. Il décide de la préparation et de la conduite supérieure des opérations et assure la coordination de l'activité en matière de défense de l'ensemble des départements ministériels » (article L 1131-1 du code de la défense). À lire ce texte, on a l'impression que le droit est parfois ironique. Il est signé du général de Gaulle lui-même, qui se chargea de démentir, pour lui comme pour ses successeurs, ces assertions – qui n'ont pas valeur organique – et de ramener les attributions du Premier ministre à des dimensions plus étroites. Celles-ci restent néanmoins plus significatives qu'on le dit souvent puisque, en définitive et comme à l'accoutumée, si le président décide, c'est toujours le chef du gouvernement qui met en œuvre, et cela seul suffit à rendre son intervention déterminante, même s'il a généralement le tact, pour épargner la susceptibilité présidentielle, d'affecter l'humilité dans ce domaine (*supra*, article 15).

155. L'exécution des lois est son devoir, le pouvoir réglementaire et le pouvoir de nomination sont ses moyens.

Ce devoir est énoncé en termes généraux. Étymologiquement, c'est lui qui définit le pouvoir *exécutif*, dont le Premier ministre se trouve ainsi, constitutionnellement, le seul attributaire. Mais, d'une part, son rôle normatif ne se limite pas à la seule exécution des lois puisqu'il peut prendre des règlements autonomes (*infra*, article 37). D'autre part, l'exécution des lois implique des attributions générales (assurer l'ordre public, le bon fonctionnement des services publics…) qui peuvent exister même sans texte, comme l'ont reconnu le Conseil d'État depuis longtemps (13 mai 1960, *SARL restaurant Nicolas*) et le Conseil constitutionnel plus récemment (87-149 L du 20 février 1987).

Quant aux moyens, réserve est faite des privilèges présidentiels (*supra*, article 13) mais, cela dit, le Premier ministre est détenteur de droit commun du pouvoir réglementaire, sous condition de contreseing (*infra*, article 22). *A contrario*, personne d'autre, notamment pas les ministres ni les autorités administratives indépendantes, ne peut être titulaire d'un pouvoir réglementaire général. Pour les nominations, lorsqu'on retire celles qui exigent la signature présidentielle ou celles pour lesquelles la compétence du Premier ministre est liée, ne surnagent que quelques désignations importantes, par exemple à la tête de certains des nombreux organismes relevant de Matignon ou, plus importante encore, la désignation des membres français de la Commission européenne, qui, en principe, ne relève que du chef du gouvernement.

De 2012 à 2017, MM. Ayrault, Valls et Cazeneuve auront pris plus de 3 600 décrets réglementaires en Conseil d'État.

156. Le Premier ministre peut être à la fois délégant et délégataire. Délégant au profit des ministres, il l'est à peu près systématiquement depuis que des membres du gouvernement ont été nommés pour exercer des attributions qui relèvent normalement du chef du gouvernement (relations avec le Parlement), chef de l'administration (fonction publique).

Délégataire, il l'est du président de la République de manière inconditionnelle en ce qui concerne les conseils et comités de défense (*supra*, article 15), conditionnelle pour le Conseil des ministres puisque la suppléance, exceptionnelle, doit être expresse et sur un ordre du jour limité. Les présidents n'en ont fait usage, à ce jour, que pour des raisons de santé (cinq fois en 1964, 1973, 1992, 1994 et 2005) ou, une fois seulement, en raison d'un long déplacement à l'étranger (en 1964 lors du voyage du général de Gaulle en Amérique du Sud).

157. Bien que la Constitution ne le prévoie pas, la pratique a imposé la possibilité de nommer un Premier ministre par intérim. C'est le cas lorsque le chef du gouvernement doit s'absenter assez loin et assez longtemps pour le justifier. Il y faut un décret du président de la République, contresigné par le Premier ministre, qui fixe la durée de l'intérim à celle de l'absence, ce qui dispense d'avoir à prendre un second décret pour y mettre fin. Ce dispositif a été appliqué à trois reprises en 1968, 1975 et 1989 pour permettre au Conseil des ministres de se réunir alors que le Premier ministre était en déplacement à l'étranger. Dans deux autres cas, en 1979 et 1984, le Conseil des ministres a pu se réunir en l'absence du Premier ministre hospitalisé mais sans qu'un Premier ministre intérimaire n'ait été désigné. Généralement, l'intérim est assuré par le premier des ministres dans l'ordre hiérarchique ou, si celui-ci est également indisponible, par l'un de ceux qui suivent. Sous la seule réserve de l'éphémère, l'intérimaire dispose de toutes les compétences du titulaire (*infra*, article 49).

158. Au total, grisante par sa variété, frustrante par sa subordination, épuisante par sa densité, la fonction de Premier ministre est à la fois ingrate et recherchée. Contrairement à presque tous les autres systèmes parlementaires, ce n'est pas le chef de la majorité qui devient Premier ministre (même en cohabitation, comme l'a prouvé la nomination d'Édouard Balladur – *supra*, **68**), c'est plutôt celui qui est nommé Premier ministre qui devient chef de la majorité (*supra*, **69**). Il est seul maître à bord mais, normalement, après… l'armateur, qui fixe la destination, choisit la cargaison, recrute l'équipage et peut à tout moment réorienter le capitaine ou en changer.

Le Premier ministre, aurait dit le général de Gaulle, est là

« pour durer et pour endurer ». Endurer car il est le plus exposé, durer car il doit le faire aussi longtemps que sa capacité de résistance le permet, et à condition de ne pas faire d'ombre à l'astre qui lui a donné vie.

Avant l'instauration du quinquennat, le bon ton était à pronostiquer l'effacement du Premier ministre, rendu superflu par un président suractif du fait de la brièveté de son mandat. La réalité, même portée à un paroxysme par Nicolas Sarkozy, a démontré l'inanité de ces fadaises : le Premier ministre est toujours bien vivant ; la preuve, il souffre. Au-delà, il ne fallait pas prendre le moment du sarkozysme (ou de tout autre) pour la vérité de la Constitution.

L'hôtel comme tremplin vers le palais, Matignon comme étape sur la route de l'Élysée ? Ce fut vrai pour Georges Pompidou uniquement (et encore lui fallut-il attendre près d'un an, aucun chef du gouvernement en fonction n'étant, à ce jour, parvenu à se faire élire à la tête de l'État), puisque Jacques Chirac, seul autre ancien Premier ministre à être devenu président, a dû patienter sept ans entre les deux rives de la Seine. On peut gager que cela ne tient pas aux personnes mais plutôt aux périodes : dans celles de grande croissance, on peut suffisamment « réussir » comme chef du gouvernement pour être choisi afin de diriger l'État. En période de difficultés économiques graves et durables, l'exercice récent de la fonction, plus qu'un atout, peut être un handicap pour franchir la dernière marche du pouvoir.

Matignon donne donc des ailes présidentielles à qui y pénètre, que la gestion gouvernementale se charge souvent de rogner. Sauf si la croissance économique a le bon goût d'être au rendez-vous, vous qui visez le palais, évitez donc l'hôtel.

Article 22

Les actes du Premier Ministre sont contresignés, le cas échéant, par les ministres chargés de leur exécution.

159. Pour qu'il y ait contreseing des actes du Premier ministre, il faut que leur exécution relève, en tout ou partie, d'un autre membre du gouvernement. De ce fait, les actes non contresignés sont nombreux (par exemple, tous les arrêtés concernant les services, très étoffés, du chef du gouvernement).

Ce contreseing, précisément parce qu'il est limité à certains ministres, s'analyse comme l'engagement d'assurer l'exécution et non comme l'approbation, ou la paternité partagée, d'un acte qui demeure, formellement, celui du Premier ministre (*supra*, **155**), faute de quoi le ministre des Finances et du Budget, dont le contreseing est extrêmement fréquent, pourrait devenir une sorte de Premier ministre *bis*… Le Conseil constitutionnel a d'ailleurs eu l'occasion de juger superflu le contreseing d'un projet de loi (90-281 DC du 27 décembre 1990).

La rédaction de l'article 22, qui ne mentionne que les ministres (contrairement, par exemple, à l'article 8, qui évoque les membres du gouvernement), semblerait écarter le contreseing des secrétaires d'État. Celui-ci existe cependant, mais de manière facultative pour ceux d'entre eux qui sont délégués auprès d'un ministre, tandis que les secrétaires d'État autonomes sont, au regard des règles relatives au contreseing, traités comme les ministres (Conseil d'État, 21 janvier 1977, *Péron-Magnan*, p. 30).

Article 23

Les fonctions de membre du Gouvernement sont incompatibles avec l'exercice de tout mandat parlementaire, de toute fonction de représentation professionnelle à caractère national et de tout emploi public ou de toute activité professionnelle.

Une loi organique fixe les conditions dans lesquelles il est pourvu au remplacement des titulaires de tels mandats, fonctions ou emplois.

Le remplacement des membres du Parlement a lieu conformément aux dispositions de l'article 25.

160. Pour que le renforcement de l'exécutif eût un sens, il fallait un gouvernement solidaire. Pour que le gouvernement fût solidaire, il fallait que ses membres eussent à sa survie collective un intérêt individuel. Celui-ci manquait, sous les républiques antérieures, puisque la chute du gouvernement ramenait invariablement les ministres au Palais-Bourbon ou à celui du Luxembourg. L'article 23 les obligeait donc à brûler leurs vaisseaux, à renoncer à leur mandat parlementaire (y compris européen depuis 1976) dès qu'ils acceptaient des fonctions gouvernementales.

Lorsque le cas se produit, le suppléant est proclamé, mais seulement à l'expiration d'un délai d'un mois (article premier de l'ordonnance organique n° 58-1099 du 17 novembre 1958). Destiné à faire en sorte que les parlementaires ne perdent cette qualité que lorsque est assurée l'existence du gouvernement dont ils sont membres, ce délai est devenu excessif. Ainsi, en 1988, le groupe socialiste ne détenait pas la majorité absolue à l'Assemblée nationale. L'accession au gouvernement de 24 députés, dont les suppléants ne pouvaient entrer aussitôt en fonction, avait donc, passagèrement mais gravement, amputé une majorité déjà faible, et le gouvernement avait dû affronter la session de droit (*supra*, **104**) sans soutien assuré.

161. L'incompatibilité laisse aux membres du gouvernement le droit d'être candidats aux élections, simplement elle les oblige, s'ils sont élus, à faire un choix. Ordinairement, ils optent pour les fonctions gouvernementales.

Les incompatibilités professionnelles ont pour objet d'affranchir les membres du gouvernement de toute subordination hiérarchique à des administrateurs (les ministres fonctionnaires sont aussitôt placés en position de détachement) ou de tout lien avec des intérêts privés. Un titulaire d'emploi public, devenu membre du gouvernement, est, depuis 2013, placé en position de disponibilité.

Elles peuvent même se prolonger au-delà de l'appartenance au gouvernement puisque ses anciens membres se voient interdire, pendant six mois, sauf s'ils les exerçaient auparavant, des fonctions de responsabilité dans certains types d'entreprises, publiques ou économiquement liées à l'État (article 6 de l'ordonnance organique précitée).

On pourrait croire ces incompatibilités destinées aussi à faire des fonctions gouvernementales un travail à plein temps. Ce serait légitime, mais ce n'est pas le cas. Aucun interdit particulier ne pèse sur le cumul d'une fonction gouvernementale et d'un mandat local (tout au plus est limité, par l'article 23 de la loi du 3 février 1992, le cumul des traitements afférents à ces fonctions). Intrinsèquement discutable, cette liberté est devenue absurde avec la décentralisation et les pouvoirs (ainsi que le travail) considérables qu'elle donne aux responsables locaux.

Les activités partisanes ne sont nulle part évoquées. Le bon sens devait suffire à éviter le cumul d'une fonction de membre du gouvernement et de trésorier d'un parti. Éric Woerth ne l'avait pas perçu et dut en subir de pénibles conséquences.

La loi ordinaire du 11 octobre 2013 relative à la transparence de la vie publique a imposé aux membres du gouvernement de remplir une déclaration d'intérêts qui est rendue publique par la Haute Autorité pour la transparence de la vie publique et une déclaration de patrimoine qui est publiée, le cas échéant avec les appréciations de cette Haute Autorité.

162. Lionel Jospin avait choisi d'imposer aux membres de son gouvernement de renoncer à leurs mandats exécutifs locaux. Cruel sacrifice pour les intéressés, mais ô combien nécessaire : peut-on imaginer situation plus absurde que celle, notamment, dans laquelle la même personne est, en sa qualité d'élue locale, soumise au contrôle du préfet tout en devenant, en sa qualité de ministre, le supérieur hiérarchique de ce même préfet ?

La pratique née en 1997 était encourageante. Faute d'avoir débouché sur les réformes nécessaires, dissociant nettement carrières politiques nationales et locales, cette vertu nouvelle s'était trouvée mise à mal dès l'approche des élections municipales de 2001. Les ministres devaient-ils être candidats ? Beaucoup le furent, mais beaucoup aussi furent battus, de sorte qu'ils purent sans difficulté… rester au gouvernement : du maroquin ministériel devenu lot de consolation ! Jean-Pierre Raffarin et Dominique de Villepin avaient poursuivi dans la même voie, à laquelle, hélas, Nicolas Sarkozy et François Fillon avaient renoncé, tandis que François Hollande, Jean-Marc Ayrault et Manuel Valls l'ont fermement rétablie. De ce fait, François Rebsamen, réélu maire de Dijon, a quitté le gouvernement en septembre 2015. Mais Jean-Yves Le Drian est resté ministre de la Défense à la suite de son élection à la présidence du conseil régional de Bretagne en décembre 2015. Il a dû quitter cette fonction pour rester ministre des Affaires étrangères dans le gouvernement d'Édouard Philippe en juin 2017.

163. Cinquante ans de Vᵉ République ont dissipé les craintes d'un retour à la IVᵉ. À ce titre, l'article 23 méritait d'être complètement repensé. On vient de voir ce qu'il en est des fonctions locales, mais, en sens inverse, il y a sans doute aujourd'hui des avantages à rétablir le lien, maintenu partout ailleurs, entre membres du gouvernement et du Parlement. Autoriser à nouveau les ministres à redevenir députés ou sénateurs lorsqu'ils quittent le gouvernement ne nuit plus à la solidarité gouvernementale qui repose désormais sur d'autres piliers, renforce celle entre les ministres et leurs collègues parlementaires, au milieu desquels ils restent présents, évite les acrobaties nécessaires pour retrouver un siège et contribue à relustrer une fonction quasi systématiquement délaissée dès qu'une autre se présente. En outre, l'expérience récemment acquise dans des fonctions ministérielles peut être utile dans les débats. Bref, c'est parce qu'il fallait renforcer le gouvernement, que l'incompatibilité avait été introduite en 1958 ; parce que c'est le Parlement qu'il fallait renforcer, elle a disparu du fait de la nouvelle rédaction du deuxième alinéa de l'article 25 (*infra*) entrée en application avec la loi organique n° 2009-38 du 13 janvier 2009. Examinant celle-ci, le Conseil constitutionnel (2008-572 DC du 8 janvier 2009) s'est opposé au maintien en fonction du suppléant en cas de refus de l'ancien ministre de reprendre sa place, car cela équivaut en réalité à une démission, laquelle doit donner lieu à une élection partielle.

164. Les membres du gouvernement n'ont pas à proprement parler de statut. Collectivement responsables, sur le plan politique, devant les députés (*infra*, article 49), individuellement responsables, sur le plan pénal, devant la Cour de justice de la République (*infra*, article 68-1), ils ne bénéficient même plus de la présomption d'innocence depuis que l'habitude a été prise, en 1993, de faire se retirer tout membre du gouvernement mis en examen (*infra*, **453**). Peut-être serait-il sage de prévoir dans cet article une loi organique sur quelques éléments d'un statut ministériel (au moins quant aux incompatibilités), afin d'éviter que celui-ci soit exclusivement issu de la Constitution elle-même, trop rigide, ou de simples usages, trop lâches.

Les voilà donc exposés à tous vents, pour un traitement

net qui, distinguant ministre et secrétaire d'État, s'échelonne entre 8 000 et 9 000 euros par mois (depuis que le gouvernement Ayrault, dès sa formation, a décidé d'une amputation de 30 %), sans bénéficier, contrairement à une idée répandue, d'une retraite ministérielle particulière, et avec la seule garantie que leur traitement leur sera versé pendant trois mois après leur départ du gouvernement s'ils ne retrouvent pas de rémunération dans l'intervalle. Les candidats manquent rarement cependant.

TITRE IV

LE PARLEMENT

Article 24

Le Parlement vote la loi. Il contrôle l'action du Gouvernement. Il évalue les politiques publiques.

Il comprend l'Assemblée Nationale et le Sénat.

Les députés à l'Assemblée Nationale, dont le nombre ne peut excéder cinq cent soixante-dix-sept, sont élus au suffrage direct.

Le Sénat, dont le nombre de membres ne peut excéder trois cent quarante-huit, est élu au suffrage indirect. Il assure la représentation des collectivités territoriales de la République.

Les Français établis hors de France sont représentés à l'Assemblée nationale et au Sénat.

165. Celui-ci est le premier des sept articles (24, 42, 48, 65, 70, 88-4 et 88-5, *infra*) que la révision de 2008 a intégralement re-rédigés.

L'affirmation selon laquelle le Parlement vote la loi est mieux placée ici, depuis 2008, qu'à l'article 34 où cela figurait jusqu'alors, dans une rédaction (« la loi est votée par le Parlement ») contestable parce que oublieuse de ce qu'elle pouvait aussi être votée par les Français eux-mêmes lors d'un référendum. Encore faut-il se rappeler aussi que la loi n'est pas toujours l'œuvre du Parlement, mais parfois de la seule Assemblée nationale lorsque celle-ci est invitée à statuer définitivement (*infra*, **305**), tout comme elle n'est pas toujours *votée*, puisqu'il peut arriver qu'elle soit *considérée comme adoptée*, sans scrutin (*infra*, **335**). Il s'est même produit qu'une loi soit promulguée sans avoir été votée par aucune des deux assemblées : sur la loi du 24 novembre 1986 découpant les circonscriptions législatives, afin de permettre au gouvernement de gagner du temps, d'un côté l'article 49-3 était utilisé à l'Assemblée nationale, de l'autre le Sénat adoptait la question préalable (qui équivaut théoriquement au rejet du projet mais visait ici à couper court au débat dont l'issue positive était assurée par l'article 49, troisième alinéa, à l'Assemblée nationale).

Méritait bien une mention la vocation du Parlement à contrôler l'action du gouvernement, c'est-à-dire l'ensemble de celle-ci, et pas seulement celle qui pourrait le faire chuter, en permanence, et pas seulement lors de débats solennels.

Quant à l'évaluation des politiques publiques, celle dans laquelle les assemblées modernes, à l'étranger, se montrent efficaces et irremplaçables, elle devrait mobiliser nos élus bien plus qu'elle n'a fait jusqu'ici.

Contrôle et évaluation – y compris de la législation elle-même, trop souvent adoptée dans la précipitation et sans réflexion – ont été les parents pauvres de la Ve République. La révision de 2008 a voulu leur redonner de l'importance, sans toujours aller au bout de ces bonnes intentions (*infra*, **328**). Il n'est pas évident, après près de dix ans d'application, d'estimer l'objectif atteint, alors qu'on le sait vital.

166. Deux fois, et deux fois seulement avant celui de 2005, des référendums avaient vu la victoire du non, en avril 1946 et en avril 1969 : dans les deux cas, le projet rejeté tendait, plus ou moins explicitement, à la disparition du Sénat. Les Français démontrèrent ainsi leur attachement au bicaméralisme, et ils eurent raison.

L'existence d'une seconde chambre, impérative dans les systèmes fédéraux, facultative dans les États unitaires, présente bien des avantages. Elle permet une représentation du territoire, tandis que l'assemblée unique n'assure que celle de la population. Elle permet une réflexion qui, ne serait-ce que matériellement du fait des « navettes » (*infra*, **300**), diminue le risque de foucades, de décisions hâtives prises sous l'empire d'un événement, d'une émotion. Elle diversifie les points de vue, les expériences, les préoccupations des auteurs de la loi, et peut contribuer de ce fait à une meilleure qualité de la production législative.

À tous égards, donc, le bicaméralisme est intrinsèquement bon. Mais il n'apporte ce qu'il promet qu'à certaines conditions, que la Ve République ne remplit pas toutes (*infra*, **172**).

167. Depuis 1958, et à l'unique exception des élections de mars 1986, les députés sont désignés au scrutin majoritaire uninominal à deux tours. Celui-ci ne va pas sans une certaine brutalité. Elle est le prix de son efficacité.

168. La brutalité est inhérente au système. Si un candidat obtient au premier tour la moitié des voix plus une, il est élu. Sinon un second tour est organisé, auquel ne peuvent prendre part que les candidats qui ont recueilli plus de 12,5 % des électeurs inscrits au premier tour, et le candidat arrivé en tête est élu. Cela fait peser de fortes contraintes sur les acteurs, puisque seuls peuvent espérer constituer une majorité les partis qui sont tout à la fois *puissants*, *nationaux* et *coalisés*.

Puissants, car il faut que leurs candidats soient sinon élus au premier tour, du moins présents au second. Pour acquérir et conserver la force nécessaire à cela, il faut s'unir afin de constituer un grand parti dont les tendances internes, si divisées puissent-elles être, ont un besoin vital de demeurer soudées, faute de quoi chacune perdrait, si elle était isolée, ce que toutes peuvent espérer gagner à condition d'agir ensemble.

Nationaux, car la logique de ce mode de scrutin impose non pas de gagner *bien* mais de gagner *souvent* : toutes les voix qui ne permettent pas de conquérir un siège sont stériles, mais toutes celles superflues pour cette victoire le sont aussi : que le candidat recueille 52 ou 80 % des voix ne change rien : cela ne donnera qu'un siège. L'objectif est donc d'en conquérir beaucoup, quitte à ce que ce soit avec une faible majorité à chaque fois, plutôt que quelques-uns seulement, même si chacun fait un score brillant. Non seulement cela exclut que des formations régionalistes puissent vraiment prospérer, mais cela conduit les grands partis à essayer d'être présents sur tout le territoire et, partant, à développer des thèmes politiques d'intérêt national.

Coalisés, parce qu'il ne s'est jamais produit, et il ne se produira sans doute jamais, qu'un parti obtienne seul la majorité nécessaire dès le premier tour. Il lui faut donc, au second, l'appoint d'un ou plusieurs partenaires, qu'il n'obtiendra qu'à charge de revanche ailleurs. Quelque animosité qu'il puisse exister entre eux, les partis les moins éloignés les uns des autres sont ainsi conduits, bon gré mal gré, à conclure des accords électoraux. De ce fait, ceux qui ne veulent (écologistes jusqu'en 1997) ou ne peuvent (extrémistes) s'inscrire dans des coalitions perdent à peu près toute chance d'avoir un nombre significatif d'élus.

Cette brutalité, qui exclut pratiquement de la représentation parlementaire des formations qui ont pu recueillir un nombre de suffrages élevé au premier tour, est le prix payé à une efficacité indiscutable. En 2017, les élections législatives des 11 et 18 juin ont conduit à ce que « La République en marche » ait la majorité absolue à l'Assemblée nationale comptant, avec son allié du Modem, 360 députés.

169. Tendanciellement, en effet, les partis se coalisent. Tendanciellement, ces coalitions sont au nombre de deux, qui se forment généralement à l'occasion du second tour de l'élection présidentielle (*supra*, **34**). Tendanciellement, l'une de ces deux coalitions a toutes chances de conquérir la majorité (au pis, relative seulement) des sièges à l'Assemblée nationale. Tendanciellement, l'existence de cette majorité apportera au gouvernement le soutien et la stabilité dont il a besoin pour travailler.

Certes, il ne s'agit là que de tendances, que toutes sortes d'accidents peuvent contrarier. Mais elles sont assez fortes pour s'être toujours imposées depuis 1962.

Bien sûr, les partis non coalisés dénoncent le système dont ils sont victimes et jugent illégitime le fait de n'avoir pratiquement aucun député, alors qu'ils estiment représenter un nombre significatif d'électeurs. Cette critique est infondée. Elle repose sur l'idée, implicite, selon laquelle le premier tour serait légitime tandis que le second ne le serait pas. C'est évidemment faux : il n'y a pas des électeurs de première classe qui votent au premier tour et des électeurs de seconde classe qui votent au second ; ce sont les Français, les mêmes, qui votent aux deux tours. En réalité, les récriminations de qui ne peut ou ne veut participer à des coalitions, alors que les autres se soumettent à cette obligation dont eux aussi aimeraient bien pouvoir se dispenser, sont à peu près aussi fondées que celles de qui prétendrait faire valoir un droit à la procréation en refusant toute forme, même artificielle, d'accouplement. Pas plus que des enfants, on ne peut faire des députés tout seul. On peut le regretter, pas l'ignorer.

Loin d'être frappés de la moindre illégitimité, les députés français, dans le système actuel, sont au contraire parmi les seuls au monde dont les plus nombreux (tous ceux issus d'une compétition limitée à deux candidats au second tour) sont élus en ayant réuni sur leur nom la majorité absolue des suffrages exprimés.

170. Cette brutale efficacité a fait franchir à la France l'étape de la démocratie moderne. Tandis que, dans d'autres modes de scrutin, les électeurs ont un éventail beaucoup plus ouvert mais, finalement, une influence beaucoup plus réduite puisque leur choix ne se traduira pas immédiatement en termes d'attribution du pouvoir gouvernemental (laquelle résultera d'accords passés entre les partis après les élections), le système actuel réduit certes le choix, au second tour, mais le rend parfaitement effectif, puisque ce sont les Français qui décident ainsi, eux-mêmes et clairement, qui gouvernera.

Il reste néanmoins envisageable de diminuer la brutalité. Il suffirait à cela d'instiller la fameuse dose de proportionnelle évoquée depuis des années : quelques dizaines de sièges qui seraient pourvus sur listes nationales, pour permettre à toutes les formations significatives d'accéder à la tribune parlementaire. La droite l'a de nouveau refusé en 2008 et a même veillé à rendre l'idée plus difficile dans l'avenir en fixant dans la Constitution elle-même le nombre maximum de députés. La gauche l'a promis, mais il lui faudra surmonter un obstacle : introduire une part proportionnelle exigera de supprimer autant de circonscriptions, ce à quoi les intéressés répugneront toujours.

Quoi qu'il en soit, rien, en revanche, ne devrait se faire au risque de compromettre l'efficacité majoritaire qui est ici une vraie vertu démocratique (*supra*, Introduction). Au contraire, il serait même démocratiquement juste et politiquement opportun de limiter à deux le nombre de candidats au second tour, comme dans l'élection présidentielle, afin de clarifier l'option et d'interdire à quiconque de prendre des circonscriptions en otages.

171. De la règle selon laquelle le Sénat représente les collectivités territoriales la loi électorale le concernant a fait une vue de l'esprit. Si les conseillers généraux, et régionaux depuis 1986 (*infra*, article 72), sont électeurs sénatoriaux, le Sénat demeure le « grand conseil des communes de France » qu'il était au début de la IIIe République, puisque les conseils municipaux fournissent plus de 95 % de son corps électoral. Les députés en font également partie, ce qui est une bizarrerie à laquelle il serait temps de mettre fin, dans la mesure où, élus de la Nation, ils ne sont à aucun titre des porte-parole de quelque collectivité territoriale que ce soit (et la Nation, quoique « territoriale » aussi, n'est pas représentée en elle-même au Sénat puisqu'il n'y a pas de sénateurs nationaux).

Le Sénat présente l'originalité d'avoir deux modes de scrutin simultanés, majoritaire dans les petits départements (jusqu'à deux élus), proportionnel dans les autres (à partir de trois sièges).

En fait, le système organise une surreprésentation écrasante des plus petites communes, qui donne au Sénat une coloration majoritairement conservatrice, assez indifférente à l'air du temps et aux évolutions de l'opinion, maintenant à la droite, en tout état de cause, un bastion que la gauche semblait ne jamais pouvoir conquérir. Quand la gauche perdait tout, elle perdait tout ; quand la droite perdait tout, elle gardait le Sénat. Il a fallu une longue séquence de brillants succès locaux pour qu'enfin, en 2011 et pour la première fois dans l'histoire, la gauche devienne majoritaire au Sénat, portant à sa tête Jean-Pierre Bel. Encore cette majorité hétéroclite et très étroite n'a-t-elle existé que trois ans.

172. Autant le bicaméralisme est justifié, autant il rendrait des services plus signalés si la seconde chambre cessait d'être tendanciellement une caricature hémiplégique de la première, reproduisant les mêmes clivages en les outrant, recrutant à peu près les mêmes élus à un stade différent de leur carrière, pratiquant les mêmes disciplines et les mêmes solidarités, mais dans un sens politique toujours unilatéral. Ce n'est pas la pseudo-réforme de 2003 qui a pu changer l'essentiel (*infra*, **177**).

Il serait plus sage de régionaliser les élections sénatoriales, de sorte qu'au palais du Luxembourg siège à l'avenir le Grand Conseil des régions de France, qui semble mieux correspondre à l'époque. Mieux même, on pourrait tout simplement supprimer les élections actuelles, comme en Allemagne, et décider que le Sénat sera essentiellement composé de membres de droit : tous les présidents des conseils régionaux (25) et généraux (101), les maires des villes de plus de 100 000 habitants (une quarantaine), auxquels pourraient s'ajouter environ 120 sénateurs élus dans chaque région par l'ensemble des autres maires.

Mais comme, dans les deux hypothèses, il y faudrait en principe l'accord du Sénat lui-même (*infra*, articles 46 et 89), la chose est peu probable, et le Sénat est entré dans le XXIe siècle tel qu'il est sorti du XIXe.

173. La gauche avait bien fait une tentative, en 2000, en vue de renforcer le poids des grandes collectivités en leur allouant davantage de délégués aux élections sénatoriales. Mais elle s'était heurtée au Conseil constitutionnel (2000-431 DC du 6 juillet 2000) qui avait rappelé qu'il ne peut s'agir là que d'un correctif lequel ne saurait aboutir à ce que le nombre de ces électeurs, qui ne sont pas eux-mêmes des élus, soit supérieur à celui des représentants réels du territoire. Le rééquilibrage par le haut étant ainsi impossible, ne reste que celui par le bas, qui consisterait à regrouper les plus petites communes, dans chaque département, afin qu'elles participent ensemble non à l'élection des sénateurs mais à la désignation du nombre approprié d'électeurs sénatoriaux. Si cette démarche est suivie avec sagesse, le Conseil constitutionnel ne pourra pas y faire obstacle, sauf à constitutionnaliser le mode de scrutin actuel alors qu'il relève de la loi ordinaire.

174. Jusqu'à 2008, le Sénat représentait seul les Français établis hors de France. Les douze sénateurs élus à ce titre ont vu leur mode d'élection modifié par la loi du 22 juillet 2013. La révision constitutionnelle de 2008 a fait que ces Français sont aujourd'hui représentés à l'Assemblée nationale aussi (l'ordonnance du 29 juillet 2009 leur attribue onze sièges pourvus dans des circonscriptions mondiales aux contours pittoresques). L'idée se défend – pour être expatrié, on n'en est pas moins français – mais elle paraît trop imprégnée d'arrière-pensées pour être vraiment sympathique. Jusqu'alors, les Français de l'étranger avaient majoritairement voté à droite. D'où la crainte que l'essentiel des sièges revînt à cette dernière. Silvio Berlusconi avait fait le même calcul en Italie, où pourtant ces élus de l'étranger, à la surprise générale, avaient donné une (très faible) majorité au Sénat à son adversaire, Romano Prodi, en 2006. Résultat équilibré en France où, après deux élections partielles consécutives à des annulations par le Conseil constitutionnel, le PS a obtenu cinq sièges, les Verts un et l'UMP et l'UDI seulement cinq.

Article 25

Une loi organique fixe la durée des pouvoirs de chaque assemblée, le nombre de ses membres, leur indemnité, les conditions d'éligibilité, le régime des inéligibilités et des incompatibilités.

Elle fixe également les conditions dans lesquelles sont élues les personnes appelées à assurer, en cas de vacance du siège, le remplacement des députés ou des sénateurs jusqu'au renouvellement général ou partiel de l'assemblée à laquelle ils appartenaient ou leur remplacement temporaire en cas d'acceptation par eux de fonctions gouvernementales.

Une commission indépendante, dont la loi fixe la composition et les règles d'organisation et de fonctionnement, se prononce par un avis public sur les projets de texte et propositions de loi délimitant les circonscriptions pour l'élection des députés ou modifiant la répartition des sièges de députés ou de sénateurs.

175. La Constitution ne consacre que dix articles au statut du Parlement. Il est normal qu'elle en renvoie beaucoup d'éléments aux lois organiques, faites pour cela. En outre, la souplesse est plus grande.

Sur la durée et la composition

176. Ce sont des dispositions organiques du Code électoral qui déterminent la longévité des chambres. Celle de l'Assemblée nationale n'est pas de cinq ans, comme on le croit à tort. D'une part, elle peut toujours être abrégée par la dissolution (*supra*, article 12). D'autre part, ses pouvoirs expirent le troisième mardi de juin de la cinquième année qui suit son élection (avant 2002, les pouvoirs expiraient début avril). De ce fait, une Assemblée renouvelée à la suite d'une dissolution peut siéger sensiblement moins de cinq ans : ainsi celle élue fin novembre 1962 a disparu le 2 avril 1967, seulement cinquante-deux mois plus tard, et non soixante.

177. Le Sénat est une assemblée permanente. Le mandat de ses membres était de neuf ans, le plus long de tous les mandats électifs, héritage de l'époque, au début de la IIIe République, où l'on considérait que la longévité était gage d'autorité, alors qu'on sait aujourd'hui combien le caractère récent de son élection compte dans la légitimité reconnue à une institution.

Il a été abaissé à six ans, sur l'initiative du Sénat lui-même, par la loi organique du 30 juillet 2003. Le changement fut présenté comme un sacrifice admirable. En fait, il était indolore : deux mandats de neuf ans ou trois mandats de six, cela fait toujours dix-huit ans et nombreux sont les sénateurs, sur tous les bancs, qui n'ont pas grand-chose à redouter d'une élection de plus, le mode de scrutin leur garantissant d'avance le résultat.

Le Sénat se renouvelait par tiers tous les trois ans. Il se renouvelle désormais par moitié, les département étant répartis en deux séries, complétées chacune par la Nouvelle-Calédonie et deux ou trois collectivités d'outre-mer et six des douze sénateurs représentant les Français installés à l'étranger. Comme il n'était pas question de raccourcir le mandat des sénateurs en fonction, ils décidèrent que ce changement se ferait progressivement pour ne devenir pleinement effectif qu'en 2010 ! Des sénateurs avaient ainsi réussi l'exploit de raccourcir leur mandat de neuf ans… à dix !

Cette permanence garantit l'existence d'au moins une des deux assemblées du Parlement, même quand l'autre serait dissoute et que des circonstances exceptionnelles interdiraient de la renouveler. Mais dans cette hypothèse, qu'on espère d'école, la seconde chambre ne saurait suppléer la première.

178. Le fait que la durée des pouvoirs de chaque assemblée relève de la loi organique pourrait théoriquement permettre, au moins à l'Assemblée nationale, de s'autodissoudre, en votant une disposition abrégeant le mandat en cours.

C'était possible sous la IVe République. À l'occasion de la réforme électorale opérée en 1951, les députés avaient avancé de quatre mois, à juillet 1951, le terme de leur mandat en cours, qui ne devait normalement s'achever qu'en novembre. Ce ne serait plus possible sous la Ve : précisément parce qu'il y faut une loi organique et que celle-ci serait soumise au contrôle obligatoire du Conseil constitutionnel (*infra*, **308**), qui ne manquerait pas de la censurer, si elle avait pour objet d'attribuer à l'Assemblée elle-même un pouvoir de dissolution que la Constitution ne reconnaît qu'au seul président de la République (*supra*, article 12).

En revanche, le Conseil admet qu'une loi organique modifie la date d'expiration des pouvoirs de l'Assemblée, y compris pour le mandat en cours, lorsque cela correspond à une nécessité institutionnelle claire et n'entraîne un changement qu'exceptionnel et limité. C'est ce qui s'est produit en 2001 lorsque le législateur organique a décidé, à bon escient, de repousser à juin la date d'expiration du mandat, afin d'éviter la situation absurde, qui eût, sinon, fortuitement résulté de la dissolution en 1997, dans laquelle le président de la République eût été élu après les députés au lieu de l'être avant (*supra*, **38** et **107**).

Constat : sur onze premières législatures, une seulement (1973) avait duré effectivement cinq ans, toutes les autres ayant, du fait d'une dissolution, soit démarré en retard (1962, 1968, 1981, 1988), soit terminé en avance (1958, 1967, 1978, 1986, 1993), celle de 1997 s'étant singularisée à sa manière puisqu'elle a au contraire duré deux semaines de plus que les cinq années prévues. Depuis 2002, les législatures ont effectivement duré cinq ans.

179. La composition s'entend ici du nombre, et non de la loi électorale, qui relève de la loi ordinaire, sans exigence particulière ni de majorité, ni de délai, ni de procédure. J'avais toujours proposé ici que le découpage des circonscriptions fût périodiquement refait sur la base de propositions présentées par une commission indépendante (composée de géographes, de démographes et de politologues), plutôt que par le seul gouvernement. Demi-satisfaction avec la révision de 2008 : une commission indépendante a enfin vu le jour, mais elle se borne à donner un avis public sur le projet ou la proposition de découpage préparé par d'autres. Il reste que c'est un progrès réel, même si la première intervention, en 2009, laisse insatisfait.

En outre, les effectifs réels varient au gré de divers aléas. Parmi ceux-ci, seuls le décès ou l'acceptation de fonctions pour lesquelles c'est explicitement prévu donnent lieu à la proclamation du suppléant, la norme demeurant, dans les autres cas, qu'une élection partielle soit convoquée.

180. Le nombre des députés a été fixé à 577 par la loi organique en 1985 et rigidifié à ce maximum par la Constitution en 2008. On avait considéré que chaque département devait en compter au moins deux, sans d'ailleurs que l'on sût pourquoi (huit d'entre eux doivent se contenter d'un seul sénateur).

La loi du 11 juillet 1986 avait prévu, pour tenir compte des évolutions démographiques, que le découpage des circonscriptions serait révisé après deux recensements généraux. Cela traduisait plus une intention qu'une obligation, le législateur n'étant pas tenu au respect de cette injonction. D'ailleurs, il l'avait ignorée au point que le recensement de 1999 faisait apparaître de nouveaux déséquilibres à ce point anormaux que le Conseil constitutionnel, en 2002, les avait publiquement dénoncés comme tels, longtemps en vain. Après qu'il eut aussi mis fin à la règle absurde des deux députés par département (2008-573 DC du 8 janvier 2009), un nouveau découpage fut opéré, après avis de la nouvelle commission, par une ordonnance du 29 juillet 2009 elle-même ratifiée par une loi du 23 février 2010.

Il est à noter que les circonscriptions sont découpées en fonction de la population et non des électeurs inscrits. C'est ainsi, indirectement, que sont également représentés à l'Assemblée nationale les citoyens mineurs ou non inscrits sur les listes électorales, mais aussi les étrangers en situation régulière (*supra*, **21**). Pour les Français établis hors de France, la loi organique du 1er août 2016 a posé l'interdiction, applicable au plus tard au 1er janvier 2019, de l'inscription concomitante sur une liste électorale consulaire et sur la liste électorale d'une commune en France.

181. Le Sénat comptait 321 membres. Il en a 348 depuis 2010, soit vingt-sept de plus qu'auparavant.

La répartition des sièges de sénateurs par circonscription s'est faite en tenant compte du nombre des collectivités au sein de chacune, plus ou moins pondéré par la population, qui n'est pas nécessairement proportionnelle, loin s'en faut. C'est ce qui explique que, lorsque la Lozère élit 1 sénateur, le Nord, presque trente-cinq fois plus peuplé, n'en désigne que 11. Mais parce que l'écart était devenu absurde, le Conseil constitutionnel avait tenu à rappeler, ici aussi, que la Constitution impose « au législateur de modifier la répartition par département des sièges de sénateurs pour tenir compte des évolutions de la population des collectivités territoriales dont le Sénat assure la représentation » (2000-431 DC du 6 juillet 2000). Le Parlement s'est résigné à entendre partiellement ce rappel à l'ordre : la réforme de juillet 2003 a remédié aux inégalités les plus choquantes, même si elle a maintenu une dérogation au profit de Paris et de la Creuse qui « pour regrettable qu'elle soit », *dixit* le Conseil constitutionnel (2003-475 DC du 24 juillet 2003), a été tolérée afin de ne pas remettre en cause les rééquilibrages réels. Sur cela aussi, la commission indépendante donnera un avis public à l'avenir.

Une meilleure prise en compte des réalités démographiques, économiques, sociales, mais aussi territoriales, militerait pour que, au minimum, la région se substitue au département comme circonscription sénatoriale. Mais après-demain n'est certainement pas l'avant-veille du jour où cela se fera.

Sur les indemnités, inéligibilités et incompatibilités

182. La démocratie suppose une égale possibilité d'accès au Parlement, qui, elle-même, implique que ceux qui y sont élus puissent vivre. C'est pourquoi ils perçoivent une indemnité prévue par l'ordonnance organique n° 58-1210 modifiée du

13 décembre 1958. Elle est fixée par référence à la moyenne des plus hauts traitements de la fonction publique, et elle est complétée par une indemnité de fonction égale au quart de l'indemnité parlementaire. Depuis 1992, l'indemnité parlementaire est intégralement assujettie à l'impôt sur le revenu.

Les parlementaires bénéficient en outre de collaborateurs qu'ils choisissent et qui sont rémunérés par leur assemblée.

La loi organique du 11 octobre 2013 relative à la transparence de la vie publique a imposé aux parlementaires de remplir des déclarations d'intérêts qui sont rendues publiques par la Haute Autorité pour la transparence ainsi que des déclarations de patrimoine qui sont, aux fins de consultation, tenues à la disposition des électeurs inscrits sur les listes électorales.

183. Si l'on peut devenir député dès 18 ans, il faut en avoir 24 pour entrer au Sénat (le mot vient de *senex*), mais dans aucune des deux chambres n'est imposé d'âge maximal, ce qui fait que le gâtisme, sans être fréquent, n'y est pas totalement absent.

Les inéligibilités sont limitativement énumérées par l'ordonnance organique n° 58-998 du 24 octobre 1958. Outre ceux qui sont privés de leurs droits civils et politiques, elles concernent essentiellement les fonctionnaires d'autorité, dans les lieux où ils exercent ou ont exercé récemment leurs fonctions.

À celles-là, qui sont traditionnelles, la loi du 15 janvier 1990 a ajouté l'inéligibilité pouvant frapper pour un an tout candidat, même élu, qui a méconnu les règles relatives à la transparence et au plafonnement du financement des campagnes électorales. C'est une sanction qui a fait la preuve de son caractère utilement dissuasif : quatre inéligibilités prononcées en 1993, deux en 1997, 2002 et 2007, zéro enfin dans les élections de 2012.

Si, en cours de mandat, une inéligibilité se révèle (parce qu'elle était passée inaperçue auparavant) ou survient (par suite d'une condamnation), c'est le Conseil constitutionnel qui constate la déchéance du parlementaire, à la requête du bureau de l'assemblée concernée ou du garde des Sceaux, ou, éventuellement, du ministère public.

184. Les incompatibilités, prévues par la même ordonnance, et complétant celles qui résultent de la Constitution elle-même (*supra*, article 23), obéissent à un certain nombre de principes.

Entre la fonction parlementaire et les *activités nominatives publiques*, l'incompatibilité est la règle, la compatibilité l'exception. Cela signifie que tout fonctionnaire élu au Parlement est aussitôt placé en situation de disponibilité, de sorte que, d'une part, il retrouve son corps d'origine lorsqu'il quitte le Parlement mais que, d'autre part, tant qu'il y siège, il est libéré de la subordination hiérarchique qu'impose le statut de la fonction publique. Seuls peuvent poursuivre leurs activités ces fonctionnaires très particuliers que sont les professeurs des universités (dont l'indépendance est déjà constitutionnellement consacrée) et les ministres du culte dans les départements concordataires (n'étant pas française au moment où fut votée la loi de séparation des Églises et de l'État, l'Alsace-Moselle demeure régie par le concordat qui faisait des membres du clergé des fonctionnaires publics).

Entre la fonction parlementaire et les *activités privées*, la compatibilité est la règle et l'incompatibilité l'exception, même si la loi organique du 11 octobre 2013 sur la transparence de la vie publique a durci les cas d'incompatibilité. Rien n'interdit à un élu de poursuivre ses activités professionnelles, sauf lorsque celles-ci, par leur nature, pourraient affecter, d'une manière ou d'une autre, sa qualité de parlementaire. Ainsi doivent par exemple renoncer à leurs activités privées tous ceux qui exercent des fonctions de direction dans des entreprises travaillant principalement pour, ou vivant d'avantages assurés par l'État ou une autre collectivité publique ou faisant publiquement appel à l'épargne ou pratiquant la promotion immobilière.

Entre la fonction parlementaire et les *activités publiques électives*, la compatibilité est également la règle et l'incompatibilité l'exception. Si nul ne peut appartenir simultanément aux deux assemblées du Parlement, chacun peut être parlementaire et détenir un autre mandat. Depuis la loi organique du 30 décembre 1985 renforcée par la loi organique du 5 avril 2000, toujours en vigueur, le cumul est limité à l'un des mandats suivants : conseiller régional ou général, conseiller municipal d'une commune d'au moins 1 000 habitants, conseiller de l'assemblée de Corse ou de l'assemblée territoriale d'une collectivité d'outre-mer.

Pour l'essentiel, ces incompatibilités ont vocation, elles

aussi (*infra*, **186**), à protéger le mandat, son indépendance notamment, y compris contre des tentations auxquelles pourrait être exposé le parlementaire lui-même. Il reste que, sur un point fondamental, elles sont notoirement insuffisantes.

185. La possibilité, pour un député, d'être en même temps élu d'une collectivité locale est unc particularité française, à peu près unique au monde et qui serait stupéfiante dans n'importe quel autre pays civilisé.

Et dans cette aberration réside sans doute la cause première de bien des dysfonctionnements de l'Assemblée nationale.

Les députés, surtout depuis la décentralisation, trouvent beaucoup plus gratifiantes leurs fonctions locales que leur mandat national et consacrent donc plus de soin à celles-là qu'à celui-ci. Ils invoquent, pour le justifier, le fait qu'ils se sentent démunis face au gouvernement à l'Assemblée nationale, mais ils n'y sont effectivement démunis que parce qu'ils sont peu nombreux, ou peu déterminés, ou peu opiniâtres, à exercer les pouvoirs qui sont les leurs. Ceux-ci ne manquent cependant pas, tandis que fait cruellement défaut la volonté réelle de les utiliser.

De plus, chaque fois qu'un projet confronte les besoins de l'État à ceux des collectivités locales, la coalition des intérêts locaux se dresse aussitôt, qui, par-delà toutes les divisions partisanes, transforme nombre de députés en lobbyistes des régions, départements et communes, plus qu'en représentants du peuple et de la Nation.

L'intérêt de cette dernière n'est, de ce fait, plus véritablement défendu par ceux dont c'est le rôle. D'autres s'en chargent alors, qu'on appelle « technocrates » parce qu'ils se trouvent dans les ministères, qui ont le sentiment, malheureusement pas toujours infondé, d'être seuls défenseurs du sens de l'État. Cela les porte à certaines formes d'arrogance, ce qui est mal, mais les conduit aussi, ce qui est bien, à préserver des intérêts légitimes que d'autres ont abandonnés.

Ainsi ne retrouvera-t-on un véritable Parlement, jouant véritablement son rôle, que le jour, qui n'est plus très éloigné, où, enfin, sera radicalement banni le cumul du mandat de député avec un autre ou, à défaut, avec une fonction exécutive locale.

Quant au contre-argument habituellement avancé, selon lequel le cumul permettrait aux députés d'être au fait des réalités du pays et des tendances de son opinion, il n'est pas seulement stupide – car tous les députés, alors, devraient être invariablement réélus –, indécent – car il n'y a qu'en France que l'on cumule, or il n'y a qu'en France que la majorité sortante, quelle qu'elle soit, s'est systématiquement fait battre de 1981 à 2002 –, il est aussi insultant pour les parlementaires du monde entier – qui ne cumulent pas, et dont on ne sache pas qu'ils soient moins compétents que leurs collègues français.

Au demeurant, aussi longtemps que le mode de scrutin sera ce qu'il est, ils auront un puissant motif – la réélection – de demeurer attentifs à leur circonscription, sans pour autant avoir à en gérer les collectivités.

186. Autant, donc, le cumul au Sénat (qui lui, d'ailleurs, n'est pas une singularité française) peut se justifier parce qu'il représente les collectivités territoriales, autant le moment est venu depuis longtemps de considérer que représenter le peuple, pour être un mandat à pleine dignité, un mandat à pleine efficacité, est un mandat à plein temps.

La loi organique du 5 avril 2000 devait régler le problème. Mais les députés, nombreux à ne pas le vouloir, insistèrent pour que le texte s'appliquât de la même manière aux sénateurs, pour lesquels il était nettement moins justifié. L'objectif était simple : le vote conforme du Sénat paraissant indispensable (*infra*, article 46), les adversaires inavoués de la réforme comptaient sur leurs collègues du palais du Luxembourg pour y faire échec. Au bal des hypocrites, ceux-là n'eussent pas fait tapisserie. Cette manœuvre grossière réussit, hélas, et si la majorité d'alors pouvait en être contente, elle n'avait pas lieu d'en être fière. *Cumulatio delenda est.*

En 2012, cet état du droit conduisait à ce que 338 députés et 211 sénateurs exercent au moins une fonction exécutive locale. En outre près du tiers des parlementaires (185 députés et 106 sénateurs) étaient présidents ou vice-présidents d'un établissement public de coopération intercommunale. Les lois organique et ordinaire du 14 février 2014 interdisent le cumul de fonctions exécutives locales avec le mandat de député ou de sénateur, ainsi que le cumul de fonctions exécutives locales avec le mandat de représentant au Parlement européen. Ces interdictions s'appliquent notamment aux maires quelle que soit la taille de la commune. Elles sont conformes à la Constitution (2014-688 et 689 DC du 13 février 2014). Pour mieux respecter le choix des électeurs, le parlementaire devra démissionner de son mandat parlementaire ou de la fonction élective qu'il détenait avant l'élection qui l'a mise en situation d'incompatibilité. Ces nouvelles règles d'incompatibilité entreront en vigueur à compter du premier renouvellement de l'assemblée à laquelle le parlementaire appartient suivant le 31 mars 2017. Aussi en septembre 2017, cette règle s'appliquera à tous les députés et tous les sénateurs. Le cumul aura vécu. *Cumulatio deleta fuerit.*

187. Il a suffi d'une incidente discrète, à la fin du deuxième alinéa, pour opérer une rupture majeure avec les dogmes de la Ve République : le remplacement des ministres ne sera plus que « temporaire ». Ainsi retrouveront-ils leur siège, s'ils quittent le gouvernement, sans avoir besoin ni de patienter jusqu'aux élections suivantes ni d'inciter leur suppléant à démissionner pour provoquer une partielle. C'était une mesure que plusieurs considérations justifiaient (*supra*, **163**). Et à ceux qui redoutent que cette sécurité retrouvée fasse perdre aux ministres le sens de la solidarité gouvernementale, on objectera, d'une part, que cela ne les conduira pas à renoncer légèrement à leurs fonctions mais que, d'autre part, si cela les prémunit contre la nécessité de se résigner à tout ou à n'importe quoi, ce sera tant mieux.

Article 26

Aucun membre du Parlement ne peut être poursuivi, recherché, arrêté, détenu ou jugé à l'occasion des opinions ou votes émis par lui dans l'exercice de ses fonctions.

Aucun membre du Parlement ne peut faire l'objet, en matière criminelle ou correctionnelle, d'une arrestation ou de toute autre mesure privative ou restrictive de liberté qu'avec l'autorisation du Bureau de l'assemblée dont il fait partie. Cette autorisation n'est pas requise en cas de crime ou délit flagrant ou de condamnation définitive.

La détention, les mesures privatives ou restrictives de liberté ou la poursuite d'un membre du Parlement sont suspendues pour la durée de la session si l'assemblée dont il fait partie le requiert.

L'assemblée est réunie de plein droit pour des séances supplémentaires pour permettre, le cas échéant, l'application de l'alinéa ci-dessus.

188. Dès le début de la Révolution, la nécessité est apparue de protéger le mandat parlementaire, de sorte qu'il s'exerce de manière libre, sans que ni l'exécutif ni le judiciaire ne puissent restreindre son indépendance, condition de la souveraineté. Deux immunités en ont résulté. L'*irresponsabilité*, pour les propos et votes émis dans l'exercice des fonctions, et l'*inviolabilité*, qui protège le détenteur du mandat contre des restrictions de liberté inutiles.

189. L'irresponsabilité est absolue, parce qu'elle est l'absolue condition d'une parole et d'une conviction totalement libres. Aucun parlementaire ne peut donc être mis en cause, à aucun titre, pour ses propos et votes.

Mais cette immunité, comme l'autre, est destinée à protéger le mandat, et non celui qui le détient. C'est pourquoi elle est limitée aux seuls actes directement liés au mandat – les opinions et votes émis dans l'exercice de celui-ci – et ne couvre pas l'ensemble des agissements de l'élu. Les propos qu'il tient dans une campagne électorale, par exemple, n'en bénéficient pas.

L'irresponsabilité n'est cependant pas synonyme d'impunité. Si elle exclut toute suite judiciaire, elle laisse subsister des sanctions, au moins pour les propos, puisque les règlements des assemblées prévoient et répriment, y compris pécuniairement en théorie, diverses infractions (comme l'injure envers le président de la République, les membres du gouvernement ou les collègues).

Ce principe d'irresponsabilité avait connu une atteinte importante : au lendemain de la Seconde Guerre mondiale, les parlementaires qui avaient voté les pleins pouvoirs à Pétain avaient été frappés d'inéligibilité, sauf à en être relevés par un jury d'honneur.

190. L'inviolabilité connut une évolution heureuse avec la révision constitutionnelle d'août 1995 (*infra*, **533**). Jusqu'alors les parlementaires ne pouvaient être poursuivis (et à plus forte raison arrêtés ou détenus), pendant la durée des sessions, qu'avec l'autorisation de leur assemblée. Système doublement nuisible : nuisible au cours de la justice, entravé lors même que rien ne le justifiait vraiment ; nuisible aux parlementaires eux-mêmes, contre lesquels tout engagement de poursuite faisait l'objet d'une publicité gênante, parfois tout à fait injuste.

À cela s'ajoutait le droit européen, qui, alignant les immunités sur le droit national de chacun des États membres et la session du Parlement européen s'étendant tout au long de l'année, avait pour conséquence de donner à ses membres français une inviolabilité permanente.

191. Aujourd'hui, l'inviolabilité ne couvre plus les poursuites. Tout parlementaire doit donc désormais répondre de ses actes devant la justice, dans les mêmes conditions que les autres citoyens, en période de session comme en dehors.

L'inviolabilité ne subsiste, en matière criminelle ou correctionnelle (elle n'a jamais joué en matière de contraventions), que pour les mesures privatives (garde à vue, arrestation, détention) ou restrictives (contrôle judiciaire) de liberté. Dans ces cas, l'autorité judiciaire doit préalablement solliciter et obtenir, en session ou non, un agrément donné par le bureau de l'assemblée intéressée. Cette autorisation est inutile s'il s'agit d'un crime ou d'un délit flagrant, ou s'il s'agit d'une condamnation définitive, par laquelle la justice a tranché.

192. Ce système est cohérent avec le principe selon lequel l'immunité protège le mandat et non la personne. Les poursuites n'empêchent pas l'exercice du mandat. La personne doit donc être traitée comme les autres personnes. Mais ce qui restreint ou supprime sa liberté peut restreindre ou supprimer sa possibilité d'exercer effectivement le mandat. Il y faut donc l'accord préalable d'une autorité parlementaire.

C'est le ministère public, par l'intermédiaire du garde des Sceaux, qui saisit le bureau d'une assemblée. En fait, cela ne peut se produire que pour le contrôle judiciaire : pour les autres cas, les mesures privatives de liberté ont, en principe, des objets précis et limités (éviter la destruction de preuves, la subornation de témoin…) que ne permettrait pas d'atteindre la nécessité d'obtenir au préalable l'autorisation du bureau, ce qui rend la demande à peu près sans objet.

193. Mais parce que, plus que d'autres, les parlementaires peuvent être exposés à la vindicte, les assemblées avaient déjà la possibilité de décider la suspension de la détention et même des poursuites. Elles la conservent aujourd'hui, mais seulement pour la durée de la session en cours.

Il peut se produire que des mesures privatives de liberté soient prises pour un crime ou un délit moins flagrant qu'il n'est dit, ou encore que des mesures restrictives, bien qu'ayant été autorisées, se révèlent inutiles ou se prolongent abusivement. En toute hypothèse, l'assemblée concernée doit donc pouvoir réagir si elle l'estime nécessaire.

Afin que la suspension des poursuites, au cas où elle devrait être décidée, ne se heurte pas à des obstacles d'ordre du jour, il est prévu une augmentation de droit du nombre maximal de jours de séance (*infra*, **206**).

Cette dérogation au droit commun ne sera qu'exceptionnelle, mais il est bon qu'elle existe, aussi virtuellement que l'injustice qui pourrait frapper un parlementaire pour cela seul qu'il est parlementaire.

194. À tort, nombreux sont ceux qui croyaient à l'impunité des parlementaires. L'amnistie de 1990, qui pourtant les excluait explicitement, avait renforcé cette idée fausse, que même la litanie des mises en examen et des condamnations n'est pas parvenue à dissiper.

La révision de 1995 n'y réussit pas non plus rapidement. Mais au moins prit-elle les mesures qui s'imposaient. Dans une société où ne sont plus autant à craindre qu'à la fin du XVIIIe siècle ni la violence physique de l'exécutif ni l'anti-républicanisme du judiciaire, cette réforme a ramené les immunités à ce qu'elles doivent être : la protection du seul mandat, contre les seuls abus qui pourraient y porter atteinte. Pour promulguer la loi constitutionnelle qui a aboli un privilège suranné, la date du 4 août était donc bien choisie.

Article 27

Tout mandat impératif est nul.
Le droit de vote des membres du Parlement est personnel.
La loi organique peut autoriser exceptionnellement la délégation de vote. Dans ce cas, nul ne peut recevoir délégation de plus d'un mandat.

195. Le terme « mandat » est un héritage de l'Ancien Régime, dépassé en droit depuis le serment du Jeu de paume de juin 1789. En effet, les parlementaires sont les représentants de la Nation et non les mandataires de leurs électeurs, ni de quiconque. Leur élection, comme le soulignait Marcel Prélot, est un *acte-condition* : tout candidat qui remplit les conditions pour être élu accède au statut prévu par la Constitution. C'est, ni plus ni moins, une forme particulière de nomination, qui ne crée aucun lien personnel, subjectif, entre celui qui nomme et celui qui est nommé (comparable ainsi à la situation d'un fonctionnaire que sa nomination fait accéder au statut de son corps). Les parlementaires tiennent donc leur pouvoir de la Constitution, et non d'un contrat passé avec les électeurs, *a fortiori* avec un parti ou un groupe d'intérêt (Pierre Avril et Jean Gicquel, *Droit parlementaire*).
Certes, les élus auront naturellement tendance à ménager ceux qui détiennent les clés de leur renouvellement, mais ce ne sera qu'un choix politique de leur part : en droit, le mandat parlementaire demeure général, indépendant et irrévocable.

196. Le mandat est général, ce qui signifie que chacun de ses détenteurs représente la Nation (ils sont élus *dans* une circonscription et non *par* une circonscription). C'est ce qui explique que la sécession ou l'indépendance d'un territoire ne fait normalement pas perdre leur qualité d'élu de la Nation à ceux qui y avaient été désignés. C'est également ce qui explique que, hormis quelques situations particulières et passagères, aucun quorum n'est exigé pour la validité des délibérations des assemblées : un seul de leurs membres serait-il présent en séance que la Nation serait valablement représentée. C'est ce qui explique enfin que les assemblées refusent toute reconnaissance, au moins officielle, aux représentations de groupes d'intérêt géographique ou sectoriel.

197. Le mandat est également indépendant et irrévocable, ce qui se déduit de ce qui précède : puisque la Nation est souveraine, ceux qui la représentent ne peuvent être placés sous aucune tutelle. C'est ce principe que met en œuvre, notamment, la prohibition du mandat impératif, par lequel un parlementaire s'obligerait à user de son pouvoir dans un sens dont il ne serait pas seul juge. C'est l'engagement qui est nul de plein droit, lors même que l'intéressé l'aurait souscrit volontairement : ainsi une lettre de démission, remise par un élu à autrui, ne produirait aucun effet lorsqu'elle serait adressée au président de l'assemblée intéressée.

Outre cet interdit, bien d'autres dispositions sont destinées à garantir l'indépendance du mandat : contre les tentations du parlementaire lui-même, avec les incompatibilités (*supra*, article 25), contre des justiciables abusivement procéduriers, avec les immunités (*supra*, article 26)… Et ces garanties ont bien pour objet de protéger le mandat, et non la personne, puisqu'elles sont strictement liées à l'exercice de celui-ci et que le parlementaire, précisément parce qu'il n'en est pas le détenteur, ne peut y renoncer lui-même.

198. Chacun sait qu'il en va différemment en fait, que certains parlementaires sont souvent les porte-parole d'intérêts prégnants dans leur circonscription, bien davantage que de ceux de la Nation. Chacun sait aussi que les élus locaux qui siègent au Parlement se rangeront plus spontanément, en cas de conflit, du côté des collectivités territoriales, droite et gauche confondues, que du côté de l'État. Chacun sait enfin que les groupes parlementaires font peser sur leurs membres une discipline, apportant d'ailleurs une sécurité et une stabilité salutaires, qui a beaucoup progressé avec la Ve République (au point que les socialistes, à une exception près, votèrent tous contre la révision de 2008, que certains approuvaient pourtant d'autant plus qu'elle satisfaisait nombre de leurs revendications anciennes).

Mais le principe d'indépendance est sauf aussi longtemps que ces contraintes de fait laissent toujours à l'élu la possibilité de s'y soustraire en droit. Si cette indépendance est une fiction, c'est une fiction nécessaire, faute de laquelle tout le système représentatif s'écroulerait, et une fiction utile, au moins en ceci qu'elle donne plus ou moins mauvaise conscience aux élus qui affichent par intérêt des positions différentes de celles qu'ils soutiendraient par conviction.

199. Dans l'esprit de Michel Debré, qui défendait l'idée depuis longtemps, l'obligation de vote personnel visait à la fois à garantir l'indépendance et à favoriser l'assiduité. Peine perdue. Certes, l'obligation est le plus souvent respectée, puisque l'écrasante majorité des votes a lieu à main levée, et chacun ne peut lever que la sienne.

Il reste que, au lieu de combattre l'absentéisme, l'Assemblée nationale s'est engagée dans une voie loufoque, aveuglément soucieuse du paraître, au détriment de l'être. Dans un premier temps, en 1991, ont été prévues des séances de vote, auxquelles les députés étaient instamment invités à être présents, pour entourer de solennité des scrutins importants et offrir l'image de bancs densément garnis. Cela n'avait pas beaucoup de sens, mais ne présentait pas non plus beaucoup d'inconvénients. C'est la législature suivante qui, en septembre 1993, a pris soin de porter l'absurdité à son comble en supprimant purement et simplement l'ancienne pratique des scrutins publics, pour faire en sorte que seuls votent les députés effectivement présents, porteurs chacun d'une procuration au plus.

Compte tenu de l'homogénéité générale des positions des groupes, de la rareté des dissidences, le fait que chacun vienne voter n'apporte rien d'essentiel par rapport au vote électronique. Là, en revanche, où aucune machine ne peut remplacer les élus, c'est-à-dire dans la proposition et la délibération, on se refuse à faire les seules choses, prohiber le cumul et contrôler l'assiduité, qui pourraient les amener en commission et en séance. À cela on peut mesurer l'impact de la télévision : dans le seul but d'éviter d'offrir à l'objectif de ses caméras le travelling sur un hémicycle désert, on exige la présence des députés pour cela seul à quoi ils sont le moins utiles, et on s'honore de cette trouvaille saugrenue qui consiste à remplacer la machine par l'homme, à exiger de lui qu'il fasse ce qu'elle faisait aussi bien, voter, mais à le dispenser d'accomplir ce qu'elle ne peut pas faire, proposer et délibérer !

200. Pire encore ! Des concours de circonstances occasionnels ont conduit à ce que l'opposition, passagèrement majoritaire en séance, obtienne le rejet de textes voulus par la majorité et le gouvernement. Ces résultats exprimaient-ils la position de l'Assemblée ? Non, bien sûr, mais ces revers contraignent les groupes de la majorité à tenter d'assurer une présence importante en séance, non pour participer aux débats – ce qui pourrait être une bonne chose – mais simplement pour attendre le moment du vote et faire nombre dans celui-ci.

Sous couvert de revaloriser l'Assemblée, voilà donc ses membres convoqués pour assister, passifs, à des successions de monologues. Ils sont confinés à un rôle de plantes vertes. Et les plantes vertes, ça boit. On a donc découvert le spectacle affligeant de députés qui, forcés d'attendre qu'on passe au vote, laissaient monter qui sa tension artérielle, qui son taux d'alcoolémie, au rythme de ces heures interminables, au point que paraissaient les plus dignes, dans l'hémicycle, ceux qui s'étaient seulement endormis.

Second type de conséquences : avec ce mécanisme, il est désormais possible, en quelque sorte, de « faire la salle », c'est-à-dire, sur un amendement ou un article ponctuel, de faire venir un nombre de députés suffisant pour obtenir le vote souhaité. C'est la prime aux lobbies, à la seule condition qu'ils soient suffisamment convaincants.

Rien de tout cela n'était possible avant 1993. N'importe qui pouvait demander un scrutin public, permettre ainsi à l'Assemblée d'exprimer son sentiment réel, démocratique, plutôt que celui de ceux-là seuls que le hasard ou la manœuvre avaient conduits dans l'hémicycle.

Pour avoir préféré l'image à la réalité, on a endommagé la réalité sans avoir amélioré l'image.

201. En fin de compte, les règles relatives au vote personnel et à la limitation des délégations de vote, organisées par l'ordonnance organique n° 58-1066 du 7 novembre 1958, n'ont toujours eu d'effets réels qu'à l'occasion des scrutins sur la responsabilité du gouvernement (*infra*, article 49). Ici, la règle s'est constamment appliquée dans toute sa rigueur : seuls prennent part au vote les députés physiquement présents, ainsi que ceux qui ont délégué leur droit de vote, nul ne pouvant recevoir plus d'une délégation. Pour faire le plein de ses voix, la majorité, en cas de vote de confiance, ou l'opposition, en cas de motion de censure, doit s'assurer la présence effective d'au moins la moitié de ses élus, de sorte que puissent être confiées aux présents toutes les délégations (dont les groupes détiennent généralement des formulaires en blanc, signés, en début de session, par leurs membres) des parlementaires absents.

202. Peut-être serait-il temps de comprendre enfin que l'absentéisme est la négation du Parlement. Les assemblées comparables n'ont pas plus de pouvoirs, mais leurs membres sont présents pour les exercer. Ici, la quantité fait la qualité. Moyennant un minimum de savoir-faire, le gouvernement obtient ce qu'il veut de quelques dizaines, au plus, de députés présents. Tout change lorsqu'ils sont plusieurs centaines. Les solidarités demeurent mais les rapports de force, d'autorité, d'influence n'ont plus rien à voir, et le ministre qui prétend alors continuer à faire preuve d'autoritarisme passe pour ce qu'il est : un prétentieux maladroit.

Or, aujourd'hui, ceux des députés qui viennent (et ils sont fort loin d'être 577) arrivent le mardi pour leur réunion de groupe et repartent le mercredi après les questions d'actualité. Ne seraient-ils présents que vingt-quatre heures de plus que le climat changerait radicalement et que bien des pouvoirs négligés seraient enfin utilisés.

Les articles 42 et 159 du Règlement de l'Assemblée nationale prévoient des sanctions financières contre les absents récidivistes en commission ou en séance publique. Le même principe s'applique, depuis 2015, au Sénat avec l'article 23 *bis* du Règlement.

Article 28

Le Parlement se réunit de plein droit en une session ordinaire qui commence le premier jour ouvrable d'octobre et prend fin le dernier jour ouvrable de juin.

Le nombre de jours de séance que chaque assemblée

peut tenir au cours de la session ordinaire ne peut excéder cent vingt. Les semaines de séance sont fixées par chaque assemblée.

Le Premier Ministre, après consultation du président de l'assemblée concernée, ou la majorité des membres de chaque assemblée, peut décider la tenue de jours supplémentaires de séance.

Les jours et horaires des séances sont déterminés par le règlement de chaque assemblée.

203. Les sessions s'entendent des périodes de l'année durant lesquelles les assemblées se réunissent valablement pour exercer les pouvoirs que la Constitution leur confie. À la rigidité voulue par un gaulliste, Michel Debré, a succédé l'assouplissement voulu par un autre gaulliste, Philippe Séguin.

Sous la IVe République, l'Assemblée était maîtresse de ses réunions. Sa session ordinaire durait environ huit mois (puis sept à dater de la révision constitutionnelle de janvier 1954), mais son bureau pouvait convoquer des sessions extraordinaires.

Déjà fragiles, les gouvernements étaient ainsi exposés, à tout moment, à un contrôle plus capricieux que rationnel, et la nécessité pour les ministres de hanter, quasi en permanence, les couloirs du Palais-Bourbon pour en prévenir les chausse-trappes ne leur laissait pas toujours la disponibilité qu'auraient requise les affaires de leur département.

204. C'est donc dans un souci de rationalité que Michel Debré avait imposé un régime de sessions très strict : deux sessions ordinaires, l'une s'ouvrant début octobre pour quatre-vingts jours, l'autre début avril pour quatre-vingt-dix jours au plus, tandis que les sessions extraordinaires étaient rendues plus difficiles et plus brèves (*infra*, article 29).

Ce régime, très rigoureux, avait prévalu jusqu'en 1995. Indiscutablement, il avait libéré le gouvernement d'une tutelle abusive, mais cet avantage, réel, s'était payé d'inconvénients qui avaient fini par apparaître supérieurs.

Premièrement, en s'ajoutant aux autres mécanismes qui assurent la stabilité et l'efficacité de l'exécutif (*infra*, articles 40 à 49), et aussi en se conjuguant avec le fait majoritaire (*supra*, **170**), la limitation des sessions avait aggravé le sentiment d'une dévalorisation du Parlement, en même temps qu'elle rendait difficile la revalorisation d'une institution à éclipses.

Deuxièmement, la non-adoption d'un projet avant la fin de la session reportait fatalement sa promulgation de plusieurs mois. Pour l'éviter, le gouvernement contraignait très souvent les assemblées à travailler dans une précipitation nuisible à la qualité de leur production.

Troisièmement, la fonction de contrôle glissait brutalement du Parlement, en congé fréquent, vers les médias, en veille permanente, surtout à propos des événements qui surgissaient en dehors des périodes de sessions ordinaires.

Enfin, paradoxalement, le Parlement français figurait parmi ceux qui, dans les pays comparables, se réunissaient le plus souvent, sensiblement plus que le Bundestag par exemple et à peine moins que la Chambre des communes. Mais il le faisait sur une période beaucoup plus courte, travaillant ainsi de manière intensive là où il aurait gagné à œuvrer de manière extensive.

C'est tout cela qui avait conduit, après beaucoup d'autres mais plus efficacement qu'eux, Philippe Séguin à souhaiter, Jacques Chirac à proposer et le Congrès à voter la révision de l'article 28 (loi constitutionnelle n° 95-880 du 4 août 1995). Malheureusement, elle a fait de celui-ci l'un des plus mal rédigés de la Constitution.

205. Désormais, le Parlement se réunit donc de plein droit le premier jour ouvrable d'octobre et se sépare normalement le dernier jour ouvrable de juin. Seuls les dimanches et jours fériés ne sont pas considérés comme ouvrables. En conséquence, la session débutera officiellement (mais pas forcément de manière effective si rien n'est inscrit à l'ordre du jour) au plus tard le 2 octobre (si le 1er octobre est un dimanche) pour s'achever au plus tôt le 29 juin (si le 30 est un dimanche).

Entre ces dates, et par définition, il ne peut être convoqué aucune session extraordinaire.

Cela ne signifie pas pour autant que le Parlement siège pendant les neuf mois que dure sa session ordinaire.

206. Le deuxième alinéa de l'article limite en effet à 120 le nombre normal de jours de séance pendant cette session (le gouvernement avait prévu 150, l'Assemblée nationale avait voté 130, le Sénat imposa 120). Il s'agissait en principe de décourager une nouvelle inflation législative et de concentrer le travail parlementaire sur les trois jours (mardi, mercredi, jeudi) du milieu de la semaine.

En soi, cette idée est défendable, encore qu'on puisse s'étonner, d'une part, que les assemblées elles-mêmes aient tenu à restreindre leurs possibilités de se réunir et, d'autre part, que la limitation ainsi retenue ait comme effet paradoxal d'interdire aux députés de se réunir, dans le cadre de la session unique de 9 mois, aussi souvent qu'ils le faisaient (133 jours en 1994, par exemple) dans le cadre des deux dernières sessions de 3 mois !

207. Mais les conditions qui entourent ce régime sont imprécises au mieux et inquiétantes au pis.

En premier lieu, chaque assemblée reçoit le pouvoir de fixer ses semaines de séances. On peut admettre qu'il soit utile aux chambres de suspendre leurs travaux autour des traditionnelles vacances de Noël, voire de Pâques. Mais, d'une part, rien ne fait apparaître que ce soit de cela qu'il s'agit. D'autre part, certains intervenants n'ont pas fait mystère de leur volonté de ne pas siéger durant les périodes où ils sont occupés par la gestion des collectivités territoriales, notamment pour l'adoption des budgets départementaux, montrant ainsi où vont leurs priorités. Enfin, il n'est pas précisé que les semaines sans séances doivent être prévues par le règlement, ce qui, au moins, leur donnerait une périodicité régulière et permettrait au gouvernement de savoir à quoi s'en tenir.

208. Certes, en deuxième lieu, le Premier ministre peut toujours décider de jours supplémentaires de séance. Il lui suffit pour cela de consulter le président de l'assemblée intéressée, sans être tenu par l'avis de ce dernier. En outre, la majorité des membres de chaque assemblée peut prendre cette même décision pour ce qui la concerne.

Mais les jours de séance dont il est ici question semblaient pouvoir viser seulement ceux qui seraient nécessaires au-delà de la limite de 120 fixée par le deuxième alinéa. De ce fait, quelles que soient la situation et son urgence éventuelle, le gouvernement n'aurait plus été en mesure d'imposer à une assemblée de siéger pendant une semaine durant laquelle elle aurait décidé de ne pas le faire.

209. Circonstance encore aggravante : le dernier alinéa prévoit que les règlements de chaque assemblée déterminent les jours et horaires de séance. La nouveauté ne tient pas au fond, mais au fait qu'il soit inscrit dans la Constitution.

Le règlement de chaque assemblée, mentionné sept fois dans la Constitution (articles 28, 44, 51-1, 51-2, 61-1, 88-4, 88-6), est relatif à l'organisation ou au fonctionnement de chaque assemblée, à la procédure législative et au contrôle de l'action du Gouvernement (n° 2014-705 DC du 11 décembre 2014). Jusqu'en 1995, le règlement de l'Assemblée nationale précisait que les députés étaient réunis pour des séances supplémentaires de droit à la demande du gouvernement. Le règlement du Sénat, au contraire, exigeait l'accord de ce dernier pour la tenue de séances supplémentaires, ce qui laissait le gouvernement à peu près désarmé lorsqu'il se heurtait à la mauvaise volonté de la seconde chambre.

La combinaison de l'ensemble de ces éléments risquait fort, au moins dans les périodes de tension entre l'exécutif et le Sénat, de réduire à bien peu de chose la priorité sur l'ordre du jour que la Constitution accorde au gouvernement (*infra*, article 48), et de le priver ainsi des moyens d'obtenir la discussion de ses projets à la date souhaitée ou souhaitable.

Se trouvait ainsi largement fissuré ce que le ministre de la Justice, dans le débat, avait pourtant appelé l'un des piliers de nos institutions.

210. Heureusement, les députés s'étaient montrés responsables dans la réforme de leur règlement, et le Conseil constitutionnel les en avait approuvés (95-366 DC du 8 novembre 1995). Ils ont en effet préservé la capacité du Premier ministre d'obtenir, de droit, des séances supplémentaires, si nécessaire, non seulement, comme le prévoit sans ambiguïté le troisième alinéa de l'article, lorsque le plafond des cent vingt jours est atteint, mais aussi dans les autres cas ; ainsi l'Assemblée pourrait-elle être appelée à tenir séance aussi bien en dehors des jours normaux prévus par son règlement qu'au cours d'une semaine où elle avait envisagé de ne pas siéger. Durant la XIVe législature, l'Assemblée nationale et le Sénat auront siégé respectivement 664 et 640 jours.

À la suite de la révision constitutionnelle de 2008, le Conseil constitutionnel a précisé la lecture combinée des articles 28 et 48 de la Constitution. Nonobstant l'article 28, il a jugé que l'article 48 donne au Gouvernement le droit d'obtenir que se tiennent des jours de séance dans le cadre des deux semaines de séance sur quatre qui lui sont réservées par priorité (n° 2014-705 DC du 11 décembre 2014). Le Gouvernement ne peut alors pas se voir opposer que les jours et horaires de séance sont déterminés par le règlement de chaque assemblée. Ceci vaut tant à l'Assemblée nationale qu'au Sénat (2015-712 DC du 11 juin 2015).

211. La session unique n'a pas pleinement convaincu. Outre que nul ne pouvait attendre qu'elle réglât tous les problèmes, elle a été alourdie d'innovations superflues (suppression des anciens scrutins publics, *supra*, **200**, dédoublement des questions d'actualité…). Il en a résulté que la désorganisation s'est introduite, que le temps consacré aux travaux parlementaires, y compris hors séance publique, ne s'est pas accru et même que le Parlement siège parfois moins en neuf mois qu'il ne le faisait auparavant en six.

À l'expérience, les séances de nuit, un moment supprimées, n'ont pas tardé à reparaître à la demande des députés eux-mêmes, pressés de retourner dans leur circonscription. Le principe de la session unique est en lui-même un progrès peu discutable, mais il ne prendra tout son sens, son efficacité et sa portée que le jour où des élus assez nombreux décideront d'en exploiter les potentialités, c'est-à-dire le jour où ils cesseront d'avoir mieux (selon eux) à faire, c'est-à-dire le jour où ils cesseront de cumuler les mandats. Ce jour n'a jamais été aussi proche.

Article 29

Le Parlement est réuni en session extraordinaire à la demande du Premier Ministre ou de la majorité des membres composant l'Assemblée Nationale, sur un ordre du jour déterminé.

Lorsque la session extraordinaire est tenue à la demande des membres de l'Assemblée Nationale, le décret de clôture intervient dès que le Parlement a épuisé l'ordre du jour pour lequel il a été convoqué et au plus tard douze jours à compter de sa réunion.

Le Premier Ministre peut seul demander une nouvelle session avant l'expiration du mois qui suit le décret de clôture.

212. Tandis que le Parlement *se réunit* en session ordinaire, il *est réuni* en session extraordinaire. La demande peut être faite par le Premier ministre ou par la majorité des députés. Les sénateurs, pourtant directement concernés, n'ont pas voix au chapitre.

En tout état de cause, l'ordre du jour est déterminé par le décret de convocation, qui peut éventuellement rester en deçà de la demande (en n'inscrivant pas tous les débats souhaités), mais ne peut aller au-delà (précisément parce que cela n'est pas demandé). La révision de 2008 a fait en sorte, mais en l'écrivant à l'article 48 (*infra*), que, comme en session ordinaire, une séance par semaine au moins soit consacrée aux questions au gouvernement (ce dont le Conseil constitutionnel a déduit que seraient adoptés selon une procédure contraire à la Constitution les textes votés durant une semaine sans séance de questions, 2012-654 DC du 9 août 2012).

Il est logiquement admis qu'une motion de censure est recevable (*infra*, article 49) lors même qu'elle n'est pas prévue par le décret de convocation. Est également, et tout aussi logiquement, admise la discussion d'une résolution relative aux immunités (*supra*, article 26) : une assemblée doit pouvoir suspendre la détention d'un de ses membres pendant la durée de la session extraordinaire. Admise encore, la possibilité de pourvoir un poste vacant au sein du bureau d'une assemblée, mais ce sont là les seules exceptions au caractère limitatif de l'ordre du jour.

213. En 1958, les sessions extraordinaires avaient été prévues comme une souplesse à ce que le régime ordinaire pouvait avoir de trop rigide. Mais il fallait également éviter que cette faculté ne réduisît à néant la volonté d'encadrement des sessions. C'est la raison pour laquelle, lorsque la demande émane des députés, d'une part la durée de la réunion est limitée à douze jours, d'autre part une nouvelle demande d'origine parlementaire ne peut être faite dans le mois suivant la clôture. Faute de cela, le Parlement aurait pu retrouver le moyen de siéger en permanence, ce que précisément la Constitution voulait éviter alors.

214. Les sessions extraordinaires peuvent correspondre à divers types de nécessités. Parfois, il s'est agi de réagir à une actualité brûlante (par exemple, la guerre du Golfe, en 1991), parfois il s'est agi de mener à bien des travaux législatifs de grande ampleur (par exemple, la décentralisation en 1982 ou la révision en 2008), parfois encore il s'est agi, pour la majorité des députés, de contraindre le gouvernement à accepter un débat (par exemple, sur le chômage et les conditions de l'information, en 1979). Mais, le plus souvent, les sessions extraordinaires ont servi surtout à prolonger de quelques jours, voire de quelques heures, la session ordinaire, le temps nécessaire à l'achèvement des navettes (*infra*, **300**) en vue de l'adoption définitive d'un texte.

La Constitution ne prévoit de session extraordinaire que pour l'ensemble du Parlement, et non pour chaque assemblée isolément. De ce fait, il s'est produit à plusieurs reprises qu'une assemblée, quoique formellement en session, ne se réunisse pas, parce que l'ordre du jour déterminé ne concernait que l'autre.

215. La matière a évidemment changé avec l'instauration de la session unique (*supra*, **205**). Il n'y aura plus jamais lieu à convoquer une session extraordinaire entre le début octobre et la fin juin. Limitée aux seuls mois d'été, la session extraordinaire conserve sa nécessité, l'actualité, notamment internationale, ne respectant pas toujours les périodes de congés payés, mais elle perdra beaucoup de sa fréquence. Il y avait eu 58 sessions extraordinaires, au sens de l'article 29, entre 1958 et l'adoption de la session unique. Sauf cas exceptionnels, elles se limitent dorénavant à des anticipations ou prolongations de la session ordinaire, si le calendrier du travail législatif l'exige. Il y a eu 32 sessions extraordinaires depuis l'adoption de la session unique, soit au total 90 depuis 1958. La XIVe législature a connu, entre 2012 et 2017, 12 sessions extraordinaires.

Article 30

Hors les cas dans lesquels le Parlement se réunit de plein droit, les sessions extraordinaires sont ouvertes et closes par décret du président de la République.

216. Ni le Premier ministre ni la majorité des députés ne peuvent suffire à provoquer une session extraordinaire. Il y faut la signature du président de la République pour les décrets de convocation et de clôture.

À l'origine, on imaginait le chef de l'État tenu de satisfaire à une demande. Le 18 mars 1960, le général de Gaulle signifia que l'on avait tort. Saisi par la majorité de l'Assemblée nationale, qui souhaitait débattre des problèmes agricoles, le président de la République y opposa une fin de non-recevoir. Les motifs qu'il invoqua (ne pas créer un précédent, ne pas anticiper sur le programme gouvernemental, ne pas prendre d'initiatives contraires à l'article 40…) étaient secondaires. L'essentiel était qu'il s'attribuât un pouvoir d'appréciation, et de refus.

Cela provoqua les protestations les plus vives, comme les moins influentes : que l'interprétation gaulliste fût fondée ou non, il n'existait pas de recours, de contrôle ou de contre-mesure (à l'exception de la haute trahison, à l'époque, qui eût été quelque peu disproportionnée). Tout comme le refus de signer les ordonnances (*supra*, **110**), celui de convoquer le Parlement en session extraordinaire peut être regretté, dénoncé, il ne peut être sanctionné que par une destitution. Ce pouvoir présidentiel existe donc, par cela seul que le président a décidé de se l'arroger. Sa compétence n'est pas liée, par cela seul qu'il a décidé qu'elle serait discrétionnaire.

217. Les successeurs du général de Gaulle ont persisté. Si, en 1979, Valéry Giscard d'Estaing avait accepté une convocation à la demande des députés, il l'avait fait dans des termes donnant à penser que son acceptation ne devait rien à une obligation et tout à sa bénévolence. Autrement dit, il avait consenti, mais pas parce qu'il était tenu de le faire. Cette interprétation fut encore confirmée par François Mitterrand. Vingt-sept ans après avoir dénoncé l'attitude de De Gaulle, il refusa purement et simplement la convocation du Parlement, pourtant demandée, cette fois-ci, par le Premier ministre lui-même.

S'il peut ainsi ne pas déférer à la demande de réunion du Parlement, *a fortiori* peut-il n'y déférer qu'en partie, en n'acceptant qu'un ordre du jour qui lui siée, éventuellement moins dense que celui sur lequel portait la demande (*supra*, article 29).

Ces rappels ont aujourd'hui un intérêt surtout historique, compte tenu de la rareté probable des sessions extraordinaires futures (*supra*, **215**). Mais on ne saurait trop insister sur la preuve qu'ils ont faite : toute compétence donnée au président de la République s'interprète… comme le président de la République choisit de le faire.

218. Aux sessions ordinaire et extraordinaire il y a lieu d'ajouter les sessions de droit. Il ne s'agit pas de sessions ordinaires puisqu'elles peuvent intervenir en dehors de la période normale. Il ne s'agit pas non plus, à proprement parler, de sessions extraordinaires puisqu'elles n'obéissent pas aux règles posées par les articles 29 et 30.

Elles sont prévues chaque fois que l'évidence les exige, c'est-à-dire chaque fois que leur inexistence serait incompatible avec un fonctionnement démocratique : au lendemain d'élections législatives consécutives à une dissolution (article 12), pendant toute la période de circonstances exceptionnelles (article 16), durant la lecture d'un message présidentiel au Parlement (article 18) et pour permettre le respect des délais prévus par l'article 49 pour la mise en cause de la responsabilité du gouvernement (article 51).

Il est à noter, enfin, que les sessions extraordinaires, ou les sessions de droit, ne doivent pas être confondues avec les séances supplémentaires prévues par l'article 28 tel que révisé en 1995 : les premières ne peuvent désormais exister qu'entre la fin juin et le début octobre, tandis que les secondes ne peuvent se révéler nécessaires, au contraire, qu'entre le début octobre et la fin juin.

Article 31

Les membres du Gouvernement ont accès aux deux assemblées. Ils sont entendus quand ils le demandent. Ils peuvent se faire assister par des commissaires du Gouvernement.

219. Le droit des membres du gouvernement est illimité et inconditionnel. Le Conseil constitutionnel l'a rappelé à plusieurs reprises (59-2 DC, du 24 juin 1959, 69-37 DC du 20 novembre 1965, 72-48 DC du 28 juin 1972…), l'article 31 s'opposant à ce que les règlements des assemblées puissent, en quelque manière que ce soit, restreindre le droit d'accès et, surtout, de parole des membres du gouvernement. Ceci vaut pour les séances publiques mais aussi pour les travaux en commission.

Le gouvernement, en revanche, peut accepter lui-même de voir ses prérogatives encadrées, par convention, comme c'est le cas à l'occasion des séances de *questions au gouvernement* (*infra*, **331**).

220. Traditionnellement, les ministres se font accompagner en séance, et aujourd'hui en commission, de ceux de leurs collaborateurs dont ils estiment la présence nécessaire. Nommés par décrets individuels, *ces commissaires du gouvernement* sont assis derrière le ministre. Les règlements permettent même que la parole leur soit donnée. Maurice Herzog, commissaire à la Jeunesse et aux Sports, le 17 mai 1961, Pierre Massé, commissaire général au Plan, le 3 novembre 1965, avaient ainsi été appelés à s'exprimer à la tribune de l'Assemblée. Cette faculté, toujours rare, a pratiquement disparu depuis que ceux pour lesquels elle pouvait éventuellement se justifier ont vu leurs fonctions élevées au rang de département ministériel. Et c'est plus par facétie que par nécessité que Charles Pasqua, le 16 décembre 1994, avait fait donner la parole au directeur général de la police nationale, pour des propos dont le mérite principal tenait à leur brièveté. Aujourd'hui, cette possibilité de prise de parole des commissaires du gouvernement dans l'hémicycle a cessé d'exister à l'Assemblée mais survit, théoriquement, au Sénat.

Article 32

Le président de l'Assemblée Nationale est élu pour la durée de la législature. Le président du Sénat est élu après chaque renouvellement partiel.

221. Respectivement quatrième et troisième personnages de l'État, après le président de la République et le Premier ministre, le président de l'Assemblée nationale et celui du Sénat (toujours cités dans cet ordre par la Constitution, bien que celui-ci ait la préséance protocolaire sur celui-là en raison de sa vocation à remplacer le chef de l'État – *supra*, **57**) détiennent un mandat plus long que sous les républiques antérieures, qui les soumettaient à un renouvellement annuel.

222. Ils disposent de pouvoirs propres substantiels, que leur attribue la Constitution (*supra*, articles 12 et 16 ; *infra*, articles 41, 54, 56, 61, 65), mais aussi des lois (nomination de membres du Conseil supérieur de l'audiovisuel, saisine de la Cour de discipline budgétaire, etc.). Plus quotidiennement, les règlements intérieurs des assemblées donnent à leur président des attributions vastes et importantes.

223. Ils sont élus, aux moments prévus par la Constitution, à l'occasion de la première séance, qui, se déroulant sous la présidence du doyen d'âge, ne peut être consacrée à rien d'autre. Le scrutin, secret, a lieu à la tribune par appel nominal des membres de l'assemblée. La majorité absolue des suffrages exprimés est requise aux deux premiers tours. Si elle n'est pas atteinte, le candidat arrivé en tête au troisième tour est élu. Il peut se produire à cette occasion que la non-participation au vote des parlementaires nommés au gouvernement pose des problèmes de majorité (*supra*, **160**).

224. Par-delà les renouvellements, le Sénat n'a connu que six présidents depuis 1948 (MM. Monnerville de 1948 à 1968, Poher de 1968 à 1992, Monory de 1992 à 1998, Christian Poncelet de 1998 à 2008, Gérard Larcher de 2008 à 2011 et depuis 2014, et Jean-Pierre Bel de 2011 à 2014), et si l'Assemblée nationale, sous la seule Vᵉ République, en a expérimenté treize, l'un d'entre eux, Jacques Chaban-Delmas (1958-1969, 1978-1981, 1986-1988), avait présidé à ses destinées durant une quinzaine d'années étalées sur six législatures ; un autre, Laurent Fabius, avait été élu deux fois au perchoir (1988 et 1997), mais n'était jamais allé au bout du mandat, l'abandonnant pour prendre la tête du PS, en 1992, ou du ministère des Finances, en 2000. Trait sympathique (la chose est plutôt rare), c'est l'aptitude à maltraiter ses amis politiques (pour enrayer la logorrhée ministérielle, combattre l'arrogance majoritaire, protéger les droits de l'opposition…) qui fait le bon président, lequel jouit ensuite d'une autorité certaine, exercice dans lequel Jean-Louis Debré avait suffisamment bien réussi pour que sa nomination ultérieure à la tête du Conseil constitutionnel ne déclenchât aucun vacarme. L'avenir dira si François de Rugy, élu président de l'Assemblée nationale en juin 2017, présentera cette aptitude.

En revanche, en politique non plus, « perchoir » ne vaut « tremplin » : si Jacques Chaban-Delmas devint Premier ministre (tandis que Laurent Fabius l'avait été avant de présider l'Assemblée), il reste un cas isolé, aucun de ses successeurs n'ayant, à ce jour, franchi l'une des étapes ultimes vers le sommet de l'État. L'avenir dira s'il s'agit d'un hasard ou d'une malédiction.

Article 33

Les séances des deux assemblées sont publiques. Le compte rendu intégral des débats est publié au *Journal officiel*.

Chaque assemblée peut siéger en comité secret à la demande du Premier Ministre ou d'un dixième de ses membres.

225. Démocratiquement, les électeurs sont en droit de connaître les opinions et votes qu'expriment leurs élus. Juridiquement, l'intention du législateur a besoin d'être éclairée par les travaux préparatoires. Chacune de ces deux raisons suffit à imposer la publication du compte rendu intégral des débats au *Journal officiel*.

Les orateurs sont invités à relire leur intervention, s'ils le souhaitent, de sorte que les faiblesses grammaticales de l'oral ne subsistent pas à l'écrit. Mais ils ne peuvent altérer ni le sens ni les termes.

226. La publicité des débats implique, sauf pour l'élection des personnes, celle des votes (*supra*, **200**). De droit lorsque est en cause la responsabilité du gouvernement, ou sur demande dans les autres cas, un *scrutin public* est organisé, ce qui signifie que son résultat nominatif est publié au *Journal officiel*.

227. Le comité secret, qui fut décidé à plusieurs reprises durant la Première Guerre mondiale, ne s'est jamais révélé nécessaire sous la Ve République. Outre l'article 33, l'ordonnance n° 58-1100 du 17 novembre 1958 prévoit que ce n'est que par un vote spécial, après réunion en comité secret, qu'une assemblée peut décider de ne pas publier le rapport d'une commission d'enquête.

Aujourd'hui, les comptes rendus intégraux sont très rapidement disponibles sur les sites des assemblées, ce qui est une amélioration précieuse.

TITRE V

DES RAPPORTS ENTRE LE PARLEMENT ET LE GOUVERNEMENT

Article 34

La loi fixe les règles concernant :

– les droits civiques et les garanties fondamentales accordées aux citoyens pour l'exercice des libertés publiques ; la liberté, le pluralisme et l'indépendance des médias ; les sujétions imposées par la Défense Nationale aux citoyens en leur personne et en leurs biens ;

– la nationalité, l'état et la capacité des personnes, les régimes matrimoniaux, les successions et libéralités ;

– la détermination des crimes et délits et des peines qui leur sont applicables ; la procédure pénale ; l'amnistie ; la création de nouveaux ordres de juridiction et le statut des magistrats ;

– l'assiette, le taux et les modalités de recouvrement des impositions de toutes natures ; le régime d'émission de la monnaie.

La loi fixe également les règles concernant :

– le régime électoral des assemblées parlementaires, des assemblées locales et des instances représentatives des Français établis hors de France ainsi que les conditions d'exercice des mandats électoraux et des fonctions électives des membres des assemblées délibérantes des collectivités territoriales ;

– la création de catégories d'établissements publics ;

– les garanties fondamentales accordées aux fonctionnaires civils et militaires de l'État ;

– les nationalisations d'entreprises et les transferts de propriété d'entreprises du secteur public au secteur privé.

La loi détermine les principes fondamentaux :

– de l'organisation générale de la Défense Nationale ;

– de la libre administration des collectivités territoriales, de leurs compétences et de leurs ressources ;

– de l'enseignement ;

– de la préservation de l'environnement ;

– du régime de la propriété, des droits réels et des obligations civiles et commerciales ;

– du droit du travail, du droit syndical et de la Sécurité sociale.

Les lois de finances déterminent les ressources et les charges de l'État dans les conditions et sous les réserves prévues par une loi organique.

Les lois de financement de la Sécurité sociale déterminent les conditions générales de son équilibre financier et, compte tenu de leurs prévisions de recettes, fixent ses objectifs de dépenses, dans les conditions et sous les réserves prévues par une loi organique.

Des lois de programmation déterminent les objectifs de l'action de l'État.

Des orientations pluriannuelles des finances publiques

sont définies par des lois de programmation. Elles s'inscrivent dans l'objectif d'équilibre des comptes des administrations publiques.

Les dispositions du présent article pourront être précisées et complétées par une loi organique.

228. Jusqu'à 1958 prévalait la conception traditionnelle qui envisageait la loi selon l'organe et la procédure : était une loi *tout acte adopté par le Parlement* (à l'exclusion d'un autre organe) *selon la procédure législative* (par opposition aux actes – motions ou résolutions – que le Parlement adopte selon d'autres procédures et qui ne donnent pas lieu à promulgation).

Mais la combinaison entre celui-ci et l'article 37 (*infra*) a opéré une véritable révolution théorique par rapport à la conception classique : alors que, jusqu'en 1958, la loi se définissait exclusivement selon ces critères organique (l'organe qui l'adopte) et procédural (la procédure législative), à partir de 1958 elle se définit toujours par ces critères organique et procédural, mais à ceux-ci s'ajoute désormais un critère matériel : la loi devient ainsi (sous réserve du référendum) l'acte adopté par le Parlement, selon la procédure législative, *dans les domaines de compétence résultant de la Constitution* (le choix du mot *résultant* n'est pas neutre et sera expliqué *infra*, **236** et **249**).

229. C'en est donc fini de la souveraineté du Parlement. Il ne lui suffit plus de vouloir pour pouvoir. Son champ d'action est circonscrit, et divers moyens sont prévus pour l'y cantonner. Certes, on verra que cette innovation saisissante a eu moins d'effets, à l'usage, qu'on ne l'imaginait à l'origine (*infra*, article 37). Il n'en demeure pas moins, quelle que soit sa portée réelle, que la loi a connu une mutation considérable avec la Ve République puisque, substantiellement, c'est sa définition même qui a changé.

Et cette première évolution, déjà fondamentale, s'est complétée de celle résultant de la création d'un contrôle de constitutionnalité, c'est-à-dire du contrôle du respect effectif, par le Parlement, des obligations que la Constitution lui impose.

230. Réputée expression de la volonté générale, la loi n'avait connu aucune véritable limite (le Parlement français aussi pouvait « tout faire sauf changer un homme en femme », pour reprendre la célèbre expression de Joseph de Lolme à propos de la Chambre des communes), ce qui lui permettait de légiférer sur tout et à n'importe quel moment. Elle n'était soumise à aucun contrôle, ce qui faisait que la Constitution elle-même n'avait de supériorité que relative et ne s'imposait aux assemblées souveraines qu'autant que ces dernières s'y soumettaient spontanément. La loi a aujourd'hui un statut tout à fait différent, que résume admirablement le considérant du Conseil constitutionnel selon lequel « la loi n'exprime la volonté générale que dans le respect de la Constitution » (85-197 DC du 23 août 1985).

Ainsi lui faut-il toujours respecter l'ensemble des principes et règles de valeur constitutionnelle (*infra*, article 61), mais aussi en rester, lorsque le gouvernement juge bon de le lui imposer, aux compétences que la Constitution lui attribue ou lui autorise (*infra*, article 37).

231. Si toutes les lois répondent à la même définition (acte adopté par le Parlement, selon la procédure législative, dans les domaines de compétence résultant de la Constitution) et aux mêmes exigences (le respect de la Constitution), elles peuvent varier en fonction de leur objet. Celui-ci peut, selon les cas, définir des normes ou délivrer des autorisations (*infra*, articles 36, 38, 47, 53), ou encore procéder à des ratifications (pour les ordonnances) ou des validations (pour des actes administratifs contestés). Une même loi peut d'ailleurs combiner plusieurs de ces objets, comme, par exemple, la loi de finances qui détermine une norme lorsqu'elle fixe le barème de l'impôt sur le revenu des personnes physiques, et donne une autorisation, lorsqu'elle permet au gouvernement de le prélever.

En revanche, d'autres qualifications (loi-cadre, loi d'orientation…) ne sont pour l'essentiel que de simples appellations, qui marquent une intention politique bien plus qu'une réalité juridique, que renforce encore le fait que, souvent, ces textes collectionnent ce que Jean Foyer appelait des *neutrons législatifs*, c'est-à-dire des articles à « charge juridique nulle », déclarations et pétitions de principe qui ne devraient normalement figurer que dans l'exposé des motifs de la loi et non dans son dispositif. Le Conseil constitutionnel a d'ailleurs estimé devoir rappeler que « la loi a pour vocation d'énoncer des règles et doit par suite être revêtue d'une portée normative » (2005-512 DC du 21 avril 2005), en conséquence de quoi il a commencé à pourchasser ces excroissances inoffensives. Il a repris l'application de cette jurisprudence en 2016 et 2017, censurant des dispositions pour défaut de portée normative (2016-745 DC du 26 janvier 2017).

232. La révision du 22 février 1996 a introduit un alinéa d'importance, relatif aux lois de financement de la Sécurité sociale. Après plusieurs tentatives infructueuses, il a consacré le droit du Parlement de se pencher sur le budget social de la Nation.

Sa rédaction est imparfaite. Par précipitation, le constituant a reproduit la formule qui figurait déjà à l'alinéa précédent, sans remarquer l'incongruité qui consiste à permettre à la loi organique d'établir des *réserves*, qui ne peuvent se définir ici que par rapport à la Constitution. Curieuse conception de la hiérarchie des normes !

Le fond manque d'audace. On aurait pu reconnaître au Parlement le pouvoir de définir des plafonds d'évolution, en pourcentage pour les recettes, en valeur pour les dépenses, à charge ensuite pour le gouvernement et les partenaires sociaux, chacun en ce qui les concerne, de définir les moyens de les respecter, ou de demander leur modification, si nécessaire, par une loi de financement rectificative.

À cela, il fut préféré une formule moins contraignante, qui mêle avec bonhomie les conditions générales de l'équilibre financier, les prévisions de recettes et les objectifs de dépense, sans assortir aucun de ces éléments d'une force impérative réelle (*infra*, article 47-1).

Une autre révision, celle du 28 mars 2003, a modifié un mot, pour consacrer l'appellation de « collectivités territoriales » et rétablir ainsi l'unité de vocabulaire là où, jusqu'alors, dans la Constitution elle-même, ces collectivités étaient qualifiées locales à l'article 34 et territoriales à l'article 72.

La loi constitutionnelle n° 2005-205 du 1er mars 2005 a modifié sur le fond l'énumération, pour la première fois depuis 1958, afin d'introduire la préservation de l'environnement dans les compétences législatives. C'était nécessaire. C'eût pu être suffisant (*infra*, Charte de l'environnement).

La révision de 2008 a fait entrer dans la Constitution « la liberté, le pluralisme et l'indépendance des médias », principes déjà présents, avec la transparence, dans la jurisprudence du Conseil constitutionnel. Il n'est pas certain qu'ils sortiront renforcés de ce rappel, lequel présente de plus le défaut de détailler là où le texte antérieur visait tout uniment l'ensemble des libertés publiques, au risque de faire apparaître celle qui est mentionnée comme première et toutes les autres, partant, comme secondes. La révision a cru bon aussi, sans que cela parût indispensable non plus, de réécrire l'alinéa relatif aux assemblées locales et aux instances représentatives des Français établis hors de France. De même a-t-elle malheureusement décrit l'existant en indiquant que des lois de programmation déterminent les objectifs de l'action de l'État et ainsi confirmé la dignité constitutionnelle donnée à ces textes souvent bavards dont nombre de dispositions relèveraient au plus d'un exposé des motifs, sauf à ce qu'ils soient remplacés par les nouvelles possibilités ouvertes (*infra*, articles 34-1 et 50-1).

233. Apparaissent, enfin, des orientations pluriannuelles des finances publiques, définies par des lois de programmation auxquelles est recommandée la vertu : s'inscrire dans le nouvel objectif de valeur constitutionnelle d'équilibre des comptes des administrations publiques. Étrange conception, étrange rédaction. L'on pouvait souhaiter la constitutionnalisation d'une « règle d'or budgétaire », et renoncer ainsi à cette honteuse habitude qui nous conduit à vivre aux dépens des générations futures (on crie d'indignation devant le travail des enfants dans les pays du tiers monde, sans s'offusquer de condamner les nôtres à acquitter nos dettes). Malgré d'inévitables difficultés d'application aux marges, cela aurait eu du sens. On préféra une formule édulcorée – un simple objectif, non une obligation – et limitée – aux seules administrations publiques plutôt qu'à l'ensemble des charges collectives. Nous pourrions donc continuer à tirer des traites indignes sur les générations futures, mais le traité sur la stabilité, la coordination et la gouvernance au sein de l'Union économique et monétaire signé le 2 mars 2012 peut nous forcer à un sérieux dont nous avons été jusqu'ici incapables. Il impose aux États signataires de respecter des règles budgétaires contraignantes. Le Conseil constitutionnel a considéré que celles-ci peuvent n'être pas inscrites dans la Constitution à condition de l'être dans la loi organique (2012-653 DC du 9 août 2012). La LOLF (*infra*, article 47) a donc été modifiée en ce sens.

234. Les compétences législatives du Parlement ne s'arrêtent pas aux listes de l'article 34. En premier lieu, sans même évoquer le domaine des lois organiques (*infra*, article 46), d'autres articles de la Constitution, tantôt rappelant, tantôt complétant l'article 34, envisagent des décisions qui ne peuvent être prises que par la loi (*infra*, articles 36, 47, 53, 66, 72, 73, 74). En deuxième lieu, hors toute attribution expresse de compétence par la Constitution, seule la loi peut déroger à des principes généraux du droit (à condition, bien sûr, qu'ils n'aient pas valeur constitutionnelle, auquel cas la loi elle-même ne pourrait y porter atteinte) (69-55 L du 26 juin 1969) : de ce fait, il existe une extension potentielle illimitée du domaine législatif, puisqu'il suffit qu'une décision relevant normalement du domaine réglementaire ait, par exemple, un caractère rétroactif pour que, *ipso facto*, elle ne puisse être prise que par la loi. En troisième lieu, conformément au dernier alinéa de l'article 34, une loi organique peut préciser et compléter le domaine de la loi. C'est par exemple ce qu'a fait la loi organique du 26 janvier 2017 relative aux autorités administratives indépendantes (AAI) en prévoyant que toute AAI est créée par la loi qui fixe aussi les règles relatives à leur composition et à leurs attributions ainsi que les principes fondamentaux sur leur organisation et leur fonctionnement (2017-746 DC du 19 janvier 2017).

235. Si, théoriquement, cette dernière ne peut intervenir que dans ses domaines de compétence, elle doit en revanche les exercer complètement. Rien que sa compétence, mais toute sa compétence, puisque le Conseil constitutionnel rappelle qu'il est interdit au Parlement de s'en remettre à d'autres pour prendre des décisions qui ne ressortissent qu'à lui. C'est ce qu'on dénomme l'*incompétence négative*, laquelle se rencontre chaque fois que le Parlement ne va pas lui-même au bout de son pouvoir, omet les garanties légales qu'il revient à lui seul de prévoir (par exemple, 83-168 DC du 20 janvier 1984) ou investit le gouvernement ou des autorités administratives indépendantes de compétences qui n'appartiennent qu'à lui-même.

236. Cela dit, il n'est que de lire l'article 34, pour mesurer la variété et l'importance des domaines qu'il couvre. Ce sont tous les aspects principaux de la vie démocratique, politique, judiciaire, économique, sociale et administrative de la Nation, ainsi que le régime des droits et libertés, sur lesquels la loi a seule compétence.

C'est sans doute ce qui explique que le Parlement n'ait finalement jamais insisté pour faire usage de la faculté, que lui offre le dernier alinéa, de compléter par une loi organique les rubriques législatives.

Dans le texte, sa compétence doit tantôt fixer les règles, tantôt déterminer les principes fondamentaux. On serait porté à en déduire que la Constitution exige moins de précision ici que là. En réalité, la difficulté qu'il y aurait à tracer une ligne de partage nette, entre règles et principes fondamentaux, a conduit à tenir cette distinction pour fuligineuse. Même s'il se produit que le Conseil constitutionnel exige plus ou moins de précision législative selon les matières traitées, ces variations elles-mêmes ne correspondent pas à la différence apparente entre règles et principes fondamentaux, qui, donc, s'est révélée dénuée de véritable portée.

237. Il reste que le pouvoir normatif du Parlement n'est pas concurrencé seulement par le référendum et le pouvoir réglementaire. Il l'est aussi, dans une mesure limitée, qu'il contrôle lui-même mais qui est réelle, par les collectivités territoriales (*infra*, article 72). Il l'est encore, de manière plus significative, par l'Union européenne, ce qui a conduit à réagir de façon spécifique à cette inquiétude particulière (*infra*, article 88-4). Toutefois, si une part de la législation nationale s'élabore sous influence européenne, rien n'est plus faux que de prétendre que la majorité des lois seraient plus ou moins importées de Bruxelles qui influe, au plus, sur environ 10 à 12 % d'entre elles.

238. En fin de compte, la loi reste malgré tout au cœur de la production normative, au point d'être victime de cette faveur même. Du ministre qui estime indispensable de marquer son passage, et flatter son ego, en attachant son nom à une loi, au groupe d'intérêt ou de pression qui estime que seul un texte législatif peut rendre justice à son rôle éminent et protéger ses préoccupations légitimes, en passant par les services administratifs qui trouvent expédient de faire régler par les assemblées les petites difficultés auxquelles ils se heurtent, la demande de loi est devenue incontrôlée, l'inflation législative a suivi, le genre régressant en qualité au rythme auquel il progresse en quantité. On légifère par réflexe plus que par raison, rares sont les lois pensées.

Sans atteindre les records de la IVe République (qui avait l'excuse de ne pas connaître un égal développement des décrets), la Ve, depuis une quinzaine d'années, semble vouloir les renouveler. Il en va de la loi comme de la monnaie : la mauvaise chasse la bonne. Des textes préparés à la hâte et adoptés dans la précipitation révèlent très vite des malfaçons que sont supposés corriger d'autres textes préparés à la hâte et adoptés dans la précipitation, qui eux-mêmes…

Heureusement, depuis 1989 a été entrepris un véritable effort de codification (*infra*, **259**), grâce auquel, peut-être, pourra reprendre un sens l'adage selon lequel nul n'est censé ignorer la loi. Mais, à le supposer poursuivi, le chemin sera long avant que l'actuel maquis de la législation soit retaillé en jardin à la française.

Article 34-1

Les assemblées peuvent voter des résolutions dans les conditions fixées par la loi organique.

Sont irrecevables et ne peuvent être inscrites à l'ordre du jour les propositions de résolution dont le Gouvernement estime que leur adoption ou leur rejet serait de nature à mettre en cause sa responsabilité ou qui contiennent des injonctions à son égard.

239. Ainsi ont reparu les résolutions en 2008, plus largement qu'à l'article 88-4 (*infra*). Elles avaient été l'une des calamités des républiques antérieures que la Ve avait bannies : pour éviter ces sortes de vœux, qui portaient gravement atteinte, du fait de l'interprétation donnée au vote, à l'autorité du gouvernement, le

Conseil constitutionnel, dès sa deuxième décision, avait rappelé : « Dans la mesure où de telles propositions tendraient à orienter ou à contrôler l'action gouvernementale, leur pratique serait contraire [à la Constitution, qui] ne prévoit la mise en cause de la responsabilité gouvernementale que dans les conditions et suivant les procédures fixées par les articles 49 et 50 » (59-2 DC du 24 juin 1959).

Mais cinquante ans ont passé. D'un côté, le risque de voir un gouvernement fragilisé a faibli et le second alinéa de l'article y veille. D'un autre côté, interdire aux assemblées politiques d'émettre des opinions politiques était paradoxal. Pour contourner l'interdit, elles avaient pris l'habitude de donner forme législative à des sujets qui ne s'y prêtent pas. Ainsi naquirent celles que l'on a appelées des lois mémorielles par lesquelles le législateur s'érige en historien, en juge ou en pénitent.

Cette confusion des genres devrait disparaître grâce à la résurrection des résolutions. Dorénavant, quand le Parlement veut exprimer un point de vue, ce qui est bien son droit même lorsqu'il est mal inspiré, au moins peut-il s'épargner le ridicule de légiférer sur ses sentiments. La procédure pourra servir aussi, et le gouvernement y sera sensible, à se dépêtrer de situations, internationales en particulier, sur lesquelles on ne sait trop quoi faire : de la résolution comme paravent de l'irrésolution…

Les précisions nécessaires ont été inscrites dans la loi organique n° 2009-403 du 15 avril 2009, non sans que le Conseil constitutionnel, au passage, se soit fait le gardien tatillon des intérêts du gouvernement (2009-579 DC du 9 avril 2009), auquel pourtant le second alinéa de l'article offre déjà un veto sans appel, unique en son genre et sans doute excessif.

Depuis l'entrée en vigueur de l'article 34-1 en 2008, 144 et 73 résolutions ont été respectivement déposées à l'Assemblée nationale et au Sénat qui en ont respectivement adopté 27 et 26.

Article 35

La déclaration de guerre est autorisée par le Parlement. Le Gouvernement informe le Parlement de sa décision

de faire intervenir les forces armées à l'étranger, au plus tard trois jours après le début de l'intervention. Il précise les objectifs poursuivis. Cette information peut donner lieu à un débat qui n'est suivi d'aucun vote.

Lorsque la durée de l'intervention excède quatre mois, le Gouvernement soumet sa prolongation à l'autorisation du Parlement. Il peut demander à l'Assemblée Nationale de décider en dernier ressort.

Si le Parlement n'est pas en session à l'expiration du délai de quatre mois, il se prononce à l'ouverture de la session suivante.

240. Le premier alinéa de cet article a perdu à peu près toute plausibilité, pour des raisons de droit ou de fait.

En droit, le préambule de 1946, repris par celui de 1958, interdit toute « guerre dans des vues de conquête » et prohibe que la France puisse employer « ses forces contre la liberté d'aucun peuple ». Elle ne peut donc déclarer une guerre offensive.

Quant à l'utilisation de ses forces sur un théâtre extérieur, soit il s'agit d'une opération ponctuelle, en dehors des procédures constitutionnelles (comme le parachutage sur Kolwezi, le 17 mai 1978, pour libérer des otages), soit il s'agit d'actions de sécurité collective conduites dans le cadre du chapitre VII de la charte des Nations unies (comme dans la guerre du Golfe, en Bosnie ou en Libye). Ni l'une ni l'autre situation ne s'analysent en droit comme des guerres de la France. Aucune des deux, donc, ne suppose l'application du premier alinéa de l'article 35.

Il reste alors la guerre défensive, si la France était agressée par un ennemi extérieur. Mais, d'une part, cette hypothèse implique l'échec de la stratégie de dissuasion, d'autre part, il est probable que le président de la République choisirait d'abord le recours à l'article 16 (*supra*).

Il subsiste néanmoins une hypothèse dans laquelle il pourrait y avoir lieu d'appliquer l'article 35. C'est celle qui verrait un État étranger affirmer sa souveraineté et envahir un département ou un territoire de l'outre-mer. L'affaire des Falklands/Malouines a montré qu'il pouvait ne pas s'agir d'une hypothèse inconsistante.

241. La forme de l'autorisation parlementaire résulte curieusement des règlements intérieurs des chambres. Celui de l'Assemblée nationale prévoit « un vote sur un texte exprès d'initiative gouvernementale ou sur une déclaration du gouvernement se référant » à cet article, tandis que celui du Sénat se borne à disposer que l'autorisation est approuvée « par un scrutin public à la tribune », sans autre précision. En tout état de cause, c'est l'une des quatre expressions du *Parlement* (avec les alinéas suivants mais aussi le renvoi au référendum et la saisine de la Haute Cour) qui ne prennent pas la forme d'une loi.

242. C'est un changement notable et bienvenu qu'ont opéré les trois alinéas suivants, insérés en 2008. Toute intervention militaire à l'étranger donne lieu désormais à une information très rapide du Parlement. L'autorisation de ce dernier est même indispensable si elle dure au-delà de quatre mois. Voici donc la représentation nationale associée à des décisions essentielles à l'écart desquelles elle avait toujours été tenue. C'est un progrès démocratique indubitable.

Quoique l'envoi de troupes à l'étranger, en réalité, relève du président de la République (*supra*, **121**), le texte en fait formellement une décision du gouvernement et c'est ce dernier qui traite avec le Parlement, voire avec la seule Assemblée nationale à laquelle est ici reconnu le dernier mot.

Si le délai de quatre mois expire hors session, le Parlement se prononce au début de la session suivante. Rien de similaire n'étant prévu pour l'information dans les trois jours du début de l'opération, il faut en déduire qu'il suffit que cette information soit donnée au Bureau ou à la commission compétente.

Ce dispositif est entré en vigueur sans disposition transitoire. Une première application s'est produite en janvier 2009 à propos des interventions en cours à la date d'entrée en vigueur de ces dispositions (Côte d'Ivoire, Kosovo, Liban, Tchad, Centrafrique, Afghanistan). Depuis 2009, cinq autres interventions ont donné lieu à une autorisation de leur prorogation pour la Libye (juillet 2011), le Mali (avril 2013), la Centrafrique (février 2014), l'Irak (janvier 2015) et l'extension de cette opération en Syrie (septembre 2015). L'article 35 impose une telle autorisation au bout de quatre mois sans durée limitée et donc sans nouveau vote y compris si l'opération dure très longtemps.

Article 36

L'état de siège est décrété en Conseil des Ministres.
Sa prorogation au-delà de douze jours ne peut être autorisée que par le Parlement.

243. L'état de siège, organisé par des lois de 1849, 1878 et 1916, permet un transfert de compétences de l'autorité civile à l'autorité militaire. Il y a plus rassurant.

Sa mise en œuvre, qui peut ne porter que sur une partie du territoire, relève donc d'une décision gouvernementale, prise avec la signature présidentielle (*supra*, article 13).

La chose ne s'est jamais produite à ce jour et on peut espérer que cela continue.

244. On a pu se poser la question de savoir si cette mention constitutionnelle de l'état de siège, ainsi que celle des circonstances exceptionnelles (*supra*, article 16) faisaient la somme des pouvoirs de crise, emportant ainsi l'abrogation implicite d'autres procédures existant auparavant, dont celle de l'*état d'urgence* que définissait la loi du 3 avril 1955.

Tout doute a été levé à ce sujet par le Conseil constitutionnel lors de sa décision rendue à propos de l'état d'urgence en Nouvelle-Calédonie (85-187 DC du 25 janvier 1985). Plusieurs régimes de crise coexistent donc, parmi lesquels celui de l'état de siège semble le moins adapté : ou la crise est d'une extrême gravité et l'article 16 permet sans doute mieux d'y répondre ; ou tel n'est pas le cas et l'état d'urgence doit suffire. Que reste-t-il alors à l'état de siège ?

Souhaitons donc ne jamais revoir un gouvernement accepter, par exemple, le dessaisissement de l'autorité judiciaire au profit de la justice militaire, comme l'avaient fait, pour l'Algérie, les horribles décrets du 17 mars 1956, signés du garde des Sceaux de l'époque, François Mitterrand.

En application de la loi du 3 avril 1955 modifiée, l'état d'urgence est également déclaré par décret en Conseil des ministres en cas de « péril imminent résultant d'atteintes graves à l'ordre public » ; seule une loi pouvant le proroger au-delà de douze jours. Il a été décrété six fois : en Algérie en 1955 ; sur l'ensemble du territoire en 1958 puis en 1961-1963 ; en Nouvelle-Calédonie en 1984 ; en région parisienne en 2005 et sur l'ensemble du territoire à la suite des attentats du 13 novembre 2015. Après le décret du 14 novembre 2015, il a été prorogé par cinq lois successives, la dernière du 19 décembre 2016. À ces occasions, le Conseil constitutionnel a jugé la loi de 1955 modifiée globalement conforme à la Constitution, censurant les saisies informatiques dans les perquisitions administratives (2016-536 QPC du 19 février 2016). Si le Conseil peut sembler ouvrir la voie à un contrôle de la durée de prorogation au regard du péril imminent ayant conduit à la déclaration de l'état d'urgence, il invite surtout le juge administratif à un contrôle approfondi sur la proportionnalité des mesures prises en application des dispositions législatives sur l'état d'urgence (2015-527 QPC du 22 décembre 2015), ce que fait le Conseil d'État (Section, Cédric D et autres, 11 décembre 2015). L'absence de constitutionnalisation de l'état d'urgence, proposée par le président de la République dans son discours au Congrès du 16 novembre 2015, limite les mesures que la loi de 1955 modifiée peut autoriser.

Article 37

Les matières autres que celles qui sont du domaine de la loi ont un caractère réglementaire.

Les textes de forme législative intervenus en ces matières peuvent être modifiés par décrets pris après avis du Conseil d'État. Ceux de ces textes qui interviendraient après l'entrée en vigueur de la présente Constitution ne pourront être modifiés par décret que si le Conseil Constitutionnel a déclaré qu'ils ont un caractère réglementaire en vertu de l'alinéa précédent.

245. Ainsi le pouvoir exécutif a, depuis 1958, un domaine normatif propre, qui va bien au-delà de celui qu'il détenait déjà, traditionnellement, pour assurer le bon fonctionnement des services publics (*supra*, **155**). Cette innovation, pour frappante qu'elle ait paru en 1958, n'a pas apporté, en pratique, la révolution juridique qu'elle a opérée en théorie (*supra*, **229**).

246. Certes, le pouvoir réglementaire, détenu pour l'essentiel par le Premier ministre (*supra*, articles 13 et 21), excède très largement, désormais, l'application des lois. Outre cette compétence, qui subsiste, il devient autonome chaque fois que des normes sont nécessaires dans des domaines autres que ceux pour lesquels la Constitution donne compétence à la loi, organique ou ordinaire, « la colonne 34 devant être soustraite de l'infini 37 », comme l'écrivit joliment Jean Carbonnier (*Flexible Droit*).

Parce que le domaine de la loi est défini de façon matérielle, par l'article 34, et limitative, par l'article 37, on en déduit souvent que l'autorité réglementaire est devenue le *pouvoir normatif de droit commun*. C'est une vision des choses qui, sans être à proprement parler inexacte, est quelque peu trompeuse.

En effet, la variété et l'étendue des matières de l'article 34, d'une part, le monopole détenu par la loi de déroger à des principes généraux du droit, d'autre part, l'interprétation que le Conseil constitutionnel et le Conseil d'État font des deux éléments qui précèdent, enfin, ramènent à peu de chose le domaine du pouvoir réglementaire autonome. Et même dans cette compétence finalement résiduelle, le législateur peut toujours s'immiscer, pour peu que le gouvernement y consente, ou encore l'y invite, voire ne s'en avise même pas.

247. On n'avait jamais douté que le pouvoir réglementaire ne pût pas empiéter sur le domaine de la loi (sauf par ordonnances, *infra*, article 38). Mais on avait pu s'interroger, en revanche, sur l'hypothèse inverse : l'incursion législative dans le domaine réglementaire est-elle inconstitutionnelle ? Le Conseil constitutionnel a clos le débat en 1982 (82-143 DC du 30 juillet 1982). Il a en effet considéré, à juste titre, que les procédures d'irrecevabilité (*infra*, article 41) et de délégalisation (*infra*, **248**), par leur existence même et, surtout, par le caractère facultatif de leur utilisation, impliquent que la Constitution ne prohibe pas les immixtions du législateur dans le domaine réglementaire. Elles veillent seulement à mettre le détenteur de ce dernier, le gouvernement, en mesure d'y obvier (article 41, 2e alinéa) ou d'y remédier (article 37, 2e alinéa), s'il le juge utile.

Si cette méconnaissance de la frontière entre les deux domaines traduisait une méconnaissance de la Constitution, cette dernière l'eût rendue infranchissable (par exemple, *infra*, article 40) : puisqu'il ne peut dépendre d'une volonté gouvernementale de violer la Constitution, ce qui dépend d'une telle volonté n'est pas une violation de la Constitution. CQFD.

248. De ce fait, et contrairement à ce qu'imaginaient les constituants de 1958, la procédure de *délégalisation*, ou de *déclassement*, prévue par le second alinéa, a moins pour objet de défendre le pouvoir réglementaire autonome contre les incursions qu'y ferait le législateur que de permettre au gouvernement de modifier, par décret, des textes de forme législative, lorsque leurs dispositions se bornent à *mettre en œuvre* les principes régissant l'une des matières législatives, et à condition de ne pas les *mettre en cause*.

Ainsi s'agit-il moins, à l'expérience, d'entourer la compétence du Parlement des casemates et barbelés qui l'empêcheraient d'en sortir que de donner au gouvernement des facilités supplémentaires. La première facilité est, justement, de le dispenser de se soucier, dans l'élaboration des lois, d'un partage de compétences entre lesquelles la frontière est, au demeurant, poreuse et incertaine. La deuxième facilité est de permettre au pouvoir exécutif de couvrir de l'onction législative des mesures qui y gagnent en solennité ou en sécurité. La troisième facilité, enfin, est de rendre ces choix révocables puisque la délégalisation peut autoriser le gouvernement à récupérer à tout instant sa compétence. Ainsi, tandis que les républiques antérieures avaient pratiqué les délégations du pouvoir législatif à l'exécutif, la Ve a inventé de véritables délégations du pouvoir exécutif au législatif !

249. Toujours est-il que cela interdit de limiter les compétences de la loi à celles que la Constitution lui *attribue*, dans plusieurs de ses articles, dont le 34, et qu'il est indispensable de préférer la notion de domaines de compétence *résultant* de la Constitution : sont ainsi englobés non seulement ceux de ses articles qui lui confient expressément une compétence, mais aussi les extensions, avérées ou potentielles, faites, toujours en application de règles ou de principes déduits de la Constitution, par la jurisprudence.

Cette dernière a d'ailleurs évolué curieusement. Décidé à lutter – sans que l'on en perçoive réellement le besoin – contre la présence de dispositions réglementaires au sein de lois, Pierre Mazeaud avait convaincu le Conseil constitutionnel de le faire au moyen d'un subterfuge étonnant (2005-512 DC du 21 avril 2005) : saisi d'un texte, sur le fondement de l'article 61 *(infra)*, le juge constata, au passage, que tel ou tel de ses articles avait en réalité un caractère réglementaire, et le déclara. Cette déclaration, alors, autorisait ensuite le gouvernement à le modifier par décret, conformément au second alinéa de l'article 37. Le subterfuge consistait ainsi à mélanger deux procédures que la Constitution rend pourtant distinctes, celles des articles 37 et 61. L'étrangeté consistait à le faire sur saisine parlementaire alors que, conformément à l'article 24 de l'ordonnance n° 58-1067, ce n'est en principe qu'à la demande du Premier ministre que le Conseil constitutionnel peut opérer la délégalisation prévue au second alinéa de l'article 37. Ce précédent jurisprudentiel est resté sans lendemain.

250. Le temps passant, les textes de forme législative antérieurs à 1958, toujours en vigueur et intervenus dans les matières désormais réglementaires, sont de moins en moins nombreux. Ils peuvent être modifiés par décret en Conseil d'État.

Quant aux textes postérieurs à 1958, le Conseil constitutionnel a été saisi par le Premier ministre à 269 reprises. Il a considéré comme textes de *forme* législative ceux qui ont une *valeur* législative : ainsi des ordonnances (dès qu'elles acquièrent force de *loi*) ou des décrets validés par une loi. Toutefois, le Conseil constitutionnel, sans doute par timidité infantile à cette époque, avait estimé en 1962 (62-20 DC du 6 novembre 1962) que la procédure de délégalisation ne pouvait s'appliquer aux dispositions d'une loi adoptée par référendum. Rien ne le justifie, et nul ne sait, si l'occasion devait se présenter, si le Conseil adopterait aujourd'hui une position différente.

Le Conseil d'État, quant à lui, a décidé qu'il pourrait, à l'avenir, contrôler le refus du Premier ministre d'user de la procédure de délégalisation (3 décembre 1999, *Association ornithologique et mammologique de Saône-et-Loire*). On se fait plaisir comme on peut.

Il est à noter, enfin, que c'est une logique proche de celle ici en œuvre qui a été adoptée pour protéger, contre des empiètements du législatif non plus les compétences du pouvoir réglementaire mais celles des collectivités territoriales (*infra*, **487**).

251. Sur le fond, le Conseil constitutionnel exerce son contrôle au cas par cas. Il fait une interprétation stricte, mais pas pour autant restrictive, du domaine de la loi et opère un tri entre les dispositions qui *mettent en cause* (compétence législative) et celles qui *mettent en œuvre* (compétence réglementaire) les règles ou les principes fondamentaux dans les matières énumérées à l'article 34.

C'est ainsi, plus que par l'existence d'un pouvoir réglementaire autonome, étique au plus, que s'est véritablement étendu le pouvoir réglementaire. Certes, le juge constitutionnel, avec la théorie dite de l'incompétence négative (*supra*, **235** ; *infra*, **405**), exige du législateur qu'il n'abdique pas son rôle. Sous cette réserve, il ne lui impose que la fixation des règles, ce qui a pour effet d'étendre d'autant, pour prendre les mesures nécessaires à leur application, la compétence réglementaire.

Celle-ci profite donc bien de l'article 37, mais finalement pas du tout pour les raisons imaginées en 1958, et aussitôt analysées par les meilleurs spécialistes. Comme quoi, dans le domaine constitutionnel aussi, l'expérience enseigne l'humilité et la prudence, qui peuvent relativiser les propos, y compris de ce livre.

Article 37-1

La loi et le règlement peuvent comporter, pour un objet et une durée limités, des dispositions à caractère expérimental.

252. Cette disposition est assez stupéfiante. La possibilité de tenter des expérimentations est, en soi plutôt satisfaisante, mais elle existait déjà et avait été explicitement reconnue par le juge constitutionnel (93-322 DC du 28 juillet 1993) qui, certes, l'avait subordonnée à des conditions strictes. Que le constituant ait voulu saisir l'occasion d'une révision pour élargir cette capacité, pourquoi pas ? Mais deux évidences perturbent.

La première est que, pour les compétences des collectivités territoriales, l'article 72 (*infra*) exige une loi organique alors que, dans tous les autres domaines, la loi et le règlement ordinaires suffisent et cette différence n'est pas facilement explicable. S'il ne s'agissait, comme peut le donner à penser l'insertion de cet article à l'occasion de la révision relative à l'organisation décentralisée de la République, que de mettre en œuvre le 4e alinéa de l'article 72 *(infra)*, il convenait de le préciser (au risque, d'ailleurs, de faire alors apparaître cette disposition comme superflue). La deuxième, beaucoup plus frappante encore, est qu'aucune limite de fond n'est ici envisagée. Il faut que soient précisés l'objet et la durée, ce qui est bien la moindre des choses, mais aucune autre exigence, aucun interdit ne sont mentionnés. Du coup, le législateur pourrait se prévaloir de cette disposition pour prendre les mesures les plus variées sans souci, notamment, du principe d'égalité.

Imaginons que la loi, afin d'améliorer la sécurité routière, décide d'expérimenter, dans un département, le taux zéro d'alcoolémie au volant et, dans un autre département, l'alourdissement des peines pour conduite en état d'ivresse, afin de constater si une de ces deux mesures est efficace et laquelle l'est le plus. Ce serait frontalement contraire au principe d'égalité, devant la justice pénale de surcroît, qui veut que la loi soit la même pour tous, soit qu'elle protège, soit qu'elle punisse. L'on voit mal, pourtant, comment le juge constitutionnel pourrait s'opposer à une telle décision puisque l'article 37-1 paraît avoir justement pour objet de la rendre possible. Encore l'exemple donné ici vise-t-il une hypothèse que l'on pourrait défendre sans déraison, mais d'autres sont aisément imaginables et beaucoup plus préoccupantes encore (relèvement expérimental de la durée maximale d'une peine de sûreté ou création expérimentale d'un délit particulier). À tout le moins, le constituant aurait dû faire figurer ici la même limite que celle qu'il a prévue au quatrième alinéa de l'article 72 (le respect des conditions essentielles d'exercice d'une liberté publique ou la protection d'un droit constitutionnellement protégé). Faute de l'avoir fait, l'on peut n'avoir combattu un excès, celui des restrictions trop rigides à l'expérimentation, que pour tomber dans l'autre, celui de son acceptation inconditionnelle. Pour éviter ce risque, le Conseil constitutionnel juge que si par définition une expérimentation déroge au principe d'égalité devant la loi, le législateur doit en définir de façon suffisamment précise l'objet et les conditions et ne pas méconnaître les autres exigences de valeur constitutionnelle (2004-503 DC du 12 août 2004). Il opère ainsi un contrôle au cas par cas notamment lorsque l'expérimentation porte sur le domaine pénal (2011-635 DC du 4 août 2011). Par ailleurs la loi doit fixer elle-même le terme de l'expérimentation (2009-584 DC du 16 juillet 2009). Enfin, l'expérimentation peut relever du décret ou même de l'arrêté (CE, n° 234950 du 18 décembre 2002), l'article 37-1 ne modifiant pas les règles de compétence.

Article 38

Le Gouvernement peut, pour l'exécution de son programme, demander au Parlement l'autorisation de prendre par ordonnances, pendant un délai limité, des mesures qui sont normalement du domaine de la loi.

Les ordonnances sont prises en Conseil des Ministres après avis du Conseil d'État. Elles entrent en vigueur dès leur publication mais deviennent caduques si le projet de loi de ratification n'est pas déposé devant le Parlement avant la date fixée par la loi d'habilitation. Elles ne peuvent être ratifiées que de manière expresse

À l'expiration du délai mentionné au premier alinéa du présent article, les ordonnances ne peuvent plus être modifiées que par la loi dans les matières qui sont du domaine législatif.

253. Parce qu'elles sont urgentes, ou particulièrement complexes, certaines mesures peuvent ne pas se prêter aisément aux règles ordinaires de la procédure législative. C'est pourquoi les constituants ont jugé sage de prévoir une dérogation, temporaire et contrôlée, à la répartition des compétences entre la loi et le règlement. Mais, si la sagesse des constituants n'est pas suivie d'une sagesse égale des gouvernants, le recours aux ordonnances peut devenir systématique, donc abusif.

254. Le gouvernement seul peut demander la mise en œuvre de cet article, le Parlement ne pouvant ainsi prendre, par une proposition de loi (2005-510 DC du 20 janvier 2005) ni sans doute par amendement, l'initiative de son propre dessaisissement.

Théoriquement, cette demande est destinée à faciliter au gouvernement « l'exécution de son programme ». Ce programme n'est pas celui mentionné au premier alinéa de l'article 49, mais celui à la réalisation duquel les ordonnances sont nécessaires. Il ne s'agit pourtant pas d'une simple tautologie puisque le Conseil constitutionnel l'a interprétée comme « faisant obligation au gouvernement d'indiquer avec précision au Parlement, lors du dépôt d'un projet de loi d'habilitation et pour la justification de la demande présentée par lui, quelle est la *finalité* des mesures qu'il se propose de prendre et leurs *domaines d'intervention* » (86-207 DC du 26 juin 1986). Le Conseil censure avec constance toute habilitation ne comportant pas ces deux types d'indication (2016-745 DC du 26 janvier 2017). En outre, depuis 2008, le projet de loi d'habilitation doit être accompagné d'une étude d'impact (*infra*, **265**). Donc, oui à l'habilitation, non au blanc-seing.

Toutefois, il peut se produire qu'un gouvernement prenne les ordonnances qui avaient été autorisées pour l'exécution du programme… du gouvernement précédent ! Il faut pour cela, mais il suffit, qu'une nouvelle équipe (Villepin) ait remplacé l'ancienne (Raffarin) avant l'expiration du délai d'habilitation, sans que cela fasse tomber cette dernière. Plus bizarrement encore, et de manière discutable, une habilitation peut être donnée pour une durée supérieure à celle de la législature (pour trente-six mois en juillet 2005, dans la loi de programme fixant les orientations de la politique énergétique), le législateur présent prenant ainsi sur lui de dessaisir le législateur futur.

255. Si le Parlement, à l'issue d'un débat qui se déroule selon la procédure législative ordinaire (*infra*, article 45), consent à l'habilitation, celle-ci est donnée pour une durée déterminée (de trois à six mois la plupart du temps), durant laquelle le gouvernement peut adopter les normes qu'il juge nécessaires, sans avoir à se préoccuper de la distinction entre les domaines de la loi et du règlement.

En revanche, l'article 38 mentionnant le domaine de la loi, il exclut celui de la loi organique, ainsi que de la loi de finances et de la loi de financement de la Sécurité sociale (pour lesquelles les articles 47 et 47-1, *infra*, prévoient expressément des ordonnances spécifiques), toutes trois régies par des dispositions particulières de la Constitution.

256. Les ordonnances sont d'abord examinées pour avis par le Conseil d'État. Puis, quoique étant l'œuvre du gouvernement, pour l'exécution du programme du gouvernement et prises par le Conseil des ministres du gouvernement, les ordonnances doivent être, on le sait (*supra*, **109**), signées par le président de la République.

Entrant en vigueur dès leur *publication* (il ne s'agit pas de lois, donc pas non plus de promulgation) au *Journal officiel*, elles peuvent toujours être modifiées, dans les mêmes formes, avant l'expiration du délai d'habilitation. Passé celui-ci, en revanche, la répartition normale des compétences reprend ses droits, et celles des dispositions des ordonnances qui sont du domaine législatif ne peuvent plus être modifiées que par la loi.

257. La valeur juridique des ordonnances est liée à la question de leur ratification.

On aurait pu imaginer que la Constitution la rende obligatoire, mais elle ne l'a pas fait. Elle impose simplement au gouvernement (à peine de caducité des ordonnances) de déposer, dans un délai prédéterminé par la loi d'habilitation, un projet de loi de ratification, sans être tenu à l'inscrire à l'ordre du jour.

Avant leur ratification, les ordonnances, bien qu'ayant un contenu en partie législatif, sont des actes de l'exécutif, considérés donc comme administratifs et, à ce titre, susceptibles de recours pour excès de pouvoir devant le juge administratif. C'est pourquoi l'habilitation s'analyse non comme une délégation du pouvoir législatif (le Parlement conserve, avec le référendum, le monopole de faire des lois), mais comme une extension momentanée du pouvoir réglementaire.

De ce fait, lorsque l'ordonnance est ratifiée, celles de ses dispositions qui ont un contenu législatif redeviennent des dispositions législatives à titre définitif, tandis que celles qui ont un contenu réglementaire sont, pourrait-on dire, des dispositions législatives *à titre précaire*, car à tout moment susceptibles de *délégalisation* (*supra*, **248**).

258. Ce changement de valeur ne facilite pas le contrôle. Et celui-ci se compliquait encore de l'existence de ratifications tacites (lorsque le Parlement modifiait une disposition d'une ordonnance, il était présumé ratifier, puisqu'il ne les modifiait ni ne les abrogeait, les autres dispositions de l'ordonnance traitant du même sujet). La révision de 2008 a utilement réglé cette difficulté en disposant que n'existe plus aujourd'hui que la ratification expresse (laquelle, cependant, pourra sans doute être décidée en commission pour être simplement validée en séance, *infra*, **292**).

Parce que, avant leur ratification, elles sont des actes administratifs, c'est le Conseil d'État qui est compétent pour apprécier leur légalité (et, surtout, leur constitutionnalité). Mais parce que la ratification leur donne valeur législative, le Conseil d'État, s'il n'a pas encore jugé, doit conclure au non-lieu à statuer puisqu'il n'a pas compétence pour censurer des textes de valeur législative.

Quant au Conseil constitutionnel, il est naturellement incompétent pour être saisi des ordonnances, actes administratifs. En revanche, il peut être appelé, s'il est saisi, à vérifier leur constitutionnalité à l'occasion de leur ratification : serait en effet inconstitutionnelle la disposition législative qui entendrait ratifier une ordonnance elle-même inconstitutionnelle (86-224 DC du 23 janvier 1987).

En principe, donc, les ordonnances peuvent toujours être contrôlées, par le Conseil d'État avant ratification, par le Conseil constitutionnel au moment de la ratification (ou plus tard, *infra*, article 61-1), et la disparition des ratifications implicites a fait disparaître du même coup les ratifications subreptices ou inaperçues.

259. Cette procédure, utilisée à des dizaines de reprises depuis 1960, a rendu de grands services. Elle a permis de faire face à l'urgence humaine (pour l'accueil des rapatriés d'Algérie en 1962), économique (pour les plans de rigueur de 1982 et 1983), sociale (pour le « plan Juppé », début 1996), à l'harmonisation de la fiscalité européenne (de 1964 à 1970) ou encore à la décolonisation (de la côte française des Somalis en 1966, du territoire des Afars et des Issas en 1977), ou, maintes fois, aux statuts de l'outre-mer.

C'est d'ailleurs à la lumière de ce dernier constat que la révision de 2003 sur la décentralisation a créé un nouveau type d'ordonnances, qui concerne les collectivités d'outre-mer de l'article 74 et la Nouvelle-Calédonie, et obéit à des règles un peu différentes de celles commentées ici (*infra*, article 74-1).

Si l'adoption de la session unique (*supra*, article 28) avait paru faire perdre aux ordonnances de l'article 38 une partie de leur pertinence, une loi du 16 décembre 1999 leur a trouvé une finalité nouvelle et bienvenue : celle consistant à faciliter l'œuvre pie de la codification de textes aujourd'hui disséminés un peu partout. De même peuvent-elles accélérer la transposition en droit interne de normes communautaires.

Mais elle a rendu un autre grand service qui gagnerait à être plus connu : elle a prouvé que, décidément, pour faire de bonnes lois, on n'a pas encore inventé mieux que le Parlement. Les ordonnances, en effet, sont exactement comme des projets qui deviendraient directement des lois. Ce sont généralement des textes défectueux, dont les malfaçons ne se révèlent qu'*a posteriori*, là où il se serait sans doute trouvé un parlementaire pour soulever, fût-ce ingénument, le problème qui ne s'est découvert qu'après, à l'occasion de contentieux multiples. Le tamis parlementaire a des vertus intrinsèques. À qui pourrait les oublier, cette législation de chefs de bureau que sont les ordonnances les rappelle. Elles sont donc à n'utiliser qu'avec modération.

260. Mais la modération, justement, n'est plus du tout ce qui les caractérise. Au contraire, depuis 2002, il en est fait un usage immodéré. Tantôt parce que des textes nécessaires sont trop lourds pour que les parlementaires soient prêts à leur consacrer le temps qu'ils mériteraient, tantôt parce qu'ils sont à ce point disparates qu'aucun spécialiste ne serait assez compétent pour en jauger tous les aspects, tantôt encore parce que le gouvernement prétend, par ce recours, prouver sa détermination, lors même qu'il ne démontre que sa précipitation. Durant la XIIIe législature, 159 ordonnances ont été prises sur le fondement de l'article 38. Depuis le début de la XIVe législature, 235 ordonnances ont, au 1er mars 2017, été prises sur ce fondement et sur celui de l'article 74-1.

Tous les domaines du droit sont désormais touchés, droit de la famille, droit des sociétés, droit social. Tous les codes sont atteints, même les plus vénérables. Rien d'étonnant alors à ce que, pour faire bonne mesure, l'on ait finalement inventé des ordonnances de « simplification du droit » !

En elle-même, cette explosion des ordonnances est préoccupante. Mais elle est rendue franchement inquiétante par l'espèce de partage des tâches qui voit le Parlement se dessaisir du plus sérieux pour ne conserver que ce qu'il croit le plus rentable. La fabrication des normes glisse des mains du pouvoir législatif, lequel justifie de moins en moins cette dénomination.

Article 39

L'initiative des lois appartient concurremment au Premier Ministre et aux membres du Parlement.

Les projets de loi sont délibérés en Conseil des Ministres après avis du Conseil d'État et déposés sur le bureau de l'une des deux assemblées. Les projets de loi de finances et de loi de financement de la Sécurité sociale sont soumis en premier lieu à l'Assemblée Nationale. Sans préjudice du premier alinéa de l'article 44, les projets de loi ayant pour principal objet l'organisation des collectivités territoriales sont soumis en premier lieu au Sénat.

La présentation des projets de loi déposés devant l'Assemblée Nationale ou le Sénat répond aux conditions fixées par une loi organique.

Les projets de loi ne peuvent être inscrits à l'ordre du jour si la Conférence des présidents de la première assemblée saisie constate que les règles fixées par la loi organique sont méconnues. En cas de désaccord entre la Conférence des présidents et le Gouvernement, le président de l'assemblée intéressée ou le Premier ministre peut saisir le Conseil constitutionnel qui statue dans un délai de huit jours.

Dans les conditions prévues par la loi, le président d'une assemblée peut soumettre pour avis au Conseil

d'État, avant son examen en commission, une proposition de loi déposée par l'un des membres de cette assemblée, sauf si ce dernier s'y oppose.

261. L'égalité constitutionnelle entre Premier ministre et membres du Parlement est évidemment démentie dans les faits, en France comme à peu près partout (d')ailleurs. Sont des projets ceux qui proviennent de l'exécutif, tandis que les initiatives qui émanent de parlementaires sont des propositions.

La disproportion entre les premiers et les secondes est généralement perçue comme l'indice de l'abaissement du Parlement. Cela n'a aucun sens. Il en va d'autant plus ainsi que la disproportion n'est pas celle souvent décriée. Ainsi, sous la XIVe législature, hors application de l'article 53 de la Constitution, 260 lois ont été adoptées dont 160 projets de loi (58 %) et 110 propositions de loi (42 %). Sur ces 260 lois, plus des trois quarts ont été adoptées après un vote conforme des deux assemblées (106 lois) ou après un accord en CMP (94 lois).

262. Un rappel, d'abord : sous la IIIe République, âge d'or supposé du parlementarisme, les projets représentaient déjà plus de 90 % des lois adoptées. Dans toutes les démocraties modernes, les projets sont à l'origine de plus de 80 % des lois. Dans toutes les démocraties modernes, l'exécutif est mieux outillé que le législatif pour préparer des textes. Dans toutes les démocraties modernes, le pacte majoritaire conduit les parlementaires à laisser au gouvernement qu'ils soutiennent le soin de conduire la politique voulue en commun. Et partout, y compris en France, les élus ont obtenu l'inscription de leurs textes à l'ordre du jour lorsqu'ils l'ont véritablement voulue. D'où l'on peut déduire que s'ils ne l'obtiennent pas, c'est qu'ils n'y tiennent pas vraiment. Et la révision de 1995, qui avait déjà donné à chaque assemblée la libre disposition d'une séance par mois (*infra*, **330**), n'avait pas significativement altéré la proportion des propositions de loi.

Quitte à vouloir faire, au sein de la législation, des analyses en fonction de l'auteur, il serait plus intéressant, mais aussi plus difficile, de distinguer, comme l'avait suggéré Yves Michel (« Les initiatives parlementaires », *Pouvoirs*, n° 34), les initiatives qui viennent des politiques, par opposition à celles qui viennent des administrations. Mais la différence opérée, entre des politiques partageant en principe les mêmes convictions, selon qu'ils siègent au gouvernement ou au Parlement, manque de pertinence réelle. Cela ne l'empêche pas d'inspirer des philippiques aussi fréquentes que superficielles.

263. Les propositions de loi sont librement rédigées par leurs auteurs, qui peuvent agir à titre individuel ou proposer à des collègues de cosigner leur texte. Les groupes parlementaires, en tant que tels, n'ont pas ce pouvoir d'initiative, même si, souvent, ils en contrôlent l'exercice par leurs membres.

Les propositions sont déposées sur le bureau de l'assemblée à laquelle appartient leur auteur. Elles font théoriquement l'objet d'un examen de recevabilité financière (*infra*, article 40), mais celui-ci, à ce stade, est des plus indulgents, sachant que ce dépôt ne signifie pas poursuite de l'initiative, et qu'il s'agit souvent bien davantage de se signaler à l'attention d'un secteur de l'électorat. Elles sont ensuite renvoyées à la commission compétente qui, le plus souvent, les empile distraitement.

Le dernier alinéa, introduit en 2008, permet désormais au président de chaque assemblée, sauf objection de l'auteur, de solliciter l'avis du Conseil d'État sur une proposition avant son passage en commission. Cette possibilité a, au 1er janvier 2017, été mise en œuvre, depuis le premier avis rendu en 2009, pour 22 propositions de loi (15 de l'Assemblée nationale, 7 du Sénat), le Conseil d'État rendant 16 avis, certains avis étant communs à plusieurs textes. L'avis du Conseil est, comme pour un avis sur un projet de texte du gouvernement, confidentiel sauf à ce que le président de l'Assemblée et le parlementaire concerné décident de le rendre public. Tel a été le cas en 2016 sur trois propositions de loi de l'Assemblée nationale.

264. Les avant-projets de loi, fréquemment précédés d'une communication en Conseil des ministres (*supra*, **81**), préparés le plus souvent par un ministre, font l'objet de concertations interministérielles conduites sous l'autorité du Premier ministre.

Parfois, ils doivent recueillir des avis particuliers, comme celui du Conseil économique, social et environnemental pour les lois de plan ou de programme (*infra*, **461**) ou des assemblées des territoires d'outre-mer (*infra*, **486**). Mais seuls les avis prévus par la Constitution elle-même sont indispensables à la régularité de la procédure, et non ceux envisagés par des lois ordinaires.

Lorsque ces préalables ont été accomplis, le secrétaire général du gouvernement adresse le texte au Conseil d'État.

Celui-ci l'examine, d'abord en section puis en assemblée (sauf si une urgence oblige, à la place, à saisir la commission permanente), d'un point de vue avant tout juridique. Cet examen est essentiel et d'une grande efficacité même si, ponctuellement, le Conseil constitutionnel peut censurer des dispositions auxquelles le Conseil d'État n'avait rien trouvé à redire.

Enfin, le texte est inscrit pour délibération au Conseil des ministres – plus formelle que réelle puisqu'il n'est plus possible de modifier le contenu (2003-468 DC du 3 avril 2003). Ce n'est qu'avec cette étape que l'avant-projet devient projet. Il fait alors l'objet d'un décret du Premier ministre, qui charge l'un de ses collègues d'en « exposer les motifs et soutenir la discussion » devant les assemblées. Puis il est déposé (par le secrétaire général du gouvernement) sur le bureau de l'une d'elles, ensuite de quoi la procédure est semblable à celle des propositions de loi, mais en plus effective.

265. C'est néanmoins un changement très important que celui qui résulte des antépénultième et pénultième alinéas, insérés en 2008, entrés en vigueur avec la loi organique n° 2009-403 du 15 avril 2009. Ils font suite à une proposition du comité Balladur que le projet n'avait pas reprise mais que les parlementaires ont eu la bonne idée de réintroduire.

Ainsi sont désormais obligatoires, sauf quelques exceptions, des études d'impact, jointes au projet, permettant d'apprécier les effets attendus de la loi. Cela force à s'interroger sur sa nécessité, son coût, les vertus de solutions alternatives, etc. Les plus beaux succès de ces exigences nouvelles seront les moins visibles puisqu'ils se traduiront par l'abandon de l'initiative législative lorsque, forcés de s'interroger, les décideurs auront finalement pris conscience de sa superfluité. Cette règle ne s'impose qu'à l'occasion du dépôt d'un projet de loi et non lors du dépôt d'une proposition de loi ou d'un amendement (2010-618 DC du 9 décembre 2010). Le Conseil constitutionnel n'exerce qu'un contrôle formel de cette règle (2014-12 FNR du 1er juillet 2014).

En fait, ce à quoi le constituant a dû se résigner, ici et ailleurs (*infra*, **281**), c'est à imposer des règles que le simple bon sens aurait rendues inutiles : il est préférable de réfléchir avant de légiférer. Puisque les intéressés ne le font pas spontanément, il faut en appeler à la norme pour les y contraindre.

266. Séparation des pouvoirs oblige : le Sénat a fait à juste titre prévaloir une rédaction qui porte sur la présentation des projets de loi et non sur leur élaboration. Le gouvernement reste ainsi libre de préparer son plat mais le Parlement, client exigeant, a droit à ce qu'il soit convenablement accompagné, faute de quoi il peut le renvoyer en cuisine. La conférence des présidents peut en effet refuser l'inscription à l'ordre du jour d'un texte dont la présentation ne serait pas conforme aux exigences de la loi organique. Et si l'exécutif n'entend pas s'incliner, Premier ministre ou président de l'assemblée peuvent saisir le Conseil constitutionnel qui statue dans les huit jours.

Sans qu'il soit besoin de mettre ainsi à mal la solidarité majoritaire, les ministres eux-mêmes ont déjà commencé à déployer les efforts de sérieux, de réflexion et d'adaptation qui sont les objectifs recherchés.

267. Le gouvernement choisit librement l'assemblée qu'il saisit en premier. Il peut le faire pour des raisons d'ordre technique ou politique, et flatter le Sénat en lui soumettant d'abord des projets importants contribue à la qualité des relations avec la seconde chambre.

Dans le domaine des lois de finances (*infra*, article 47), la priorité donnée aux députés (héritage du principe du consentement à l'impôt) est absolue. Elle s'étend même aux initiatives gouvernementales introduisant par amendement une mesure budgétaire entièrement nouvelle (76-73 DC du 28 décembre 1976).

La révision constitutionnelle du 22 février 1996 (*infra*, article 47-1) a appliqué la même priorité aux lois de financement de la Sécurité sociale.

268. C'est pour complaire à ses anciens et futurs collègues sénateurs, en revanche, que Jean-Pierre Raffarin leur a offert, depuis 2003, la priorité obligatoire qui résulte de la dernière phrase du deuxième alinéa. C'est doublement aberrant. D'une part, dans notre système démocratique, il n'y a pas une chambre basse et une chambre haute, mais bien une première chambre, celle élue au suffrage direct, et une seconde chambre, issue du suffrage indirect, de sorte que rien, jamais, ne peut justifier que la seconde chambre ait juridiquement priorité sur la première. Quant à l'argument selon lequel le Sénat est qualifié pour opiner le premier parce qu'il représente les collectivités territoriales, il est soit indigent, soit dangereux puisqu'il donne à penser que toute législation devrait d'abord être soumise au bon vouloir du lobby qu'elle concerne.

Ajoutons, de surcroît, que le Conseil constitutionnel ne s'amuse pas tous les jours à rechercher « l'objet principal » qui guide la compétence. Lui faut-il juger au nombre (celui des articles), au poids (celui des mots) ou à la densité (celle des changements) ?

À vrai dire, l'on ne comprend toujours pas comment la première chambre a pu s'oublier à ce point qu'elle ait accepté cet humiliant abaissement.

269. Le Premier ministre peut modifier tout projet de loi par une *lettre rectificative*, adoptée selon la même procédure, lorsqu'il s'agit d'introduire des changements jugés trop importants pour emprunter la voie ordinaire de l'amendement (*infra*, article 44). C'est ainsi, par exemple, que les articles portant création de la contribution sociale généralisée furent introduits par une lettre rectificative au projet de loi de finances pour 1991. En revanche, c'est pour avoir apporté à son projet un changement substantiel entre le passage au Conseil d'État et l'adoption en Conseil des ministres que le gouvernement Raffarin avait vu censurer l'article essentiel de sa réforme du scrutin régional (2003-468 DC du 3 avril 2003).

Article 40

Les propositions et amendements formulés par les membres du Parlement ne sont pas recevables lorsque leur adoption aurait pour conséquence soit une

diminution des ressources publiques, soit la création ou l'aggravation d'une charge publique.

270. C'est un intéressant renversement qui s'est opéré tout au long de l'histoire constitutionnelle : à ses origines, l'exécutif était suspect de gabegie, et les pouvoirs budgétaires du législatif devaient l'éviter. Depuis l'émergence du suffrage universel, le risque inverse s'est révélé le plus grand : les parlementaires sont apparus exposés à la tentation de complaire à leurs électeurs au détriment de toute rigueur budgétaire : le « bon père de famille » ayant découvert les coûteuses ivresses d'une vie dissolue, l'article 40 l'a placé sous curatelle.

271. L'irrecevabilité financière est en principe absolue. Elle s'applique indifféremment à toutes les initiatives parlementaires – amendement ou proposition – quelle que soit la nature du texte – loi organique, ordinaire, d'habilitation... Même le consentement du gouvernement, que traduit sa décision d'inscrire la proposition dépensière à l'ordre du jour prioritaire (*infra*, article 48), ne suffit pas à la couvrir (77-91 DC du 18 janvier 1978). En revanche, un grief tiré de la violation de l'article 40 n'est pas opérant devant le Conseil constitutionnel à l'égard d'une disposition législative introduite par le gouvernement (2016-739 DC du 17 novembre 2016).

Mais on est en droit de penser que toute législation permanente, d'une manière ou d'une autre, peut être coûteuse (ainsi de l'exemple bien connu de l'abolition de la peine de mort, l'entretien du bourreau et de la guillotine grevant moins les finances de l'État que celui de prisonniers condamnés à perpétuité... !). Aussi y a-t-il lieu à des interprétations que la pratique a affinées.

272. S'agissant en premier lieu du caractère *public* des ressources et des charges, il vise non seulement celles de l'État, mais aussi celles des collectivités territoriales, des établissements publics administratifs, mais aussi des institutions financières publiques (Banque de France, Caisse des dépôts, Agence française de développement), des sociétés et établissements du secteur public audiovisuel et même de certains établissements publics à caractère industriel et commercial (Réseau ferré de France, les ports maritimes et les ports autonomes), enfin, et c'est essentiel, des régimes obligatoires de la Sécurité sociale (60-11 DC du 20 janvier 1961). Les régimes mutualistes ou complémentaires ne sont pas concernés, tandis que les mécanismes sociaux périphériques, ainsi que les entreprises publiques appellent des réponses au cas par cas (J. Cahuzac, La recevabilité financière des initiatives parlementaires, *Rapport* n° 4392, février 2012).

273. Concernant, en deuxième lieu, la *norme de référence* – s'agit-il du droit existant ou du droit proposé par le gouvernement ? –, cela varie selon l'initiative de l'exécutif.

Si celle-ci a pour objet de créer ou aggraver une charge ou de diminuer les ressources, tout amendement proposant une création ou une aggravation moindre, ou une moindre diminution des ressources, est recevable : la recevabilité s'apprécie alors au regard du *droit proposé*.

Si, au contraire, l'initiative gouvernementale a pour objet de supprimer ou d'alléger une charge ou d'augmenter les ressources, tout amendement proposant un allégement moindre, ou une moindre augmentation des ressources, est recevable : la recevabilité s'apprécie alors au regard du *droit existant*.

La logique est identique dans tous ces cas : même lorsqu'elles créent ou aggravent des charges ou diminuent des ressources, les initiatives parlementaires, normalement irrecevables, sont admises si elles ne sont pas plus dispendieuses que celles que le gouvernement propose.

274. En troisième lieu, sur la question de la *compensation*, l'article 40 vise une charge publique au singulier, tandis qu'il vise les ressources publiques au pluriel. De cette différence la pratique a déduit que, en ce qui concerne les ressources, c'est leur niveau global qui ne doit pas diminuer. En conséquence, un parlementaire peut proposer un amendement diminuant une ressource si, dans le même amendement, il gage cette dépense par la création ou l'accroissement, à due concurrence, d'une autre ressource (la ressource doit alors être destinée au même bénéficiaire, être crédible et pérenne, être immédiate, 76-64 DC du 2 juin 1976).

En revanche, toute charge est considérée en elle-même – singulier oblige – de sorte que, même accompagnée du gage qui pourrait la financer, sa création ou son aggravation demeure irrecevable de la part d'un parlementaire, le gouvernement ayant le monopole de ce type d'initiative.

En outre, la notion de charge est d'autant plus rigoureuse qu'elle n'est pas seulement entendue dans son acception budgétaire, mais aussi juridique : ainsi tombe sous le coup de l'article 40 le fait de confier des missions nouvelles à un organisme public.

En sens inverse, la loi organique n° 2001-692 du 1er août 2001 relative aux lois de finances (*infra*, article 47) a étendu le champ des initiatives parlementaires dans le domaine budgétaire, puisque la recevabilité financière, au regard de l'article 40, s'apprécie non plus dans le cadre, très étroit, des anciens « chapitres » mais dans celui, plus large, des « missions ».

275. La mise en œuvre de cette irrecevabilité est organisée par le règlement intérieur de chaque chambre. Celui de l'Assemblée nationale est très rigoureux : un contrôle systématique est opéré, en fait sous l'autorité du président de la Commission des finances, au terme duquel les amendements contraires à l'article 40 ne seront ni reçus, ni imprimés, ni distribués.

Beaucoup plus laxiste, le règlement du Sénat permettait en fait aux auteurs d'amendements irrecevables de les soutenir en séance publique, étant entendu qu'ils auraient le tact, les ayant défendus, de les retirer d'eux-mêmes pour éviter que ne leur soit formellement opposée l'irrecevabilité.

Le Conseil constitutionnel, souvent ensommeillé à l'époque, n'y avait rien trouvé à redire en 1959. Depuis, l'occasion ne s'était pas véritablement présentée de rappeler le Sénat à plus de rigueur. Elle s'était enfin offerte à l'occasion des modifications réglementaires rendues nécessaires par la création des lois de financement de la Sécurité sociale (*infra*, **319**), mais le Conseil constitutionnel avait choisi de ne pas la saisir (96-381DC du 14 octobre 1996). Il s'y est enfin résolu en 2009 (2009-582 DC du 25 juin 2009), de sorte que, depuis, députés et sénateurs connaissent des rigueurs équivalentes. Depuis 2015, le règlement du Sénat prévoit lui aussi un contrôle systématique de la recevabilité financière des amendements, qui peut par ailleurs être contestée à tout moment de la procédure (2015-712 DC du 11 juin 2015).

276. Bizarrement, le Conseil constitutionnel, en même temps qu'il affirme le caractère absolu de l'irrecevabilité financière de l'article 40, ce qui devrait le conduire à sanctionner tout manquement, n'admet pas qu'elle soit invoquée pour la première fois devant lui si elle n'a pas déjà été évoquée durant les débats parlementaires (77-82 DC du 20 juillet 1977), et il ajoute même qu'elle doit avoir été évoquée devant l'assemblée parlementaire saisie de la proposition ou de l'amendement litigieux (2012-654 DC du 9 août 2012).

Au-delà, il est à noter que le fait que la présidence de la commission des finances et, partant, le maniement de l'article 40, soient désormais confiés à des élus de l'opposition n'a soulevé aucune difficulté. Les présidents ont fait preuve de la rigueur et de l'impartialité nécessaires, ce qui confirme à nouveau que c'est en confiant des responsabilités à l'opposition qu'on la rend responsable.

Enfin, quoique les parlementaires dénoncent, souvent exaspérés, les contraintes que l'article 40 fait peser sur eux, ils ont pourtant eu la sagesse de ne pas y toucher, au point d'en faire l'un des rares articles – ils ne sont que trente – à n'avoir pas bougé depuis 1958.

Article 41

S'il apparaît au cours de la procédure législative qu'une proposition ou un amendement n'est pas du domaine de la loi ou est contraire à une délégation accordée en vertu de l'article 38, le Gouvernement ou le président de l'assemblée saisie peut opposer l'irrecevabilité.

En cas de désaccord entre le Gouvernement et le président de l'assemblée intéressée, le Conseil Constitutionnel, à la demande de l'un ou de l'autre, statue dans un délai de huit jours.

277. Le gouvernement ayant cru se tailler un domaine normatif propre (*supra*, article 37), encore lui fallait-il disposer des moyens de le défendre contre le Parlement, suspect de vouloir piétiner les frontières. C'est l'objet de cette procédure, dans le cadre de laquelle le Conseil constitutionnel n'a plus jamais été appelé à statuer depuis mai 1979 (79-11 FNR du 23 mai 1979).

278. C'est précisément parce que cet article prévoit une irrecevabilité, plutôt qu'une inconstitutionnalité, que l'adoption par le Parlement de mesures qui relèveraient normalement du domaine réglementaire n'emporte pas l'annulation de celles-ci (*supra*, **247**). Mais, du même coup, parce que l'abaissement des frontières entraîne généralement la disparition de leurs gardes, l'article 41 a perdu une partie de sa pertinence : si le gouvernement consent à l'ingérence dans son domaine, il n'a pas de raison d'opposer l'irrecevabilité ; s'il n'y consent pas, la discipline majoritaire suffit à dissuader, et il n'a pas besoin d'opposer l'irrecevabilité. En tout état de cause, il doit demeurer seul juge de cette opportunité (95-366 DC du 8 novembre 1995).

279. C'est heureux ainsi, car la procédure qu'il prévoit est lourde en cas de désaccord avec le président de l'Assemblée intéressée, puisqu'elle contraint à suspendre la discussion, le temps que le Conseil constitutionnel statue dans un délai de huit jours. Dès lors, même si persuasion et dissuasion n'ont pas suffi, il est préférable, pour le gouvernement, de se résigner passagèrement, quitte, une fois la loi promulguée, à recourir à la procédure plus discrète de l'article 37, alinéa 2 (*supra*, **251**), pour faire délégaliser ce que le Parlement aurait indûment adopté. Quant aux initiatives contraires à une habilitation donnée conformément à l'article 38, l'hypothèse n'a jamais soulevé de vraies difficultés (mais le risque s'élève avec le nombre des ordonnances, *supra*, **260**).

280. Depuis la révision constitutionnelle du 23 juillet 2008, les présidents de chaque assemblée ont le pouvoir de soulever l'irrecevabilité de l'article 41. Entre 2015 et 2017, 144 amendements ont été déclarés irrecevables à ce titre par le président du Sénat, principalement du fait du caractère règlementaire de ceux-ci et, à titre très subsidiaire, car ils constituent des cavaliers.

Article 42

La discussion des projets de loi porte, en séance, sur le texte adopté par la commission saisie en application de l'article 43 ou, à défaut, sur le texte dont l'assemblée a été saisie.

Toutefois, la discussion en séance des projets de révision constitutionnelle, des projets de loi de finances et des projets de loi de financement de la Sécurité sociale porte, en première lecture devant la première assemblée saisie, sur le texte présenté par le gouvernement. Et, pour les autres lectures, sur le texte transmis par l'autre assemblée.

La discussion en séance, en première lecture, d'un projet ou d'une proposition de loi ne peut intervenir, devant la première assemblée saisie, qu'à l'expiration d'un délai de six semaines après son dépôt. Elle ne peut intervenir, devant la seconde assemblée saisie, qu'à l'expiration d'un délai de quatre semaines à compter de sa transmission.

L'alinéa précédent ne s'applique pas si la procédure accélérée a été engagée dans les conditions prévues à l'article 45. Il ne s'applique pas non plus aux projets de loi de finances, aux projets de loi de financement de la Sécurité sociale et aux projets relatifs aux états de crise.

281. Voici le deuxième des sept articles intégralement réécrits en 2008. Que de changements par rapport au demi-siècle écoulé !

Première innovation, on prend un minimum de temps pour penser : devant la première assemblée saisie, six semaines doivent normalement séparer le dépôt d'un texte et son inscription à l'ordre du jour. De nouveau, la norme a dû remédier aux défaillances du bon sens (*supra*, **265**), rendues manifestes par ces projets adoptés un mercredi en conseil des ministres et débattus au Parlement dès la semaine suivante, bâclés sous le coup d'une émotion quelconque. Le rythme de fabrication des lois était devenu à ce point trépidant qu'il fallait le ralentir un peu. Six semaines devant la première assemblée saisie, quatre devant la seconde, ce n'est pas bien méchant, sans doute même pas assez, mais c'est toujours mieux que rien.

Les dérogations prévues par le dernier alinéa sont celles, permanentes, qui profitent aux lois de finances et de financement de la Sécurité sociale ainsi qu'aux états de crise. Mais existent aussi les dérogations occasionnelles résultant de la procédure accélérée (n° 2014-705 DC du 11 décembre 2014) (*infra*, article 45) : on voudrait penser qu'elles ne soient qu'exceptionnelles, mais on est trop vieux pour n'être pas dubitatif. De fait, la longueur des procédures a conduit à ce que 229 lois sur 260 soient adoptées pendant la XIVe législature après engagement de la procédure accélérée.

282. En 1958, l'objet de cet article était de prémunir le gouvernement contre la dénaturation éventuelle de ses projets : les amendements adoptés par les commissions devaient derechef être discutés et votés en séance publique, à l'instar de ceux déposés à titre individuel par n'importe quel parlementaire.

Les propositions de loi n'étant pas mentionnées, la règle traditionnelle s'appliquait à elles : le texte servant de base à la discussion en séance publique n'était pas celui rédigé par l'auteur de la proposition, mais celui adopté par la commission, intégrant donc déjà les amendements de celle-ci (sauf, bien sûr, si la commission avait rejeté la proposition ou ne l'avait pas amendée).

Il s'agissait, en 1958, d'épargner au gouvernement l'obligation, usante sous la IVe République, de batailler pour faire adopter des amendements redonnant à ses projets leur esprit initial. Partant du principe selon lequel réunir une majorité sur une modification n'était pas toujours aisé, l'article 42 faisait peser cette charge sur la commission, et non plus sur l'exécutif dont le texte était soumis, inchangé, à la première assemblée saisie.

283. Avec la découverte du parlementarisme majoritaire, avec l'usage d'autres armes lui permettant d'éviter la dénaturation de ses intentions (*supra*, article 40 ; *infra*, article 44), le gouvernement est à l'abri des tracas de ses prédécesseurs. En revanche, la diminution imposée au rôle des commissions (même si leurs amendements avaient un poids politique réel) dissuadait le travail au sein de celles-ci, ce qui nuisait à la fois à son intérêt et, partant, à la qualité d'ensemble de la production législative. De plus, la règle initiale contraignait à discuter en séance publique des amendements purement rédactionnels, parfois nombreux. Ainsi, tant les débats en commission que ceux en plénière s'en trouvaient les uns et les autres dévalorisés.

C'est dans le consensus qu'il a été décidé de tirer les enseignements des cinq décennies écoulées. Dorénavant, comme dans un passé ancien mais avec plus de rationalité, c'est le texte tel qu'adopté par la commission qui sert de base à la discussion en séance, devant l'une et l'autre assemblées. Les parlementaires se trouvent donc incités à siéger en commission, sachant que l'amendement dont ils obtiennent l'adoption là a de sérieuses chances de figurer dans le texte final. De même la séance publique peut-elle resserrer ses débats sur les questions de fond, libérée qu'elle est de l'obligation de recommencer tout le travail rédactionnel déjà accompli en commission. Bref, la réforme fait d'une pierre deux coups en revivifiant et la commission et la séance. D'ores et déjà, les ministres sont conduits à être beaucoup plus attentifs aux travaux des commissions et, souvent, à y participer eux-mêmes, quitte d'ailleurs, par leur présence, à en altérer quelque peu l'ambiance. Avantage secondaire mais non sans intérêt : les parlementaires font rapidement le tri entre les ministres qui dominent leurs dossiers et ceux qui ne peuvent qu'ânonner les réponses hâtivement rédigées par leurs collaborateurs.

Seuls échappent à ce régime les projets de loi constitutionnelle, de finances et de financement de la Sécurité sociale, comme le prévoit le deuxième alinéa et sans, à vrai dire, que l'on comprenne bien pourquoi, mais aussi, comme il résulte du premier, ceux des projets que la commission n'aurait pas adoptés. Pour ceux-là, le régime inventé en 1958 survit, ne serait-ce que pour éviter qu'une obstruction en commission puisse interdire de disposer d'un texte à soumettre à la séance.

Article 43

Les projets et propositions de loi sont envoyés pour examen à l'une des commissions permanentes dont le nombre est limité à huit dans chaque assemblée.

À la demande du Gouvernement ou de l'assemblée qui en est saisie, les projets ou propositions de loi sont envoyés pour examen à une commission spécialement désignée à cet effet.

284. Parce que les commissions parlementaires de la IVe République, nombreuses, étaient autant de brisants sur lesquels les gouvernements faisaient naufrage, la Ve avait voulu limiter leur influence. Elle y avait trop bien réussi, mais pas comme elle l'imaginait.

Elle fondait ses espoirs sur la préférence donnée aux commissions spéciales, qui se forment sur un texte et disparaissent quand s'achève l'examen de celui-ci. Or, à l'usage, elles sont rares, parce que les commissions permanentes sont jalouses de leur rôle, parce que les ministres sont habitués à ces interlocuteurs, parce que, enfin, les parlementaires désireux d'y siéger sont toujours plus nombreux que les places disponibles. C'est ce qui explique que moins de quatre-vingts commissions spéciales aient vu le jour, dans l'une ou l'autre assemblée, pour plus de 5 500 lois votées depuis 1959. C'est ce qui explique aussi que, en 2008, l'on ait fini par adapter le droit au fait, en rétablissant comme norme le recours aux commissions permanentes et comme exception la formation d'une commission spéciale. Depuis la Xe législature (1993-1997), il est désigné 3 à 5 commissions spéciales par législature. En deux ans, depuis 2012, deux commissions spéciales ont été désignées.

285. Chaque commission élit son bureau, c'est-à-dire un président, des vice-présidents et des secrétaires. Singularité de la commission des finances, dans les deux assemblées : elle désigne en son sein un rapporteur général, auquel sont confiés, en principe, tous les textes que la commission examine (en réalité, certains rapports sont délégués à d'autres que lui). Toutes ces fonctions sont pourvues pour un an (ou pour sa durée de vie s'il s'agit d'une commission spéciale), mais leurs titulaires sont le plus souvent reconduits.

Contrairement à ce qui se fait en Grande-Bretagne ou en Allemagne, par exemple, il n'était pas d'usage, même si cela avait pu occasionnellement se produire, de confier des présidences de commission à l'opposition. Un progrès très significatif a été enregistré : Nicolas Sarkozy a imposé dès 2007, et le Règlement prévoit depuis 2009, que la présidence de la commission des finances, à l'Assemblée nationale seulement, revienne à un député de l'opposition, actuellement Gilles Carrez. La gauche a étendu la mesure au Sénat, en 2011, au profit de sa minorité de droite, représentée par Philippe Marini. Depuis 2014, la droite fait de même avec Michèle André, socialiste, qui préside désormais cette commission.

Tout parlementaire est membre d'une commission permanente et d'une seule (les places, réparties à la proportionnelle des groupes, sont attribuées par ceux-ci à leurs membres, le reliquat allant aux non-inscrits). Chacune compte un huitième de l'Assemblée nationale tandis que leurs effectifs varient, au Sénat, de 39 à 57 membres.

286. Leur rôle principal consiste à examiner tous les textes dont elles sont saisies. Elles désignent un rapporteur, procèdent à des auditions, examinent le projet ou la proposition, dans son ensemble d'abord, puis article par article, et adoptent des amendements. La présence en commission est désormais contrôlée, ce qui n'a d'ailleurs pas manqué de provoquer l'ire des intéressés. Le système, pourtant, est des plus indulgents : l'assiduité n'est imposée qu'aux réunions du mercredi matin (celles durant lesquelles l'Assemblée ne siège pas) et la sanction ne peut tomber qu'au-delà de deux absences par mois ! Il y a plus exigeant. Malgré cela, trop de députés ne viennent qu'à cause de cette contrainte, ce qui aboutit à transférer en commission des dérives (bavardage, brouhaha, manifestations diverses) qui n'étaient jusqu'alors que le triste apanage de la séance publique. Qu'on se rassure : les autres jours de la semaine, les commissions retrouvent leur calme et les habituels bancs vides…

Afin de respecter l'inscription à l'ordre du jour (*infra*, article 48), le fait, pour une commission, de ne pas être en état de présenter son rapport n'empêche pas l'examen du texte en séance (84-181 DC du 11 octobre 1984).

Dans le déroulement de celle-ci, la commission, plus précisément son président ou son rapporteur, dispose de quelques prérogatives, et notamment de nombreuses possibilités d'expression.

287. La limitation à six du nombre des commissions permanentes, née d'un souci de rigueur, était devenue absurde. Outre le fait que leur découpage donnait à certaines une charge de travail très légère, tandis que d'autres avaient des rythmes que Stakhanov lui-même eût trouvés éprouvants, elles avaient des compétences trop variées, trop disparates, pour être en mesure d'exercer pleinement leurs fonctions, notamment de contrôle. Et c'était justement parce que le gouvernement s'en accommodait trop bien qu'il y avait lieu de modifier ce système, qui faisait du Parlement français celui, de très loin, où les commissions étaient les moins nombreuses.

Ainsi s'explique que la révision de 2008 ait augmenté le nombre. Mais ne s'explique pas vraiment qu'il ait été plafonné, chichement, à huit, quand on aurait pu, sans excès, aller à dix ou douze, avec d'autant moins d'hésitation qu'il s'agit toujours d'un maximum en deçà duquel chaque assemblée est libre de demeurer (le Sénat a d'ailleurs choisi de n'en avoir que sept). Quant à la commission, nouvellement instituée, chargée des affaires européennes au sein de chaque assemblée, elle s'ajoute à ce contingent car elle ne relève pas de l'article 43 mais de l'article 88-4 (*infra*).

288. Afin de compléter cette réforme, opportune dans son principe, il serait bon d'adopter une règle selon laquelle la moitié des présidences revient à l'opposition. L'occasion de le faire aisément s'était présentée en 2007, qui ne fut malheureusement pas saisie.

Or on sait aussi que c'est en confiant à l'opposition des responsabilités qu'on la rend responsable (*bis*). Les présidents de commission n'ont de pouvoir réel que celui qu'ils tiennent de l'autorité qu'ils exercent sur leurs collègues (Jean-Louis Debré l'avait bien compris, qui fut à l'origine de l'excellente innovation introduite en 2003, selon laquelle le groupe qui a pris l'initiative d'une commission d'enquête a droit à en recevoir la présidence, sauf à ce que le rapport soit confié à l'un des siens). Ils n'acquièrent cette autorité que par un comportement loyal, et n'y accéderaient jamais, ou la ruineraient vite, en agissant de manière abusivement partisane. Aucun risque grave, donc, ni pour la majorité ni pour le gouvernement.

En revanche, une amélioration sensible pour tous, si tous

disposent de moyens équilibrés, et si l'opposition, dont c'est la vocation nécessaire et première, occupe certains des miradors parlementaires de la fonction de contrôle.

Bref, ce ne serait pas révolutionner notre système, simplement le civiliser encore.

289. Pour essayer de desserrer le carcan antérieur, les assemblées ont donné naissance, par des dispositions législatives, à diverses *délégations parlementaires*, qui, à défaut d'avoir de véritables attributions législatives, permettent la naissance de formations spécialisées. Celle compétente pour les affaires européennes a désormais laissé la place à une véritable commission (*infra*, article 88-4). Il est également à noter que c'est sous la forme d'une délégation qu'a été créé, en 1983, l'*Office parlementaire d'évaluation des choix scientifiques et technologiques*, d'autant plus notoirement sous-employé que la qualité de son travail, les trop rares fois où il a été saisi, a été unanimement saluée.

Depuis, ont également été créées, dans chaque assemblée, une délégation aux droits des femmes et à l'égalité des chances entre les hommes et les femmes et une délégation aux outre-mer, ainsi que, commune aux deux assemblées, une délégation parlementaire au renseignement, chargée depuis 2007, dans le respect du secret le plus strict, de suivre les activités des services spéciaux, ce qui constitue un progrès démocratique des plus appréciables. Le Sénat compte en outre une délégation aux collectivités territoriales et une délégation à la prospective. L'accroissement du nombre de délégations peut sembler un hommage à la sagesse constitutionnelle ayant limité le nombre de commissions.

290. Il reste que le rôle des commissions permanentes, notablement renforcé (*supra*, **283**), l'avait déjà été auparavant. En effet, une loi du 14 juin 1996 leur a permis (ainsi, le cas échéant, qu'aux commissions spéciales) de demander à l'assemblée à laquelle elles appartiennent de leur conférer, pour une mission déterminée et pour six mois au plus, les prérogatives jusqu'alors réservées aux commissions d'enquête, elles-mêmes désormais introduites dans la Constitution (*infra*, article 51-2).

En soi, cette ouverture est un progrès qui peut être appréciable.

Faut-il encore, comme toujours, que les parlementaires s'en saisissent effectivement. Le scepticisme est permis. Il suffit de rappeler que les groupes politiques, y compris curieusement ceux de l'opposition, exploitent à peine le droit qui leur a été reconnu, pour la première fois en 1988, d'obtenir la création d'une commission d'enquête sur le sujet de leur choix. *A priori*, on ne voit pas bien pourquoi les mêmes députés seraient plus curieux lorsqu'ils se réunissent en commission que lorsqu'ils se réunissent au sein de leur propre groupe politique. Mais, après tout, l'expérience a enseigné aussi que les présidents de commission sont parfois plus aptes à convaincre leurs collègues que les présidents de groupe à mobiliser leurs amis.

Article 44

Les membres du Parlement et le Gouvernement ont le droit d'amendement. Ce droit s'exerce en séance ou en commission selon les conditions fixées par les règlements des assemblées, dans le cadre déterminé par une loi organique.

Après l'ouverture du débat, le Gouvernement peut s'opposer à l'examen de tout amendement qui n'a pas été antérieurement soumis à la commission.

Si le Gouvernement le demande, l'assemblée saisie se prononce par un seul vote sur tout ou partie du texte en discussion en ne retenant que les amendements proposés ou acceptés par le Gouvernement.

291. La première phrase du premier alinéa, usuelle, est pourtant mal rédigée. Si ministres et parlementaires ont, à égalité, le droit de *proposer* des amendements, les assemblées seules disposent du droit d'adopter ces modifications, donc du droit d'amendement.

Cela dit, tout parlementaire peut prendre l'initiative individuelle de déposer un amendement. Ceux du gouvernement sont en principe présentés par celui de ses membres qui a été chargé par le Premier ministre (*supra*, **264**) de soutenir la discussion. Il ne s'agit donc pas ici d'une procédure collégiale, même si, exceptionnellement, l'importance d'un amendement justifie que le ministre en réfère à certains de ses collègues.

292. Un premier changement, d'une extrême importance, a été opéré par la Constitution elle-même (*supra*, **283**) puisque les amendements votés en commission sont désormais intégrés au texte débattu en séance. Une seconde série de changements, non moins importants, résulte de la loi organique n° 2009-403 du 15 avril 2009 puis de la réforme des règlements des assemblées. Plusieurs objectifs essentiels pourront ainsi être poursuivis et, avec un peu de chance, atteints.

Premièrement, des régimes différents peuvent s'appliquer aux amendements selon qu'ils sont examinés seulement en commission ou également en séance publique. Cette distinction permet, d'une part, de traiter comme il convient les amendements du gouvernement puisque le cadre est fixé par une loi organique à laquelle il ne peut se soustraire, d'autre part et surtout, d'encourager le recours à des procédures simplifiées d'adoption, comme il en existe à l'étranger. Il ne s'agit pas de déléguer à une commission les pouvoirs qui n'appartiennent qu'à l'assemblée elle-même, mais de faire en sorte, en particulier sur les textes techniques (codification, ratification d'ordonnances, transposition de certaines directives…) qu'ils puissent être mis au point tout aussi sérieusement mais plus vite. Sur le fondement de la loi organique du 15 avril 2009, les règlements des assemblées peuvent instituer une procédure d'examen simplifiée et la mettre en œuvre en l'absence d'opposition du gouvernement ou d'un président de groupe afin que le texte de la commission saisie au fond soit seul mis en discussion. Le droit d'amendement s'exerce alors en commission. C'est ce qu'a fait le Sénat en 2015 pour les propositions de loi et de loi organique portant dématérialisation du *Journal officiel*.

Deuxièmement, ce dispositif crée les souplesses qui, d'une part, autorisent à mieux programmer, de manière concertée au sein de la conférence des présidents, le travail en séance publique, d'autre part et au passage, permettent, comme c'était le cas avant 1969, d'attribuer un temps global à chaque groupe parlementaire, à charge pour ce dernier de l'utiliser comme il l'entend mais sans pouvoir le dépasser, ce qui a mis fin aux opérations d'obstruction qui relevaient de la pathologie parlementaire plus que d'un fonctionnement satisfaisant. Si le « temps législatif programmé » n'existe qu'à l'Assemblée nationale, le règlement du Sénat comporte depuis 2015 des dispositions permettant de réduire la durée des prises de parole et des discussions.

La pratique souligne que près de 90 % sont d'origine parlementaire, ce qui justifie que n'aient pas été bannis les articles additionnels d'initiative gouvernementale. Le gouvernement doit bien, lui aussi, pouvoir tenir compte tant de l'évolution du débat que de l'actualité pour introduire des dispositions nouvelles.

L'opposition s'est élevée contre le retour du temps global. Elle a eu tort car l'obstruction n'a jamais rien apporté de tangible, si ce n'est un peu de discrédit supplémentaire sur l'institution parlementaire. La majorité de 2008 a encore durci ce nouveau dispositif en limitant à deux minutes la plupart des interventions en séance. Elle aussi a eu tort car cet excès de précaution ne rend pas le débat plus vif, seulement moins pertinent. La majorité de 2012 a, à son tour, utilisé ces dispositions. Les critiques sont alors venues de la nouvelle opposition, par exemple lors de l'adoption de la loi ouvrant le mariage aux couples de personnes de même sexe. Le Conseil constitutionnel a validé l'utilisation du temps législatif programmé tant avant 2012 avec la loi portant réforme des retraites (2010-617 DC du 9 novembre 2010) qu'après 2012 avec la loi pour la croissance, l'activité et l'égalité des chances économiques (2015-715 DC du 5 août 2015).

293. Les amendements peuvent avoir pour objet de supprimer, modifier, compléter, voire enrichir un texte. Dans les trois premiers cas, les amendements sont classés du plus éloigné au plus proche de l'article en discussion : en effet, si est adopté un amendement de suppression ou de re-rédaction de l'article, il n'y a plus lieu d'examiner les autres. Dans le dernier cas, il s'agit d'un amendement « portant article additionnel », et son auteur indique la place à laquelle il lui paraît logique de l'insérer dans le texte. C'est souvent par ces greffons que le poids du Parlement se fait le plus sentir (une loi du 23 février 2005 comporte 240 articles, alors que le projet dont elle est issue n'en comptait initialement que 76), et pas toujours à bon escient.

Pour ne pas risquer l'irrecevabilité, les amendements doivent non seulement respecter les articles 40 et 41 de la Constitution (*supra*), mais aussi être déposés dans des délais prévus par les règlements intérieurs des assemblées. Ces délais, toutefois, ne s'imposent pas au gouvernement et aux commissions saisies au fond.

Enfin, il existe les sous-amendements, qui ne sont tenus à aucun délai, qui ont pour objet de modifier, sans le contredire, le texte d'un amendement. Ils sont naturellement mis aux voix avant l'amendement lui-même, de sorte que l'assemblée intéressée, au moment où elle se prononce sur ce dernier, en connaisse la rédaction exacte (*infra*, **299**).

Durant la XIVe législature, plus de 180 000 amendements ont été déposés à l'Assemblée nationale et près de 80 000 amendements au Sénat. Près de 60 000 ont été adoptés : plus de 38 000 à l'Assemblée et plus de 20 000 au Sénat ; seuls 12 % de ces amendements adoptés sont d'origine gouvernementale. Cette masse d'amendements conduit à ce que le volume des lois soit multiplié en moyenne par trois ou quatre. Elle est au cœur de la question de l'instabilité de la norme.

294. Depuis une quinzaine d'années, le Conseil constitutionnel exerce un contrôle accru sur les amendements. Il a pris l'habitude de censurer ceux qu'on appelle les *cavaliers législatifs*, c'est-à-dire des dispositions qui sont introduites dans un texte, par commodité, sans avoir de véritable lien avec celui-ci. Il avait franchi une étape supplémentaire en bâtissant une théorie selon laquelle un amendement ne devait pas, par son objet (rapport avec le texte) ou sa portée (ampleur et importance), dépasser les *limites inhérentes au droit d'amendement* (86-225 DC du 23 janvier 1987). Il s'agissait surtout de conserver un sens à la distinction faite par la Constitution, dans ses articles 39 et 44, entre projets de loi (ou propositions) et amendements.

On s'est beaucoup ému de cette pratique qui conduisait le Conseil constitutionnel à séparer, *a posteriori* et sans critères assurés, le bon grain des amendements corrects de l'ivraie des incorrects. En fait, le Conseil s'était simplement donné un moyen – il a renoncé depuis à utiliser cette formule – de sanctionner les abus manifestes qui, par des astuces de procédure ou de présentation, tentent d'échapper aux exigences d'un vrai débat parlementaire, respectant les échanges nécessaires. S'il est vrai que le Conseil avait pu encourir des critiques en matière d'amendements (*infra*, **304**), celle-ci, qui était la plus fréquente, n'était pas la plus fondée. Toujours est-il que, passée la première lecture, seuls sont recevables les amendements en relation avec les dispositions restant en discussion, ou nécessaires à assurer soit le respect de la Constitution soit la coordination du texte soit encore la rectification d'une erreur matérielle (2009-578 DC du 18 mars 2009).

Enfin, le juge, en janvier 2006, a très opportunément ressuscité la règle ancienne dite de l'entonnoir (2005-532 DC du 19 janvier 2006), selon laquelle des articles nouveaux ne peuvent plus être introduits après la première lecture dans chaque chambre, ce qui devrait tempérer l'inflation des dispositions irréfléchies, autrement dit l'enflure des lois.

295. Les règlements des assemblées ont vidé le deuxième alinéa de l'essentiel de sa portée. Ils prévoient en effet que la commission se réunit avant l'ouverture du débat, pour examiner les derniers amendements déposés. Seuls, donc, les parlementaires naïfs, distraits ou inexpérimentés, courent désormais le risque de voir cette disposition leur être opposée.

296. Admirable invention que celle du troisième alinéa de l'article 44, connue sous le nom de *vote bloqué*. Elle permet au gouvernement de placer une assemblée devant ses responsabilités. Cela lui est généralement désagréable et explique pourquoi, surtout dans les débuts de la Ve République, le vote bloqué a focalisé l'hostilité des parlementaires.

C'est une arme à l'emploi facile, aux effets précis, aux finalités variées.

297. L'emploi est facile car il est à la disposition du membre du gouvernement qui est en séance. Il peut en user à n'importe quel moment, sans être soumis à aucune exigence particulière, et le faire porter sur n'importe quel *texte*, celui d'un amendement (pour écarter des sous-amendements), d'un ou plusieurs articles, voire sur l'ensemble du projet ou de la proposition (pour écarter des amendements ou des articles additionnels).

Les effets sont précis, chirurgicaux même, car ils permettent, en bloquant tout amendement ou en n'intégrant que ceux auxquels le gouvernement souscrit, de ne mettre aux voix que le texte exact que le ministre veut ou accepte. S'impose alors à l'assemblée, dans toute sa rigueur, l'alternative « à prendre ou à laisser ». Les parlementaires n'ont de choix qu'entre se résigner au texte accepté par l'exécutif ou se résigner à n'avoir pas de texte du tout.

Les finalités peuvent être variées. Le plus souvent, il s'agit d'interdire à la majorité de dénaturer le projet du gouvernement ou d'en adopter ce qui est populaire en rejetant les contreparties impopulaires. C'est à ce titre une version douce de la question de confiance. Mais le vote bloqué peut occasionnellement être utilisé contre des amendements de l'opposition, soit pour éviter que fassent l'objet d'un vote des propositions auxquelles des élus de la majorité pourraient être tentés d'apporter leur voix, soit pour réduire les effets d'une tentative d'obstruction (réduire et non effacer, car cet alinéa, a pour effet de supprimer le vote sur certains amendements, mais il n'en supprime pas pour autant la discussion, plus chronophage).

298. L'abus du vote bloqué nuit gravement à la santé ministérielle. Il devient la marque de la brutalité du gouvernement comme de l'aliénation du Parlement. Il n'est pas fréquent. Toutefois, il a reparu et tend à devenir systématique dans les séances dont l'ordre du jour a été déterminé par l'opposition (*infra*, **327**), ce qui dispense la majorité d'y être présente. C'est tout bonnement honteux.

En revanche, bien utilisé, combiné avec d'autres dispositions de la Constitution ou des règlements intérieurs des assemblées, le vote bloqué est une arme d'une grande souplesse et d'une extrême efficacité. Elle est pour le gouvernement une assurance multirisque : contre le défaut de solidarité ou de responsabilité de sa majorité, contre les astuces de l'opposition, contre la remise en cause de décisions concertées, etc.

Mais précisément parce que cette assurance existe, et doit être maintenue, il était souhaitable que fussent supprimées d'autres facilités gouvernementales (*supra*, articles 42 et 43) qui n'avaient plus lieu d'être et faisaient peser des contraintes excessives, donc nuisibles, sur le fonctionnement du Parlement.

Article 45

Tout projet ou proposition de loi est examiné successivement dans les deux assemblées du Parlement en vue de l'adoption d'un texte identique. Sans préjudice de l'application des articles 40 et 41, tout amendement est recevable en première lecture dès lors qu'il présente un lien, même indirect, avec le texte déposé ou transmis.

Lorsque, par suite d'un désaccord entre les deux assemblées, un projet ou une proposition de loi n'a pu être adopté après deux lectures par chaque assemblée ou, si le Gouvernement a décidé d'engager la procédure accélérée sans que les Conférences des présidents s'y soient conjointement opposées, après une seule lecture par chacune d'entre elles, le Premier Ministre ou, pour une proposition de loi, les présidents des deux assemblées agissant conjointement, ont la faculté de provoquer la réunion d'une commission mixte paritaire chargée de proposer un texte sur les dispositions restant en discussion.

Le texte élaboré par la commission mixte peut être soumis par le Gouvernement pour approbation aux deux assemblées. Aucun amendement n'est recevable sauf accord du Gouvernement.

Si la commission mixte ne parvient pas à l'adoption d'un texte commun ou si ce texte n'est pas adopté dans les conditions prévues à l'alinéa précédent, le Gouvernement peut, après une nouvelle lecture par l'Assemblée Nationale et par le Sénat, demander à l'Assemblée Nationale de statuer définitivement. En ce cas, l'Assemblée Nationale peut reprendre soit le texte élaboré par la commission mixte, soit le dernier texte voté par elle, modifié le cas échéant par un ou plusieurs des amendements adoptés par le Sénat.

299. Le débat législatif répond à une logique rigoureuse et démocratique. Toute son organisation repose sur une idée simple : la discussion, éclairée par la confrontation ouverte des opinions, de sorte que les votes soient émis en toute connaissance de cause, se restreint progressivement à une succession de choix binaires, dont la loi sera le produit. Il est procédé par élimination : à chaque étape, chaque assemblée est invitée à choisir entre deux solutions concurrentes, et deux seulement : adopter ou rejeter un sous-amendement, puis un amendement, puis l'article, puis l'ensemble. Ce processus itératif reproduit à chacun de ses niveaux la dualité entre préparation et décision, discussion puis vote, le tout se déroulant, en séance, de manière publique (*supra*, article 33) dans un débat contradictoire.

300. La Constitution pose le principe d'un dialogue entre les deux assemblées et lui assigne un but : l'adoption d'un texte identique, à la virgule près. Dans ce principe, le bicaméralisme est donc égalitaire : la norme doit être l'adoption d'un texte commun, tandis que la possibilité de donner le dernier mot à l'Assemblée nationale ne doit être que l'exception. Il est important de souligner d'ores et déjà que la réalité rejoint, quantitativement, la théorie : quelles que soient les majorités politiques, le nombre de textes ayant fait l'objet d'une adoption conjointe varie, mais il l'emporte toujours de très loin sur celui des lois finalement adoptées par la seule Assemblée nationale.

Dès lors, donc, que l'objectif est de parvenir à cette adoption conjointe, l'article 45 cherche à la faciliter, mais aussi, en cas d'échec, à remédier à celui-ci.

301. C'est dans cet article 45, plutôt qu'au 44 où cela aurait trouvé une place plus naturelle, que le constituant de 2008 a réagi à ce qu'il estimait être l'excès de rigueur du Conseil constitutionnel. Ce dernier se montrait de plus en plus sévère à l'égard des articles additionnels introduits par une sorte d'effet d'aubaine : obtenir leur adoption rapide, quitte à les greffer sur un texte avec lequel ils n'avaient aucun rapport. C'est donc pour assouplir cette rigueur, en même temps que pour faire contrepoids au durcissement que pourrait autoriser l'article 44 (*supra*), qu'est désormais posé un nouveau principe, selon lequel on se contentera d'un lien « même indirect ». Voilà qui, sans être totalement déraisonnable, fait plaisir aux parlementaires. Ils pouvaient se l'offrir. Le Conseil constitutionnel n'en a pas pour autant modifié sa jurisprudence censurant par exemple 26 « cavaliers législatifs » dans une seule loi (2015-719 DC du 13 août 2015). À la fin de la XIVe législature, face à la montée des amendements adoptés, le Conseil a fait un usage renouvelé de cette jurisprudence censurant par exemple 36 cavaliers dans la loi relative à l'égalité et à la citoyenneté (2016-745 DC du 26 janvier 2017) qui comportait initialement 41 articles et, après son adoption et avant son examen au Conseil, 224.

302. Le nombre de lectures nécessaires n'est pas prédéterminé : il peut varier de deux (une dans chaque assemblée si elles sont immédiatement d'accord) à l'infini (aussi longtemps qu'elles ne s'accordent pas et que le gouvernement, hypothèse d'école, continue à inscrire le texte à l'ordre du jour sans rien tenter de plus).

Provoquer une commission mixte paritaire (CMP) sur un projet de loi est une faculté que le Premier ministre détient seul. Les assemblées ne peuvent décider elles-mêmes de rechercher un terrain d'entente que pour les propositions de loi, depuis 2008, et par décision conjointe de leurs deux présidents. La faculté offre au Premier ministre suffisamment d'avantages pour qu'il n'hésite pas à l'utiliser. Néanmoins, il lui arrive de s'abstenir, lorsqu'il sait que l'accord a toutes les chances de se réaliser spontanément dès la lecture suivante.

En revanche, ce n'est pas le Premier ministre mais le gouvernement qui engage la procédure accélérée, notion qui, en 2008, a remplacé celle d'urgence. En fait, elle est concertée entre Matignon et le ministre responsable. Elle doit être déclarée avant la fin de la discussion générale devant la première assemblée saisie. Elle a comme conséquence, outre l'inapplication des délais prévus à l'article 42 (*supra*, **281**), de permettre la réunion d'une CMP après une seule lecture, au lieu de deux, dans chaque assemblée. Le Sénat n'apprécie guère l'accélération : sachant qu'il est souvent saisi en second, la convocation précoce de la CMP a comme résultat que les députés n'auront pu examiner les amendements des sénateurs, puisque, en seconde lecture, c'est le texte de la CMP qui leur sera soumis.

La longueur du temps de la préparation d'une loi, de son vote puis de son application rend néanmoins nécessaire, particulièrement en quinquennat, l'utilisation de la procédure accélérée, ce qui fut le cas pour 229 des 260 lois votées sous la XIVe législature, y compris donc pour la très grande majorité des propositions de loi.

303. Lorsqu'une CMP est convoquée, sa réussite est un enjeu sensible : en plus d'être politiquement bienvenue, elle permet un gain de temps. Toutefois, l'on ne doit pas chercher par tous les moyens un succès s'il doit être fragile : son rejet ultérieur par l'une des deux assemblées ferait perdre plus de temps qu'un échec immédiat de la CMP.

Il est à noter, enfin, que le gouvernement n'est normalement pas représenté au sein de la commission mixte. C'est pour cela que le droit est donné, à lui seul, de proposer (ou accepter) des amendements au texte adopté par la CMP. Voilà qui explique l'extrême rapidité des lectures après CMP réussie – qui se comptent en minutes – et mesure donc l'intérêt qui s'attache à leur succès. D'un côté, il est ainsi évité que des initiatives parlementaires intempestives ne mettent en cause le compromis obtenu. D'un autre côté, le gouvernement conserve la possibilité de remédier à une éventuelle dénaturation de ses intentions par la commission mixte.

L'article 45 ne fixe aucune condition procédurale quant aux modalités d'organisation de la CMP. Le Conseil constitutionnel refuse donc de s'immiscer dans le fonctionnement de la CMP et de contrôler les modalités selon lesquelles elle aboutit ou non à un texte commun (2015-718 DC du 13 août 2015).

304. À chaque lecture sortent de la discussion les articles adoptés dans les mêmes termes par les deux chambres. Ils peuvent être plus ou moins nombreux (voire inexistants si députés ou sénateurs ont rejeté l'ensemble du texte, même après s'être montrés favorables à certains de ses articles), laissant ainsi moins ou plus d'objet au travail de la CMP ou aux lectures ultérieures.

Renouant avec la pratique respectée jusqu'au début des années 1980, et opérant un revirement très opportun (98-402 DC du 25 juin 1998), le Conseil constitutionnel a décidé que seuls peuvent être adoptés après CMP des amendements soit en relation directe avec une disposition restant en discussion, soit nécessaires au respect de la Constitution ou à la coordination avec d'autres textes en cours d'examen, soit, enfin, corrigeant une erreur matérielle. A ainsi été défini un équilibre plus satisfaisant entre la lettre et l'esprit de l'article 45, entre la souplesse parfois bienvenue et la rigueur toujours souhaitable.

305. Parce qu'ils sont issus du suffrage universel direct, les députés bénéficient de privilèges refusés au Sénat, tant en matière de contrôle (*infra*, article 49) qu'en matière de législation. C'est ce qui autorise le gouvernement, car lui seul dispose de cette faculté, à demander à l'Assemblée nationale de statuer définitivement. C'est ce que l'on appelle le droit de *dernier mot*, qui existe pour tous les textes législatifs, à la triple exception des lois organiques relatives au Sénat (*infra*, **309**) ou au droit de vote et d'éligibilité aux élections municipales des citoyens de l'Union européenne (*infra*, **514)**, des lois constitutionnelles (*infra*, **523**).

Lorsque les députés y sont invités, et parce qu'il déroge aux règles normales du bicaméralisme, l'exercice de ce pouvoir est circonscrit à des rédactions que le Sénat a eu l'occasion d'examiner, c'est-à-dire soit le texte élaboré par la CMP (au cas où celle-ci a réussi mais sans emporter ensuite l'adhésion de la seconde chambre), soit le texte adopté par l'Assemblée nationale au cours de sa lecture précédente (mais auquel, par hypothèse, les sénateurs n'ont pas, ou pas complètement, agréé). Tout au plus est-il alors possible de modifier celui-ci en reprenant des amendements votés par le Sénat dans sa dernière lecture (et encore, à la condition que le Sénat ait adopté le texte, dans une rédaction différente par hypothèse, car s'il a rejeté l'ensemble, aucun des amendements qu'il a pu approuver n'est considéré comme adopté au sens du dernier alinéa de l'article 45). Cela recouvre à la fois les amendements adoptés en séance publique au Sénat et ceux adoptés en commission et confirmés par l'adoption du texte en séance publique lors de la nouvelle lecture au Sénat (n° 2014-709 DC du 15 janvier 2015). Tel n'est notamment pas le cas d'amendements adoptés en commission au Sénat avant que celui-ci ne rejette l'article correspondant du projet de loi (2016-637 DC du 4 août 2016).

Article 46

Les lois auxquelles la Constitution confère le caractère de lois organiques sont votées et modifiées dans les conditions suivantes.

Le projet ou la proposition ne peut, en première lecture, être soumis à la délibération et au vote des assemblées qu'à l'expiration des délais fixés au troisième alinéa de l'article 42. Toutefois, si la procédure accélérée a été engagée dans les conditions prévues à l'article 45, le projet ou la proposition ne peut être soumis à la délibération de la première assemblée saisie avant l'expiration d'un délai de quinze jours après son dépôt.

La procédure de l'article 45 est applicable. Toutefois, faute d'accord entre les deux assemblées, le texte ne peut être adopté par l'Assemblée Nationale en dernière lecture qu'à la majorité absolue de ses membres.

Les lois organiques relatives au Sénat doivent être votées dans les mêmes termes par les deux assemblées.

Les lois organiques ne peuvent être promulguées qu'après déclaration par le Conseil Constitutionnel de leur conformité à la Constitution.

306. Les lois organiques donnent à la Constitution sa brièveté – puisqu'elle n'a pas besoin d'entrer dans trop de détails – et aux institutions une flexibilité précieuse – puisque la modification des lois organiques est moins exigeante que celle de la Constitution.

En 1958, l'article 92 avait ouvert un délai de quatre mois, durant lequel devaient être prises par ordonnances les mesures nécessaires à la mise en place des institutions. Vingt-cinq ordonnances organiques furent ainsi adoptées en Conseil des ministres et publiées entre le 24 octobre 1958 et le 4 février 1959. Dès 1960, le Conseil constitutionnel avait déclaré que leur conformité à la Constitution ne pouvait être contestée (60-6 DC du 15 janvier 1960), offrant ainsi à ces ordonnances une portée, et une pérennité, que leur contenu ne justifiait pas toujours.

307. Seules sont des lois organiques, et c'est même ce qui les définit, celles que la Constitution a prévues comme telles, en leur attribuant des domaines précis (*supra*, articles 6, 11, 13, 23, 25, 27, 34, 39 et 44 ; *infra*, articles 47, 47-1, 57, 61-1, 63, 64, 65, 67, 68-2, 69, 71, 71-1, 72, 72-1, 72-2, 72-4, 73, 74, 77, 88-3). À cette énumération il convient d'ajouter l'article 34, dont la loi organique, qu'il vise dans son dernier alinéa, a pour particularité d'envisager non pas un domaine mais une finalité, laquelle n'a pas été exploitée à ce jour (*supra*, **236**).

En conséquence, le législateur d'une part ne peut qualifier organique une loi que la Constitution n'aurait pas prévue (87-234 DC du 7 janvier 1988), d'autre part doit opérer un tri, sous le contrôle du Conseil constitutionnel, entre celles des dispositions qu'il envisage qui relèvent de ses compétences organiques et celles qui relèvent de ses compétences ordinaires.

Durant la XIVe législature, le Parlement a adopté 21 lois organiques.

308. Les particularités des procédures qui s'attachent à l'adoption des lois organiques sont, somme toute, limitées. Le délai minimum de quinze jours, en cas de procédure accélérée, qui doit séparer le dépôt de la discussion est assez bref. L'exigence du vote à la majorité absolue des députés, seulement en cas de désaccord persistant avec le Sénat, est normalement aisée à satisfaire. Le contrôle obligatoire du Conseil constitutionnel est la moindre des précautions, s'agissant de textes qui ont vocation à entrer dans le bloc de constitutionnalité (*infra*, **399**).

Ainsi l'accord entre le gouvernement et sa majorité, pourvu qu'elle soit absolue, suffit à prendre des dispositions de caractère organique quand, par leur nature, on aurait pu s'attendre à ce que les exigences soient plus élevées, notamment pour faire en sorte qu'elles ne soient modifiées que dans le consensus (majorité des trois cinquièmes ou des deux tiers), plutôt que par application d'une logique exclusivement majoritaire.

309. Cela aurait été d'autant plus pertinent que, par ailleurs, un droit de veto est donné au Sénat pour les lois organiques qui lui sont relatives.

Par lois organiques relatives au Sénat, le Conseil constitutionnel entend les dispositions qui modifient et instaurent des règles relatives au Sénat ou à ses membres différentes de celles relatives à l'Assemblée nationale ou à ses membres (2014-689 DC du 13 février 2014). Il en va par exemple ainsi d'un âge d'éligibilité différent pour être député et sénateur (2011-628 DC du 12 avril 2011). Il n'en va pas ainsi en cas d'identiques incompatibilités (2014-689 DC du 13 février 2014).

Sachant par ailleurs que le Sénat dispose aussi d'un droit de veto sur la révision constitutionnelle (*infra*, **536**), il est bon qu'il soit protégé contre toute agression, pas contre toute évolution.

310. Du point de vue de leur valeur juridique, les lois organiques s'interposent entre la loi ordinaire et la Constitution. Elles sont naturellement subordonnées à celle-ci, et le Conseil constitutionnel y veille soigneusement, mais, une fois promulguées, elles sont supérieures à celles-là, qui ne peuvent les méconnaître.

Quant à leur place par rapport aux traités, on serait tenté de la qualifier d'égale. En effet, le Conseil constitutionnel a eu l'occasion d'affirmer qu'une loi organique (en l'occurrence celle prévue par l'article 88-3 de la Constitution) doit être conforme aux exigences d'un traité (en l'occurrence celui de Maastricht), ce qui inclinerait à conclure à la supériorité du traité par rapport à la loi organique. Mais, en sens inverse, et même si le cas ne s'est pas encore formellement présenté, il est plus que probable que le Conseil constitutionnel, saisi par la voie de l'article 54 ou par celle de l'article 61 (*infra*), considérerait que l'incompatibilité entre un traité et une loi organique ferait obstacle à l'autorisation de ratifier le traité, le législateur ordinaire n'ayant pas le pouvoir de porter atteinte, en autorisant la ratification incompatible, à ce qu'a décidé le législateur organique.

Article 47

Le Parlement vote les projets de loi de finances dans les conditions prévues par une loi organique.

Si l'Assemblée Nationale ne s'est pas prononcée en première lecture dans le délai de quarante jours après le dépôt du projet, le Gouvernement saisit le Sénat qui

doit statuer dans un délai de quinze jours. Il est ensuite procédé dans les conditions prévues à l'article 45.

Si le Parlement ne s'est pas prononcé dans un délai de soixante-dix jours, les dispositions du projet peuvent être mises en vigueur par ordonnance.

Si la loi de finances fixant les ressources et les charges d'un exercice n'a pas été déposée en temps utile pour être promulguée avant le début de cet exercice, le Gouvernement demande d'urgence au Parlement l'autorisation de percevoir les impôts et ouvre par décret les crédits se rapportant aux services votés.

Les délais prévus au présent article sont suspendus lorsque le Parlement n'est pas en session.

311. Traductions du principe constitutionnel de consentement à l'impôt, actes qui mêlent les autorisations (de prélever impôts et taxes, d'engager les dépenses, de recourir à l'emprunt, etc.) et les normes (par exemple le barème des impôts), les lois de finances ont en outre une importance économique que le monde moderne a rendue considérable. Pour toutes ces raisons, leur statut constitutionnel et organique est très encadré.

312. C'était l'ordonnance organique n° 59-2 du 2 janvier 1959 qui, depuis le tout début de la Ve République, régissait l'essentiel du droit budgétaire. Devenue pratiquement taboue, malgré ses défauts, toutes les tentatives pour la réformer avaient échoué. Un heureux concours de circonstances politiques couronna de succès les efforts conjoints de Didier Migaud, député de gauche, et Alain Lambert, sénateur de droite, qui parvinrent à convaincre leurs collègues d'adopter la loi organique n° 2001-692 du 1er août 2001 sur les lois de finances, la fameuse LOLF. Ce texte, né, cela mérite d'être souligné, d'une initiative parlementaire, s'est substitué à l'ordonnance du 2 janvier 1959. C'est lui qui détaille les règles posées par les articles 34, 39 (*supra*) et 47 de la Constitution et, aujourd'hui, par le Traité sur la stabilité, la coordination et la gouvernance au sein de l'Union économique et monétaire signé le 2 mars 2012 (2012-653 DC du 9 août 2012). C'est lui qui définit les lois de finances comme étant la loi de finances de l'année (usuellement appelée *budget*), les lois de finances rectificatives (usuellement appelées *collectifs budgétaires*) qui modifient les précédentes en cours d'exercice et la loi de règlement (qui apure les comptes et en donne quitus), auxquelles il convient encore d'ajouter des lois spéciales qu'une situation elle-même spéciale peut rendre indispensables (*infra*, **315**). C'est encore la LOLF qui complète la détermination du contenu des lois de finances et permet de distinguer quatre domaines :

– le domaine *obligatoire*, c'est-à-dire l'ensemble des dispositions qui doivent impérativement figurer dans la loi de finances de l'année (la nature, le montant et l'affectation des ressources et des charges de l'État, les autorisations de prélever les recettes et d'engager les dépenses ainsi, surtout, que l'équilibre économique et financier à définir entre elles) ;

– le domaine *exclusif*, c'est-à-dire l'ensemble des dispositions qui ne sont pas obligatoirement prises mais qui, si elles le sont, doivent l'être dans une loi de finances (par exemple les créations ou transformations d'emplois publics) ;

– le domaine *facultatif*, c'est-à-dire l'ensemble des dispositions qui peuvent figurer, indifféremment, dans une loi de finances ou dans une loi ordinaire (par exemple l'autorisation d'octroyer des garanties de l'État) ;

– le domaine *interdit*, c'est-à-dire toutes les dispositions qui n'appartiennent à aucun des trois domaines précédents et ne peuvent de ce fait figurer en loi de finances. C'est celles que l'on appelle les *cavaliers budgétaires*. Longtemps les gouvernements avaient profité des facilités de la procédure budgétaire pour faire adopter rapidement des dispositions qui n'avaient nulle raison d'être inscrites en lois de finances. Depuis une vingtaine d'années, le Conseil constitutionnel désarçonne systématiquement tous les cavaliers qui passent à sa portée. Une disposition législative autorisant l'approbation d'une convention internationale ne peut ainsi trouver sa place en loi de finances (2016-743 DC du 29 décembre 2016).

313. Les lois de finances sont soumises au respect de quatre principes fondamentaux :

– *annualité* : l'autorisation de prélever les impôts et d'engager les dépenses n'est donnée que pour un an, même si des « orientations pluriannuelles » peuvent être définies dans une loi de programmation (*supra*, **233**), à laquelle le Traité de 2012 donne une force contraignante et accrue ;

– *unité* : toutes les recettes et toutes les dépenses sont inscrites à un compte unique dénommé *budget général* ;

– *universalité* : ressources d'un côté et charges de l'autre sont toutes comptabilisées, sans contractions entre les unes et les autres ;

– *spécialité* : les crédits sont affectés à des dépenses précises, engagées par des autorités précises. C'est celui des quatre principes traditionnels qui fut le plus directement affecté par la réforme de 2001. En effet, les crédits ne sont plus présentés sous la forme étroite des *chapitres*, mais sous celle, plus large et pertinente, de *missions*, qui elles-mêmes regroupent des *programmes*. L'on passe ainsi d'une logique avant tout comptable et statique à une logique dynamique permettant la mesure de performance.

Par souci de souplesse, chacune de ces règles peut connaître des dérogations, mais elles-mêmes sont strictement définies et encadrées. L'un des apports de 2001 a justement été de préserver ce que ces règles ont d'essentiel, tout en essayant de donner à la décision budgétaire une réalité et une lisibilité qu'elle n'avait pas toujours, ou pas suffisamment.

Ces principes ont pour objet de veiller à ce que le budget soit bien, ou plutôt redevienne, « l'acte qui ne ment pas ».

314. Le montant du déficit (le solde négatif entre ressources et charges), qu'on appelait jadis l'*impasse budgétaire*, est aujourd'hui un enjeu à la fois économique (car les observateurs y sont attentifs, ce qui réagit sur le diagnostic porté sur l'économie nationale ainsi que sur les taux d'intérêt de la dette) et politique (car il contribue à juger l'efficacité d'un gouvernement). De ce fait, il est tentant d'user de subterfuges pour diminuer, en présentation, ce déficit. Nombreux furent les gouvernements qui, à cette fin, imputèrent sur d'autres comptes des dépenses qui, normalement, devaient figurer au budget général. C'est ce que l'on dénomme les *débudgétisations*. Celles-ci, certaines années, avaient pris une ampleur telle qu'elle affectait gravement la sincérité du budget. C'est pourquoi le Conseil constitutionnel avait commencé à réagir avec vigueur (94-351 DC du 29 décembre 1994, 97-395 DC du 30 décembre 1997) à cette dérive. « Les comptes en désordre sont la marque des nations qui s'abandonnent », disait Pierre Mendès France.

Bien plus : par-delà ses implications, d'une technicité parfois rebutante, le droit des finances publiques répond à des exigences dont l'ignorance saperait la démocratie elle-même qui, historiquement, est née de la volonté légitime d'exercer un contrôle sur l'impôt et son utilisation. Que le débat budgétaire soit insincère, tronqué ou biaisé et il perd tout son sens, et la séparation des pouvoirs avec lui. Aussi doit-on savoir gré au Conseil constitutionnel d'avoir engagé depuis plusieurs années, avec discrétion, mesure et efficacité, une politique jurisprudentielle rappelant les gouvernements à une probité comptable qu'ils n'auraient jamais dû abandonner. Et l'on doit également savoir gré à Nicolas Sarkozy d'avoir imposé que la présidence de la commission des finances à l'Assemblée nationale revienne à l'opposition (*supra*, **285**). Avec la loi organique du 1er août 2001, la sincérité est désormais une exigence explicite, formulée à son article 32. Elle « *s'apprécie compte tenu des informations disponibles et des prévisions qui peuvent raisonnablement en découler* ».

315. Le Parlement, sous les IIIe et IVe Républiques, peinait à adopter le budget annuel. Il recourait, mois après mois, à des *douzièmes provisoires*, qui étaient autant d'expédients malsains. C'est pour forcer la décision, et garantir ainsi la continuité de la vie nationale, que l'article 47 a imposé des délais stricts (qui toutefois ne s'appliquent pas aux lois de règlement). Ainsi le gouvernement aura l'obligation de déposer un projet, chaque assemblée aura la possibilité d'en débattre, mais, quoi qu'il arrive, la France devra être dotée d'un budget au moment où s'ouvre l'année civile : si le retard vient des assemblées, ce sont elles qui en supportent les inconvénients puisque le projet du gouvernement, sans amendements parlementaires, peut être promulgué par ordonnance (*supra*, article 13) ; si le retard n'est pas imputable au Parlement (par exemple, parce qu'il a été saisi tardivement, ou parce que l'Assemblée a été dissoute, comme à l'automne 1962) le gouvernement ne peut lui demander que l'autorisation de reconduire le budget de l'année précédente, sans les modifications souhaitées par les ministres.

C'est ainsi qu'il a fallu procéder, en décembre 1979, pour une hypothèse que le texte n'avait pas prévue : à la suite de l'invalidation par le Conseil constitutionnel, pour une raison de procédure (79-110 DC du 24 décembre 1979), de la totalité de la loi de finances pour 1980 – la bûche de Noël – le gouvernement avait dû, toutes affaires cessantes, convoquer le Parlement en session extraordinaire pour lui demander l'autorisation de prélever les impôts et d'engager les dépenses, une nouvelle loi de finances étant ensuite adoptée en janvier. Cette situation est désormais envisagée par une des lois spéciales prévues à l'article 45 de la LOLF.

316. Pour l'essentiel, la procédure se déroule conformément à l'article 45 de la Constitution (*supra*), avec cette singularité, cependant, que la loi de finances relève par nature, selon la LOLF, de la procédure accélérée, la commission mixte paritaire pouvant donc se réunir après une seule lecture par chaque assemblée.

La discussion budgétaire, objet de quolibets fréquents, est un exercice très particulier. D'abord, elle donne à certains ministres, peu producteurs de loi, l'unique opportunité annuelle de présenter leur politique aux élus. Ensuite, elle donne à ces derniers une occasion privilégiée de s'exprimer, sans avoir forcément à batailler pour obtenir un temps de parole. Comment s'étonner alors que les uns comme les autres usent de ces facultés ? S'il est vrai que trop souvent l'intérêt vient de préoccupations clientélistes (traditionnellement, les fascicules qui suscitent le plus d'interventions sont ceux de l'Agriculture et des Anciens Combattants), il n'en demeure pas moins que, déjà privés d'un véritable droit d'initiative par l'effet de l'article 40 (*supra*), les parlementaires ne peuvent pas, en plus, être privés de leur droit de parole, au motif frivole qu'elle est souvent répétitive et soporifique.

Au demeurant, la discussion budgétaire a gagné en vivacité depuis que l'habitude s'est généralisée de remplacer la longue litanie des orateurs par un échange de questions et réponses, précises, avec le ministre.

317. Le contrôle que le Parlement exerce sur les finances publiques n'est certes pas satisfaisant pour autant. En premier lieu, il utilise trop peu la faculté, que lui offrait le dernier alinéa, aujourd'hui déplacé à l'article 47-2 (*infra*), de se faire assister par la Cour des comptes. En deuxième lieu, les rapporteurs spéciaux (que les deux commissions des finances désignent sur chaque fascicule budgétaire) ont un pouvoir de contrôle sur pièces et sur place, tout au long de l'année, qu'ils exploitent insuffisamment. En troisième lieu, l'importance de chaque budget ministériel – et donc, souvent, le soin avec lequel le Parlement l'examine – est appréciée en fonction de son montant, alors qu'elle devrait l'être en fonction de sa part mobile : le budget de l'Éducation est le plus gros, mais l'essentiel de ses dépenses est pré-affecté, obligatoirement, ne serait-ce qu'aux dépenses de personnel, tandis que les budgets de l'Industrie ou de la Culture, apparemment beaucoup plus modestes, laissent une place plus grande aux choix des affectations et devraient donc susciter une attention parlementaire plus soutenue. En quatrième lieu, l'absence d'une comptabilité analytique précise (qui vise à regrouper les dépenses en fonction de leur destination, quel que soit celui qui les engage) avait longtemps nui à l'efficacité du contrôle et à la pertinence de l'affectation, jusqu'à ce que l'article 27 de la LOLF l'introduisît enfin.

318. À cela s'ajoutait encore le fait que le gouvernement était en droit, par décret, d'annuler, en cours d'année et massivement, des crédits beaucoup plus importants que ceux qui avaient donné lieu à des échanges passionnés devant le Parlement, parfois même avant que ne fût sèche l'encre avec laquelle avait été imprimée la loi de finances au *Journal officiel* ! Cela faisait partie des aberrations auxquelles la loi organique du 1er août 2001 a enfin mis un terme. D'autres améliorations demeurent possibles. L'une serait évidemment très simple et bienvenue : elle consisterait, sachant que sur chaque ministère il existe un rapporteur spécial de la commission des finances et un rapporteur pour avis de la commission compétente au fond, à décider que si le rapporteur spécial appartient à la majorité, le rapporteur pour avis doit venir de l'opposition, et vice versa.

Bref, Edgar Faure dénonçait jadis un triptyque bien connu : litanie, liturgie, léthargie. Cela ne touchait que la forme du débat budgétaire. Un nouveau triptyque menaçait qui, lui, eût concerné le fond : opacité, insincérité, inefficacité. C'est pour parer à ce danger que le Conseil constitutionnel puis le législateur organique sont intervenus. Il était grand temps.

Article 47-1

Le Parlement vote les projets de loi de financement de la Sécurité sociale dans les conditions prévues par une loi organique.

Si l'Assemblée nationale ne s'est pas prononcée en première lecture dans le délai de vingt jours après le dépôt d'un projet, le Gouvernement saisit le Sénat qui doit statuer dans un délai de quinze jours. Il est ensuite procédé dans les conditions prévues à l'article 45.

Si le Parlement ne s'est pas prononcé dans un délai de cinquante jours, les dispositions du projet peuvent être mises en œuvre par ordonnance.

Les délais prévus au présent article sont suspendus lorsque le Parlement n'est pas en session et, pour chaque assemblée, au cours des semaines où elle a décidé de ne pas tenir séance, conformément au deuxième alinéa de l'article 28.

319. Dans la loi de finances pour 1996, le budget de l'État s'élevait à 1 800 milliards de francs. Pour 1996 toujours, celui de la protection sociale grimpait aux alentours de 2 000 milliards. Tandis que le Parlement consacrait de longues semaines à étudier et adopter la loi de finances, il était prié de ne pas s'occuper du budget social, pourtant supérieur. Il fallait réagir.

Alain Juppé, Premier ministre, le promit dès 1995. Promesse tenue, et matérialisée par la loi constitutionnelle n° 96-138 du 22 février 1996.

Celle-ci a ajouté un alinéa à l'article 34 (*supra*, **232**), apporté une précision à l'article 39 (*supra*, **267**) et, surtout, inséré le présent article.

320. Le sujet était délicat. Depuis ses origines, la protection sociale a toujours relevé d'une gestion paritaire, confiée aux partenaires sociaux. Ce principe fondamental devait être maintenu, mais il se heurtait au constat des financements considérables apportés par l'impôt, dont la place croissait tandis que celle des cotisations était en diminution constante.

Il fallait donc trouver un équilibre entre le maintien du rôle des partenaires sociaux et du gouvernement d'une part et, d'autre part, la revendication légitime du Parlement de suivre l'emploi des ressources fiscales qu'il lui était demandé de voter.

C'est l'objet de l'alinéa introduit dans l'article 34 (*supra*, **232**), dont le mérite principal, et limité, est de prévoir un rendez-vous annuel, pour un débat public sur des données chiffrées. Une fois le principe acquis, restait à organiser sa mise en œuvre.

321. S'inspirant d'une logique proche de celle applicable aux lois de finances, le constituant a décidé d'enfermer dans des délais stricts la discussion et l'adoption des *lois de financement de la Sécurité sociale* : la première lecture doit être achevée vingt jours après le dépôt à l'Assemblée nationale et quinze jours après la transmission au Sénat. Puis les navettes doivent être accomplies dans les deux semaines qui suivent, la commission mixte pouvant être réunie après une seule lecture dans chaque assemblée (*supra*, **302**), sachant que toute la procédure, en principe, doit se limiter à cinquante jours.

Passé ce délai, le projet peut – mais ce n'est pas une obligation – être mis en œuvre par ordonnance (*supra*, **315**). Leur statut est donc ainsi sommairement défini, mais il laisse à la loi organique – aujourd'hui les articles LO 111-3 à LO 111-10-2 du code de la Sécurité sociale – le soin d'apporter quelques précisions, dont certaines indispensables.

322. Se posait d'abord la question de la date. Le débat devrait-il se dérouler à l'automne, au risque d'un télescopage avec la discussion budgétaire, ou au printemps, au risque de s'appuyer sur des chiffres incertains ? Entre ces deux dangers, le législateur organique a préféré s'exposer au premier, ce qui conduit à un rythme automnal. Toutefois, le texte prévoit que le projet est déposé « *au plus tard* le 15 octobre », de sorte que rien n'interdirait, à un gouvernement qui y trouverait avantage, d'avancer la discussion au printemps, sans qu'il soit préalablement besoin de modifier la loi organique.

Se posait ensuite la question du champ. Les délais d'examen très brefs imposés au Parlement pouvaient exciter, au sein du gouvernement, la tentation d'alourdir le projet de toutes sortes de dispositions dont il arracherait ainsi l'adoption, à date certaine, en précipitant leur discussion. On pouvait craindre que ces lois de financement ne dégénérassent en *Super-DDOS* (les DDOS sont des projets fourre-tout portant « diverses dispositions d'ordre social », dans lesquels sont rassemblées toutes sortes de mesures, n'ayant comme dénominateurs communs qu'un lien, plus ou moins ténu, avec le domaine social et un foisonnement volontaire propice à dissimuler les mauvais coups, ou à recycler toutes les cochonneries législatives traînant dans des bureaux ministériels obscurs). Pour éviter que les lois de financement ne se dévoyassent ainsi, il fallait définir strictement leur champ, introduire une logique de *cavaliers* (*supra*, **294**, **312**) qui permettrait au Conseil constitutionnel, le cas échéant, d'en éliminer les dispositions qui n'y auraient pas leur place. C'est pourquoi la loi organique déclare irrecevables tous les amendements, ou dispositions, autres que ceux « affectant directement l'équilibre financier des régimes obligatoires de base ou améliorant le contrôle du Parlement sur l'application des lois de financement de la Sécurité sociale ».

323. Le premier débat de ce type s'était déroulé à l'automne 1996. La presse glosa sur le faible nombre de participants qu'il avait réunis. C'était oublier l'essentiel : le fait que des amendements assez nombreux avaient été votés, que des différences substantielles en avaient résulté entre le texte du projet et la loi adoptée, bref, que le Parlement s'était réellement saisi de cette compétence nouvelle, ce qui était plus important à relever que le nombre des élus qui avaient pris part à l'exercice. Les exercices ultérieurs ont confirmé cette tendance.

Mais, hélas, le Conseil constitutionnel a initialement préféré le laxisme à la rigueur que l'on était en droit d'attendre de lui. Dès sa première décision (96-379 DC du 16 juillet 1996) sur la loi de financement, il a toléré qu'y figurent des dispositions qu'il aurait dû impitoyablement disjoindre. Le texte, qui ne devait en bonne logique compter qu'une demi-douzaine d'articles, en a totalisé 41 dès la première année, 32 la deuxième et 47 la troisième.

Ce qui ne devait pas arriver arriva donc : où la révision de 1996 aspirait à doter le Parlement d'un pouvoir nouveau et important, elle aboutit à offrir au gouvernement une facilité nouvelle et indue : chassés des lois de finances, les cavaliers se sont reconvertis en passagers du TGV, texte à grande vitesse, qu'est devenue la loi de financement de la Sécurité sociale.

Le Conseil s'est toutefois ressaisi. Ses décisions plus récentes sur le sujet l'ont montré plus vigilant, censurant comme cavaliers 19 articles en 2008, 10 en 2009, 9 en 2012 ou 8 en 2016. Le nombre d'articles de la LFSS a diminué d'environ un quart depuis la LFSS pour 2012 (près de 130 articles) pour se stabiliser néanmoins à une centaine d'articles chaque année.

Le Conseil d'État, au contraire, a jugé que le rapport annexé à la loi de financement, quoique *discuté*, *amendé* et *voté* par le *Parlement*, *selon la procédure législative*, n'est pas une loi (5 mars 1999, *Rouquette*) ! Insondables mystères de la jurisprudence administrative.

Article 47-2

La Cour des comptes assiste le Parlement dans le contrôle de l'action du Gouvernement. Elle assiste le Parlement et le Gouvernement dans le contrôle de l'exécution des lois de finances et de l'application des lois de financement de la Sécurité sociale ainsi que dans l'évaluation des politiques publiques. Par ses rapports publics, elle contribue à l'information des citoyens.

Les comptes des administrations publiques sont réguliers et sincères. Ils donnent une image fidèle du résultat de leur gestion, de leur patrimoine et de leur situation financière.

324. La Cour des comptes, jusqu'à 2008, apparaissait au dernier alinéa de l'article 47 et de l'article 47-1. Désormais, un article lui est principalement consacré. Tirant les conséquences de la nouvelle définition des tâches du Parlement dans l'article 24 (*supra*), la Cour l'assiste dans le contrôle du gouvernement, tandis qu'elle travaille indifféremment pour le législatif ou l'exécutif dans les autres domaines mentionnés. Les pouvoirs publics ne sont plus les seuls destinataires de ses rapports qui, plus largement, s'adressent à l'ensemble des citoyens. La Cour ne publiait, il y a encore dix ans, qu'une dizaine de rapports par an. En 2016, elle en a publié quatre-vingts, dont le plus connu est le rapport public annuel, eux-mêmes produits de centaines de contrôles.

Enfin, quoiqu'elle n'apparaisse pas explicitement dans l'article, la certification des comptes des administrations publiques à laquelle se livre la Cour, est très présente puisque c'est elle qui donne sens et portée au second alinéa.

Jurisprudentiel d'abord, organique ensuite, le principe de sincérité des comptes devient constitutionnel. Pour faire bonne mesure, les comptes doivent être complets, c'est-à-dire refléter les situations financières et patrimoniales exactes et non pas seulement le résultat de gestion. Le champ de la certification des comptes publics s'est progressivement étendu, à l'État, aux régimes et organismes nationaux de Sécurité sociale, et pour l'instant de façon expérimentale aux collectivités territoriales. Dans tous ces cas, c'est la Cour des comptes qui est à la manœuvre, comme elle l'est, de façon conventionnelle, pour certifier les comptes de l'Assemblée nationale et du Sénat depuis qu'en 2013 les présidents des deux assemblées ont fait appel à elle. Mais dans d'autres cas, le législateur a fait le choix de laisser le champ ouvert à la concurrence, notamment pour la certification des comptes des principaux hôpitaux publics.

Après la disparition brutale de Philippe Séguin, le chef de l'État, en 2010, innova en nommant à la tête de la Cour un Premier président issu de l'opposition parlementaire, Didier Migaud, ce dont on peut se réjouir.

C'en est donc bien fini, au moins en droit, des budgets maquillés comme des voitures volées. S'ils sont ainsi rendus sincères, l'étape suivante sera de les rendre équilibrés. Dans combien de temps ?

Dans un colloque, il y a une vingtaine d'années, j'avais dit en boutade, à propos du Parlement et de la Cour des comptes : « marions-les, ils nous feront de beaux enfants ! ». C'est fait. Depuis l'œillade lancée en ce sens par la LOLF (article 58), et encore réitérée par ce 47-2, les deux institutions coopèrent de manière suivie et produisent des rapports remarquables où se fécondent les légitimités, expériences et savoir-faire des uns et des autres, sur des sujets choisis en commun par la majorité et l'opposition aux sein des assemblées, et acceptés par la Cour dont l'indépendance doit être préservée. Chaque année, une quinzaine de demandes d'enquêtes sont formulées par les commissions des finances et des affaires sociales des deux assemblées. Tous les gouvernements peuvent s'en trouver égratignés, voire griffés, mais toujours pour le meilleur profit d'une saine gestion des deniers publics, donc tant mieux.

Article 48

Sans préjudice de l'application des trois derniers alinéas de l'article 28, l'ordre du jour est fixé par chaque assemblée.

Deux semaines de séance sur quatre sont réservées par priorité, et dans l'ordre que le Gouvernement a fixé, à l'examen des textes et aux débats dont il demande l'inscription à l'ordre du jour.

En outre, l'examen des projets de loi de finances, des projets de loi de financement de la Sécurité sociale et, sous réserve des dispositions de l'alinéa suivant, des textes transmis par l'autre assemblée depuis six semaines au moins, des projets relatifs aux états de crises et des demandes d'autorisation visées à l'article 35 est, à la demande du Gouvernement, inscrit à l'ordre du jour par priorité.

Une semaine de séance sur quatre est réservée par priorité et dans l'ordre fixé par chaque assemblée au contrôle de l'action du Gouvernement et à l'évaluation des politiques publiques.

Un jour de séance par mois est réservé à un ordre du jour arrêté par chaque assemblée à l'initiative des groupes d'opposition de l'assemblée intéressée ainsi qu'à celle des groupes minoritaires.

Une séance par semaine au moins, y compris pendant les sessions extraordinaires prévues à l'article 29, est réservée par priorité aux questions des membres du Parlement et aux réponses du Gouvernement.

325. Sous les républiques antérieures, chaque chambre était maîtresse de son ordre du jour, qu'elle adoptait par un vote.

Cruelle épreuve pour les gouvernements, qui n'obtenaient pas toujours l'inscription de leurs textes, qui n'avaient pas les moyens de faire prévaloir leurs priorités. Parfois la difficulté prenait une ampleur telle qu'elle était le premier signe de la dislocation de la majorité, signe dont certains présidents du Conseil avaient choisi de se contenter, démissionnant aussitôt qu'ils le recevaient, le débat sur l'ordre du jour offrant ainsi l'occasion, plus efficace qu'élégante, de faire tomber le ministère en place.

326. Dans le système de 1958, la priorité donnée au gouvernement était à peu près absolue et inconditionnelle. Il inscrivait d'office les textes de son choix, dans l'ordre de son choix, à l'ordre du jour des séances des assemblées. Des *lettres rectificatives d'ordre du jour* permettaient même, à tout moment, de revenir sur ses décisions antérieures et d'intervertir des discussions. C'était évidemment une facilité considérable qui était ainsi offerte à l'exécutif.

La réécriture complète de cet article fut considérée, naïvement, comme l'une des mesures phares de la révision de 2008.

Il commence sur une affirmation qui réchauffe le cœur de tous les élus puisque les assemblées redeviennent maîtresses de leur ordre du jour, mais les alinéas suivants se chargent de refroidir cet enthousiasme passager.

327. Deux semaines sur quatre, en premier lieu, sont réservées par priorité aux choix du gouvernement. Il n'est donc pas désarmé puisque, déjà, la moitié du temps est mise à sa disposition. Ainsi, la maîtrise proclamée au profit du Parlement ne porte que sur l'autre moitié du temps et encore celle-ci est-elle également conditionnée puisqu'un jour de séance par mois est à la disposition des groupes d'opposition et minoritaires et une séance par semaine au moins réservée aux questions. À cela s'ajoute encore, ou se retranche, le temps nécessaire à l'examen des divers textes visés au troisième alinéa, lesquels peuvent, à l'usage, se révéler plus nombreux qu'on ne pense. (2013-677 DC du 14 novembre 2013). Malgré cela, la conférence des présidents de chaque assemblée joue un rôle plus grand qu'hier. Elle réunit le président, les vice-présidents, les présidents des commissions et le rapporteur général de la commission des finances, ainsi que les présidents de groupe, qui disposent d'autant de voix que leur groupe compte de membres (moins ceux d'entre eux qui siègent à un autre titre au sein de la conférence). La majorité est donc assurée d'y être majoritaire ce qui la met en mesure, si nécessaire, d'offrir au gouvernement le temps supplémentaire dont il peut avoir besoin.

328. Hors les deux derniers alinéas, il ne s'agit jamais que d'une *priorité* et non d'une *maîtrise* sur l'ordre du jour. Celui qui la détient peut toujours renoncer à l'exercer, libérant ainsi du temps disponible pour les autres.

Cette souplesse, généralement bienvenue, est désolante au quatrième alinéa. Réserver une semaine sur quatre au contrôle et à l'évaluation était une décision majeure. Le Parlement eût légiféré moins et contrôlé davantage, c'est-à-dire fait deux fois œuvre pie. Pour nourrir cette semaine de contrôle, il aurait même pu s'interroger sur ses propres décisions, mesurer leurs effets et en débattre.

Mais à cela, qui eût été un changement décisif, on préféra une simple priorité – finasserie blesse finesse, disait Jean-Baptiste Botul – qui de surcroît s'efface en période budgétaire, si bien que les parlementaires, s'ils ne sont pas plus motivés par l'évaluation qu'ils ne le furent dans le passé, renoncent trop volontiers à ces tâches pour retomber dans celles qui ont leurs préférences : faire des lois plutôt que se demander si elles sont utiles, les adopter plutôt que les penser pour, ensuite, se désoler de leur inefficience sans en chercher les causes, puis recommencer comme avant.

329. La réalité, en outre, était plus nuancée, dès avant 2008, que l'article 48 ne le donnait à penser. Le gouvernement ne pouvait user de son pouvoir sans tenir compte des desiderata parlementaires. L'ordre du jour, en fait, avait toujours été concerté. Si le pouvoir exécutif avait les moyens juridiques d'imposer sa volonté, les commissions (en menaçant de ne pas rapporter), les groupes (en menaçant d'obstruer) disposaient de moyens politiques réels pour faire pression, si nécessaire, sur un gouvernement trop cavalier.

De plus, lorsque des parlementaires insistaient véritablement pour obtenir une discussion, l'expérience montrait qu'ils l'obtenaient généralement (et si tel n'était pas le cas, il leur restait les ressources de l'ordre du jour complémentaire). Aussi l'invocation, rituelle, d'une impuissance parlementaire prétendue pour expliquer, et dénoncer, la faible proportion des propositions de loi n'est-elle qu'un faux-semblant, qui prétexte un défaut de moyens quand il s'agit d'un défaut de volonté.

330. C'est au détour du cinquième alinéa que l'on voit apparaître la notion de groupes d'opposition ou minoritaires, que l'on retrouvera à l'article 51-1 (*infra*). Par convention, des « niches » étaient déjà apparues, les assemblées ayant, en 1995, obtenu d'avoir priorité sur une séance par mois, laquelle était ensuite répartie entre les groupes, ceux d'opposition ayant ainsi accès à leur niche. Cette innovation présentait un double avantage. D'une part, elle donnait aux assemblées un droit élémentaire (*supra*, **263**). D'autre part, elle ne tarda pas à confirmer, comme il était prévisible, que la faiblesse des propositions de loi n'était pas due à l'impossibilité d'obtenir leur inscription à l'ordre du jour.

Les niches sont devenus cabanes : « une séance par mois » est devenu « un jour de séance par mois » (soit, potentiellement, trois séances : matin, après-midi, soir) pour les seuls opposants et minoritaires, la majorité ayant le reste à sa disposition. Cela revient à augmenter considérablement le temps offert aux choix des minoritaires. Hélas, les mêmes gouvernement et députés qui avaient institué ce mécanisme ne tardèrent pas à le vider de son sens. Comment ? En recourant à divers subterfuges permettant à la majorité, sans risque, de ne pas se déplacer et de carrément boycotter ces séances. Résultat : où l'on voulait offrir à l'opposition l'occasion d'un débat véritable, l'on n'a vu qu'une séance réunissant dans l'hémicycle les seuls élus de l'opposition, appelés à vainement bavarder entre eux. C'est affligeant. L'opposition qui en a souffert hier est devenue la majorité d'aujourd'hui, elle ne se conduit pas mieux…

331. Jusqu'à la révision de 1995, l'article, tel qu'interprété par le Conseil constitutionnel (63-25 DC du 21 janvier 1964), autorisait une seule séance de questions. Celle prévue par les règlements était à la fois localiste et indigente. Mais comme des parlementaires y demeuraient attachés, il n'avait pas été possible de la remplacer par des formes plus appropriées.

C'est la raison pour laquelle il avait fallu créer hors des textes, par convention, la séance de *questions au gouvernement*, qui, à dater de 1974, se déroulait tous les mercredis à l'Assemblée nationale et un jeudi par mois au Sénat.

Parce que la télévision y était présente, parce qu'elle suivait immédiatement le Conseil des ministres, parce qu'elle se prêtait à un échange rapide sur des sujets immédiats, elle était devenue un temps fort de la vie parlementaire, le seul qui réussît à garnir les bancs. Paradoxe encore donc, qui pointe bien certains défauts du statut encadré des assemblées : l'innovation la plus moderne, la séance la plus suivie était également la seule… à n'avoir pas d'existence constitutionnelle ni même réglementaire !

Non seulement ces questions sont aujourd'hui reconnues mais elles le sont au point de s'imposer même durant les sessions extraordinaires (*supra*, article 28). Durant la XIVe législature, le gouvernement a répondu à 4 718 questions d'actualité des députés et à 1 167 questions des sénateurs, une séance de questions étant désormais organisée chaque semaine au Sénat depuis 2015.

Au total, et malgré quelques faux-semblants, l'élaboration de l'ordre du jour est devenue plus compliquée pour le gouvernement. Si cela devait l'inciter à légiférer moins, ce serait une excellente chose.

Article 49

Le Premier Ministre, après délibération du Conseil des Ministres, engage devant l'Assemblée Nationale la responsabilité du Gouvernement sur son programme ou éventuellement sur une déclaration de politique générale.

L'Assemblée Nationale met en cause la responsabilité du Gouvernement par le vote d'une motion de censure. Une telle motion n'est recevable que si elle est signée par un dixième au moins des membres de l'Assemblée Nationale. Le vote ne peut avoir lieu que quarante-huit heures après son dépôt. Seuls sont recensés les votes favorables à la motion de censure qui ne peut être adoptée qu'à la majorité des membres

composant l'Assemblée. Sauf dans le cas prévu à l'alinéa ci-dessous, un député ne peut être signataire de plus de trois motions de censure au cours d'une même session ordinaire et de plus d'une au cours d'une même session extraordinaire.

Le Premier Ministre peut, après délibération du Conseil des Ministres, engager la responsabilité du Gouvernement devant l'Assemblée Nationale sur le vote d'un projet de loi de finances ou de financement de la Sécurité sociale. Dans ce cas, ce projet est considéré comme adopté, sauf si une motion de censure, déposée dans les vingt-quatre heures qui suivent, est votée dans les conditions prévues à l'alinéa précédent. Le Premier ministre peut, en outre, recourir à cette procédure pour un autre projet ou une proposition de loi par session.

Le Premier Ministre a la faculté de demander au Sénat l'approbation d'une déclaration de politique générale.

332. L'article 20, en même temps qu'il pose le principe de la responsabilité du gouvernement devant le *Parlement*, c'est-à-dire la possibilité pour celui-ci de forcer celui-là à démissionner, prévoit qu'elle s'exerce dans le cadre des articles 49 et 50. L'article 49 envisage donc, en quatre alinéas, quatre procédures dont chacune mérite un examen particulier.

333. ***La question de confiance*** **(premier alinéa)**

Quoique cette expression soit évitée, c'est bien de cela qu'il s'agit : il est demandé aux députés d'approuver, par un vote, l'allocution que, au nom du gouvernement, son chef leur présente.

Qui ? Le Premier ministre. Il s'agit là d'un pouvoir que seul peut exercer celui qui est en fonction. Cela dit, on pourrait concevoir qu'il s'agisse d'un Premier ministre par intérim. L'hypothèse est politiquement peu plausible, mais elle ne rencontrerait juridiquement aucun obstacle.

Comment ? Après délibération du Conseil des ministres, mais cette délibération n'est pas synonyme d'autorisation. En fait, il suffirait que le Premier ministre ait évoqué le sujet au cours du Conseil et que le procès-verbal le mentionne (mais pas nécessairement le communiqué de presse) pour que la condition soit satisfaite, quelle que soit la réaction des autres participants, y compris le président de la République.

Quand ? N'importe quand : il va de soi que le Premier ministre use de cette faculté quand il veut, puisque la Constitution ne fixe pas de limites, mais il n'allait pas de soi qu'il pouvait ne pas en user quand il ne le voulait pas. On avait beaucoup ratiociné, au début de la Ve République, sur le point de savoir si l'utilisation du présent de l'indicatif (*engage*) emportait obligation. L'argument sur la lettre était faible (sauf à considérer que, dès l'alinéa suivant, la même utilisation du présent de l'indicatif *oblige* l'Assemblée nationale à mettre en cause la responsabilité du gouvernement par le vote d'une motion de censure…), et l'argument sur l'esprit inconsistant : le gouvernement dispose de la plénitude de ses capacités dès sa nomination par le chef de l'État (*supra*, **67**), il n'a ni juridiquement ni politiquement besoin d'une investiture parlementaire, étant entendu qu'en cas de désaccord l'Assemblée nationale dispose de la motion de censure. Au demeurant, si l'on admet un instant que le Premier ministre est tenu d'engager sa responsabilité, la seule sanction possible à son abstention serait justement la censure. Quitte, donc, à aboutir au même résultat, il est plus rationnel de considérer, comme l'ont fait de nombreux Premiers ministres depuis 1966, qu'ils ne sont pas obligés de demander la confiance, mais que les députés peuvent manifester leur défiance.

Sur quoi ? Sur une allocution, celle que le Premier ministre prononce, ou généralement lit, rarement avec talent, à la tribune de l'Assemblée nationale. Aucune exigence formelle ne l'encadre, non plus qu'aucune véritable exigence de fond. Qu'il s'agisse d'un programme ou d'une déclaration de politique générale, ils peuvent être plus ou moins riches en informations, en analyses, en promesses. Peu importe le contenu : est un programme ou une déclaration de politique générale tout ce que le Premier ministre décide de baptiser ainsi, et, dès octobre 1959, Michel Debré avait appelé « générale » une déclaration politique qui ne portait en réalité que sur l'Algérie. Le précédent sera reproduit.

Pour quoi ? Pour tout ce qui peut être utile. Tantôt il s'agit de marquer symboliquement la solidarité entre une majorité nouvelle et le gouvernement qu'elle soutient ou entre la majorité en place et un nouveau gouvernement, comme pour M. Cazeneuve en décembre 2016. Tantôt il s'agit pour un Premier ministre de contraindre une majorité rétive ou divisée à se ressaisir (Raymond Barre, avril 1977, Pierre Mauroy, avril 1984). Tantôt il s'agit pour un Premier ministre vacillant de tenter de conforter sa position (Jacques Chaban-Delmas, juillet 1972, Alain Juppé, novembre 1995 et, ce qui n'était pas signe de santé comme la suite l'a bien confirmé, octobre 1996). Tantôt il s'agit de donner aux députés l'occasion de prendre position sur un choix gouvernemental très important (Pierre Mauroy, juin 1982). Et il s'est même produit que la plus importante majorité jamais réunie dans ce cadre (523 pour, 43 contre) ne concernât véritablement ni le Premier ministre (Michel Rocard, janvier 1991) ni le gouvernement, mais plutôt le président de la République puisque c'étaient les positions de la France dans la *guerre du Golfe* qui, grâce à cette procédure, avaient pu faire l'objet d'un vote des députés.

L'on peut même trouver là une illustration édifiante du dérèglement des mœurs institutionnelles : chacun à son époque, Pierre Mauroy et Jean-Pierre Raffarin ont eu à faire des choix importants, à très longue portée dans l'avenir, concernant la politique énergétique de la France. L'un et l'autre ont voulu, à juste titre, les soumettre au Parlement. Mais où le premier le fit, dans une orthodoxie constitutionnelle rigoureuse, en usant de ce premier alinéa de l'article 49 (octobre 1981), le second préféra déposer (mai 2004) un superflu projet de loi d'orientation sur l'énergie, dont l'essentiel tenait à sa longue annexe. La première méthode était bien meilleure que la seconde (mais l'une et l'autre seraient sans doute remplacées par le recours au nouvel article 50-1, *infra*).

Quelles conséquences ? Aucune si la déclaration est approuvée, ce qui fut toujours le cas. Après que le Premier ministre s'est exprimé, le débat s'engage, organisé par la conférence des présidents (*supra*, **327**), et il s'achève par un scrutin public à la tribune, par appel nominal. Aucune majorité qualifiée n'est exigée et il suffit donc que le nombre des voix favorables à l'approbation soit supérieur à celui des suffrages hostiles (ce qui force les groupes de la majorité à mobiliser leurs troupes). Dans le cas inverse, l'article 50 s'appliquerait (*infra*).

334. ***La motion de censure* (deuxième alinéa)**

Qui ? Un dixième des députés, soit 57,7 arrondis (parce que le député n'est pas sécable) à 58. Toutefois, afin d'éviter les motions à répétition, chaque signataire ne peut, dans le cadre de cet alinéa, signer que trois motions durant la session ordinaire et une durant une session extraordinaire. En revanche, s'il s'agit de répliquer à l'engagement de la responsabilité du gouvernement sur un texte (*infra*, **335**), le nombre des motions de censure n'est pas limité.

Comment ? En déposant auprès du président de l'Assemblée le texte qui sera mis aux voix, celui de la motion, telle que ses signataires ont décidé de la rédiger. Il se présente habituellement sous la forme de considérants que conclut une formule rituelle (« l'Assemblée nationale, conformément au deuxième alinéa de l'article 49 de la Constitution, censure le gouvernement »). Même si ce texte n'a le plus souvent qu'une importance formelle, il a pu se produire que, pour des raisons politiques, ses initiateurs soignent la motivation pour faciliter (voire, paradoxalement, pour décourager) le ralliement d'autres groupes parlementaires.

Quand ? À lire le texte, n'importe quand. Et c'est précisément parce qu'il n'impose pas de restrictions que, dans une saine logique démocratique, l'article 49 l'emporte sur l'article 29, c'est-à-dire qu'une motion de censure est recevable durant une session extraordinaire, lors même qu'elle ne figure pas à l'ordre du jour, pourtant limitatif, déterminé par le décret de convocation. En revanche a été déclarée irrecevable une motion de censure déposée, hors la période normale de session, lorsque le Parlement siégeait de plein droit pour circonstances exceptionnelles (*supra*, **125**). Le problème de cette interprétation, éminemment discutable, a perdu à peu près toute acuité avec l'instauration de la session annuelle (*supra*, article 28).

Sur quoi ? Sur tout sujet qu'il plaît aux signataires de mettre en relief. Ce peut être la politique d'ensemble du gouvernement, ou l'attitude de celui-ci face à un événement particulier, ou un ministre (survivance de l'ancienne *interpellation*), ou encore sur un texte, lorsque la motion de censure est déposée pour réagir à l'engagement de responsabilité prévu à l'alinéa suivant.

Pour quoi ? Le plus souvent pour provoquer un débat. C'est l'une des mutations les plus importantes de celles qu'a apportées le parlementarisme moderne : la mise en cause de leur responsabilité n'est plus, nulle part, un mode normal de fin des gouvernements. S'ils sont soutenus par une majorité, celle-ci leur restera fidèle, plus ou moins de bon gré, jusqu'aux élections suivantes. Et seules des situations exceptionnelles redonnent à la censure sa finalité d'origine en provoquant la chute du gouvernement (une seule fois sous la Ve République, en 1962, trois fois en Allemagne, depuis 1949, pour s'en tenir à ces deux pays). De ce fait, ses auteurs ne se font généralement guère d'illusions sur les chances de succès de leur motion, et elle n'a plus pour fonction de conduire à la chute du gouvernement, mais bien plutôt de donner lieu à un débat solennel, à la diligence de la minorité. À ce titre, la motion de censure est désormais beaucoup moins un instrument de l'Assemblée nationale qu'un des éléments du statut de l'opposition.

Quelles conséquences ? C'est ici que la Constitution a le plus innové, et le plus efficacement. Le dépôt d'une motion de censure ouvre un délai de quarante-huit heures, durant lequel elle ne peut pas être mise aux voix (mais elle peut être débattue). Destinée à favoriser la réflexion, cette précaution tend surtout à éviter les embuscades, à permettre au gouvernement, si nécessaire, de préparer le vote par tout contact utile. Par dérogation implicite, mais indispensable, à la priorité gouvernementale sur l'ordre du jour (*supra*, article 48), c'est la conférence des présidents qui fixe la date du débat et du vote (au plus tard le troisième jour de séance suivant l'expiration du délai de quarante-huit heures). C'est elle encore qui attribue les temps de parole (au minimum un orateur par groupe pour une demi-heure). La fixation du moment du vote n'est pas un mince enjeu car elle peut faciliter ou compliquer la présence des députés. La courtoisie parlementaire est heureusement assez respectée pour que la majorité évite d'utiliser cette arme contre l'opposition.

Le vote a lieu au scrutin public à la tribune, par appel nominal, et la censure n'est adoptée que si elle réunit la majorité absolue des députés (289 voix). Et la grande astuce des constituants de 1958 a consisté, reprenant une idée née sous la IVe, à ne recenser que les suffrages favorables à la censure. Seuls votent ceux qui veulent la chute du gouvernement. Deux conséquences en résultent : d'une part l'abstention profite au gouvernement, d'autre part ce n'est pas celui-ci qui doit prouver qu'une majorité le soutient, c'est l'opposition qui doit apporter la démonstration qu'elle réunit la majorité absolue des députés. Même si la censure recueille 288 voix, même si on devine qu'une question de confiance en rallierait sensiblement moins pour soutenir le gouvernement, la motion n'est pas adoptée et le gouvernement reste en fonction.

C'est l'accumulation de ces exigences qui a fait que, fût-ce à 5 (Michel Rocard, novembre 1990), voire 3 (Pierre Bérégovoy, mai 1992) voix près, aucune motion de censure n'a été adoptée depuis 1962.

Mais l'absence de danger ne rend pas l'épreuve plus plaisante au chef du gouvernement : les députés de la majorité, n'étant pas appelés à voter, ne prennent pas la peine de se déplacer, tandis que ceux de l'opposition sont présents en masse, face à un Premier ministre qui se sent alors bien seul.

Il demeure que si, par extraordinaire, la motion était adoptée, l'article 50 (*infra*) s'appliquerait alors.

Ainsi la censure met-elle en cause une responsabilité plus potentielle qu'avérée, plus fictive que réelle. Mais c'est encore une fiction indispensable au jeu des institutions. C'est elle qui impose au président qui a perdu des législatives de choisir un Premier ministre dans le camp vainqueur, elle aussi qui explique tout, permet tout, justifie tout. Qu'importe sa plausibilité, il faut, mais il suffit, que la possibilité existe. Les députés contestent la politique du gouvernement ? Ils peuvent le censurer. Ils dénoncent son comportement, la férule excessive qu'il leur impose ? Ils peuvent le faire tomber. Ils estiment qu'il répond peu, ou mal, à leurs questions, qu'il rechigne à accepter des enquêtes, qu'il abuse de ses prérogatives ? Ils peuvent le renverser. Si, donc, ils ne le font pas, cela présume qu'ils lui trouvent, somme toute, plus de qualités que de défauts. Et vogue le navire gouvernemental, ce n'est décidément pas à l'Assemblée qu'il risque de sombrer.

L'on pourrait encore imaginer d'importer le génial mécanisme allemand de la motion de censure *constructive*, qui oblige ses signataires à donner le nom de celui qui deviendrait automatiquement Premier ministre en cas d'adoption. Ici comme là, cela protégerait des majorités contre nature (droite et communistes) dont faillirent être victimes Michel Rocard, Édith Cresson et Pierre Bérégovoy. De plus, cela permettrait à la majorité en place de remplacer elle-même un Premier ministre devenu par trop impopulaire. Elle ne le ferait pas aisément, mais le simple fait qu'elle le puisse pourrait conduire le président de la République à la traiter moins mal…

335. ***La responsabilité sur le vote d'un texte*** **(troisième alinéa)**

Procédure mixte par excellence, le débat commence sur l'exercice de la fonction législative et s'achève sur celui de la fonction de contrôle. René Capitant y voyait la « *vraie* question de confiance ».

Qui ? Le Premier ministre, toujours lui, qu'il s'agisse de celui durablement en fonction ou de celui qui ne fait qu'un intérim.

Comment ? À peu près n'importe comment, sous l'unique réserve, de nouveau, de la délibération du Conseil des ministres, prise avec aussi peu d'exigences de forme que celle du premier alinéa (*supra*, **333**) (2016-736 DC du 4 août 2015). Le communiqué du Conseil peut en faire état ou réserver la surprise. Le chef du gouvernement l'annonce ensuite lui-même à l'Assemblée, sauf si, étant en déplacement, il confie ce soin à son intérimaire, voire use de sa faculté par une simple lettre qu'il demande, au président de l'Assemblée ou au ministre chargé des relations avec le Parlement, de lire en son nom.

Le Conseil des ministres ne délibère qu'une seule fois pour l'utilisation du 49-3 même s'il est recouru plusieurs fois à celui-ci lors de plusieurs lectures successives. Dès lors, c'est la date de cette délibération qui doit être prise en compte pour l'application de la limitation d'emploi introduite en 2008. Cela peut, par hypothèse, conduire à ce que, durant une même session extraordinaire, il soit fait usage du 49-3 pour deux textes différents, l'un sur le fondement d'une délibération du Conseil des ministres prise lors de la session ordinaire et déjà utilisé lors d'une lecture précédente durant celle-ci et l'autre sur le fondement d'une délibération du Conseil des ministres prise lors de la session extraordinaire pour l'examen d'un nouveau texte.

Quand ? N'importe quand. Ce peut être dès l'ouverture du débat, au milieu du débat, en fin de débat, de jour ou de nuit, en semaine ou le dimanche.

Sur quoi ? Sur à peu près n'importe quoi jusqu'à 2008. Depuis, cette procédure n'est plus utilisable que pour les lois de finances, les LFSS et, au plus, un autre texte par session. Il faut simplement que ce soit un projet ou une proposition, ce qui exclut les vœux ou déclarations. Deux interdictions seulement : la première, implicite et pas du tout certaine, pourrait concerner une loi organique, et encore dans le seul cas où le Sénat l'aurait refusée, imposant alors qu'elle soit adoptée à la majorité absolue des députés (*supra*, **308**), qu'il ne serait pas ici possible de comptabiliser ; la seconde touche les lois constitutionnelles puisque, pour elles, l'article 89 exige bien que le texte soit *voté* par chaque assemblée, et non *adopté*, or ce troisième alinéa de l'article 49 aboutit justement à l'adoption sans vote et n'est donc pas utilisable pour une révision.

En pratique, cet alinéa permet un super-vote bloqué (*supra*, **296**) puisque c'est le Premier ministre, au moment où il prononce la formule sacramentelle d'engagement de responsabilité, qui fait savoir sur quel projet ou proposition, c'est-à-dire, malgré l'ambiguïté qu'a créée la rédaction de 2008, qu'il précise aussi tous les amendements ou sous-amendements, quelle qu'en soit l'origine, qu'il souhaite y intégrer (comme leur énumération peut être fastidieuse, le Premier ministre peut se borner à annoncer qu'il en a remis la liste au président de séance, laquelle est ensuite diffusée puis publiée au *Journal officiel*).

Pour quoi ? À l'origine, pour permettre au gouvernement, dès lors que le deuxième alinéa facilite sa survie même sans majorité affirmée, de continuer à faire adopter ses projets. Il s'agissait donc de remédier à l'absence de majorité. Mais assez vite on est passé de l'hypothèse de l'absence de majorité à celle de l'étroitesse de la majorité (1967), puis de la division de la majorité (1976), puis de l'hostilité ponctuelle de la majorité (1982), pour finir par l'hypothèse d'impatience de la majorité (1986, 2003). De recours occasionnel et drastique, qu'il était à l'origine, l'article 49, troisième alinéa, s'était ainsi progressivement mué en une arme multifonctionnelle, donnée à des Premiers ministres qui abusèrent des facilités qu'elle leur offrait. Par souci de vertu, Lionel Jospin s'était piqué de n'avoir jamais usé de cet alinéa, mais, ce faisant, il était tombé dans un autre travers : pour surmonter les divisions occasionnelles de la majorité plurielle, il lui était arrivé d'agiter le spectre de sa démission ; un usage modéré du 49-3 eût sans doute été préférable à ce retour aux méthodes de la IVe République dans ce qu'elle avait de plus discutable. Heureusement, cet alinéa peut rester inutilisé (comme c'est le cas depuis janvier 2006) sans cependant rouiller.

Quelles conséquences ? Dès que la responsabilité est ainsi engagée, le débat est aussitôt suspendu pour vingt-quatre heures. Cela signifie que personne, sous quelque forme que ce soit, ne peut évoquer le sujet devenu tabou. Si aucune motion de censure n'est déposée durant ces vingt-quatre heures (ce qui s'est produit dans 37 cas sur 88 à ce jour), le président de séance en prend acte et le texte est alors *considéré comme adopté*. Si une motion de censure est déposée, c'est le deuxième alinéa qui s'applique (*supra*, **334**). Le débat change alors d'objet puisqu'il ne s'agit plus, juridiquement, de discuter du texte mais de la survie du gouvernement. Si cette motion de censure est rejetée, à nouveau le président de séance en prend acte et le texte est aussi *considéré comme adopté*. Si la motion de censure était adoptée, alors le gouvernement tomberait et, bien sûr, le texte avec lui.

On mesure la pression qui s'exerce sur les députés de la majorité : ils n'ont d'alternative qu'entre se résigner à ce à quoi ils rechignent, voire répugnent, ou bien ouvrir une crise grave qui, de plus, peut conduire à la mise en cause de leur propre survie par la dissolution. Jusqu'ici, ils ont toujours choisi la première solution.

Le problème posé avec ce dispositif n'était pas celui de son principe, légitime, ou de son fonctionnement, efficace : on a vu, et on reverra, des gouvernements sans majorité. Le problème était celui de cette dérive qui avait vu se banaliser une arme dont l'utilisation devait rester exceptionnelle. Elle était faite pour des gouvernements fragiles, elle fut utilisée par des gouvernements forts d'une large majorité, qu'ils étaient pourtant incapables de convaincre. Elle était faite pour conclure un débat qui ne pouvait aboutir autrement, elle fut utilisée pour y couper court. Elle était faite pour mettre les députés devant leurs responsabilités, elle fut utilisée pour les en soulager ou affranchir le gouvernement des siennes.

À cela s'ajoute le fait que l'impact de ce dispositif va bien au-delà de ses utilisations effectives (sur 51 textes, mais 88 emplois compte tenu de la nécessité d'en user au cours des lectures successives) : il contribue à entretenir l'idée, répandue chez les députés, qu'il est vain de contrarier le gouvernement puisque celui-ci aura toujours le dernier mot grâce à cette arme. Elle demeure présente – l'abrogation pour désuétude n'existe pas en droit constitutionnel – et peut être réactivée à tout fléchissement de vertu. Jean-Pierre Raffarin en a usé pour combattre l'obstruction à sa réforme électorale le 12 février 2003. Il n'en a pas tiré profit (*supra*, **269**), non plus que Dominique de Villepin qui en usa pour faire passer le CPE en force au Parlement mais ne disposait pas d'une arme équivalente pour contraindre la rue devant laquelle il lui fallut céder. En revanche, Manuel Valls put utilement recourir à six reprises à cette disposition pour l'adoption de la loi du 6 août 2015 pour la croissance, l'activité et l'égalité des chances dite « loi Macron » et pour celle de la loi du 8 août 2016 relative au travail dite « loi El Khomri ».

C'est à cette lumière que la révision de 2008 a décidé d'en limiter l'emploi aux lois de finances, pour des raisons d'évidence, aux LFSS, pour des motifs moins clairs (leur non-adoption ne compromettrait rien) et à un projet ou une proposition supplémentaire par session. Ceci soit sera sans portée, soit conduira le Premier ministre, s'il risque de dépasser son droit de tirage, à concentrer dans un seul texte, juridiquement monstrueux, toutes les dispositions impopulaires, politiquement difficiles, pour les faire passer d'un coup, sauf à ce qu'il use de sessions extraordinaires pour accroître d'autant le contingent de « 49-3 » auquel la Constitution lui donne droit.

Aurait été préférable une proposition, plus audacieuse : celle qui permettrait à la majorité de l'Assemblée nationale, sauf pour les lois de finances, de voter à une majorité qualifiée une motion préalable excluant le recours à ce troisième alinéa, interdisant au Premier ministre d'engager sa responsabilité sur le texte en discussion. Qu'on y songe : l'opposition, seule, serait incapable de l'obtenir, quant à la majorité, ou une fraction de celle-ci joignant ses suffrages à ceux de la minorité, elle ne le ferait pas à la légère, mais pourrait ainsi exprimer au gouvernement qu'elle n'entend pas le renverser, que là n'est pas la question, mais qu'elle n'accepte pas pour autant un texte auquel elle est violemment hostile et sur lequel les négociations doivent donc se poursuivre. Un tel dispositif (finalement assez proche de la fameuse « guillotine » du parlementarisme britannique), en fait, n'aurait pu servir éventuellement que deux fois au plus dans l'histoire du « 49.3 » : en 1967, quand Georges Pompidou avait combiné ce dispositif avec celui de l'article 38 (« 38 + 49.3 = 16 *bis* », avait dit Pierre Marcilhacy), et en 1982, quand Pierre Mauroy eut l'extrême mauvais goût de demander à la majorité socialiste de réhabiliter (ils étaient déjà amnistiés depuis longtemps) les généraux putschistes de 1961. La France aurait survécu sans ces deux coups de force.

Le dispositif envisagé ici aurait une grande qualité : opposer des effets psychologiques positifs aux effets psychologiques négatifs de l'actuel article « 49.3 ». Il a un grand défaut : personne aujourd'hui ne le prend au sérieux.

336. *La déclaration au Sénat* (quatrième alinéa)

La seconde chambre, parce qu'elle n'est pas issue du suffrage universel direct, a un atout : le troisième alinéa n'y est pas applicable. Mais pour la même raison elle a un handicap : malgré les termes de l'article 20 (« responsable devant le Parlement »), elle n'a pas le pouvoir de renverser le gouvernement. En revanche, elle peut, platoniquement, voter sur une déclaration de celui-ci.

Qui ? Toujours le Premier ministre.

Comment ? Comme il veut, puisqu'il n'a même pas besoin ici d'une délibération du Conseil des ministres.

Quand ? Quand bon lui semble, et l'article 48 l'autoriserait même à le faire impromptu.

Sur quoi ? Sur ce qu'il veut, pourvu qu'il le baptise du nom de déclaration de politique générale. Il est d'usage, non systématique, lorsque le Premier ministre recourt au premier alinéa à l'Assemblée nationale, qu'il fasse simultanément lire la même déclaration au Sénat, mais sans nécessairement demander un vote.

Pour quoi ? Pour le plaisir. Celui du Sénat, toujours sensible à cette attention qu'ont eue, depuis 1975, nombre de chefs de gouvernement de droite. Mais aussi pour le plaisir du Premier ministre : le 20 novembre 1989, les sénateurs, enchantés d'être gratifiés d'une déclaration de politique générale sur les perspectives ouvertes par la chute du mur de Berlin, déchantèrent lorsqu'ils apprirent que Michel Rocard, taquin, allait leur demander un vote d'approbation : la matière leur rendait la désapprobation difficile, l'auteur leur rendait l'approbation pénible. C'est quand même elle qui fut choisie, à une assez faible majorité, permettant ainsi à un Premier ministre de gauche, qui se délecta de cette facétie, de se voir soutenu par un Sénat de droite, qui plus est, le jour même où RPR et UDF votaient contre lui une motion de censure à l'Assemblée nationale !

Quelles conséquences ? Aucune. Si le Sénat désapprouvait la déclaration, le gouvernement ne serait en aucun cas tenu de démissionner. Mais comme cela pourrait faire politiquement mauvais effet, le Premier ministre se garde bien de prendre le moindre risque et, sauf le cas de novembre 1989, ne sollicite que les approbations qu'il est certain d'obtenir.

Article 50

Lorsque l'Assemblée Nationale adopte une motion de censure ou lorsqu'elle désapprouve le programme ou une déclaration de politique générale du Gouvernement, le Premier Ministre doit remettre au président de la République la démission du Gouvernement.

337. Le refus de la confiance ou l'adoption de la censure ne suffit pas à mettre fin aux fonctions du gouvernement. Il faut pour cela que le Premier ministre présente formellement sa démission. Cet article l'y contraint. Il est inconcevable qu'il s'en abstienne et, serait-ce le cas, il se mettrait totalement hors la loi et perdrait de ce fait toute autorité et tout pouvoir, en même temps que toute respectabilité.

En revanche, quoique la Constitution ne fasse nulle allusion à une quelconque décision d'acceptation de cette démission, quoique le président, qui la reçoit, ne puisse la refuser, il est admis, si des circonstances particulières le justifient, que le gouvernement expédie les affaires courantes jusqu'à la nomination de son successeur (*supra*, articles 8 et 12). En 1962, après la censure du gouvernement Pompidou et la dissolution consécutive de l'Assemblée nationale, de Gaulle avait explicitement « invité le gouvernement à continuer d'assurer ses fonctions jusqu'au début de la prochaine législature ».

Rappelons enfin que les situations envisagées par cet article sont les seules dans lesquelles le Premier ministre est tenu de présenter la démission de son équipe. Comme l'avait très énergiquement réaffirmé François Mitterrand (*Pouvoirs*, n° 45, p. 136) sur la question de savoir si le président pouvait congédier le Premier ministre : « Le Premier ministre, qui met en œuvre la politique de la majorité parlementaire, ne peut être révoqué que par elle. » *Words, words, words...*

Article 50-1

Devant l'une ou l'autre des assemblées, le Gouvernement peut, de sa propre initiative ou à la demande d'un groupe parlementaire au sens de l'article 51-1, faire, sur un sujet déterminé, une déclaration qui donne lieu à débat et peut, s'il le décide, faire l'objet d'un vote sans engager sa responsabilité.

338. Il n'est pas rare, et tout à fait légitime, que le gouvernement souhaite associer la représentation nationale à des choix importants. Jusqu'ici, il ne disposait pour cela que du premier alinéa de l'article 49, surdimensionné (*supra*, **333**), ou du subterfuge désolant consistant à imaginer un projet de loi creux. Désormais, il peut préférer une déclaration, déjà prévue par les règlements mais qui gagne en solennité par son élévation au rang constitutionnel. Surtout, elle peut être spontanée mais aussi, ce qui est nouveau, répondre à une demande d'un groupe, y compris minoritaire.

Le gouvernement a le choix de conclure ce débat par un vote, ou non, mais, dans ce second cas, les parlementaires qui le souhaiteraient pourraient en provoquer un quand même, en usant de la faculté que leur offre l'article 34-1. Voilà de quoi contenter tout le monde.

Les choses sont claires – cette procédure ne peut se confondre avec celles de l'article 49 – et l'on peut découvrir là une heureuse modernisation offrant aux assemblées l'occasion de redevenir les théâtres de discussion de fond, si elles les souhaitent vraiment, comme cela semble être le cas puisque plus d'une dizaine de débats de ce type ont déjà eu lieu.

Depuis la mise en place de cette procédure, il y a eu 16 déclarations à l'Assemblée nationale sur le fondement de l'article 50-1, 14 à l'initiative du gouvernement et 2 à l'initiative d'un groupe. 4 de ces déclarations ont été suivies d'un vote. Au Sénat, il y a eu 18 déclarations dont 3 suivies d'un vote. En 2012, 2014 et 2016, les gouvernements de MM. Ayrault, Valls et Cazeneuve ont eu recours à cet article au Sénat après leur demande de confiance devant l'Assemblée nationale. En juillet 2015, le gouvernement a demandé à chacune des deux chambres de voter sur sa déclaration concernant l'accord européen relatif à la Grèce.

Article 51

La clôture de la session ordinaire ou des sessions extra-ordinaires est de droit retardée pour permettre, le cas échéant, l'application des dispositions de l'article 49. À cette même fin, des séances supplémentaires sont de droit.

339. Les délais de l'article 49 sont impératifs : d'une part en aucun cas une motion de censure ne peut être mise aux voix avant que se soient écoulées quarante-huit heures (deuxième alinéa), d'autre part en aucun cas un texte sur lequel le Premier ministre a engagé la responsabilité du gouvernement ne peut être considéré comme adopté avant que se soient écoulées vingt-quatre heures (troisième alinéa), enfin ces deux délais peuvent s'additionner si une motion de censure réagit à l'engagement de responsabilité sur un texte.

Or, aussi longtemps que le Parlement est régulièrement en session, il doit pouvoir normalement mettre en cause la survie du gouvernement. Dès lors, si le fait générateur, du deuxième ou du troisième alinéa de l'article 49, survient durant les deux derniers jours de session, ordinaire ou extraordinaire, le respect des délais exige que la clôture soit retardée autant que de besoin. Et c'est la même logique qui impose que soient prévus, si nécessaire, des jours supplémentaires de séance, au-delà des 120 prévus pour la session ordinaire (*supra*, **206**), avec cette conséquence, à la fois logique et surprenante, que, une fois épuisés les 120 jours, l'opposition reçoit ainsi le pouvoir, en déposant une motion de censure (par hypothèse en dehors d'une séance), de décider seule de faire siéger l'Assemblée nationale.

Dans toutes ces situations – et la chose s'est déjà produite à cinq reprises –, le principe de responsabilité du gouvernement prévaut à juste titre sur les rigueurs ordinaires de la clôture des sessions.

Article 51-1

Le règlement de chaque assemblée détermine les droits des groupes parlementaires constitués en son sein. Il reconnaît des droits spécifiques aux groupes d'opposition de l'assemblée intéressée ainsi qu'aux groupes minoritaires.

340. En 2006, au terme d'un travail largement consensuel, à l'initiative de son président d'alors, Jean-Louis Debré, l'Assemblée nationale avait adopté une réforme de son règlement reconnaissant des droits nouveaux et importants à l'opposition. Mais ce beau travail se heurta à l'intransigeance du Conseil constitutionnel qui considéra que les déclarations d'appartenance à la majorité ou l'opposition pourraient « instaurer entre les groupes une différence de traitement injustifiée » (2006-537 du 22 juin 2006).

C'est pour lever cet obstacle que le constituant, en 2008, a inséré cet article nouveau.

341. En premier lieu, les groupes parlementaires font ainsi leur entrée dans la Constitution de la Ve République, qui les avait ignorés jusqu'alors, alors qu'ils ont toujours structuré politiquement les assemblées. Les règlements de l'Assemblée nationale et du Sénat sont venus préciser que les groupes sont constitués sous forme d'association (2014-702 DC du 16 octobre 2014 et 2015-712 DC du 11 juin 2015).

Hors les droits spécifiques des groupes d'opposition et des groupes minoritaires, le Conseil constitutionnel veille à l'égalité entre groupes parlementaires (2013-664 DC du 28 février 2013).

En deuxième lieu, un sort protecteur est promis à ceux de l'opposition, ce qui permet de reprendre de manière décisive le travail déjà accompli en 2006 et de le faire enfin entrer dans le droit positif.

En troisième lieu, c'est pour respecter ceux qui ne veulent se reconnaître ni dans la majorité ni dans l'opposition, de même que ceux qui, dans l'une ou dans l'autre, n'y occupent qu'une place modeste à raison du faible nombre de leurs effectifs, que sont également visés les groupes minoritaires.

C'est donc aux règlements, toujours sous le contrôle du Conseil constitutionnel (*infra*, **399**), qu'il revient de donner chair à ces promesses, ce qu'ils n'ont fait jusqu'ici qu'avec parcimonie. L'opposition peut y trouver des droits nouveaux et un statut amélioré. La majorité conserve les privilèges qui lui viennent de sa force. Le Parlement se renforce de devenir plus moderne et démocratique, comme il doit l'être dans une nation civilisée. L'opposition d'hier voulait des droits que lui avait refusés la majorité d'hier. On va rapidement voir si l'inversion des rôles provoque un changement.

Élément insolite : le Règlement de l'Assemblée (comme celui du Sénat d'ailleurs) n'a pas voulu définir la majorité ! Juridiquement, donc, elle n'existe toujours pas et le groupe socialiste n'a donc été, sous la XIVe législature, que « le plus important des groupes n'appartenant pas à l'opposition » !

Article 51-2

Pour l'exercice des missions de contrôle et d'évaluation définies au premier alinéa de l'article 24, des commissions d'enquête peuvent être créées au sein de chaque

assemblée pour recueillir, dans les conditions prévues par la loi, des éléments d'information.

La loi détermine leurs règles d'organisation et de fonctionnement. Leurs conditions de création sont fixées par le règlement de chaque assemblée.

342. Aussitôt après les groupes parlementaires, c'est au tour des commissions d'enquête, en 2008 aussi, de se hisser jusqu'à la loi fondamentale. Elles ont toujours existé, mais seulement dans l'ordonnance du 17 novembre 1958 qui n'a que la valeur d'une loi ordinaire.

Il est assez discutable d'avoir choisi de faire référence aux missions de contrôle et d'évaluation, car une commission d'enquête peut très bien se justifier sans que soient en cause ni l'action du gouvernement ni même les politiques publiques. Cela dit, il serait très surprenant que la pratique limite plus que nécessaire le champ ouvert à ces investigations.

Cet article doit être relié au précédent en ceci que chaque groupe de l'opposition a droit, une fois par session, à ce qu'une de ses propositions soit débattue en séance. Néanmoins, la majorité d'hier s'était crue autorisée, ce qui était choquant, à amender une proposition contre le vœu de ses auteurs.

Enfin, la réécriture des textes rendue nécessaire par cette disposition a donné l'occasion, qui ne fut hélas pas saisie, de supprimer un interdit absurde. Sous prétexte de séparation des pouvoirs, les commissions d'enquête ne peuvent être créées lorsque des poursuites judiciaires sont en cours. Il suffit donc que ces dernières soient ouvertes – voire de les ouvrir à cette fin – pour désarmer abusivement le contrôle parlementaire. Ainsi, et sauf contorsions qui n'abusent personne, le Parlement se voit empêché d'enquêter sur les sujets qui mériteraient le plus son attention. Nul doute qu'il saurait, comme cela se fait à l'étranger, s'abstenir d'empiéter sur les attributions de l'autorité judiciaire, tout en se livrant à un travail utile avec ses moyens et sa légitimité. Il est d'autant plus regrettable que n'ait pas été opérée cette modernisation nécessaire.

Pendant la XIVe législature, 17 commissions d'enquête ont été créées à l'Assemblée nationale et 14 au Sénat.

TITRE VI

DES TRAITÉS ET ACCORDS INTERNATIONAUX

Article 52

Le président de la République négocie et ratifie les traités.
Il est informé de toute négociation tendant à la conclusion d'un accord international non soumis à ratification.

343. Garant du respect des traités (*supra*, article 5), le président de la République est auparavant celui qui les négocie et ratifie. La formule de l'article 52 n'est pas nouvelle : elle était, exactement dans les mêmes termes, la première phrase de l'article 8 de la loi constitutionnelle du 16 juillet 1875. Pour autant, la même compétence n'a pas du tout la même signification sous la IIIe et sous la Ve République.

Certes, avant-guerre comme aujourd'hui, les attributions présidentielles dans ce domaine se sont exercées en commun avec le gouvernement (*supra*, article 19), mais la primauté s'est inversée : jadis, le chef de l'État authentifiait ce qui était en réalité l'œuvre du gouvernement ; désormais, le gouvernement agit, sauf à ce que le président le fasse lui-même, conformément aux instructions que sa prééminence politique permet à ce dernier de donner.

344. Il n'existe pas de critères juridiques qui attribueraient aux traités des domaines particuliers, par opposition à ceux qui relèveraient des autres accords ou engagements internationaux. C'est la volonté diplomatique qui tranche : lorsqu'il le juge utile, en fonction du sujet ou des partenaires, le président de la République signe une *lettre de pleins pouvoirs* à ceux qui seront chargés de négocier en son nom, puis une autre lettre marquera son approbation du texte résultant de ces négociations :

ainsi ne signe-t-il pas à proprement parler ce texte, mais il le ratifiera.

À l'inverse, sont dénommés *accords en forme simplifiée* ceux dont les négociateurs ont été investis par le seul gouvernement, lequel sera le signataire final.

Rendu maître de sa compétence, le président de la République peut d'autant plus aisément se saisir d'un sujet que l'article 52 fait obligation au gouvernement de l'informer de toute négociation en cours.

Article 53

Les traités de paix, les traités de commerce, les traités ou accords relatifs à l'organisation internationale, ceux qui engagent les finances de l'État, ceux qui modifient des dispositions de nature législative, ceux qui sont relatifs à l'état des personnes, ceux qui comportent cession, échange ou adjonction de territoire, ne peuvent être ratifiés ou approuvés qu'en vertu d'une loi.

Ils ne prennent effet qu'après avoir été ratifiés ou approuvés.

Nulle cession, nul échange, nulle adjonction de territoire n'est valable sans le consentement des populations intéressées.

345. C'est donc le président de la République qui ratifie les traités et le gouvernement qui approuve les accords en forme simplifiée. Le Parlement jamais ne ratifie ni n'approuve ces engagements. En revanche, dans les cas limitativement énumérés par le premier alinéa de l'article 53, lui seul, par une loi, peut autoriser le président de la République ou le gouvernement à ratifier ou approuver. Le pouvoir reste donc aux mains de ses titulaires, mais ils ne peuvent l'exercer que moyennant l'intervention d'une autre autorité, le législateur en l'occurrence. La loi équivaut ici à une sorte de contreseing parlementaire.

346. C'est le gouvernement qui prend l'initiative de soumettre un projet de loi au Parlement, il ne peut s'agir d'une proposition de loi ou d'un amendement d'origine parlementaire. Dans la majeure partie des cas, la nécessité, ou non, d'une autorisation ne fait guère de doute. Le Conseil constitutionnel a eu l'occasion de préciser les contours de la notion de modification des dispositions de nature législative en l'interprétant comme visant l'ensemble des matières énumérées à l'article 34 (70-39 DC du 19 juin 1970). Elle ne s'étend pas aux engagements purement politiques, quelle qu'en soit l'importance (78-99 DC du 29 décembre 1978, à propos de la création du système monétaire européen).

Lorsqu'il y a lieu à interprétation, celle du gouvernement le conduit le plus souvent à éluder le débat parlementaire. Mais, après s'être longtemps refusé à sanctionner l'omission, par le pouvoir exécutif, de solliciter l'autorisation parlementaire, pourtant requise par la Constitution, le Conseil d'État a fini par se donner la possibilité de le faire (18 décembre 1998, *Blotzheim*).

Il va de soi, par ailleurs, que la construction européenne a vidé cet article d'une partie de sa substance, dans la mesure où les traités successifs ont prévu des mécanismes propres, qui dispensent ensuite, sur les sujets auxquels ils s'appliquent, d'avoir à conclure des engagements formellement nouveaux et, partant, d'avoir à les soumettre au Parlement. Mais à cela l'article 88-4 (*infra*) est désormais réputé pourvoir.

347. L'intervention des assemblées se déroule, pour l'essentiel, selon les règles de droit commun de la procédure parlementaire. Toutefois, les élus se trouvent ici privés de leur droit d'amendement, y compris sur l'article législatif qui autorise la ratification ou l'approbation, qui ne saurait donner lieu à l'expression d'une réserve ou restriction quelconque. Quant au traité ou accord lui-même, il résulte de la rencontre entre les consentements des partenaires internationaux. Le vote est donc bloqué, puisque le Parlement français ne peut ni prendre sur lui d'imposer sa volonté aux signataires étrangers, ni exiger du gouvernement une renégociation dont il fixerait les termes, et pas davantage émettre une réserve : il n'a d'alternative, du moins en principe, qu'entre donner ou refuser l'autorisation de souscrire un engagement qu'il ne peut amender. Durant la XIVe législature, les lois prises en application de l'article 53 ont permis à 189 accords internationaux d'être ratifiés ou approuvés.

348. Le dernier alinéa de l'article 53 met en œuvre le droit des peuples à disposer d'eux-mêmes. Il ne le fait pas dans le sens, très général, que le droit international public donne à cette expression, mais dans celui, beaucoup plus restreint, qui résulte de la Constitution elle-même, notamment de l'indivisibilité de la République et de l'unité du peuple français. En d'autres termes, les peuples concernés par cet alinéa ne peuvent être que ceux de l'outre-mer ou ceux qui seraient susceptibles d'être rattachés à la France. Il ne peut en aucun cas s'agir de populations de la France métropolitaine, qui ne sont pas des peuples, mais, au plus, des sections du peuple français (*supra*, article 3), insusceptibles en l'état d'être consultées dans le cadre du présent article.

349. Cette disposition n'a trouvé à s'appliquer que lors d'accessions de territoires à l'indépendance. Les populations intéressées devaient systématiquement être appelées à se prononcer elles-mêmes. Et ce n'est qu'ensuite qu'une loi en tirait les conséquences : le refus des populations intéressées interdit au Parlement d'autoriser la cession (ou la sécession) du territoire, mais leur acceptation, théoriquement, ne l'oblige pas à se conformer à leur vœu.

En réalité, et l'on doit s'en féliciter, c'est le pragmatisme qui a prévalu. Le 22 décembre 1974, l'ensemble de l'archipel des Comores était appelé à se prononcer sur son indépendance. Celle-ci fut approuvée à une très large majorité, et le Parlement fut donc saisi du projet de loi prévoyant l'indépendance de ce futur-ancien territoire d'outre-mer. Mais les parlementaires notèrent que plus de 65 % des électeurs de Mayotte, composante de l'archipel, avaient manifesté leur souhait de demeurer français. Ils amendèrent donc le texte en conséquence. Et lorsque, quelques mois plus tard, le Conseil constitutionnel fut saisi de la question, à propos de la loi tirant les conséquences de l'indépendance des Comores, il lui fallut se livrer à quelques contorsions (en affirmant laconiquement que le terme « territoire » n'a pas le même sens à l'article 53 et à l'article 72…) pour entériner cette solution qui a permis à Mayotte de demeurer française tandis que l'île voisine d'Anjouan se montre amère de ne plus l'être.

Article 53-1

La République peut conclure avec les États européens qui sont liés par des engagements identiques aux siens en matière d'asile et de protection des Droits de l'homme et des libertés fondamentales des accords déterminant leurs compétences respectives pour l'examen des demandes d'asile qui leur sont présentées.

Toutefois, même si la demande n'entre pas dans leur compétence en vertu de ces accords, les autorités de la République ont toujours le droit de donner asile à tout étranger persécuté en raison de son action en faveur de la liberté ou qui sollicite la protection de la France pour un autre motif.

350. Cet article a été inséré par la loi constitutionnelle n° 93-1256 du 25 novembre 1993, dont c'était l'unique objet, inutile au départ, néfaste à l'arrivée.

Sans entrer dans les détails (voir *Code constitutionnel*, p. 609 *sq.*), retenons seulement que le préambule de 1946 dispose que « tout homme persécuté en raison de son action en faveur de la liberté a droit d'asile sur le territoire de la République », que l'accord de Schengen du 14 juin 1985 autorise les partenaires à accorder ou refuser l'asile par des décisions valables pour tous les pays signataires, que la loi française permet en conséquence à l'autorité préfectorale de refuser l'admission au séjour de quiconque a déjà fait l'objet d'un refus d'un autre signataire de l'accord de Schengen, que le Conseil constitutionnel a censuré cette disposition en ce qu'elle aurait pu avoir comme conséquence d'interdire à de véritables titulaires du droit d'asile la possibilité de faire valoir celui-ci (93-325 DC du 13 août 1993).

351. Plutôt que de s'en tenir aux solutions techniques disponibles, le gouvernement réagit violemment à la décision du Conseil constitutionnel, que l'on pouvait pourtant analyser par ailleurs comme plutôt indulgente. Le ministre de l'Intérieur, Charles Pasqua, s'était aussitôt exprimé à la télévision, avait évoqué les hordes de faux demandeurs d'asile qui allaient s'abattre sur une France démunie de défense.

Par suite de cette pression, pour la première fois se réalisa l'une des suites possibles d'une déclaration de non-conformité. Jusqu'alors, toutes s'étaient traduites soit par l'abandon de la disposition censurée, soit par sa modification pour la rendre conforme, et c'était surtout par souci d'être complète que la doctrine rappelait l'existence d'une tierce possibilité : celle consistant à demander au pouvoir constituant de faire ce qui était interdit au pouvoir législatif.

S'il est désolant que cela ait été à cette fin discutable, un précédent fécond fut ainsi créé : il est toujours possible de lever un obstacle signalé par le Conseil constitutionnel, et ce « lit de justice » a resservi en d'autres occasions (*supra*, **14**, **340**, *infra*, article 75-1). Là gît la différence ultime avec le système américain où la révision est à ce point difficile que c'est cela qui donne aux décisions de la Cour suprême un caractère insurpassable.

352. Encore fallait-il, sauf à passer par un référendum (*infra*, **526**), que le président de la République prêtât la main à cette procédure, en prenant l'initiative de la révision, destinée à effacer cette décision du Conseil.

François Mitterrand le fit de bonne grâce, sinon de bonne inspiration.

Le premier alinéa de l'article 53-1 n'apporte rien qui ne fût déjà acquis, notamment par les précédentes décisions du Conseil constitutionnel (91-294 DC du 25 juillet 1991 et 92-307 DC du 25 février 1992), avec lesquelles celle de 1993 était cohérente. Il est donc inutile.

Le second alinéa réserve malgré tout à l'appréciation des autorités françaises le cas de tout étranger persécuté en raison de son action en faveur de la liberté. Seulement, là où l'intéressé, en application du préambule de 1946, bénéficiait d'un *droit* qu'un principe de valeur constitutionnelle lui accordait formellement, obligeant ainsi, en principe, les autorités françaises à le lui reconnaître, ce nouveau texte n'en fait plus qu'une *possibilité* : le titulaire du droit n'est plus l'étranger qui peut le faire valoir ; il est devenu l'État qui peut, ou non, accorder l'asile. Il est difficile de voir là un progrès. Ce n'est même pas le maintien du *statu quo ante*. C'est une régression pure et simple par rapport à l'un des principes traditionnels du droit français.

Article 53-2

La République peut reconnaître la juridiction de la Cour pénale internationale dans les conditions prévues par le traité signé le 18 juillet 1998.

353. Parce que l'impunité, même après les pires horreurs, est devenue intolérable, parce que la souveraineté se ramène trop souvent au droit des dictateurs, et de leurs séides, à opprimer leur peuple (le sinistre Menghistu, ancien et féroce dictateur d'Éthiopie, comme, jusqu'à sa mort, le clownesque et sanglant ex-général ougandais Idi Amin Dada, ont pu couler des jours paisibles et confortables, respectivement au Zimbabwe et en Arabie Saoudite, sans que jamais ils aient eu à répondre devant quiconque de forfaits pourtant nombreux et abominables), une partie de la communauté internationale a décidé de rédiger et signer un traité instituant une Cour pénale internationale.

Ses compétences sont limitées aux crimes les plus graves, commis par des personnes physiques, et menaçant, par nature, « la paix, la sécurité et le bien-être du monde » (crimes de guerre, crimes contre l'humanité). Ses signataires ne sont pas tous les membres des Nations unies. Sa juridiction ne peut s'étendre à tous ceux qui mériteraient d'en relever. Bref, rien de tout cela n'est totalement satisfaisant, mais il reste admirable que cela puisse exister. Et si les dictateurs déchus, pour échapper à cette Cour, conservent bien quelques pays d'accueil, au moins n'auront-ils plus accès aux plus civilisés, notamment les européens, ceux où il fait bon vivre.

354. Avant de ratifier le traité, la France devait cependant s'assurer qu'il n'était pas contraire à sa Constitution. La vérification en fut demandée au Conseil constitutionnel, dans le cadre de l'article 54 (*infra*) par le président de la République et le Premier ministre agissant conjointement.

Dans sa décision du 22 janvier 1999 (98-408 DC du 22 janvier 1999), le Conseil a conclu à l'incompatibilité sur plusieurs aspects. En particulier, le traité, puisque c'est en partie son objet même, permet de s'attaquer aux coupables « sans aucune distinction fondée sur la qualité officielle », et c'est ainsi que les sages ont été conduits à souligner que, s'agissant du président français, théoriquement concerné comme un autre, «pendant la durée de ses fonctions, sa responsabilité pénale ne peut être mise en cause que devant la Haute Cour de Justice». Ainsi était tranchée une querelle d'interprétation sur l'ancien article 68 (*infra*, **440**).

355. Pour cette raison et pour d'autres, la révision préalable de la Constitution était indispensable afin de ratifier ce traité. Elle fut opérée par la loi constitutionnelle n° 99-568 du 8 juillet 1999, qui se borna, sobrement, à introduire le présent article, plutôt qu'à faire une vaine dentelle dans tous ceux que, sinon, il eût fallu modifier pour obtenir le même résultat.

Il demeure que ce n'est ainsi que dans l'hypothèse, heureusement d'école, où un président français se rendrait coupable d'un crime de guerre ou d'un crime contre l'humanité que sa responsabilité pénale pourrait être recherchée, devant la juridiction nationale ou, à défaut, devant la Cour pénale internationale, pour des actes accomplis dans l'exercice de ses fonctions (*infra*, article 67).

Article 54

Si le Conseil Constitutionnel, saisi par le président de la République, par le Premier ministre, par le président de l'une ou l'autre assemblée ou par soixante députés ou soixante sénateurs, a déclaré qu'un engagement international comporte une clause contraire à la Constitution, l'autorisation de ratifier ou d'approuver l'engagement international en cause ne peut intervenir qu'après la révision de la Constitution.

356. La Constitution a, inconditionnellement, une autorité supérieure à celle des lois. Les traités ou accords ont, conditionnellement (*infra*, article 55), une autorité supérieure à celle des lois. Donc, pour que les lois puissent respecter simultanément ces deux supériorités, il faut que celles-ci ne soient pas contradictoires entre elles.

Aussi l'article 54 permet-il de vérifier la compatibilité entre la Constitution et les traités ou accords avant de ratifier ces derniers.

357. Jusqu'à la loi constitutionnelle n° 92-554 du 25 juin 1992, seuls le président de la République, le Premier ministre et les présidents des assemblées pouvaient saisir le Conseil. Cette étroitesse des voies de saisine n'était plus justifiée depuis la révision de 1974 (*infra*, **401**) et ne laissait d'autre ressource que de saisir tardivement le Conseil, sur la loi autorisant la ratification, plutôt que précocement, avant l'adoption de cette loi, voire avant même sa discussion.

Désormais, pour ce contrôle préventif comme pour celui portant sur les lois votées, le Conseil constitutionnel peut également être saisi par 60 députés ou 60 sénateurs. Tel fut le cas à deux reprises (92-312 DC du 2 septembre 1992 et 2006-541 DC du 28 septembre 2006). Sur les 13 saisines du Conseil constitutionnel dans le cadre de l'article 54, huit ont émané du président de la République et 4 du Premier ministre. Certaines saisines ont été conjointes, notamment en cohabitation.

358. La Constitution ne donne aucune indication quant au moment, ni celui à partir duquel le Conseil peut être saisi, ni, à proprement parler, celui au-delà duquel il ne peut plus l'être, et la loi organique sur le Conseil constitutionnel (ordonnance n° 58-1067 du 7 novembre 1958) n'est pas plus diserte.

Pour que la saisine puisse valablement intervenir, il faut, mais il suffit, qu'il y ait engagement international, c'est à dire qu'il ait reçu une forme juridique, généralement la signature, lui donnant un minimum d'existence.

359. En bonne logique, il faut que le Conseil soit saisi avant la promulgation de la loi autorisant la ratification ou l'approbation. Toutefois, sachant qu'il ne s'agit là que d'une autorisation et pas d'une injonction et que, donc, l'autorité compétente peut ne pas ratifier ou approuver, ou peut surseoir à le faire, même après promulgation de la loi qui le lui permet, la question se pose de savoir si le Conseil pourrait encore être saisi dans ce délai (si la loi ne lui a pas déjà été soumise conformément à l'article 61). Bornons-nous à noter que la Constitution ne l'interdit pas expressément dans cette situation et à espérer qu'elle restera une hypothèse théorique. Enfin, si Constitution et loi organique sont muettes quant au délai pour statuer, le Conseil a toujours tenu, ici aussi, à s'imposer lui-même celui d'un mois.

360. À ce jour, cette procédure a été utilisée à treize reprises, dont onze sur l'initiative non du Parlement, mais du pouvoir exécutif qui a soumis au Conseil, pour lever toute discussion, les engagements qu'il avait lui-même négociés et souscrits.

Parmi les décisions qui ont ainsi été prises, quatre doivent retenir particulièrement l'attention.

La décision du 9 avril 1992 (92-308 DC du 9 avril 1992), rendue à propos du traité de Maastricht, prit un relief spécial puisque, pour la première fois, elle conclut à l'incompatibilité entre l'engagement international et la Constitution française, rendant nécessaire la révision de celle-ci avant la ratification de celui-là (*infra*, articles 88-1 à 88-4). Le même phénomène s'est reproduit le 31 décembre 1997 avec la décision relative au traité d'Amsterdam (97-394 DC du 31 décembre 1997), qui a exigé une nouvelle révision (*infra*, **533**) et, surtout, démontré que lorsque le Conseil est ainsi préventivement sollicité, il est du même coup invité (incité ?) à détecter des incompatibilités qu'il pourrait ne pas qualifier telles s'il n'était appelé à en connaître qu'*a posteriori*, au moment de la ratification.

Rappelons que c'est par suite de la décision rendue, dans le cadre de l'article 54, à propos de la Cour pénale internationale, que la Constitution s'est enrichie de son article 53-2 (*supra*).

La décision du 19 novembre 2004 (2004-505 DC du 19 novembre 2004) a rendu indispensable une ample révision, à double détente de surcroît (*infra*, **361**), de la Constitution française pour permettre la ratification d'abord, l'entrée en vigueur ensuite, de la Constitution européenne, toutes précautions que l'échec du référendum du 29 mai 2005 a finalement rendues vaines.

Enfin, et à l'opposé, la décision du 9 août 2012 (2012-653 DC du 9 août 2012) a beaucoup soulagé François Hollande en concluant que le Traité sur la stabilité, la coordination et la gouvernance au sein de l'Union économique et monétaire ne nécessitait pas de révision de la Constitution. Le Conseil a dû, pour cela, se livrer à une analyse très subtile du texte, qui présentait en outre la singularité de n'être pas un traité de l'Union européenne à proprement parler, n'étant signé que de ceux de ses membres qui ont une monnaie commune. La loi organique du 17 décembre 2012 relative à la programmation et à la gouvernance des finances publiques a permis que prennent effet en France les règles d'équilibre des finances publiques prévues par ce Traité. Cette loi organique institue notamment le Haut Conseil des finances publiques, présidé par le Premier président de la Cour des comptes. Ce Haut Conseil donne un avis sur les prévisions macroéconomiques et l'estimation du produit intérieur brut potentiel sur lesquelles reposent les projets de loi de finances, de financement de la sécurité sociale ou de programmation des finances publiques.

361. S'agissant des effets des décisions, celles qui consacrent la compatibilité du traité ou de l'accord avec la Constitution s'imposent évidemment à tous (*infra*, article 62), et l'on peut même déduire de la motivation retenue par le Conseil constitutionnel, sur une autre hypothèse (92-312 DC du 2 septembre 1992), que cela ferait obstacle à la recevabilité d'une saisine ultérieure, présentée en application de l'article 61, sur la loi autorisant la ratification.

Lorsque le Conseil conclut à l'incompatibilité, une option est ouverte : soit la Constitution est révisée, soit, si la révision n'est pas voulue ou pas possible, il est toujours loisible à la France, souveraine, de ne pas ratifier ou approuver définitivement le traité. Même si les termes de ce choix ne sont pas exactement les mêmes qu'en cas de non-conformité d'une loi ordinaire, le choix existe toujours.

En revanche, une fois la Constitution révisée, si le Conseil est à nouveau saisi, que ce soit en application de l'article 54 ou de l'article 61, il limite son contrôle, sauf à remettre en cause la chose précédemment jugée, d'une part à la vérification de ce que la Constitution révisée ne demeure pas « contraire à une ou plusieurs stipulations du traité », d'autre part à l'examen de nouvelles dispositions constitutionnelles qui feraient surgir une incompatibilité qui n'existait pas auparavant (92-312 DC du 2 septembre 1992).

Article 55

Les traités ou accords régulièrement ratifiés ou approuvés ont, dès leur publication, une autorité supérieure à celle des lois, sous réserve, pour chaque accord ou traité, de son application par l'autre partie.

362. Cet article reprend, en les contractant, les articles 26 et 28 de la Constitution du 27 octobre 1946, mais il traduit surtout le préambule de celle-ci, toujours en vigueur, qui affirme que la France « se conforme aux règles du droit public international ».

Aussi est-ce le respect de cette exigence qui impose la supériorité des traités et engagements internationaux, souscrits par la France, par rapport à ses lois. Cette suprématie connaît toutefois une limite et se trouve subordonnée à deux conditions.

363. La limite tient à ce que le traité ou accord doit avoir été *régulièrement* ratifié ou approuvé. Or, certes, le Conseil constitutionnel peut vérifier la conformité à la Constitution d'une loi autorisant la ratification d'un traité (*infra*, **400**), mais, par définition, il ne peut, faute d'une loi justement, être appelé à sanctionner l'absence d'une autorisation parlementaire qui aurait pourtant été nécessaire en application de l'article 53.

C'est le Conseil d'État, désormais, qui peut éventuellement exercer ce contrôle (*supra*, **346**).

Le fait de limiter la supériorité aux seuls traités et engagements régulièrement ratifiés ou approuvés revêt donc, en droit interne, plus d'importance, du moins potentielle, qu'auparavant.

Il reste que le droit international lui-même rend un tel contrôle quelque peu inopérant, dans la mesure où, de toute façon, *pacta sunt servanda*, ce qui signifie que l'État signataire doit faire son affaire des difficultés éventuelles que peut recéler son droit interne et ne peut se prévaloir de celles-ci pour prétendre se soustraire aux obligations qu'il a librement souscrites (c'est ce que rappelle le 1 de l'article 46 de la convention de Vienne : « Le fait que le consentement d'un État à être lié par un traité a été exprimé en violation d'une disposition de son droit interne ne peut être invoqué par cet État comme viciant son consentement… »).

364. La première condition à laquelle est subordonnée la primauté est celle de la *publication*. Pour que le traité ou l'engagement acquière une autorité supérieure à celle de la loi dès la publication, encore faut-il que cette publication intervienne. Celle-ci obéit à des règles fixées par un simple décret du 14 mars 1953.

Au moins le juge administratif est-il compétent pour apprécier l'existence et la régularité de la publication (30 octobre 1964, *Société Prosagor*), qui, en réalité, conditionnent moins la supériorité de l'engagement international, qui procède du droit international, que son opposabilité aux justiciables.

365. La seconde condition est celle de la *réciprocité*. Elle joue inégalement. D'abord, nombreux sont les engagements souscrits sans condition d'application réciproque, par la ou les autres parties. Ainsi, par exemple, le droit européen a organisé ses propres systèmes de sanctions, de sorte qu'un État membre ne peut se prévaloir des manquements d'un autre pour ne pas, lui-même, respecter ses engagements. Ensuite, le constat de la non-application par une autre partie ne peut être fait, le cas échéant, que par le pouvoir exécutif, singulièrement le ministre des Affaires étrangères, mais certainement pas par le juge, quel qu'il soit, lequel ne saurait ici, sans excéder ses compétences, s'ériger en examinateur des agissements d'un État étranger au regard du droit international. Au demeurant, les juridictions en conviennent volontiers, qui laissent au gouvernement le soin d'opérer de tels constats (Cour de cassation, chambre criminelle, 29 juin 1972, n°s 226 et 227).

366. Mais cette exigence de réciprocité a produit des effets importants sur la jurisprudence du Conseil constitutionnel. Du fait de l'article 55, il est tentant de considérer qu'une loi ne peut méconnaître un traité, auquel la Constitution confère une autorité supérieure, sauf, du même coup, à violer la Constitution elle-même, qui affirme cette supériorité.

Mais, lorsque ce moyen avait, pour la première fois, été soulevé devant lui, le juge constitutionnel avait décliné sa compétence au titre de l'article 61, en soulignant que ses décisions revêtent un caractère absolu et définitif (*infra*, **413**), tandis que la supériorité des engagements internationaux par rapport à la loi n'a qu'un caractère relatif et contingent, tenant notamment à la réserve de réciprocité (74-54 DC du 15 janvier 1975). Implicitement, cela signifiait donc qu'il ne pourrait censurer une loi comme contraire à un traité qui lui est supérieur dans la mesure où la censure serait définitive, tandis que la supériorité pourrait disparaître à tout moment si disparaissait la condition d'application par l'autre partie.

Quoique cette position ne fût pas pleinement satisfaisante, en ce qu'elle avait pour conséquence d'interdire de sanctionner dès l'origine une loi dont l'application serait rendue impossible, le Conseil l'a d'abord confirmée (77-83 DC du 20 juillet 1977).

Elle ne réduisait cependant pas à néant, loin s'en fallait, l'article 55, puisque la violation du traité par la loi, si elle n'était pas sanctionnée par le juge constitutionnel, pouvait l'être désormais par les autres juridictions, le Conseil constitutionnel les ayant d'ailleurs lui-même invitées à agir (la Cour de cassation n'avait pas attendu cette sollicitation) en rappelant que la règle édictée par l'article 55 s'imposait même dans le silence de la loi et qu'« il appartient aux divers organes de l'État de veiller à l'application de ces conventions internationales dans le cadre de leurs compétences respectives » (86-216 DC du 3 septembre 1986).

La Cour de cassation (chambres mixtes, 24 mai 1975, *Administration des douanes c/Société des cafés Jacques Vabre*, n° 4) puis le Conseil d'État, seulement quinze ans plus tard (20 octobre 1989, *Nicolo*) ont décidé de faire prévaloir l'engagement international sur la loi postérieure. Ainsi, vérifier que la loi respecte les engagements internationaux souscrits par la France est devenu courant. C'est ce que l'on appelle le contrôle de conventionnalité, aujourd'hui très répandu.

Il est symptomatique que, dans les deux cas, ces évolutions se soient faites à l'occasion de conflits entre la loi française et le droit de l'Union européenne. Celui-ci est une forme particulière du droit international, qui bénéficiait tout à la fois de l'autorité que l'article 55 attache à celui-ci et d'une sorte d'immunité juridictionnelle qui rendait pratiquement impossible l'exercice d'un contrôle, par des juges nationaux, de son élaboration et de son incorporation (*supra*, article 54 ; *infra*, articles 88-1, 88-2, 88-4).

367. La réforme constitutionnelle du 23 juillet 2008 et la QPC ont confirmé cette spécialisation des juges. Les articles 23-2 et 23-5 de l'ordonnance du 7 novembre 1958 soulignent que les moyens de constitutionnalité et de conventionnalité ne peuvent se confondre. Il n'appartient pas au Conseil constitutionnel, saisi tant en application de l'article 61 que de l'article 61-1 de la Constitution, d'examiner la compatibilité d'une loi aux engagements internationaux et européens de la France (2010-605 DC du 12 mai 2010).

Le Conseil constitutionnel a limité la portée, en droit communautaire, de l'exigence de réciprocité (98-400 DC du 20 mai 1998), puis l'a écartée purement et simplement pour certains traités multilatéraux relatifs aux droits fondamentaux (99-408 DC du 22 janvier 1998).

Le Conseil constitutionnel a déduit de l'article 88-1 de la Constitution que « la transposition en droit interne d'une directive communautaire résulte d'une exigence constitutionnelle » (décision 2004-496 DC du 10 juin 2004). Cette jurisprudence conduit le Conseil à se déclarer incompétent pour connaître de la conformité à la Constitution de dispositions législatives « qui se bornent à tirer les conséquences nécessaires des dispositions inconditionnelles et précises » d'une directive communautaire.

En revanche, il appartient au Conseil constitutionnel, saisi, dans le cadre de l'article 61 de la Constitution, d'une loi ayant pour objet de transposer en droit interne une directive communautaire, de veiller au respect de cette exigence constitutionnelle. Le Conseil ne saurait déclarer contraire à l'article 88-1 « qu'une disposition législative manifestement incompatible avec la directive qu'elle a pour objet de transposer ». Le Conseil a, par ailleurs, réservé l'hypothèse où les dispositions communautaires en cause seraient contraires à une règle ou à un principe « inhérent à l'identité constitutionnelle de la France » (décision 2006-540 DC du 27 juillet 2006).

TITRE VII

LE CONSEIL CONSTITUTIONNEL

Article 56

Le Conseil Constitutionnel comprend neuf membres, dont le mandat dure neuf ans et n'est pas renouvelable. Le Conseil Constitutionnel se renouvelle par tiers tous les trois ans. Trois des membres sont nommés par le président de la République, trois par le président de l'Assemblée Nationale, trois par le président du Sénat. La procédure prévue au dernier alinéa de l'article 13 est applicable à ces nominations. Les nominations effectuées par le président de chaque assemblée sont soumises au seul avis de la commission permanente compétente de l'assemblée concernée.

En sus des neuf membres prévus ci-dessus, font de droit partie à vie du Conseil Constitutionnel les anciens présidents de la République.

Le Président est nommé par le président de la République. Il a voix prépondérante en cas de partage.

368. Quelle composition *a priori* absurde ! L'institution doit être indépendante du pouvoir politique : ses membres sont nommés par les autorités les plus politiques qui soient. L'institution doit avoir une légitimité indiscutable : ses membres ne sont pas élus, leur désignation n'a pas même à être ratifiée, ils procèdent d'un choix largement discrétionnaire. L'institution exerce un rôle juridique éminent : ses membres peuvent être parfaitement incultes en droit. Et, comme si cela ne suffisait pas, on a également fait du Conseil constitutionnel la maison de retraite des anciens présidents de la République. Notons au passage que, curieusement, il a fallu attendre 1997 pour qu'un énarque soit nommé – Yves Guéna fut le premier. Quatre femmes siègent aujourd'hui au Conseil.

Apparemment absurde, donc, cette composition, pourtant, a plutôt prouvé son efficacité, par des cheminements et à des conditions dont il faut éclairer le mystère.

369. Les membres du Conseil sont désignés pour neuf ans et ne sont ni révocables ni renouvelables. Seules les incompatibilités (*infra*, article 57) ou la perte des droits civils et politiques peuvent entraîner le départ d'un membre du Conseil, lequel peut en outre, comme il résulte du décret du 13 novembre 1959, déclarer démissionnaire d'office celui de ses membres nommés qui aurait compromis son indépendance ou la dignité de ses fonctions.

Ce mandat long, l'impossibilité de faire miroiter à ses titulaires leur éventuelle reconduction ou de faire peser sur eux la menace d'une révocation sont en eux-mêmes des éléments d'indépendance. Ils prennent toute leur efficacité en se combinant avec les effets de la gérontocratie : la plupart du temps, les membres du Conseil ont, après une carrière bien remplie, quitté les rivages de la prime jeunesse au moment où ils accèdent au pavillon Montpensier. Cette fonction élevée a toutes les chances, de ce fait, d'être la dernière. N'ayant donc plus rien ni à craindre ni à espérer, l'indépendance les saisit, lors même qu'ils n'y seraient pas spontanément prédisposés. Et ceux d'entre eux qui, toute leur vie, ont dépendu des électeurs, d'un parti, d'une hiérarchie, d'une clientèle, prennent progressivement goût à cette ivresse qu'ils découvrent. La chose est encore facilitée par ceci que leur longévité est plus grande que celle des autorités qui les ont nommés, les libérant même ainsi de tout scrupule de gratitude.

Cela ne signifie nullement que la nomination au Conseil constitutionnel suffise à les parer de tous les ornements de la vertu. Cela signifie seulement que, disposant d'un pouvoir et découvrant qu'ils peuvent l'exercer en toute indépendance, ils sont généralement portés à le faire.

370. L'absence de qualification juridique éventuelle ne présente pas de véritable inconvénient. En premier lieu, le choix des membres est, pour les autorités de nomination, une décision qui les juge, ce qui les incite à sélectionner des personnalités honorables et, si possible, ayant des qualifications dans le domaine du droit (de ce point de vue, hommage doit être rendu à Valéry Giscard d'Estaing, qui procéda à des nominations, André Ségalat puis Georges Vedel, où l'affinité politique s'était totalement effacée devant l'éminence et la compétence). En second lieu, le Conseil est appelé à prendre des décisions politiquement et socialement sensibles et le fait de capitaliser en son sein une somme importante d'expérience politique (amis, soutiens ou collaborateurs des autorités de nomination, parlementaires, anciens ministres…) lui permet de ne jamais vraiment franchir les limites de son rôle, limites que pourraient imprudemment ignorer des membres exclusivement blanchis sous la basoche.

À cela s'ajoute encore le renouvellement par tiers. Lors de la formation initiale du Conseil, chacune des trois autorités avait nommé trois membres, à raison d'un pour trois ans, un pour six ans, un pour neuf ans. Depuis, en conséquence, le président de la République et les présidents des assemblées procèdent chacun à une désignation, pour neuf ans, dans la seconde quinzaine de février tous les trois ans. Les évolutions sont donc progressives : qui entre au Conseil va y travailler avec des collègues ayant déjà trois ou six ans d'expérience, ce qui évite les ruptures brutales et laisse aux nouveaux venus le temps de s'acclimater à l'institution, à son ambiance, à ses exigences.

371. Le système, néanmoins, pouvait et devait être amélioré. La révision de 2008 y a pourvu en étendant à ces nominations les nouvelles règles applicables conformément à l'article 13 (*supra*, **116**). Malgré les apparences, ce mécanisme, qui repose sur une audition parlementaire, est bien préférable à celui qui exigerait une nomination ou une ratification à une majorité parlementaire qualifiée qui produit des résultats inverses à ceux recherchés. Théoriquement, ne pourraient être ainsi désignées que des personnalités consensuelles, donc indiscutables. Pratiquement, l'impossibilité de les trouver conduit à ce que majorité et opposition se partagent les places de sorte que la politisation prime, qui plus est, durablement, là où l'on prétendait dépolitiser. L'Espagne a même ainsi connu un blocage persistant, au sein de son Tribunal constitutionnel, où s'étaient trouvés à égalité ceux que l'on a coutume d'appeler le « bloc conservateur » et le « bloc progressiste ».

Les nouvelles règles devraient éviter ces dérives, tout en amenant les autorités de nomination à s'épargner des choix contestables.

372. Si un membre du Conseil quitte celui-ci (décès, incompatibilité, démission spontanée ou d'office), il est remplacé par la même autorité que celle qui l'avait nommé. Le remplaçant n'est pas désigné pour neuf ans, ce qui ruinerait le rythme ternaire et triennal, mais seulement pour la durée restant à courir du mandat de son prédécesseur. Au cas où cette durée est inférieure à trois ans, et dans ce cas seulement, le remplaçant peut être renommé pour un mandat complet (c'est ainsi que René Cassin et Louis Joxe ont pu tous deux siéger durant plus de onze années).

En fin de compte, ce mode de composition *a priori* pernicieux a accouché d'un résultat probant : c'est précisément parce que la composition du Conseil constitutionnel ne lui donne pas par essence une légitimité, c'est précisément parce qu'il pourrait même être intrinsèquement suspect qu'il lui a fallu acquérir, et qu'il lui faut maintenir, cette légitimité par la qualité de ses décisions, par la qualité du service qu'il rend à la Nation et à l'État de droit, tandis qu'une autorité dont la légitimité n'est pas discutée pourrait prendre n'importe quelle décision, y compris la plus absurde, sans être jamais vraiment remise en cause. Bref, de l'illégitimité comme garantie démocratique, la Ve République n'en est décidément pas à un paradoxe près.

373. La présence des anciens présidents de la République n'a nulle raison d'être. Le souci de leur assurer un revenu (les membres du Conseil perçoivent une indemnité égale au traitement des plus hauts fonctionnaires de l'État) est louable. Mais sans doute serait-il préférable qu'ils soient, de droit, sénateurs à vie, car ils seraient sans doute plus dans leur rôle en ayant la possibilité de s'exprimer à la tribune de la seconde chambre chaque fois qu'ils l'estimeraient utile qu'en participant à un contrôle juridique.

En fait, René Coty a siégé jusqu'à sa mort, tandis que Vincent Auriol a annoncé qu'il ne siégerait plus en mai 1960, puis s'est ravisé une fois, le 6 novembre 1962, pour protester contre le référendum du 28 octobre 1962 (*supra*, **100**). Charles de Gaulle n'a pas songé à participer aux travaux du Conseil, Georges Pompidou est mort en fonction (mais lui avait inversé l'ordre habituel, puisqu'il avait été nommé au Conseil en 1959 et y avait siégé jusqu'à sa nomination comme Premier ministre, en 1962). François Mitterrand n'a pas voulu siéger. Valéry

Giscard d'Estaing ne l'a pu jusqu'à ce que, en 2004, les électeurs auvergnats mettent fin à l'incompatibilité qui l'entravait (*infra*, **376**). Jacques Chirac et Nicolas Sarkozy ont siégé pour le premier de novembre 2007 à février 2010 et pour le second de juin à décembre 2012.

De manière inexplicable, et d'ailleurs inexpliquée, l'Assemblée nationale, en 2008, a écarté l'amendement voté par le Sénat qui mettait fin à cette anomalie. Encore une occasion manquée.

374. La Constitution indique que c'est le président de la République qui nomme le président du Conseil constitutionnel, mais elle ne dit pas quand ni pour combien de temps. La réponse vient de ce que cette nomination ne peut intervenir que si elle a lieu d'être, pour faire face à une vacance ou l'éviter. De ce fait, la désignation comme président doit durer ce que dure la fonction, faute de quoi l'indépendance serait menacée si le chef de l'État pouvait sanctionner le titulaire en confiant la présidence à un autre. Théoriquement, rien n'interdit au chef de l'État de donner la présidence à l'un de ses prédécesseurs, membre à vie, auquel cas elle serait attribuée à celui-ci pour une durée dont la limite deviendrait biologique. En droit, le chef de l'État peut parfaitement choisir quelqu'un qui siège déjà au Conseil et lui confier ainsi la présidence pour le temps qui lui reste à accomplir. Il peut aussi désigner une personnalité nommée par le président d'une des deux assemblées.

En fait, la présidence était le plus souvent revenue à un nouveau nommé, le plus souvent celui désigné comme membre par le chef de l'État. Toutefois, en 1959, Léon Noël n'avait été nommé au Conseil que pour six ans dans le cadre du système provisoire initial (*supra*, **370**). Quant à Daniel Mayer, nommé membre et président en 1983, il avait gardé sa fonction de membre en 1986, mais avait démissionné obligeamment de la présidence pour permettre à François Mitterrand de la confier à Robert Badinter. Yves Guéna commença par exercer un intérim d'un an, avant de succéder formellement à Roland Dumas, devenant ainsi le premier président à n'être pas choisi parmi les membres désignés par le chef de l'État, tandis que Pierre Mazeaud lui succéda en 2004, après avoir déjà siégé six ans comme membre. Le cas de Jean-Louis Debré restera dans les annales de la singularité : en qualité de Président de l'Assemblée nationale, il a, le 22 février 2007, nommé au Conseil Guy Canivet puis, dès le lendemain, il fut à son tour désigné par Jacques Chirac pour remplacer Pierre Mazeaud à la tête de l'institution. Heureusement, M. Canivet, jusqu'alors Premier président de la Cour de cassation, était connu pour son indépendance, faute de quoi l'on trouverait étrange qu'un membre doive travailler neuf ans sous les yeux de celui auquel il doit sa nomination ! De 2007 à 2016, ont ainsi siégé ensemble au Conseil, et pour la première fois dans les deux cas, deux ex-chefs des deux ordres de juridiction, puisque Renaud Denoix de Saint Marc, ancien vice-président du Conseil d'État, fut désigné en même temps que Guy Canivet, ancien Premier président de la Cour de cassation. Enfin, dernières innovations en date, un ex-commissaire européen, Jacques Barrot, a siégé de 2010 à 2014 avant qu'un ancien Premier ministre, Lionel Jospin, ne lui succède. Laurent Fabius, également ancien Premier ministre, nommé en 2016 pour neuf ans, est le dixième président du Conseil.

375. La Constitution attribue voix prépondérante au président en cas de partage. Quoique les délibérations soient couvertes par le secret, il semble que les cas dans lesquels un président a fait usage de cette prérogative pourraient se compter sur les doigts d'une seule main.

Au delà, le rôle du président du Conseil constitutionnel est très important. Outre que c'est lui qui arrête l'ordre du jour et, surtout, désigne le rapporteur sur chaque affaire, il exerce une influence réelle au sein de l'institution, à laquelle Robert Badinter a même donné une dimension internationale inconnue avant lui.

Pour la première fois, le 17 mai 1995, le président du Conseil, lors de l'entrée en fonction du nouveau président de la République, ne s'est pas borné à donner lecture des résultats de l'élection (*infra*, article 58) mais a prononcé une brève allocution, créant ce qui est déjà devenu une tradition, sagement limitée à quelques mots.

Le choix longtemps le plus contesté, et *a priori* des plus contestables, celui de Roger Frey en 1974 (toujours détenteur du record de longévité dans les fonctions ministérielles sous de Gaulle et Pompidou, dans des conditions qui ne plaidaient pas évidemment pour sa hauteur de vue et sa rigueur juridiques), s'est, à l'usage, révélé étonnamment bon. Il faut donc en déduire que la fonction et l'institution révèlent l'homme, ou le changent.

Enfin, contrairement à une idée reçue d'on ne sait où, mais que l'on s'agace de voir constamment reproduite dans la presse, il n'est nullement « le cinquième personnage de l'État » puisque, parmi les responsables actifs de celui-ci, viennent avant lui, outre le président de la République, le Premier ministre et les présidents des assemblées, la totalité des membres du gouvernement. Le précèdent également, le cas échéant, les anciens chefs de l'État ou du gouvernement. Bref, placé au mieux au huitième rang de l'ordre protocolaire, près d'une cinquantaine de personnalités ont en réalité préséance sur lui.

Article 57

Les fonctions de membre du Conseil Constitutionnel sont incompatibles avec celles de ministre ou de membre du Parlement. Les autres incompatibilités sont fixées par une loi organique.

376. Sauf appartenir au gouvernement, au Parlement ou, en application de la loi organique, au Conseil économique, social et environnemental, les membres du Conseil constitutionnel, jusqu'à 1995, pouvaient occuper à peu près n'importe quelle fonction. Non seulement ils pouvaient ainsi exercer des activités politiques, être candidats à tout mandat, gérer toute collectivité locale, mais il n'était même pas prévu que ceux d'entre eux qui eussent eu la qualité de fonctionnaires fussent placés en position de détachement. Tout au plus leur était-il interdit de bénéficier d'une promotion au choix.

Parce que les parlementaires sont toujours disposés à interdire les cumuls qui ne sont pas les leurs, une loi organique du 19 janvier 1995 a fini par rendre plus strict le régime que l'article 57 l'invitait à prévoir, ajoutant aux interdits existants la prohibition de l'exercice de tout mandat électoral. De plus, cette loi organique a étendu aux membres du Conseil les mêmes incompatibilités professionnelles que celles qui frappent les parlementaires (*supra*, **184**).

Une nouvelle étape a été franchie avec la loi organique du 11 octobre 2013 relative à la transparence de la vie publique. Les incompatibilités des membres du Conseil sont désormais directement inspirées de celles applicables aux magistrats judiciaires : sauf travaux scientifiques, littéraires ou artistiques, l'exercice des fonctions de membre du Conseil est incompatible avec l'exercice de toute fonction publique et de toute autre activité professionnelle ou salariée, notamment d'avocat.

377. Ces incompatibilités obligent les membres à choisir. Lorsque, exerçant une fonction incompatible, ils sont nommés au Conseil, ils sont réputés avoir opté pour celui-ci s'ils n'expriment pas une volonté contraire dans les huit jours suivant la publication de leur nomination.

En sens inverse, si un membre du Conseil est nommé au gouvernement, au Conseil économique ou accède à un mandat électif, il est remplacé dans ses fonctions. Cela appelle deux remarques.

Premièrement, au regard de l'objectif poursuivi, il eût été préférable d'instituer une inéligibilité plutôt qu'une incompatibilité. Il n'est pas souhaitable, en effet, qu'un membre du Conseil constitutionnel en exercice mène une campagne électorale. Quelle que soit l'issue de celle-ci, son crédit peut s'en ressentir, celui de l'institution aussi (sans parler de la situation fâcheuse dans laquelle un membre du Conseil élu au Parlement verrait son élection – ou, pire, celle de son concurrent – contestée devant ce même Conseil).

Deuxièmement, les anciens présidents de la République, membres de droit, sont également touchés par ces incompatibilités. Si l'un d'entre eux accède à une fonction incompatible, comme ce fut le cas de Valéry Giscard d'Estaing lorsqu'il fut réélu député, cela ne lui fait pas perdre sa qualité de membre, puisqu'il en dispose de droit et à vie, mais cela fait obstacle à ce qu'il siège au Conseil aussi longtemps qu'il exerce les fonctions incompatibles et, par ailleurs, il n'y a naturellement pas lieu à son remplacement (94-354 DC du 11 janvier 1995).

378. C'est le Conseil constitutionnel lui-même qui, selon l'ordonnance organique et le décret auquel elle renvoie, constate, à la majorité des membres qui le composent, la démission d'office de celui d'entre eux qui exercerait une activité ou accepterait une fonction ou un mandat incompatibles avec son appartenance au Conseil, ou, d'une manière générale, aurait manqué à ses obligations, notamment celle de ne pas compromettre « l'indépendance et la dignité » des fonctions. Confier ce pouvoir à une autre autorité aurait fait en effet peser ici une menace grave sur l'indépendance nécessaire de l'institution. Il semble que ce soit en usant, avec tact, du moyen de pression mis ainsi à leur disposition que les membres du Conseil ont convaincu Roland Dumas de se mettre en congé en 1999, puis de démissionner en 2000.

La mise en congé fut de nouveau utilisée – et très discutée – lorsque Valéry Giscard d'Estaing se trouva en position d'être juge et partie, le Conseil ayant à statuer sur la Constitution européenne dont il était le père le plus visible, et que Simone Veil voulut de son côté prendre part à la campagne référendaire. L'un et l'autre cessèrent donc de siéger jusqu'après la proclamation des résultats.

Article 58

Le Conseil Constitutionnel veille à la régularité de l'élection du président de la République.

Il examine les réclamations et proclame les résultats du scrutin.

379. L'article 58 attribue au Conseil constitutionnel, sur l'élection présidentielle, une compétence générale que détaillent en partie des dispositions organiques, principalement celles résultant de la loi organique n° 62-1292 du 6 novembre 1962, modifiée, relative à l'élection du président de la République au suffrage universel, et de l'ordonnance n° 58-1067 du 7 novembre 1958, modifiée, portant loi organique sur le Conseil constitutionnel. De la combinaison de la Constitution et de ces textes organiques il résulte que le Conseil intervient, de manière déterminante, tout au long du processus.

380. Exceptionnellement, il peut être celui qui le déclenche, lorsqu'il constate la vacance ou le caractère définitif de l'empêchement (*supra*, **54**), mais, toujours, c'est lui qui arrête la liste des candidats, désigne des délégués qui surveilleront sur place le déroulement des opérations électorales, examine et tranche définitivement toutes les réclamations et proclame les résultats officiels du premier, puis du second tour. Son rôle se prolonge même au-delà, puisque c'est encore devant lui que sont formés les recours contestant les décisions rendues sur les comptes de campagne des candidats par la Commission nationale des comptes de campagne et des financements politiques (CNCCFP). À ce titre, en 2013, le Conseil a jugé que c'était à bon droit que cette commission avait rejeté les comptes de campagne de M. Sarkozy, celui-ci n'ayant alors notamment pas droit au remboursement partiel de ses dépenses prévu par la loi (2013-156 PDR du 4 juillet 2013).

En outre, le Conseil est normalement consulté par le gouvernement sur l'organisation de l'élection et avisé sans délai de toute mesure relative à celle-ci.

Ainsi, comme le soulignent les auteurs du *Code constitutionnel* (p. 635), ses fonctions en la matière sont-elles tantôt consultatives, tantôt administratives, tantôt juridictionnelles.

381. Jusqu'à présent, aucune difficulté grave n'a surgi dans une élection présidentielle. À chaque scrutin, le Conseil est conduit à examiner un certain nombre de réclamations et, souvent, à annuler les résultats de tel ou tel bureau de vote, voire de toute une commune. Le jour où un écart infime séparerait les deux candidats finalistes ou le deuxième et le troisième au premier tour, laissant planer un doute sur le nom du vainqueur ou du sélectionné légitime, comme ce fut le cas en 2000 aux États-Unis, le juge, contrairement à ce qui s'était produit outre-Atlantique, choisirait sans doute d'annuler les opérations afin de les recommencer.

Mais l'essentiel tient au fait que nul, jamais, n'a mis en cause la régularité et les résultats du scrutin. Le rôle et la réputation du Conseil constitutionnel n'y sont pas étrangers.

Article 59

Le Conseil Constitutionnel statue, en cas de contestation, sur la régularité de l'élection des députés et des sénateurs.

382. C'est un progrès sensible qu'a ici apporté la Ve République. Jusqu'alors, les assemblées elles-mêmes procédaient, en cas de contestation de l'élection d'un de leurs membres, à ce qu'on appelait la *vérification des mandats*. Elles se laissaient parfois aller à des décisions motivées plus par la solidarité politique que par la rigueur juridique.

Ce n'est plus le cas, mais la compétence du Conseil constitutionnel pose des questions importantes quant au champ de ses attributions.

383. La principale tient au fait de savoir si, juge de la régularité de l'élection de chaque parlementaire, le Conseil l'est aussi de l'ensemble. Elle a été explicitement posée par la requête de François Delmas, qui, en 1981, contestait la régularité du décret convoquant les élections consécutives à la dissolution de l'Assemblée nationale.

Normalement, le Conseil constitutionnel n'a pas compétence pour juger les opérations préliminaires, qui relèvent du juge judiciaire en ce qui concerne l'établissement des listes électorales et du juge administratif pour toutes les décisions par lesquelles les autorités exécutives organisent les élections.

On savait déjà que le Conseil pouvait, à l'occasion d'une réclamation postérieure au scrutin et portant sur l'élection d'un parlementaire, s'interroger, par voie d'exception, sur la régularité des actes administratifs préalables. Mais tout autre était le problème de son intervention *préventive*.

384. Dans sa décision du 11 juin 1981, le Conseil, sans se prononcer sur la dissolution elle-même, qui est discrétionnaire (*supra*, article 12), a admis sa compétence pour examiner le décret de convocation des électeurs. L'irrégularité éventuelle de celui-ci entachant l'ensemble des opérations électorales, il a estimé nécessaire qu'il soit statué avant le premier tour, et ce fut, en l'occurrence, pour rejeter la requête sur le fond.

Cette décision très importante a été confirmée par la suite, et même étendue à tout acte administratif susceptible de mettre en cause la régularité de l'ensemble des opérations (16-20 avril 1982, *Bernard et autres*, à propos de l'élection des sénateurs représentant les Français de l'étranger).

Cette vigilance légitime du Conseil constitutionnel a provoqué une saine émulation du Conseil d'État qui, opérant un revirement de sa jurisprudence antérieure, accepte désormais de contrôler la légalité d'actes administratifs préalables, notamment ceux portant sur l'attribution de temps d'antenne dans le cadre de la campagne officielle (11 mars 1993, *Union nationale écologiste et Parti pour la défense des animaux* [PPDA]).

L'action conjuguée des juges constitutionnels et administratifs prémunit donc raisonnablement, désormais, contre les risques d'irrégularité.

385. Mais l'essentiel de la compétence du Conseil demeure toujours dans le jugement des réclamations qui suivent les élections. Elle a même pris une dimension nouvelle, et essentielle, depuis que la loi du 15 janvier 1990 a institué un plafond contrôlé de dépenses électorales et donné mission au Conseil non seulement d'invalider le député qui l'aurait méconnu, mais encore de déclarer inéligible pour un an tout candidat dont le compte serait absent ou rejeté, ou les dépenses excessives. Le Conseil peut être saisi, dans les dix jours qui suivent la proclamation du résultat, par tout candidat ou tout électeur inscrit dans la circonscription. Il peut également l'être, ultérieurement, par la Commission nationale des comptes de campagne et des financements politiques (CNCCFP) si celle-ci, à l'occasion de l'examen qu'elle fait de tous les comptes de campagne, décèle des irrégularités. Cela a pour conséquence d'interdire à l'élu, s'il est concerné, d'être candidat à l'élection partielle consécutive à sa propre invalidation. Et ce sont des questions de financement qui ont motivé quatre annulations à la suite des élections législatives de 1993, deux seulement après celles de 1997, 2002 et 2007, et aucune, après celles de 2012, ce qui atteste que la loi est enfin parfaitement comprise et respectée.

Pour les élections sénatoriales, le Conseil a, au total, prononcé quatre inéligibilités sur saisine de la CNCCFP.

386. Il dispose des moyens nécessaires pour conduire des enquêtes, procéder à des vérifications et se faire aider dans cette tâche par des rapporteurs adjoints, issus du Conseil d'État et de la Cour des comptes.

Au terme de cette procédure, il tient de la loi organique le pouvoir soit d'annuler l'élection, soit de rectifier son résultat, soit même de proclamer élu celui qui aurait dû l'être. Sagement, toutefois, il n'a usé de cette dernière faculté qu'à une seule reprise (2014-4902 SEN du 12 février 2015 Vaucluse) préférant recommencer le scrutin, plutôt qu'en inverser l'issue initialement proclamée. C'est ainsi que, plusieurs mois après chaque renouvellement général de l'Assemblée nationale, sont organisées quelques élections partielles,. À la suite des élections législatives de 2012, le Conseil a été saisi de 108 réclamations formées par des candidats ou des électeurs contre les opérations électorales. Il a procédé à l'annulation des opérations dans 7 circonscriptions. Ces annulations portent à 70 le nombre des opérations électorales législatives annulées par le Conseil depuis 1959. Pour les élections sénatoriales, le Conseil a, depuis l'origine, procédé, outre à la réformation de 2015, à onze annulations.

Jusqu'à présent, l'intégralité de la procédure était écrite, ce qui, ni en droit ni en fait, ne présentait de graves inconvénients. Néanmoins, il y avait quelque chose de troublant à ce que des candidats, à plus forte raison des élus, pussent être déclarés inéligibles sans même pouvoir être entendus en leurs explications verbales. C'est pourquoi le Conseil constitutionnel, maître de l'essentiel de sa propre procédure, a décidé que celle-ci pourrait également être orale (*infra*, **420**).

387. Deux observations ultimes méritent l'attention.

En premier lieu, l'inéligibilité, qui frappe les candidats dont les dépenses sont irrégulières, prend son point de départ, depuis la loi organique du 19 janvier 1995, à la date de la décision du Conseil. Ce dernier peut donc prendre le temps de statuer, sans craindre que la sanction soit ineffective. En outre, cette inéligibilité ne s'applique qu'au mandat concerné et laisse donc celui qu'elle frappe libre de conserver un autre mandat qu'il détiendrait et même de concourir à toute autre élection, ce qui peut être discutable.

En second lieu, la contestation de l'élection d'un parlementaire d'une part lui interdit de démissionner, d'autre part suspend l'application des incompatibilités. Sur le premier point, il s'agit d'empêcher celui qui aurait été irrégulièrement élu de renoncer momentanément à son mandat, avant que sa fraude soit constatée, pour se représenter – vierge, pourrait-on dire – à l'élection partielle consécutive. Sur le second point, il serait en effet cruel qu'un élu qui a renoncé à d'autres fonctions pour conserver son siège perde celui-ci sans pouvoir retrouver celles-là. Ainsi du parlementaire frappé par la limitation du cumul des mandats, qui conserve son siège aussi longtemps que n'a pas été jugé le contentieux relatif à son élection. Mais le résultat de cette prévoyance est que certains parlementaires peuvent souhaiter, voire provoquer, la contestation de leur propre élection, à seule fin de cumuler le plus longtemps possible des mandats pourtant formellement incompatibles. C'est ce système qui avait profité à Jean-Claude Gaudin : sénateur, président de conseil régional, élu maire de Marseille, il lui fallait choisir. Mais la contestation de son élection municipale lui avait permis de surseoir. Puis son entrée au gouvernement, en novembre 1995, l'avait contraint à quitter le Sénat, sans qu'il eût dû, dans l'intervalle, renoncer ni à sa mairie ni à sa présidence. Alors qu'il s'apprêtait à renoncer à la région, ce délai miraculeux l'avait finalement autorisé à la conserver… jusqu'à ce que les électeurs eux-mêmes l'en privassent dans le scrutin suivant.

Article 60

Le Conseil Constitutionnel veille à la régularité des opérations de référendum prévues aux articles 11 et 89 et au titre XV. Il en proclame les résultats.

388. Pour l'élection présidentielle, le Conseil, outre la proclamation des résultats, « veille à la régularité de l'élection » et « examine les réclamations » (*supra*, article 58). En revanche, il « veille à la régularité des opérations de référendum » et aucune mention n'est faite des réclamations dans l'article 60.

Cette définition de son rôle, très générale, doit s'interpréter à la lumière des articles 46 à 51 de l'ordonnance n° 58-1067 du 7 novembre 1958 portant loi organique sur le Conseil constitutionnel et, au moins autant, à celle de sa jurisprudence. À cette fin, il y a lieu de distinguer ici, parmi ses attributions, selon qu'elles sont juridictionnelles ou consultatives.

389. C'est l'article 50 de l'ordonnance qui précise que le Conseil « examine et tranche définitivement toutes les réclamations ». Mais cette disposition, compte tenu notamment de sa place dans le texte organique, a longtemps été considérée comme ne visant que les protestations « susceptibles d'être formulées à l'issue du scrutin contre les opérations effectuées » (23 décembre 1960, *Regroupement national*). S'agissant en revanche des opérations préliminaires, et des réclamations auxquelles celles-ci pouvaient donner lieu, le Conseil constitutionnel, dans la même décision, déclinait sa compétence, au profit de celle du Conseil d'État, qui s'en était d'ailleurs saisi (19 octobre 1962, *Brocas*, p. 553).

Mais, en 2000, à l'occasion du référendum sur le quinquennat organisé dans le cadre de l'article 89, le Conseil a très logiquement choisi de faire prévaloir « la mission générale de contrôle » que lui confie l'article 60 de la Constitution sur les termes, plus restrictifs, de l'article 50 de l'ordonnance organique. C'est pourquoi il a accepté de connaître de ceux des contentieux dont l'éviction, sinon, aurait les conséquences les plus fâcheuses (*supra*, **94**). Cette jurisprudence, confirmée en 2005 (24 mars 2005, *Hauchemaille, Meyet*), aboutit à un partage entre les juges constitutionnel et administratif, le premier ne statuant que sur ce qui entacherait gravement l'exercice référendaire, tandis que tout le reste, qui n'est pas subalterne, est dévolu au second.

390. L'article 46 de l'ordonnance prévoit que le Conseil est consulté sur l'organisation des opérations de référendum et informé de toute mesure prise à ce sujet (tandis que l'article 47 l'invite à présenter des observations sur l'habilitation des organisations à participer à la campagne officielle, et l'article 48 à désigner des délégués chargés de suivre les opérations).

En fait, le Conseil constitutionnel a été consulté sur tous les décrets par lesquels un président de la République a provoqué un référendum. Certes, son avis n'a pas été publié, mais rien n'interdirait qu'il le soit.

De plus, l'habitude a été prise, par suite de l'insistance du Conseil lui-même et du souci des gouvernements d'être aussi irréprochables que possible, de le consulter sur toutes les mesures entourant l'organisation du référendum.

Ainsi, sans que l'on puisse aller jusqu'à dire qu'elles sont prises, en droit, *sur avis conforme* du Conseil constitutionnel, le résultat, en fait, est assez proche.

Lorsqu'il eut progressivement acquis l'autonomie qui lui faisait défaut durant ses premières années, le Conseil constitutionnel eut d'autant moins de scrupules à confirmer la jurisprudence initiale, très restrictive, sur ses attributions juridictionnelles en matière de référendum qu'il avait élargi, sans peine et sans hésitation, ses compétences consultatives de manière telle que cela l'autorisait non seulement, de façon avérée, à peser *a priori* pour prévenir tout ce qui pourrait nuire à la sincérité ou à la régularité de la consultation, mais encore, de façon potentielle, à exercer une pression dissuasive au cas où, dans l'avenir, serait envisagé un référendum par trop attentatoire à des règles ou principes de valeur constitutionnelle.

Bref, s'être ici montré un *juge* timoré lui avait permis d'être un *consultant* d'autant plus audacieux et influent, donc efficace.

391. La révision constitutionnelle du 28 mars 2003 a précisé que le contrôle porte sur les opérations de référendum « prévues aux articles 11 et 89 », afin d'éviter que le Conseil constitutionnel ne soit saisi en cas de contestation sur les diverses consultations désormais prévues par les articles 72-1 (alinéas 2 et 3), 72-4 et 73 (alinéa 7). Il eût été plus expédient de maintenir aux articles 11 et 89 le monopole d'utilisation du terme de « référendum » (désormais présent à l'article 72-1, alinéa 2), d'autant plus qu'il aurait mérité d'être réservé aux manifestations du suffrage universel, donc national, et non étendu au suffrage local qui, par définition, ne mobilise pas l'universalité des citoyens.

Enfin, la révision du 1er mars 2005, au terme de laquelle les nouveaux élargissements de l'Europe devront, stupidement, être autorisés par référendum (*infra*, article 88-5), a contraint à modifier la rédaction pour y inclure, désormais, la référence au titre XV, tandis que le sort des référendums d'initiative minoritaires, introduits en 2008, est réglé à l'article suivant.

Article 61

Les lois organiques, avant leur promulgation, les propositions de loi mentionnées à l'article 11 avant qu'elles ne soient soumises au référendum, et les règlements des assemblées parlementaires, avant leur mise en application, doivent être soumis au Conseil Constitutionnel, qui se prononce sur leur conformité à la Constitution.

Aux mêmes fins, les lois peuvent être déférées au Conseil Constitutionnel, avant leur promulgation, par le président de la République, le Premier Ministre, le président de l'Assemblée Nationale, le président du Sénat ou soixante députés ou soixante sénateurs.

Dans les cas prévus aux deux alinéas précédents, le Conseil Constitutionnel doit statuer dans le délai d'un mois. Toutefois, à la demande du Gouvernement, s'il y a urgence, ce délai est ramené à huit jours.

Dans ces mêmes cas, la saisine du Conseil Constitutionnel suspend le délai de promulgation.

392. *Majeure* : le peuple (la Nation) est souverain(e). *Mineure* : le Parlement représente le peuple (la Nation). *Conclusion* : le Parlement est souverain. Ce syllogisme traditionnel du parlementarisme français faisait percevoir toute idée de contrôle de la constitutionnalité des lois, hors le Parlement lui-même, comme un exotisme propre à des pays au développement démocratique incertain. Seule une partie de la doctrine en défendait l'idée, que rejetaient tout uniment, quand même elles songeaient à s'y arrêter un instant, la totalité des forces politiques.

De Gaulle lui-même, qui pourtant l'a créée, était réputé avoir dit : « En France, la Cour suprême, c'est le peuple », signifiant par là que ce dernier seul pouvait être en droit de sanctionner la loi à travers ses auteurs.

393. C'était oublier, en théorie, que la démocratie ne se résume pas à la souveraineté, qu'elle soit populaire ou nationale, mais suppose que l'exercice de cette souveraineté se fasse dans le cadre d'un État de droit, c'est-à-dire dans la soumission de tous, à commencer par l'État lui-même et ses organes, au droit établi et modifié selon des formes déterminées. C'était également oublier, en droit, que la Constitution est la première des manifestations de la souveraineté et que nul ne doit pouvoir excéder les attributions qu'elle confie. C'était encore oublier, en fait, que la loi qui exprime une volonté majoritaire ne peut avoir exactement le même statut que celui conçu pour la loi qui exprimerait la volonté vraiment générale. C'est tout cela qu'a sobrement résumé le Conseil constitutionnel lui-même en rappelant que la loi « n'exprime la volonté générale que dans le respect de la Constitution » (85-197 DC du 23 août 1985). Mais que de difficultés pour en arriver là !

394. Il n'est pas assuré que, en 1958, les auteurs du projet eux-mêmes aient eu clairement conscience de ce que leur création allait devenir, un Frankenstein réussi ! Certes, les travaux du Comité consultatif constitutionnel, réuni durant l'été 1958, attestent que ses membres avaient pressenti, pour les regretter ou s'en féliciter, les débats et développements ultérieurs. Mais l'étroitesse de la saisine, alors limitée aux deux têtes de l'exécutif et aux deux têtes du législatif, donnait à penser que le rôle principal du Conseil constitutionnel serait la préservation du domaine réglementaire contre les empiétements de la loi (*supra*, article 37). Cette équivoque a fait que la Constitution n'a pas tranché de manière limpide entre un contrôle institutionnel et un contrôle juridictionnel et a procédé au choix empirique de solutions hybrides (d'un côté se manifeste le souci d'assurer la conformité des lois à la Constitution, mais, d'un autre côté, ce n'est que pour une partie d'entre elles, à un moment seulement…). Muni de ce viatique, prometteur mais imparfait, le Conseil constitutionnel s'est, progressivement et talentueusement, bricolé des instruments efficaces.

395. Du point de vue des normes de référence – la conformité *à quoi* –, le dispositif de la Constitution, c'est-à-dire ses 92 articles à l'origine, devenus 108 aujourd'hui, s'imposait évidemment. Mais s'il assujettit le législateur au respect strict de ses procédures et de ses attributions, il ne définit que peu de droits et libertés. En outre, même du point de vue du fonctionnement des pouvoirs publics, nombre de règles essentielles figurent dans les lois organiques, et non dans la Constitution elle-même.

Ce sont les raisons pour lesquelles le Conseil a peu à peu étendu son champ de référence et formé ainsi ce que Claude Émeri, le premier (*RDP*, 1970, p. 608), a formellement baptisé un *bloc de constitutionnalité*, tandis que le mérite de le faire connaître est revenu à Louis Favoreu.

396. Le tournant majeur est intervenu le 16 juillet 1971 (71-44 DC), lorsque, pour la première fois explicitement, le Conseil constitutionnel a étendu son contrôle à la conformité des lois au *préambule* de la Constitution. Entraient ainsi dans le bloc de constitutionnalité non seulement les dix-sept articles de la Déclaration de 1789, véritable charte de la liberté individuelle, mais aussi l'ensemble des *principes particulièrement nécessaires à notre temps*, énoncés par le préambule de 1946, et même, parce que ce dernier y fait référence, les *principes fondamentaux reconnus par les lois de la République*, qui ne sont précisément énumérés nulle part (*infra*, **562**), ainsi que, depuis, la *Charte de l'environnement* (*infra*).

Il en résulte un ensemble de principes et de règles de valeur constitutionnelle que le législateur a l'obligation de respecter. La difficulté vient, et quelques polémiques avec elle, de ce que ces règles et principes ne figurent pas tous explicitement dans la Constitution, ni même dans les textes auxquels renvoie son préambule. Aussi le Conseil est-il suspect de pouvoir dilater à sa guise le bloc de constitutionnalité, qu'il a seul qualité pour définir. Et de redouter alors le spectre du gouvernement des juges, qu'agitent rituellement ceux qu'une décision mécontente.

En réalité, s'il est vrai que le Conseil constitutionnel est suffisamment humain pour n'être pas infaillible, il demeure qu'il prend grand soin de toujours fonder sur un texte les principes qu'il utilise et que, après tout, le bon sens est parfois tellement élémentaire qu'aucun constituant n'a jugé nécessaire de l'exprimer, ce qui ne signifie pas qu'on devrait y renoncer.

397. Les lois organiques et les traités ou accords régulièrement ratifiés ou approuvés ont une autorité supérieure à celle des lois. Cela ne suffit pas à les faire entrer dans le bloc de constitutionnalité, puisque, précisément, ni les unes ni les autres n'ont valeur constitutionnelle. En revanche, c'est parce que la Constitution l'exige (implicitement dans le cas des lois organiques, explicitement, à l'article 55, dans le cas des engagements internationaux) que la loi doit les respecter et que le Conseil, partant, serait fondé à vérifier ce respect.

Et c'est aussi parce que cette exigence, du fait de la Constitution toujours, est inconditionnelle pour le respect des lois organiques et théoriquement conditionnelle pour celui des engagements internationaux que le Conseil constitutionnel inclut les premières dans les normes de référence de son contrôle (60-8 DC du 11 août 1960) et n'y inclut normalement pas les seconds (74-54 DC du 15 janvier 1975), mais finira par y venir tôt ou tard, au moins en partie (*supra*, **367**).

398. Enfin, à côté des principes et règles sont apparus, dans leur prolongement logique, des *objectifs* de valeur constitutionnelle. Ainsi, par exemple, le principe, posé par l'article 11 de la Déclaration de 1789, de la liberté de communication fait des lecteurs, auditeurs et téléspectateurs des destinataires de cette liberté (86-217 DC du 18 septembre 1986). Pour que cette liberté des destinataires soit effective, il est indispensable qu'ils puissent disposer de choix et, qui plus est, de choix informés. C'est en conséquence de ce raisonnement, difficilement contestable, que la *transparence* et le *pluralisme* étaient déjà considérés comme des *objectifs* de valeur constitutionnelle, dont il incombait au législateur de favoriser la réalisation, avant que la révision de l'article 34 (*supra*, **232**) ne vînt le confirmer. La jurisprudence a également inspiré la norme, puisque le constituant de 2008 a repris à son compte cette notion d'objectif de valeur constitutionnelle en donnant naissance à celui de l'équilibre des comptes des administrations publiques (*supra*, **233**).

399. Du point de vue des normes contrôlées – la conformité *de quoi* –, il y a lieu de distinguer les contrôles obligatoires de ceux qui ne le sont pas.

Sont obligatoirement soumis au Conseil constitutionnel les

lois organiques avant leur promulgation, les règlements des assemblées avant leur mise en application ainsi que, depuis 2008, les propositions de loi soumises à un référendum d'initiative minoritaire (*supra*, **98**). S'agissant en effet de normes qui intéressent directement la mise en œuvre de la Constitution, il est essentiel de vérifier leur conformité à celle-ci et il en va de même pour celles sur lesquelles les Français seront appelés à se prononcer car il serait trop tard pour la contrôler après.

Pour les règlements des assemblées, le contrôle ne s'étend pas à l'*Instruction générale du bureau*, qui en précise les modalités d'application. Mais l'examen des modifications du règlement lui-même est suffisamment strict pour inciter les autorités parlementaires à emprunter occasionnellement d'autres voies, précisément destinées à esquiver le contrôle du Conseil : c'est la raison pour laquelle s'est développé un système de *conventions*, par lesquelles la majorité et l'opposition se mettent d'accord avec le gouvernement, en dehors de tout texte, pour tenter des expériences, avant de les formaliser en cas de succès, voire pour échapper aux limitations que la Constitution impose. L'exemple le plus topique de ce type de convention fut longtemps l'organisation des séances de questions au gouvernement (*supra*, **331**).

La déclaration de conformité dont ils font nécessairement l'objet ne suffit pas à donner aux règlements valeur constitutionnelle. Selon une jurisprudence établie (78-97 DC 27 juillet 1978), seules s'imposent impérativement aux assemblées celles des dispositions de leurs règlements qui reproduisent, ou prolongent nécessairement, des dispositions constitutionnelles (ou organiques). La violation des dispositions du règlement ne présentant pas ce caractère est certes blâmable, mais elle ne suffit pas à justifier la censure de la loi adoptée dans ces conditions peccamineuses.

400. Par ailleurs, toute loi ordinaire peut être déférée au Conseil, qu'elle ait pour objet d'établir des normes ou de donner des autorisations. C'est ainsi que le juge peut être amené à contrôler la conformité à la Constitution d'un engagement international (*supra*, article 54) mais aussi d'une ordonnance (*supra*, **258**).

En revanche, quoique la Constitution elle-même ne réserve

pas ce contrôle aux seules lois *adoptées par le Parlement*, le Conseil constitutionnel considère que la loi *adoptée par référendum* est une « expression directe de la souveraineté nationale », qu'il n'a pas compétence pour examiner (62-20 DC du 6 novembre 1962). Si elle est compréhensible – l'existence même du Conseil pourrait être menacée s'il paraissait faire obstacle aux décisions solennellement prises par le peuple lui-même –, cette jurisprudence n'en est pas moins problématique, en creusant, dans la garantie de l'État de droit, une faille dans laquelle pourrait s'engouffrer tout président aux abois tenté par la démagogie. Enfin, le Conseil constitutionnel s'est sèchement déclaré incompétent (2003-469 DC du 26 mars 2003) pour connaître des lois constitutionnelles (*infra*, **524**), expression qui, au demeurant, n'existe pas dans la Constitution, laquelle ne parle que de « révision ».

Plus généralement, le Conseil a très tôt refusé, sans doute à raison, d'étendre ses propres compétences au delà de celles que la Constitution lui confie explicitement et il ne saurait donc « être appelé à statuer ou à émettre un avis que dans les cas et suivant les procédures qu'elle a fixés » (61-1 AUTR du 14 septembre 1961). On peut parfois le regretter, mais il ne serait pas souhaitable qu'il devienne l'arbitre permanent de la vie politique, ce que lui épargne le respect, à une exception près, (*infra*, **532**), de cette compétence d'attributions.

401. Ce sont respectivement le Premier ministre ou le président de l'assemblée intéressée qui ont l'obligation de transmettre au Conseil toute loi organique ou toute modification du règlement.

Pour les lois ordinaires, la saisine ouverte aux deux chefs de l'exécutif et aux deux présidents du législatif a été élargie, par la très importante loi constitutionnelle n° 74-904 du 29 octobre 1974, à soixante députés ou soixante sénateurs, soit à peu près un dixième de l'Assemblée nationale et un peu plus d'un sixième du Sénat.

Durant les quelques années qui ont suivi cette révision, les groupes avaient tendance à faire de la saisine du Conseil constitutionnel un indice de leur niveau d'opposition au texte. Puis, peu à peu, ils ont appris à cibler davantage, et à ne saisir que lorsque se posaient des problèmes constitutionnels réels. Compte tenu de ce discernement nouveau – qui ne va pas sans rechutes occasionnelles –, peut-être serait-il souhaitable d'ouvrir la saisine non plus à soixante députés ou soixante sénateurs, mais à tout groupe parlementaire, quels que soient ses effectifs : il s'en fallut de très peu, après les résultats mirobolants des élections de 1993, que l'opposition à l'Assemblée nationale perdît toute possibilité de saisir le Conseil, ce qui eût été à la fois choquant et dangereux.

Le Conseil constitutionnel est en moyenne saisi une vingtaine de fois par an dans le cadre de l'article 61 de la Constitution (24 fois en 2010, 23 fois en 2011, 17 fois en 2012 année d'élections présidentielle et législative, 23 fois en 2013, 22 fois en 2014). Indépendamment des saisines obligatoires du Premier ministre pour les lois organiques et des présidents de chaque assemblée pour les règlements, le Conseil est presque uniquement saisi par les députés ou les sénateurs de l'opposition. Depuis 1959, il a été saisi de lois ordinaires à quatre reprises par le président de l'Assemblée nationale, à neuf reprises par le président du Sénat et à seize reprises par le Premier ministre. Il a été saisi pour la première fois par le président de la République, en 2015, de la loi relative au renseignement (2015-713 DC du 23 juillet 2015). Il a été saisi pour la première fois en 2014 par soixante députés de la majorité qui venaient de voter la loi en question relative à la géolocalisation, puis à nouveau en 2015 par soixante sénateurs à l'origine de la loi autorisant l'accord local de répartition des sièges de conseillers communautaires.

402. L'unique obligation qui s'impose aux autorités de saisine est d'agir avant promulgation. En principe, une loi promulguée ne peut plus être contestée devant le Conseil constitutionnel, hors la nouvelle voie de l'article 61-1 (*infra*). Celui-ci, toutefois, avait déjà lui-même apporté une atténuation importante à cette règle en décidant que « la régularité au regard de la Constitution d'une loi déjà promulguée peut être utilement contestée à l'occasion de l'examen des dispositions législatives qui la modifient, la complètent ou affectent son domaine » (85-187 DC du 25 janvier 1985). C'est une brèche qui était ainsi ouverte, et qui mettait d'ailleurs bien en évidence les difficultés inhérentes au contrôle *a posteriori*. Comme le souligne en effet Dominique Rousseau (*Droit du contentieux constitutionnel*), si le Conseil constitutionnel estime que la disposition déjà promulguée est contraire à la Constitution, il peut faire obstacle à la promulgation de celle qui la modifie, la complète ou affecte son domaine, mais il ne peut censurer celle qui est déjà en vigueur : la voilà donc formellement déclarée non conforme et, tout aussi formellement, maintenue en application ! Seule l'autorité qui s'attache aux décisions du Conseil (*infra*, article 62) pouvait alors permettre aux juges, judiciaires ou administratifs, de traiter le problème.

403. Le Conseil constitutionnel dispose d'un délai d'un mois pour statuer (à compter de la date de la saisine, quoique ni la Constitution ni l'ordonnance organique ne le précisent), ce qui peut être très court pour certains textes denses, volumineux ou complexes. En fait, lorsqu'il en a le loisir, le Conseil suit attentivement l'élaboration des lois sur lesquelles il suppute une saisine.

Ce mois peut même être ramené à huit jours à la demande du gouvernement en cas d'urgence. Les gouvernements successifs ont eu, jusqu'à présent, le bon goût de ne pratiquement jamais formuler cette demande (*contra*, 82-139 DC du 11 février 1982), le Conseil rendant la politesse en statuant très rapidement lorsque le contenu de la loi le rend nécessaire.

404. La saisine suspend le délai de promulgation (*supra*, article 10), qui ne recommence à courir que lorsque le Conseil a rendu sa décision. Si celle-ci conclut à la conformité (ou à la non-contrariété) de la loi ordinaire ou organique, elle est obligatoirement promulguée ou, s'il s'agit du règlement d'une assemblée, il est mis en application. Quant à la proposition de loi destinée au référendum, elle peut y être soumise.

Si le texte est déclaré non conforme en totalité, ou si une de ses dispositions déclarée non conforme est jugée inséparable de l'ensemble, il ne peut être ni promulgué, ni mis en application (*infra*, article 62), ni soumis à référendum.

Si, enfin, une ou plusieurs dispositions sont déclarées non conformes mais séparables, le texte peut être promulgué ou mis en application (ou, sans doute, soumis à référendum), amputé de ses dispositions censurées.

Dans tous les cas de non-conformité, soit les dispositions censurées disparaissent purement et simplement, soit elles peuvent faire l'objet d'une nouvelle délibération s'il s'agit d'une loi (*supra*, article 10) ou d'un réexamen s'il s'agit du règlement d'une assemblée, soit encore une procédure de révision constitutionnelle peut être engagée pour que le pouvoir constituant accomplisse ce pour quoi le pouvoir législatif a été déclaré incompétent (*supra*, **351**).

405. Lorsqu'il est saisi d'une loi sans qu'aucun grief ne soit formulé, le Conseil constitutionnel se borne à examiner la régularité de la procédure d'adoption de la loi déférée et les griefs ressortant des travaux parlementaires (2011-630 DC du 26 mai 2011 ; 2016-730 DC du 21 avril 2016).

Lorsqu'il est saisi d'un texte, il l'est de tout le texte, et pas seulement de ses articles contestés. D'un côté, cela peut le conduire à soulever d'office un moyen pour censurer une disposition, même si elle n'a pas été combattue. D'un autre côté, sa décision de conformité, ou de non-contrariété, profite seulement aux articles discutés. Pour les autres articles, il s'agit tout au plus d'une présomption (*infra*, **413**).

Son contrôle s'exerce à la fois sur la régularité externe et sur la régularité interne de la loi.

Au titre de la régularité externe, il vérifie la compétence – la loi ordinaire ne peut faire ce qui relève de la loi organique (*supra*, article 46), la loi ordinaire doit apporter toutes les garanties légales qu'elle seule peut instituer (*supra*, **235**), le Parlement ne peut prendre d'initiatives dépensières (*supra*, article 40) – mais aussi la procédure (*supra*, articles 39 et 44 à 47-1).

Au titre de la régularité interne, le Conseil constitutionnel traque la violation de la Constitution et des principes, règles et objectifs de valeur constitutionnelle. Souvent, respect ou violation sont raisonnablement objectifs. Mais il se produit aussi que l'inconstitutionnalité soit liée à une appréciation. Dans ce cas, le Conseil rappelle que l'article 61 « ne lui confère pas un pouvoir général d'appréciation et de décision identique à celui du Parlement » (74-54 DC 15 janvier 1975), et il se borne alors, s'il y a lieu, à ne sanctionner l'erreur d'appréciation que lorsqu'elle est manifeste (85-196 DC 8 août 1995), veillant ainsi à ne pas se comporter en troisième chambre.

En revanche, il a rendu la régression impossible en affirmant que la loi ne peut réglementer l'exercice d'une liberté de valeur constitutionnelle de manière telle que cela puisse « aboutir à priver de garanties légales des exigences de caractère constitutionnel » (86-217 DC du 18 septembre 1986). En matière de libertés, le char de l'État n'a plus de marche arrière.

406. En réalité, la situation la plus fréquente est celle dans laquelle le juge doit veiller au respect d'un équilibre entre principes constitutionnels opposés, sinon contradictoires : toute liberté constitutionnelle doit être conciliée avec le principe, également constitutionnel, d'égalité ; la répression des crimes et délits, objectif de valeur constitutionnelle, doit être conciliée avec l'ensemble, également de valeur constitutionnelle, des sûretés individuelles ; le droit, que le législateur tient de la Constitution, de déterminer les conditions de fonctionnement des collectivités locales doit être concilié avec le principe de leur libre administration de celles-ci, etc.

Libertés et droits fondamentaux sont rarement univoques et, dans les binômes contradictoires qu'ils forment le plus souvent, l'un des deux termes ne peut jamais être complètement sacrifié à l'autre. En d'autres termes, le droit constitutionnel se défie de l'absolu. C'est ce qui fait à la fois l'importance et la difficulté du rôle du juge constitutionnel, puisque, en fin de compte, c'est lui qui vérifie qu'un point d'équilibre est atteint. Son choix doit être assez fondé pour n'être pas inacceptable et préserver ainsi l'autorité de ses décisions. Le maniement du trébuchet exige plus de doigté que celui de la hache. Il en va de même de la nécessité de ne se servir que de la gomme alors que la tentation d'utiliser le crayon n'est jamais absente (2017-624 QPC du 16 mars 2017, 2017-747 DC du 16 mars 2017).

407. Contrairement à d'autres pays, la France de 1958 avait ainsi opté pour un contrôle *spécialisé* (puisqu'il n'était pas exercé par les tribunaux ordinaires), *préventif* (puisqu'il n'intervenait qu'avant l'entrée en vigueur du texte), *abstrait* (puisqu'il appréciait la constitutionnalité de la norme en elle-même, et non à l'occasion de son application à un cas concret) et *limité* (puisque la saisine n'était ni systématique, ni ouverte à tout justiciable).

Ce schéma présentait des vertus indiscutables. Si l'on admet que la sécurité juridique est la première des garanties d'un système de droit, matrice de nombre d'autres, la présomption de constitutionnalité qui s'attachait à la loi promulguée, la certitude de ne pas la voir rétroactivement annulée, même après des années d'application, au risque de voir bouleversées bien des situations acquises de bonne foi, étaient autant d'avantages qui résultaient des caractéristiques de ce contrôle.

Mais il pouvait aussi offrir des béances à l'inconstitutionnalité. Que le Conseil n'eût pas pu être saisi, parce qu'il n'existait pas (pour les textes antérieurs à 1958), ou parce que sa saisine était trop restreinte (avant 1974), ou tout simplement parce que ceux qui pouvaient en user n'avaient pas jugé bon de le faire, ou encore que l'inconstitutionnalité d'un texte ne se révélait qu'à l'occasion d'une application concrète, dans tous ces cas la présomption de constitutionnalité eût gagné à être une certitude.

Ce furent les raisons pour lesquelles un projet de loi constitutionnelle du 30 mars 1990 (*infra*, **532**) visa à créer l'*exception d'inconstitutionnalité* qui eût permis à tout justiciable, dans certains cas, de faire saisir le Conseil constitutionnel pour examiner la conformité à la Constitution d'une loi qu'on entendait lui appliquer. Adoptée par l'Assemblée nationale, cette révision proposée par la gauche se heurta au veto, inavoué mais réel, du Sénat. Dix-huit ans plus tard, c'est la droite qui en proposa un avatar et la gauche fut, hélas, assez mal inspirée pour voter contre mais, heureusement, assez faible pour ne pouvoir faire échec à son adoption (*infra*, article 61-1).

408. Tout cela atteste de la persistance des relations délicates que le Parlement entretient avec le Conseil constitutionnel. Le premier voit dans le second un tuteur pesant, toujours plus ou moins suspect d'illégitimité structurelle ou d'arrière-pensées conjoncturelles. Même apaisées avec le temps, ces relations restent facilement crispées.

L'expérience montre pourtant que le Conseil constitutionnel ne joue ni plus ni moins, à l'égard du Parlement, que le rôle du gendarme à l'égard de l'automobiliste, la Constitution tenant lieu de Code de la route : le législateur est contraint au respect de règles impératives nécessaires à la sécurité, constitutionnelle en l'occurrence, mais celles-ci lui laissent toute liberté pour choisir et sa destination et son itinéraire. Au demeurant, les décisions du juge sont aussi généralement prévisibles que celles du gendarme. Cela n'exige qu'une compétence et une technicité (un peu) plus grandes. Moyennant cela, il est pratiquement toujours possible, pour un gouvernement faisant preuve de la vigilance nécessaire, d'échapper à la censure constitutionnelle, qui s'impose rarement de manière hasardeuse ou inopinée.

Le contrôle de constitutionnalité n'entrave donc aucunement la liberté du pouvoir législatif. Il lui impose seulement le respect du pouvoir constituant. À cela et à cela seulement se limite le contrôle. Au-delà, pour reprendre une formule du doyen Vedel, ce n'est pas parce qu'une loi est mauvaise qu'elle est contraire à la Constitution, ni parce qu'elle est bonne qu'elle lui est conforme.

Article 61-1

Lorsque, à l'occasion d'une instance en cours devant une juridiction, il est soutenu qu'une disposition législative porte atteinte aux droits et libertés que la Constitution garantit, le Conseil constitutionnel peut être saisi de cette question sur renvoi du Conseil d'État ou de la Cour de cassation qui se prononce dans un délai déterminé.

Une loi organique détermine les conditions d'application du présent article.

409. La voici donc, cette question prioritaire de constitutionnalité (QPC) tant attendue. Le voici venu, plus de deux siècles après l'adoption du premier texte, le moment où les Français peuvent enfin se réclamer de leur propre Constitution, se placer sous son aile, comme le faisaient déjà pour la leur presque tous leurs voisins d'Europe continentale.

On aurait pu la souhaiter autre, autorisant le *contrôle diffus* qui aurait permis à toutes les juridictions, sous le contrôle de celles qui leur sont supérieures et du Conseil constitutionnel, de veiller au respect de la Constitution comme elles veillent déjà au respect des conventions internationales. Le constituant a fait un choix plus restrictif, reprenant le mécanisme que

Robert Badinter avait proposé en 1990, mais peu importe : ne boudons pas notre plaisir.

Qui ? Non pas un citoyen, mais un justiciable puisque ce doit être à l'occasion d'un procès. De ce fait, la nationalité importe peu et un étranger peut ainsi, et c'est très bien, faire avancer le droit constitutionnel car lui aussi est protégé par des principes dont on pourra vérifier le respect.

Sur quoi ? Sur n'importe quelle disposition législative, sauf celle adoptée par voie de référendum (n° 2014-392 QPC du 25 avril 2014).

Par rapport à quoi ? Par rapport aux droits et libertés constitutionnels, car on a voulu éviter, à juste titre, que la loi puisse être contestée sur des motifs de procédure ou de forme, qui auraient stimulé l'imagination des plaideurs plus que la défense des principes.

Avec quelles conséquences ? Celles que précise la loi organique n° 2009-1523 du 10 décembre 2009 qui a aménagé le filtre exercé par le Conseil d'État et la Cour de cassation, ne serait-ce qu'afin d'éviter une explosion des contentieux, dont certains purement dilatoires.

410. L'un des arguments qui plaidaient en faveur du contrôle diffus était la crainte de voir les hautes juridictions rendre le filtre à ce point étanche qu'il tarisse le flux des questions qui méritent d'être posées au juge constitutionnel. Ce danger s'est fait jour en 2010 lors des débuts de la QPC, il s'est relativisé depuis.

Il s'agit bien d'une *question* et non d'une *exception* : normalement, « le juge de l'action est juge de l'exception » or, ici, le juge ne peut répondre lui-même mais doit transmettre ou renvoyer. Elle a été rendue *prioritaire* en ceci qu'elle doit être traitée dès qu'elle est posée, à quelque stade de la procédure que l'on soit. Cela ne nuit en rien aux autres contrôles ni ne les retarde (priorité n'est pas supériorité), notamment celui de conventionnalité qui peut être déclenché à tout moment pertinent, mais cela accélère celui-ci pour lequel la loi organique a voulu tracer une voie rapide.

Ainsi le premier juge doit-il, « sans délai », vérifier que la loi contestée s'applique au litige, qu'elle n'a pas déjà été expressément déclarée conforme à la Constitution (sauf changement des circonstances, de fait ou de droit, de nature à justifier un nouvel examen), que la question n'est pas dénuée de sérieux. Si manque l'une de ces trois conditions, il rejette la demande. Si elles sont réunies, il transmet aussitôt la question à la juridiction suprême de son ordre. Celle-ci, Conseil d'État ou Cour de cassation, dispose de trois mois pour décider de renvoyer la question, ou non, au Conseil constitutionnel, lequel à son tour dispose également de trois mois pour statuer. Ainsi, entre le moment où la question est posée pour la première fois et celui où il y est définitivement répondu s'écoulent seulement six à huit mois, pris sur le temps normal du procès, qui n'en retardent pratiquement pas l'issue et font de ce contrôle de constitutionnalité le plus diligent au monde.

411. Le Conseil constitutionnel a rendu sa première décision QPC le 28 mai 2010 sur la cristallisation des pensions. Au 1er mars 2017, en 7 ans, il a rendu 538 décisions sur 628 QPC et entendu près de 500 avocats dans des audiences publiques. Le rythme des QPC renvoyées au Conseil constitutionnel, après un pic en 2010-2011, est resté stable à environ 75 QPC renvoyées chaque année. Le délai moyen de jugement d'une QPC est de deux mois et demi. En 5 ans, le Conseil a jugé 160 dispositions législatives (30 % des décisions) partiellement ou totalement contraires à la Constitution.

De son côté, le Conseil constitutionnel a dû évoluer encore. D'institutionnel qu'il était largement jusqu'alors, son contrôle est devenu pleinement juridictionnel, avec des parties, demandeurs et défendeurs, qui ne sont plus des entités mais des personnes, auxquelles sont assurés tous les droits d'un procès équitable. Il n'en avait l'expérience partielle que grâce au contentieux des élections.

Quelles que soient les statistiques futures, importe avant tout le fait que la brèche est colmatée, l'État de droit perfectionné, la garantie des libertés renforcée. Plus le législateur est victime de frénésie dans l'adoption des textes, plus il se laisse aller à les voter dans l'émotion, plus le risque est réel qu'ils portent atteinte à des principes fondamentaux, et les choix qu'exercent des assemblées parfois unanimes – sur lesquels, de ce fait, le Conseil ne pouvait être saisi jusqu'ici – ne sont pas toujours les moins discutables. Ils ne seront plus sans recours.

Encore faut-il que le filtre ne se fasse pas bouchon. Les premières réticences de la Cour de cassation ont conduit à une retouche de la loi organique sur les formations en son sein. Depuis sont retombées les propositions visant à surmonter ce qu'un refus de renvoi pourrait avoir d'abusif, au risque de priver le justiciable d'un droit que la Constitution a solennellement voulu lui ouvrir.

Quant à l'idée, répandue, selon laquelle 61-1 tuerait 61, la QPC rendant inutiles les saisines parlementaires préalables, elle est fausse : ce n'est pas pour des raisons d'abord juridiques que les élus se tournent vers le Conseil mais pour des motifs d'abord politiques, lesquels n'ont nulle raison de disparaître, et le nombre de saisines parlementaires n'a d'ailleurs nullement diminué depuis la QPC.

Le jour, qui viendra, où le Conseil constitutionnel ne serait plus appelé à statuer que rarement, où il ne censurerait plus qu'exceptionnellement, il ne faudrait pas y voir l'échec ou l'inutilité de la QPC, mais au contraire son succès, préventif, le plus éclatant.

Article 62

Une disposition déclarée inconstitutionnelle sur le fondement de l'article 61 ne peut être ni promulguée ni mise en application.

Une disposition déclarée inconstitutionnelle sur le fondement de l'article 61-1 est abrogée à compter de la publication de la décision du Conseil Constitutionnel ou d'une date ultérieure fixée par cette décision. Le Conseil Constitutionnel détermine les conditions et limites dans lesquelles les effets que la disposition a produits sont susceptibles d'être remis en cause.

Les décisions du Conseil Constitutionnel ne sont susceptibles d'aucun recours. Elles s'imposent aux pouvoirs publics et à toutes les autorités administratives et juridictionnelles.

412. L'article 62 tire les conséquences logiques des articles 61 et 61-1. Le contrôle de constitutionnalité n'a de sens qu'autant qu'il fait échec à la promulgation (des lois organiques ou ordinaires) ou à la mise en application (des règlements des assemblées) ou à la perpétuation (dans le cadre de la QPC) de dispositions inconstitutionnelles. De ce fait, et malgré l'usage, il est juridiquement inexact de parler d'*annulation* puisque les dispositions sont censurées avant d'exister réellement dans le cadre de l'article 61 ou qu'elles sont abrogées dans le cadre de l'article 61-1.

Mais le présent article va plus loin, d'abord en consacrant, dès l'origine, l'importance des décisions du Conseil, non susceptibles de recours et impératives pour tous les pouvoirs publics.

413. L'autorité de la chose jugée s'attache aux décisions rendues sur les seuls textes que le Conseil a effectivement examinés. Mais il s'astreint alors lui-même à la respecter, puisque, lorsqu'il est saisi à nouveau d'un texte qu'il a déjà contrôlé, il impose, et il s'impose, de limiter le nouvel examen aux seuls éléments ayant varié depuis le précédent (*supra*, **361**).

Il existe néanmoins deux atténuations.

La première concerne des dispositions qui lui ont déjà été soumises, mais qu'il n'avait pas été appelé à examiner spécifiquement parce qu'elles n'étaient pas contestées par les saisissants de l'époque. Il achève toujours ses décisions par un considérant selon lequel, désormais, « il n'y a lieu, pour le Conseil constitutionnel, de soulever d'office aucune question de conformité à la Constitution ». On aurait pu en déduire que cela valait brevet de constitutionnalité pour les articles en question et que ce brevet était couvert de l'autorité de chose jugée. En réalité, le Conseil n'attache l'autorité, dans ce cas, qu'à ce qu'il a jugé expressément (88-244 DC du 20 juillet 1988), tandis que n'en bénéficie pas forcément la disposition analogue qui reparaît dans un texte ultérieur. Cela donne à son considérant rituel une portée limitée : il revient à dire non pas que les autres dispositions sont conformes à la Constitution, mais simplement que leur inconstitutionnalité éventuelle n'est pas manifeste.

La seconde atténuation à l'impossibilité de remettre en cause une décision du Conseil est tout simplement l'hypothèse de la rectification d'erreur matérielle. Elle s'est déjà produite dans le contentieux électoral, mais elle pourrait, après tout, se présenter dans d'autres types de contentieux.

Il faut souligner, enfin, que pour qu'il y ait autorité de chose jugée, il faut évidemment qu'il y ait chose *jugée*, ce qui signifie que les décisions que le Conseil peut prendre dans l'exercice de pouvoirs consultatifs ou administratifs (*supra*, articles 58 et 60) n'ont pas juridiquement la même autorité.

414. L'insertion de l'article 61-1 a obligé à développer davantage puisque, par définition, la disposition déclarée inconstitutionnelle existait déjà et avait, selon toute vraisemblance, produit des effets de droit. Dilemme : si l'on choisissait la *nullité*, il en résultait que l'inconstitutionnalité serait rétroactivement purgée dès son origine, ce qui eût été satisfaisant pour l'esprit. Mais, à l'opposé, eussent ainsi été remises en cause toutes les situations auxquelles la disposition avait été appliquée antérieurement, de sorte que tout tiers concerné pouvait découvrir un jour que ses droits se trouvaient gravement modifiés à raison d'un procès qui lui était extérieur et dont il pouvait ignorer jusqu'à l'existence ; si l'on choisissait l'*abrogation*, ce désordre était écarté, puisque les applications non contestées de la disposition inconstitutionnelle ne s'en trouveraient pas affectées, mais se verraient du même coup confirmées les conséquences acquises d'un texte pourtant déclaré inconstitutionnel.

Le constituant a plutôt, mais pas totalement, opté pour la seconde voie et tenté de définir une sorte d'optimum de la sécurité juridique dans un cadre où elle ne peut être parfaite.

À ces fins, il a assez bien anticipé en faisant confiance au Conseil constitutionnel et en lui ouvrant des possibilités dont il doit faire le meilleur usage dans chaque cas.

La norme est celle de l'abrogation à compter de la date de la décision. Mais, déjà, celle-ci peut la différer s'il y a lieu. Surtout, en confiant au Conseil, toujours cas par cas, la détermination des conditions et limites dans lesquelles les situations acquises peuvent être remises en cause, l'article ne ferme pas complètement la porte à l'hypothèse donc, le cas échéant, à des effets de nullité pour le passé qui iraient au-delà de la seule abrogation pour l'avenir.

D'ores et déjà, le système a démontré souplesse et efficacité. Par exemple, les anciens militaires issus des anciennes colonies recevaient des pensions honteusement inférieures à celles de leurs homologues français. Ceux d'entre eux qui saisissaient un juge étaient sûrs d'obtenir satisfaction grâce au contrôle de conventionnalité. Mais, sur près de 30000 personnes concernées, quelques dizaines seulement engageaient des procès et bénéficiaient de cet alignement. Grâce à la QPC, le texte lui-même fut abrogé (2010-1 QPC du 28 mai 2010), de sorte que la justice a profité à tous, selon les modalités que le Parlement a adoptées dans la loi de finances pour 2011. L'effet abrogatif du contrôle de constitutionnalité présente des vertus intrinsèques auxquelles ne peut prétendre, malgré d'autres avantages éminents, le contrôle de conventionnalité.

415. Dès 1962, le Conseil constitutionnel avait défini lui-même l'étendue de la chose jugée : « L'autorité des décisions [...] s'attache non seulement à leur dispositif mais aussi aux motifs qui en sont le soutien nécessaire et en constituent le fondement même » (62-18 L du 16 janvier 1962). Ainsi toutes les autorités publiques, administratives et juridictionnelles sont tenues au respect des décisions de conformité ou non-conformité, mais aussi au respect des principes tels que le Conseil les énonce dans la motivation des décisions en question.

Cela a pris un relief particulier avec l'apparition des *réserves d'interprétation*. Que le Conseil choisisse ou non d'y faire référence dans le dispositif d'une décision (et il le fait désormais systématiquement), elles s'imposent en tout état de cause.

Ces réserves d'interprétation sont peu appréciées des parlementaires, qui y voient une atteinte supplémentaire à leur liberté d'action. Ils ont tort.

Lorsque le Conseil recourt à cette technique, c'est parce qu'une disposition législative, conforme à la Constitution si elle est interprétée d'une certaine manière, ne le serait pas si elle était interprétée autrement. De ce fait, l'usage de cette commodité profite au Parlement bien plus qu'elle ne lui nuit car, si elle n'existait pas, le Conseil serait forcé de censurer toutes les dispositions pour lesquelles une telle précision s'impose. C'est parce qu'il peut l'apporter, et qu'elle sera suivie d'effets, qu'il peut s'abstenir de déclarer non conforme la disposition en cause. Et c'est aussi parce que l'alternative qui s'offre à lui est bien entre *non-conformité* ou *conformité sous réserve d'interprétation* – ce qui exclut la conformité sans réserve – qu'il prend soin de préciser que cette réserve est stricte.

416. Si le Conseil poussait jusqu'au bout l'idée selon laquelle l'autorité de ses décisions est absolue, et s'attache à la fois au dispositif et à la motivation, cela pourrait avoir comme effet d'interdire toute évolution, et *a fortiori* tout revirement, de jurisprudence. Il n'en est rien et le rigorisme cède devant le bon sens. De même que rien ne prouve que ce soit à la première pomme qu'il a reçue sur la tête que Newton a pressenti les lois de la gravitation, rien n'impose au Conseil constitutionnel d'inventer, dès la première fois où il est confronté à un sujet, la solution ou le considérant de principe parfait. Cela arrive mais, le plus souvent, il procède par retouches successives avant de parvenir à une rédaction raisonnablement claire, tout à fait complète et satisfaisante. Il ne pourrait modifier ce qu'il a une fois énoncé si l'autorité de chose jugée étendue aux motifs s'appliquait aussi à lui-même et dans son aveugle rigueur.

417. En fait, les juridictions administratives et judiciaires, après quelques réticences initiales, ont aujourd'hui pris l'habitude d'intégrer à leurs propres décisions, sans difficulté majeure mais aussi sans zèle excessif, les acquis de la jurisprudence constitutionnelle. Elles le font évidemment lorsqu'elles y sont expressément contraintes. Mais, même quand ce n'est pas absolument le cas, la Cour de cassation, le Conseil d'État et le tribunal des conflits, ainsi que, de plus en plus spontanément, les juridictions qui leur sont subordonnées, adoptent de bonne grâce l'interprétation donnée par le Conseil constitutionnel de tel ou tel principe, et il n'existe pratiquement plus aujourd'hui de jurisprudences gravement divergentes.

418. Les effets des décisions du Conseil vont encore au-delà de leur force contraignante et de la liste, limitée dans l'article 62, de ceux auxquels elle s'impose. Elles produisent aussi un effet direct d'abord sur les acteurs, gouvernement et parlementaires qui, informés des risques d'inconstitutionnalité s'attachent à les conjurer, ensuite sur les citoyens, sur l'opinion publique.

Le Conseil constitutionnel a conquis assez d'autorité pour être considéré comme l'interprète incontestable de la Constitution. Il dit le droit constitutionnel, le droit constitutionnel réel, sur les sujets dont il est saisi. Le spécialiste peut, à l'occasion, estimer telle ou telle décision contestable, voire telle ou telle argumentation infondée. Cela peut même être intéressant et alimenter des débats fructueux, des spéculations sur la solution que commanderait le droit pur. Mais c'est parfaitement inopérant dans le droit réel sur lequel le Conseil a un monopole absolu. Pour reprendre la terminologie de Kelsen, on peut avancer toute interprétation *scientifique*, mais seules les décisions du Conseil donnent l'interprétation *authentique*.

Or on ne souligne pas assez le service ainsi rendu à la démocratie : lorsque le Conseil constitutionnel a tranché, le citoyen peut approuver ou regretter sa décision, mais il sait, et accepte, que ni lui ni quiconque ne peut la remettre en cause, que la loi est censurée ou indiscutable et que, dans les deux cas, il n'a plus lieu de se poser de problèmes à ce sujet. C'est là un progrès sensible de la paix des âmes, de celles du moins que troubleraient des controverses constitutionnelles.

Article 63

Une loi organique détermine les règles d'organisation et de fonctionnement du Conseil Constitutionnel, la procédure qui est suivie devant lui, et notamment les délais pour le saisir de contestations.

419. En fait ce n'est pas une seule loi organique, mais plusieurs qui mettent en œuvre les exigences de l'article 63. Outre la principale, l'ordonnance n° 58-1067 du 7 novembre 1958, modifiée, portant loi organique sur le Conseil constitutionnel, diverses précisions sont apportées par d'autres textes organiques, concernant des domaines (élection présidentielle, élections parlementaires, incompatibilités…) dans lesquels le Conseil intervient.

S'agissant des procédures et délais, les textes organiques se bornent souvent à paraphraser la Constitution ou à ne l'enrichir que de précisions matérielles élémentaires. Cela laisse une large marge d'initiative au Conseil lui-même. Au demeurant, l'article 56 de la loi organique qui le concerne prévoit explicitement que son règlement intérieur complète les règles de procédure.

420. Le règlement intérieur du Conseil constitutionnel est publié au *Journal officiel*, ainsi que chacune des modifications dont il fait l'objet. En réalité, il se décompose en trois éléments, portant l'un sur le contrôle des opérations de référendum, l'autre sur le contentieux des élections parlementaires et le dernier sur la procédure suivie devant le Conseil constitutionnel pour les questions prioritaires de constitutionnalité. Pour les élections parlementaires, les parties peuvent demander à être entendues. Mais d'une part le Conseil reste toujours juge de l'opportunité de cette audition, d'autre part l'audience n'est pas publique pour autant. En sens inverse, naturellement, la QPC (*supra*, **411**) donne lieu à une audience publique, en vue de laquelle le Conseil a aménagé une salle nouvelle.

421. S'agissant des saisines directes en matière de contrôle de constitutionnalité, elles ne sont entourées d'aucun formalisme. Il est seulement exigé qu'elles interviennent avant la promulgation et fassent apparaître les signatures requises. Depuis l'entrée en vigueur de la QPC, les saisines « blanches », sans grief, ne conduisent plus le Conseil à examiner, sauf s'il le décide d'office, la conformité aux droits et libertés constitutionnels des dispositions déférées dans le contrôle *a priori* (2011-630 DC du 26 mai 2011).

Si la Constitution indique le délai dans lequel la loi doit être promulguée (*supra*, article 10), les textes organiques auraient dû prévoir un délai, de quelques heures au moins, pendant lequel elle ne pourrait pas être promulguée, pour permettre la saisine éventuelle du Conseil constitutionnel.

Faute de cela, il serait théoriquement possible au président de la République de procéder à une promulgation expresse, à seule fin d'empêcher l'opposition de saisir le Conseil. L'honnêteté démocratique et la courtoisie républicaine ont comblé les lacunes de la loi organique. L'habitude a été prise par les saisissants éventuels d'informer le Conseil de la possibilité d'une saisine, lequel en prévient alors le secrétariat général du gouvernement, qui suspend la procédure de promulgation le temps que la saisine soit effectivement déposée, et à condition bien sûr qu'elle ne tarde pas trop ou qu'il y soit officieusement renoncé (*supra*, **86**).

422. Depuis 1983, les saisines sont publiées au *Journal officiel* et, depuis 1994, il en va de même des observations en réponse faites par le SGG, le tout, et bien d'autres éléments encore, étant de surcroît disponibles sur l'excellent site qu'alimente le Conseil sur internet (http://www.conseil-constitutionnel.fr).

C'est d'ailleurs une situation singulière qui fait du gouvernement le défenseur de la loi dont il n'est pas l'auteur. Mais cette anomalie vient, en premier lieu, de ce qu'aucune autorité parlementaire n'aurait de titre à accomplir cette tâche (le rôle des rapporteurs et commissions cesse dès l'adoption de la loi, quant à la présidence d'une assemblée, elle n'a pas à prendre fait et cause pour les décisions adoptées par sa majorité, contre la contestation faite par son opposition). En second lieu, et plus pragmatiquement, à défaut d'être l'auteur juridique de la loi, le gouvernement en est le plus souvent l'auteur intellectuel, et il n'est donc pas illégitime que ce soit lui qui la défende.

Enfin, le rapporteur, membre du Conseil, lorsqu'il l'estime nécessaire, et toujours de manière aussi informelle, peut souhaiter entendre oralement un représentant des auteurs de la saisine et/ou le gouvernement et demander aux uns et aux autres des précisions complémentaires. À l'initiative de son actuel président, le Conseil a multiplié et diversifié (universitaires, associations, syndicats…) ces auditions, partant du principe sain selon lequel une décision n'est jamais trop éclairée.

Le Conseil, quand on le sait saisi, est fréquemment destinataire de mémoires ou d'observations d'origines les plus diverses : citoyens désireux de faire valoir un point de vue, entreprises soucieuses de développer une argumentation, voire hurluberlu atteint d'un prurit de correspondance. En certains cas, il s'est même produit que le rapporteur, avec l'autorisation du président, entende des personnes intéressées au dossier. On pouvait déjà voir là une préfiguration de l'intérêt que susciterait l'admission de la question prioritaire de constitutionnalité. Depuis 2017, le Conseil rend publique la liste de ces contributions en même temps que sa décision.

TITRE VIII

DE L'AUTORITÉ JUDICIAIRE

Article 64

Le président de la République est garant de l'indépendance de l'autorité judiciaire.
Il est assisté par le Conseil Supérieur de la Magistrature.
Une loi organique porte statut des magistrats.
Les magistrats du siège sont inamovibles.

423. Le premier alinéa de cet article est incongru. Autant proclamer que le loup est garant de la sécurité de la bergerie.

Il est vrai qu'il s'inscrit dans une tradition constante. Le pouvoir politique, en France, a toujours nourri le martyrologe judiciaire. Épurations, révocations, mises à la retraite s'étaient succédé au rythme soutenu des changements de régime. Le résultat poursuivi avait été atteint au-delà du souhaitable : tous les pouvoirs politiques, quels qu'ils fussent, avaient cherché à disposer d'une magistrature aussi docile qu'ils pouvaient la rêver, et leurs rêves étaient insatiables.

De l'affaire Calas à l'affaire Dreyfus, de l'Occupation à l'épuration, le pouvoir a exigé des magistrats, et pris les moyens d'obtenir quand elle n'était pas spontanée, une assez triste servilité. Des garanties leur étaient offertes, au premier rang desquelles l'inamovibilité, qu'on écartait sans scrupule dès qu'elles pouvaient devenir incommodes. Si les gouvernements contemporains se sont montrés un peu moins expéditifs, c'était par nécessité plus que par vertu et, à leurs yeux, ne pas « tenir ses juges » relevait, de la part du garde des Sceaux, d'une faute professionnelle.

Ainsi la France ne s'est-elle jamais assez préoccupée de réserver à ses juges le traitement digne que leur fonction exige. Mais il est vrai qu'eux-mêmes, longtemps, ne lui ont donné que de rares raisons de les respecter plus qu'ils ne semblaient se respecter eux-mêmes. À quelques méritoires exceptions près, la magistrature, souvent dans son histoire, a fait preuve, dans sa sévérité sélective, d'un zèle excessif et gourmand, et, dans sa dépendance, d'une docilité myope.

Certes, il est attendu de ses membres qu'ils appliquent la loi, non qu'ils la subordonnent à leurs opinions propres. L'on ne saurait agiter le spectre du gouvernement des juges et, dans le même temps ou rétrospectivement, reprocher à ces derniers de faire respecter le droit du moment. Quand celui-ci est inique, ils n'en sont pas les premiers coupables. Depuis la Révolution, le dogme est resté inchangé : le juge n'est pas créateur de droit, il n'est que la bouche de la loi, qu'il doit imposer, et n'interpréter que lorsque c'est indispensable. L'idéal implicite de cette conception serait un système parfaitement mécanique et automatisé, un simple service public de la justice, dont le fonctionnement serait de même nature que celui du service public des poids et mesures.

Mais il était *a priori* difficile d'afficher plus d'ironie que celle que traduit non pas tant la qualification d'*autorité* judiciaire, traditionnellement préférée en France à celle de pouvoir, que le fait de confier au premier responsable politique de la Nation la garantie de son indépendance et de lui attribuer le droit de désigner seul, en 1958, les membres du Conseil supérieur de la magistrature, revenant ainsi sur le timide acquis de l'article 83 de la Constitution de 1946 (*infra*, **427**). De Gaulle ne s'y était pas trompé, qui avait mis sans hésiter le judiciaire sur le même plan que le militaire, le civil ou le ministériel pour considérer que tous n'avaient d'autorité que conférée *et maintenue* (?) par lui (conférence de presse du 31 janvier 1964) !

424. Le rôle du Conseil supérieur de la magistrature n'est pas, comme on pourrait le penser, de veiller à l'indépendance, puisque au moins celle-ci est consacrée, mais seulement d'assister le président de la République, qui, d'ailleurs, nommait tous ses membres jusqu'à la révision constitutionnelle du 27 juillet 1993 (*infra*, **428**).

Ce principe d'indépendance s'applique à l'ensemble de l'autorité judiciaire, siège et parquet confondus (93-326 DC du 11 août 1993), même s'il est très différemment aménagé pour le ministère public, placé sous l'autorité du garde des Sceaux, et ne bénéficiant pas de l'inamovibilité (*infra*, **431**).

De plus, quoique cet article et le titre dans lequel il s'insère ne visent que l'autorité judiciaire et ne mentionnent pas la juridiction administrative, le Conseil constitutionnel a considéré que les « principes fondamentaux reconnus par les lois de la République en ce qui concerne, depuis la loi du 24 mai 1872, la juridiction administrative » impliquent que l'indépendance de ces juridictions (qui incorporent les juridictions financières, 2001-448 DC du 25 juillet 2001) soit « garantie, ainsi que le caractère spécifique de leurs fonctions, sur lesquelles ne peuvent empiéter ni le législateur ni le gouvernement » (80-119 DC du 22 juillet 1980).

425. C'est à la loi organique qu'était renvoyé le soin de mettre en œuvre cette indépendance pour les juridictions judiciaires. C'est l'ordonnance n° 58-1270 du 22 décembre 1958, maintes fois modifiée, qui a porté statut de la magistrature. Elle a effectivement offert, à ceux qui y sont assujettis, des garanties d'indépendance. On pouvait toujours les estimer insuffisantes, elles étaient néanmoins sérieuses. Mais ce n'est qu'au cours des trente dernières années qu'un certain nombre de magistrats ont fini par prendre conscience que l'indépendance n'est jamais un don mais toujours une conquête et que, exaspérés par l'attitude continuellement cavalière du pouvoir politique à leur égard, ils se sont décidés à exploiter la position qui était la leur, à utiliser les pouvoirs qui étaient les leurs, découvrant ainsi que rien ni personne ne pouvait empêcher un juge qui le voulait vraiment de travailler en toute indépendance.

Tout excès finissant par nourrir l'excès inverse, ce réveil tardif n'est pas allé sans certaines outrances (longtemps, le judiciaire a eu partie intimement liée avec le politique contre la presse ; un récent renversement d'alliances a ligué le judiciaire avec la presse contre le politique ; la logique veut que le politique, trop heureux, finisse par se lier à la presse contre le judiciaire…). Au moins la preuve a-t-elle été faite qu'il relevait des intéressés, plus encore que des textes qui les régissent, d'affirmer leur indépendance. Depuis, des réformes constitutionnelles et organiques sont venues la renforcer. La France peut enfin nourrir l'espoir de disposer, un jour, de l'autorité judiciaire digne qui lui a fait défaut si longtemps, et si gravement. L'on pouvait espérer que cela vouerait à l'échec, faute de les dissuader, toutes les tentatives de reprise en main, mais l'expérience dissuade d'un tel optimisme.

426. Pour renforcer cette indépendance, la Constitution affirme l'inamovibilité des magistrats du siège. Celle-ci se traduit essentiellement par le fait qu'aucun d'entre eux, sauf sanction disciplinaire infligée dans les conditions prévues par le statut, ne peut être déplacé sans son consentement, même si le déplacement s'accompagne d'une promotion (67-31 DC du 26 janvier 1967).

La règle s'applique dès l'accès à la magistrature, puisque les auditeurs de justice, à la sortie de l'École nationale de la magistrature, choisissent normalement leur première affectation (en fonction de leur rang de classement) et qu'ils n'en changeront plus ensuite, s'ils appartiennent au siège, qu'avec leur accord. Elle s'applique également, mais par l'effet des lois et de la tradition seulement, aux membres des formations de jugement des juridictions administratives et financières.

Pour l'autorité judiciaire, cette inamovibilité légitime des magistrats du siège ne va pas sans poser de délicats problèmes de gestion du corps, qui ont conduit le Conseil constitutionnel, tout en demeurant vigilant, à exercer son contrôle avec souplesse (80-123 DC du 24 octobre 1980 et 92-305 DC du 21 février 1992).

La subordination de la mise en mouvement de l'action publique en matière d'infractions fiscales à une plainte de l'administration ne porte pas une atteinte inconstitutionnelle à l'indépendance de l'autorité judiciaire (2016-555 QPC du 22 juillet 2016).

Enfin, la création des juges de proximité, en 2003, visait, entre autres, les candidats ayant au moins vingt-cinq années d'expérience dans des « fonctions impliquant des responsabilités… dans le domaine juridique, administratif, économique ou social… ». Le Conseil constitutionnel a censuré les termes « administratif, économique ou social » (2003-466 DC du 20 février 2003). C'est doublement piquant : d'une part, l'aptitude à rendre la justice, si elle implique un minimum de compétence juridique, ne se mesure ni toujours ni seulement à celle-ci, d'autre part, la démonstration la plus convaincante en ce sens est apportée (*supra*, article 56) par la composition… du Conseil constitutionnel lui-même !

Article 65

Le Conseil supérieur de la magistrature comprend une formation compétente à l'égard des magistrats du siège et une formation compétente à l'égard des magistrats du parquet.

La formation compétente à l'égard des magistrats du siège est présidée par le premier président de la Cour de cassation. Elle comprend, en outre, cinq magistrats du siège et un magistrat du parquet, un conseiller d'État, désigné par le Conseil d'État, un avocat ainsi que six personnalités qualifiées qui n'appartiennent ni au Parlement, ni à l'ordre judiciaire, ni à l'ordre administratif. Le président de la République, le président de l'Assemblée Nationale et le président du Sénat désignent chacun deux personnalités qualifiées. La procédure prévue au dernier alinéa de l'article 13 est applicable aux nominations des personnalités qualifiées. Les nominations effectuées par le président de chaque assemblée sont soumises au seul avis de la commission permanente compétente de l'assemblée concernée.

La formation compétente à l'égard des magistrats du parquet est présidée par le procureur général près de la Cour de cassation. Elle comprend, en outre, cinq magistrats du parquet et un magistrat du siège, le conseiller d'État, l'avocat et les six personnalités qualifiées mentionnés au deuxième alinéa.

La formation du Conseil supérieur de la magistrature compétente à l'égard des magistrats du siège fait des propositions pour les nominations des magistrats du siège à la Cour de cassation, pour celles de premier président de cour d'appel et pour celles de président de tribunal de grande instance. Les autres magistrats du siège sont nommés sur avis conforme.

La formation du Conseil supérieur de la magistrature compétente à l'égard des magistrats du parquet donne son avis sur les nominations concernant les magistrats du parquet.

La formation du Conseil supérieur de la magistrature compétente à l'égard des magistrats du siège statue comme conseil de discipline des magistrats du siège. Elle comprend alors, outre les membres visés au deuxième alinéa, le magistrat du siège appartenant à la formation compétente à l'égard des magistrats du parquet.

La formation du Conseil supérieur de la magistrature compétente à l'égard des magistrats du parquet donne son avis sur les sanctions disciplinaires qui les concernent. Elle comprend alors, outre les membres visés au troisième alinéa, le magistrat du parquet appartenant à la formation compétente à l'égard des magistrats du siège.

Le Conseil supérieur de la magistrature se réunit en formation plénière pour répondre aux demandes d'avis formulées par le président de la République au titre de l'article 64. Il se prononce, dans la même formation, sur les questions relatives à la déontologie des magistrats ainsi que sur toute question relative au fonctionnement de la justice dont le saisit le ministre de la Justice. La formation plénière comprend trois des cinq magistrats du siège mentionnés au deuxième alinéa, trois des cinq magistrats du parquet mentionnés au troisième alinéa, ainsi que le conseiller d'État, l'avocat et les six personnalités qualifiées mentionnées au deuxième alinéa. Elle est présidée par le premier président de la Cour de cassation, que peut suppléer le procureur général près cette cour.

Sauf en matière disciplinaire, le ministre de la Justice peut participer aux séances des formations du Conseil supérieur de la magistrature.

Le Conseil supérieur de la magistrature peut être saisi par un justiciable dans les conditions fixées par une loi organique.

La loi organique détermine les conditions d'application du présent article.

427. Le Conseil supérieur de la magistrature est une création de la IVe République, premier effort méritoire pour soustraire les juges à l'arbitraire qui, s'agissant d'eux, tentait le pouvoir politique. Sur les quatorze membres qu'il comptait alors, outre le président de la République et le garde des Sceaux, six étaient élus par l'Assemblée nationale (à la majorité des deux tiers et en dehors de ses membres), deux nommés par le chef de l'État, tandis que quatre magistrats étaient élus par leurs pairs.

Réelle quoique modeste, cette avancée avait été jugée trop audacieuse par les auteurs de la Constitution de 1958.

428. Jusqu'en 1993, le Conseil supérieur de la magistrature était exclusivement composé de membres nommés par le président de la République, exerçait ses compétences pour le déroulement de la carrière (nominations et discipline) des magistrats du siège exclusivement et assistait le chef de l'État pour le droit de grâce (*supra*, article 17).

Ni cette composition ni ces attributions ne pouvaient assurer, ce qui d'ailleurs n'était pas vraiment le but, l'indépendance de l'autorité judiciaire, même lorsque le président de la République – comme ce fut le cas de François Mitterrand – procédait systématiquement aux nominations que lui proposait le Conseil, lequel devenait ainsi le titulaire de fait, en tout état de cause, de pouvoirs déterminants à l'égard des magistrats du siège.

La réforme du Conseil supérieur de la magistrature a été une revendication constante des organisations de magistrats et de tous ceux, nombreux, qui trouvaient ce système contestable. Il a fallu, pour qu'elle commence à se réaliser, qu'elle passe par-dessus un changement de législature, de majorité, de gouvernement : c'est en effet sur proposition de Pierre Bérégovoy, Premier ministre, que François Mitterrand, président de la République, en a pris formellement l'initiative (*infra*, **533**), juste à la veille, le 11 mars 1993, des élections législatives, mais c'est un autre Premier ministre, Édouard Balladur, qui en a obtenu l'adoption, non sans en avoir modifié le contenu, pour aboutir à la loi constitutionnelle n° 93-952 du 27 juillet 1993.

Cette première réforme ayant en partie déçu, les deux assemblées en adoptèrent une autre, en termes identiques, que le président de la République leur avait soumise en avril 1998. Ne manquait plus que le Congrès pour la rendre définitive. Jacques Chirac tarda. Résultat sans précédent : le Congrès ayant été convoqué pour le 24 janvier 2000, il fallut, au tout dernier moment, le « dé-convoquer » (par décret contresigné, *supra*, article 19), l'opposition ayant changé d'avis dans l'intervalle, et la majorité des trois cinquièmes (*infra*, article 89) n'étant alors plus assurée. C'est ainsi qu'il revint à la révision de 2008 de réécrire intégralement cet article.

429. Bien que le chef de l'État demeure le garant de l'indépendance de l'autorité judiciaire (*supra*, **423**), il a cessé de présider le Conseil supérieur de la magistrature, et même d'en être membre. Le ministre de la Justice a également perdu sa vice-présidence et peut tout au plus participer aux séances, sauf lorsqu'elles ont un objet disciplinaire. En soi, c'est plutôt satisfaisant.

Le comité Balladur avait proposé que la présidence revînt à l'une des personnalités extérieures, mais le constituant a fait un autre choix : puisqu'il y a deux formations, l'une pour le siège et l'autre pour le parquet, chacune sera présidée de droit par le plus haut magistrat de l'un et l'autre, respectivement le premier président et le procureur général de la Cour de cassation.

Ce dédoublement fonctionnel – premier président de la Cour de cassation et président de la formation du CSM compétente pour les magistrats du siège – dote l'intéressé d'un pouvoir tout à fait exorbitant puisqu'il pèse très lourd non seulement dans le choix de son successeur mais aussi, plus grave, dans celui de ses collègues, éventuellement durant de nombreuses années. Il semble que l'on ait confondu ici indépendance et changement de dépendance.

430. Les deux formations ont une composition en partie identique et en totalité symétrique.

Appartiennent à l'une et l'autre les membres extérieurs à l'autorité judiciaire, dont la révision de 2008 a renforcé le nombre et la diversité : un conseiller d'État, un avocat, six personnalités qualifiées. À ces huit membres, tous étrangers au Parlement et à la magistrature, s'ajoutent six représentants de cette dernière, cinq du siège et un du parquet ou cinq du parquet et un du siège selon la formation concernée.

Le compte est donc simple : huit non-magistrats et sept magistrats (en comptant le président de droit), les premiers ont été rendus majoritaires (sauf en matière disciplinaire), dans l'espoir de prémunir le Conseil contre les dérives corporatistes que sa composition précédente avait révélées.

Pour que ce rapport soit maintenu, lorsque le CSM se réunit en formation plénière – possibilité qui n'existait pas, formellement, avant 2008 – ne participent que trois magistrats du siège et trois du parquet (et un seul des deux présidents alternatifs).

Si les personnalités extérieures demeurent nommées par les présidents de la République et des deux assemblées, elles le sont après audition parlementaire (*supra*, **116**, **371**).

Les magistrats, eux, sont élus par leurs pairs dans les conditions que détermine la loi organique n° 2010-830 du 22 juillet 2010, qui, s'inspirant de celle de 1994, veille à représenter, d'une part, l'ensemble du corps, d'autre part, distinctement, les trois niveaux de la hiérarchie judiciaire (Cour de cassation, cours d'appel, tribunaux de grande instance).

431. Pour la nomination de chaque magistrat du siège à la Cour de cassation, premier président de cour d'appel et président de tribunal de grande instance la formation compétente du Conseil supérieur de la magistrature fait une proposition au président de la République. Celui-ci n'est pas tenu d'y souscrire, et rien ne lui interdit de nommer un autre magistrat. Mais il est vrai que cela suscite à juste titre des commentaires peu obligeants.

Pour les autres magistrats du siège, la règle est plus ferme encore. Le ministre de la Justice fait des propositions, à partir desquelles le Conseil émet un avis, et celui-ci, en vertu de la Constitution, lie l'autorité de nomination : sans doute peut-elle demander au Conseil de reconsidérer sa position (mais cela n'est pas expressément prévu), mais elle ne peut en aucun cas ni nommer un candidat autre, ni nommer le candidat à une fonction autre que ce qui figure dans l'avis du Conseil supérieur de la magistrature. Il détient donc désormais l'essentiel du pouvoir réel, dont il use avec parcimonie mais fermeté, sur le déroulement de la carrière des magistrats du siège.

S'agissant de ceux du parquet, les pouvoirs du Conseil sont sensiblement moindres. La formation compétente se borne à donner un simple avis – ce qui ne signifie nullement qu'il soit sans portée – mais le champ de celui-ci a été généralisé en 2008 alors que, auparavant, en étaient exclus les emplois du parquet auxquels il est pourvu en Conseil des ministres.

Lorsque les formations du siège ou du parquet sont appelées à statuer comme conseil de discipline des magistrats relevant d'elles, il s'ajoute un représentant de l'autre branche, afin que les magistrats soient à parité avec les non-magistrats. Le ministre ne peut participer.

Naturellement, toute poursuite disciplinaire se déroule dans les conditions protectrices prévues par le statut de la magistrature et sans intervention du pouvoir exécutif dans le prononcé de la décision.

432. En principe, les formations du siège et du parquet coexistaient sans coopérer, puisque rien, dans les textes, ne les appelait à exercer des compétences communes.

Mais, en marge des dispositions organiques, et en se fondant sur le deuxième alinéa de l'article 64 selon lequel le Conseil supérieur de la magistrature assiste le président de la République dans la garantie de l'indépendance de l'autorité judiciaire, François Mitterrand avait saisi le Conseil, en décembre 1994, de la situation délicate dans laquelle se trouvait un juge soumis à des pressions de toutes sortes susceptibles de porter atteinte à son indépendance.

Le Conseil supérieur de la magistrature s'était fort bien accommodé de cette demande inattendue. Le 30 janvier 1995, il avait souligné, entre autres choses, la « force de caractère » du juge en question, ce qui avait conforté la position de celui-ci. Le Conseil avait ainsi délibéré et émis un avis dont la nature juridique laissait perplexe mais dont l'autorité s'était montrée réelle.

Ainsi avait été créé un précédent, que la révision de 2008 a institutionnalisé, en prévoyant que le CSM se réunit en formation plénière pour répondre aux demandes d'avis formulées par le président de la République (avec l'accord du Premier ministre car une telle demande n'est pas dispensée de contreseing, *supra*, article 19). Pourquoi pas ? Cela peut toujours servir. De même la formation plénière peut-elle se prononcer sur des questions d'ordre déontologique ou relatives au fonctionnement de la justice, mais seulement si le ministre l'en saisit. Le CSM ne peut donc, dans le respect de la Constitution, prendre sur lui d'intervenir sans être sollicité.

433. Potentiellement, l'avant-dernier alinéa peut bouleverser les (mauvaises) habitudes. Qu'un justiciable puisse saisir le CSM, dans les conditions précisées par la loi organique du 22 juillet 2010, suscitera l'engouement des plaideurs mécontents, dont il faudra canaliser la hargne. En sens inverse, la magistrature a toujours fait montre, à l'égard de ses membres, d'une indulgence qu'elle ne pratique pas à l'égard des tiers. Les poursuites disciplinaires ne pouvaient être engagées, outre le garde des Sceaux, que par les chefs des juridictions (depuis 2001), assez mal placés pour mettre en cause leurs propres collègues. Ainsi pouvaient se perpétuer des comportements allant du pittoresque à l'indigne, du délirant au honteux, toujours marginaux mais moins exceptionnels qu'il ne serait souhaitable, et trop souvent sans conséquences.

Alors, certes, la tâche ne sera pas aisée qui consistera à trier entre les plaintes pouvant être légitimes et celles qui traduiront seulement une tentative de remise en cause de décisions défavorables ou une basse vengeance. Le Conseil constitutionnel avait censuré une précédente tentative (2007-551 DC du 1er mars 2007), trop administrative et insuffisamment judiciaire. Mais si les mécanismes mis au point par la loi organique, tels que recadrés par le Conseil constitutionnel (2010-611 DC du 19 juillet 2010), se révèlent sages et équilibrés, alors les juges seront jugés quand ils devront l'être et ce sera une amélioration notable et juste.

Après près de quatre années de fonctionnement, il peut être constaté que ce dispositif n'a conduit à aucune sanction disciplinaire contre aucun magistrat. Au 1er janvier 2015, depuis l'entrée en vigueur de la procédure le 3 février 2011, 6642 courriers de justiciables ont été traités pour 1751 plaintes enregistrées, les autres correspondant à des compléments d'information ou à des plaintes mal orientées. Après un pic de 421 plaintes enregistrées en 2011, le nombre de plaintes a baissé pour être compris entre 220 et 250 par an. Seules 46 de ces plaintes ont été déclarées recevables par le CSM, soit moins de 2 %. Seules 9 de ces 46 plaintes concernant moins de 5 magistrats différents ont été renvoyées devant la formation disciplinaire. Celle-ci a toujours conclu qu'il n'y avait pas lieu à sanction disciplinaire. Selon les points de vue, des conclusions différentes pourront être tirées d'un tel bilan.

Article 66

Nul ne peut être arbitrairement détenu.
L'autorité judiciaire, gardienne de la liberté individuelle, assure le respect de ce principe dans les conditions prévues par la loi.

434. Beaucoup plus soucieux des institutions que des citoyens, le dispositif constitutionnel est très peu loquace quant aux droits de ces derniers, que le préambule est supposé proclamer (*supra*, **2**), pratiquement pour solde de tout compte. L'article 66 est d'autant plus détonnant qui, seul, se préoccupe directement de l'arbitraire et de la liberté.

Être détenu s'entend, plus largement que la *détention* au strict sens pénal du terme, comme toute privation de la liberté d'aller et venir imposée à un individu contre son gré. Aux sanctions répressives ou à la détention provisoire, décidées par des magistrats du siège, elle ajoute donc la garde à vue, mais aussi toutes les formes de rétention ou de maintien en zone fermée des étrangers en instance d'expulsion ou de refoulement, ou encore l'hospitalisation sans consentement dans des services psychiatriques (2011-135/140 QPC du 9 juin 2011).

Ce n'est pas la détention qui est prohibée, c'est son caractère arbitraire. L'article VII de la Déclaration de 1789 (*infra*, **548**) donne à penser qu'est arbitraire ce qui n'est pas prévu par la loi, d'où l'on pourrait déduire que ce que celle-ci autorise, par définition, ne peut être arbitraire.

Heureusement, le Conseil constitutionnel a retenu de l'arbitraire une conception plus large. Plus exactement, sans se soucier de le définir, il a pris en considération, chaque fois qu'il a été saisi, les conditions qui faisaient qu'une privation de liberté ne présentait pas de caractère arbitraire : outre l'existence d'une disposition législative qui la prévoit, la détention doit correspondre à une nécessité et ne durer que le temps de celle-ci, doit assurer dès son début le respect des droits de la personne et de sa défense, doit prévoir très vite l'intervention d'un magistrat et, aussi rapidement que possible, d'un magistrat du siège (79-109 DC du 9 janvier 1980). Enfin, et sauf cas très particulier, la mesure de rétention qui s'applique à des étrangers ne peut, même sous le contrôle d'un juge, excéder un *délai raisonnable* (92-307 DC du 25 février 1992).

435. Le Conseil constitutionnel a tenté de concilier la prohibition de la détention arbitraire avec les nécessités de la répression et de la sauvegarde de l'ordre public. C'est une tâche malaisée car l'équilibre est incertain, et il s'en est acquitté, tant bien que mal, chaque fois qu'il a été saisi des lois, nombreuses, relatives aux étrangers, ou à la garde à vue, ou encore à la vérification d'identité.

En revanche, notre droit pénal, sans même parler des abus pourtant considérables du recours à l'emprisonnement, même lorsqu'il n'est pas indispensable ou produit des effets pires que les maux qu'il prétend combattre, avait laissé subsister une pratique de la détention provisoire qui faisait regarder le premier alinéa de l'article 66 comme une antiphrase cruellement ironique.

Si un progrès réel était intervenu en 1985, une étape de plus a été franchie avec la loi du 15 mai 2000 « renforçant la protection de présomption d'innocence et les droits des victimes ». Jusqu'alors, chacun était exposé à la privation de liberté, décidée à peu près souverainement, sans pouvoir exiger un débat public, par un juge unique, qui pouvait même user explicitement de ce moyen pour inciter l'intéressé à des aveux, transformant ainsi la détention en avatar de la *question*, à peine moins rude dans sa réalité et certainement pas plus civilisé dans son principe. Cette réforme a tenté de mettre un terme à cette infamie, et de hisser la France, quelques siècles ou au moins décennies après ses voisins, au rang des pays développés en matière de droits de l'homme. De nombreux juges d'instruction s'en plaignent – c'est plutôt bon signe – pas tous heureusement – c'est également bon signe – mais force est de constater que les abus n'ont pas tous disparu, il s'en faut de beaucoup.

Depuis est née la rétention de sûreté qui permet de priver de liberté, pour une durée pratiquement illimitée, des personnes paraissant particulièrement dangereuses. Il ne s'agit pas, a considéré le Conseil constitutionnel, d'une peine mais d'une mesure de sûreté (2008-562 DC du 21 février 2008) et c'est pourquoi il ne l'a pas censurée mais a veillé, au moins, à ce que les intéressés se voient effectivement offrir des soins, faute de quoi la psychiatrie pénitentiaire, négligée quoique indispensable, eût purement et simplement disparu au profit de ce qui fût devenu une commodité indigne.

436. Le fait que l'autorité judiciaire soit consacrée gardienne de la liberté individuelle vaut plus comme une attribution de compétences que comme une garantie tout à fait rassurante.

Sans entrer ici dans tous les détails nécessaires (voir *Code constitutionnel*, p. 723 *sq.*), il convient de souligner que le principe a surtout comme conséquence d'imposer l'intervention d'une autorité judiciaire – magistrature, mais également police judiciaire – chaque fois qu'est en cause la privation de la liberté individuelle, c'est-à-dire la privation de liberté.

De ce fait, la liberté est réputée sauve quand cette intervention est organisée de manière raisonnablement protectrice, permettant que des décisions judiciaires, prises au cas par cas, viennent tôt ou tard censurer, ou au contraire couvrir de leur autorité, les mesures prises. Enfin, le Conseil insiste depuis peu sur le fait que si le siège et le parquet appartiennent tous deux à l'autorité judiciaire, le premier doit intervenir après un délai initial durant lequel la privation de liberté a lieu sous l'autorité du parquet (2010-80 QPC du 17 décembre 2010).

On peut certes, et souvent même on doit, dénoncer le décalage qui existe entre ces conceptions rigoureuses et une réalité qui l'est sensiblement moins. Mais on ne saurait ici tenir rigueur à la Constitution de les réaffirmer : ce n'est pas d'elle que dépendent, ni que procèdent, les dysfonctionnements d'un système, étrangers aux principes sains qui le régissent.

Article 66-1

Nul ne peut être condamné à la peine de mort.

437. Morte vingt-six ans auparavant, la peine capitale fut ainsi enterrée. Juridiquement, c'était d'autant moins essentiel que des engagements internationaux antérieurs suffisaient à faire obstacle à son rétablissement (85-188 DC du 22 mai

1985). Symboliquement, cette constitutionnalisation est venue rappeler à ceux qui pratiquent encore la peine de mort, tels les États-Unis d'Amérique ou le Japon, qu'en plus d'être indigne et dangereuse, elle reste une tache qui transperce tous les vernis de civilisation.

TITRE IX

LA HAUTE COUR

Article 67

Le président de la République n'est pas responsable des actes accomplis en cette qualité, sous réserve des dispositions des articles 53-2 et 68.

Il ne peut, durant son mandat et devant aucune juridiction ou autorité administrative française, être requis de témoigner non plus que faire l'objet d'une action, d'un acte d'information, d'instruction ou de poursuite. Tout délai de prescription ou de forclusion est suspendu.

Les instances et procédures auxquelles il est ainsi fait obstacle peuvent être reprises ou engagées contre lui à l'expiration d'un délai d'un mois suivant la cessation de ses fonctions.

438. « Le roi ne peut mal faire », disait la doctrine monarchiste, renvoyant ainsi sur d'autres toute responsabilité éventuelle. C'est à peu près ce qu'a toujours dit aussi, pour son président, la doctrine républicaine. Et il pouvait d'autant moins mal faire qu'il ne pouvait pas faire grand-chose.

Dès lors, ce qui semblait normal sous les IIIe et IVe Républiques a pu paraître choquant sous la Ve. Si l'on ajoute à cela l'incertitude des termes de la rédaction d'origine, les démêlés troublants que Jacques Chirac eut avec la justice, et la promesse qu'il avait faite en 2002 puis tenue à l'extrême fin de son second mandat, l'on comprend pourquoi ce titre et les deux articles qu'il comprend ont été intégralement réécrits par la loi constitutionnelle n° 2007-238 du 23 février 2007, au terme d'une réforme qui a porté non sur le statut pénal, comme on le dit souvent, mais plus largement sur le statut juridictionnel du chef de l'État.

439. Au commencement est la réaffirmation de l'irresponsabilité présidentielle, qui ne s'incline que devant la Cour pénale internationale ou la Haute Cour.

Mais le texte va plus loin qui, pour protéger la fonction, interdit que l'on puisse, en quelque procédure que ce soit, s'en prendre à son titulaire aussi longtemps qu'il est en fonction. Certes, il est ainsi dérogé, passagèrement, au principe d'égalité des citoyens devant la justice, mais au seul profit du président en exercice, dont on reconnaîtra volontiers qu'il n'est pas un citoyen comme les autres, puisque sur lui seul pèse tout entière la charge d'assurer la continuité de l'État (*supra*, article 5).

Plus grande est la notoriété – et la sienne est totale – plus grand le risque de procédures infondées et malséantes. Outre les exigences de la séparation des pouvoirs, il faut aussi le prémunir du type de mésaventures qu'ont pu connaître Johnny Hallyday au pénal, faussement accusé de viol, ou Yves Montand au civil, pour la recherche posthume d'une paternité inexistante, qui porteraient à la fonction une atteinte inconvenante. D'où le champ délibérément très large donné à cette immunité.

Mais immunité n'est pas impunité : à l'instant où il quitte la présidence, l'intéressé perd la protection qui n'allait qu'à elle. Redevenu un citoyen comme les autres, il est traité comme eux, ainsi que Jacques Chirac l'a péniblement expérimenté en étant condamné, le 15 décembre 2011, à une peine de deux ans de prison avec sursis pour détournement de fonds publics et abus de confiance. Et c'est pour s'assurer qu'il en ira bien ainsi, s'il y a lieu, que l'article prévoit la suspension des délais de prescription ou forclusion et indique que les procédures pourront reprendre après seulement un délai de décence d'un mois suivant la cessation des fonctions.

Pour l'essentiel, cela résultait déjà des décisions convergentes, même si placées sur des fondements différents, tant du Conseil constitutionnel (98-408 DC du 22 janvier 1999) que de la Cour de cassation (10 octobre 2001).

Le divorce de Nicolas Sarkozy fut un test. Le dispositif interdisait à son épouse de le demander, mais pas aux deux époux de présenter une requête conjointe, ce qu'ils firent. Théoriquement, le chef de l'État aurait pu se mettre à l'abri de son statut pour refuser le divorce. À supposer même qu'il le souhaitât, le poids de l'opinion, plus redoutable pour lui que celui des juges, eût suffi à lui interdire un comportement incompréhensible. Le consentement commun l'emporta donc, qui épargna à tous un feuilleton affligeant.

Enfin, à ceux qui observent finement que, pour se soustraire à la justice, il suffit de se faire élir ou réélire à l'Élysée, l'on suggérera de s'y essayer pour mesurer si c'est facile. François Fillon peut en témoigner.

En sens inverse, le même Nicolas Sarkozy, insusceptible d'être poursuivi, aurait dû s'abstenir de poursuivre lui-même dans des affaires qui n'avaient rien d'essentiel. Son successeur ne commettra pas la même erreur.

Article 68

Le président de la République ne peut être destitué qu'en cas de manquement à ses devoirs manifestement incompatible avec l'exercice de son mandat. La destitution est prononcée par le Parlement constitué en Haute Cour.

La proposition de réunion de la Haute Cour adoptée par l'une des assemblées du Parlement est aussitôt transmise à l'autre qui se prononce dans les quinze jours.

La Haute Cour est présidée par le président de l'Assemblée nationale. Elle statue dans un délai d'un mois, à bulletins secrets, sur la destitution. Sa décision est d'effet immédiat.

Les décisions prises en application du présent article le sont à la majorité des deux tiers des membres composant l'assemblée concernée ou la Haute Cour. Toute délégation de vote est interdite. Seuls sont recensés les votes favorables à la proposition de réunion de la Haute Cour ou à la destitution.

Une loi organique fixe les conditions d'application du présent article.

440. Le souci de protection qu'exprime l'article 67 a un corollaire : il faut protéger la présidence y compris, si nécessaire, contre le président lui-même. Le texte antérieur le faisait par une référence mystérieuse à la haute trahison, elle-même appréciée par une Haute Cour de Justice composée de députés et sénateurs. Le nouveau système, inspiré par une commission que présida Pierre Avril, s'inscrit dans une logique nettement plus adéquate.

Désormais, tout président pourra être destitué s'il est constaté un manquement incompatible avec l'exercice de son mandat. Cette définition est certes imprécise, mais elle offre le seul critère pertinent : puisque c'est bien le mandat, et lui seul, qu'il s'agit de protéger, il faut le faire contre tout ce qui peut interdire son exercice normal. Or la liste de ces hypothèses est impossible à établir. Il peut s'agir aussi bien d'une infraction de droit commun qu'il serait gravement soupçonné d'avoir commise, ou couverte, que d'une violation de la Constitution (par exemple en abusant de l'article 16), mais ce peut être bien d'autres choses encore telles que la révélation tardive d'un comportement antérieur déshonorant, voire le discrédit encouru du fait de très graves agissements d'un membre de son entourage, professionnel ou familial.

441. Le manquement, ainsi, peut revêtir une dimension pénale – auquel cas l'intéressé en répondra dans les conditions du droit commun après sa destitution – mais il est bien des situations dans lesquelles ce ne serait pas le cas : après tout, un président dont on découvrirait, par exemple, qu'il a été tortionnaire durant la guerre d'Algérie pourrait-il demeurer en fonction au seul motif que de tels faits ont déjà été amnistiés ?

Ce sont bien avant tout des appréciations politiques qu'il s'agit de porter – le manquement invoqué existe-t-il ? Si oui, est-il compatible avec l'exercice du mandat ? – et il est naturel qu'elles soient remises aux autres autorités politiques qui représentent la nation.

442. Plus question, donc, de singer la Justice avec la mise en place d'une juridiction d'exception. La procédure doit être lancée par l'une des deux assemblées par l'adoption d'une proposition de résolution de réunion de la Haute Cour puis l'autre assemblée doit adopter cette proposition. Dans un deuxième temps c'est le Parlement lui-même, réuni en Haute Cour (on aurait d'ailleurs pu faire l'économie de cette dénomination), qui se prononce sur la destitution dans le mois qui suit sa saisine. Est alors exigée la majorité des deux tiers des membres et seuls sont recensés les votes hostiles au chef de l'État.

La procédure est donc rapide – lorsqu'un abcès surgit à ce niveau, il faut le percer au plus vite – et exigeante. La menace, si lointaine et peu envisageable qu'elle soit, est toujours là qui pèse sur le chef de l'État. Elle pourrait, *ultima ratio curiarum*, constituer le dernier rempart contre l'inacceptable, quelque forme qu'il puisse prendre.

Elle a suscité des critiques, compréhensibles mais infondées.

443. Première critique : c'est une véritable responsabilité politique du président de la République qui est instituée et rien n'empêchera les parlementaires d'en faire un usage abusif, en particulier si l'on retrouve des périodes de cohabitation. À cela, il est tout d'abord facile d'objecter que le même grief pouvait être adressé au système antérieur de la haute trahison, ensuite tentant de rappeler que ceux qui ont pu un instant envisager publiquement d'y recourir – Charles Pasqua contre François Mitterrand lorsque celui-ci refusa de signer les ordonnances en 1986 (*supra*, **110**) ou Arnaud Montebourg contre Jacques Chirac sur les affaires de la Ville de Paris – ont été rapidement calmés par lèurs propres amis, pourtant dans les deux cas majoritaires à l'Assemblée, enfin utile de souligner que, si ce mécanisme présente une certaine parenté avec la procédure d'*impeachment* des régimes présidentiels, il existe néanmoins une différence décisive. Si le président américain, par exemple, est destitué, c'est le vice-président qui le remplace ; rien de tel ici où une nouvelle élection est aussitôt convoquée. À celle-ci, rien n'interdit au destitué de concourir, s'il est politiquement en mesure de le faire, et il ne fait aucun doute que les Français jugeraient sévèrement le camp qui aurait abusé d'une procédure qui doit rester exceptionnelle, et si l'ancien titulaire se trouve réélu sa première décision sera certainement de dissoudre l'Assemblée qui l'aurait destitué à tort, ce qui suffira à faire réfléchir au moins les membres de celle-ci.

Cette saine logique, pourtant, s'est trouvée entamée, sans que nul ne s'en avisât au gouvernement ou au Parlement, par le nouveau deuxième alinéa de l'article 6 (*supra*, **40**) : si un président est destitué au cours de son second mandat, il n'aura plus la ressource de se représenter ni les Français le droit de le réélire.

444. Seconde critique : le Sénat étant habituellement consacré à la droite comme d'autres le sont à la Sainte Vierge, nul président issu de ce camp ne courrait le moindre risque, auquel ne seraient exposés que des présidents de gauche. C'est là une objection abstraite et ingénue. De deux choses l'une en effet : soit la question ne se pose pas sérieusement et l'on vient d'expliquer pourquoi la procédure ne sera pas engagée, soit elle est engagée, ce qui signifie que la question se pose sérieusement, et alors il n'y a plus de solidarités qui jouent ; le président qui s'est mis dans une situation telle que sa destitution soit envisageable devient radioactif, voit ses anciens soutiens s'éloigner le plus possible, de peur, sinon, de l'accompagner dans sa chute. Nixon, républicain, fut contraint à partir par une majorité républicaine, Collor de Mello, au Brésil, subit le même désaveu d'assemblée largement dominée par ses amis, et c'est lorsqu'ils constatèrent qu'aucun élu démocrate ni, surtout, l'opinion publique ne les suivaient que les Républicains du Congrès américain mirent fin à la procédure engagée contre le président démocrate, Bill Clinton.

Sans doute, donc, ce mécanisme ne sera-t-il jamais mis en œuvre, et l'on doit le souhaiter, mais si, par malheur, il y avait lieu d'en faire usage, alors on se féliciterait de ce qu'il permette une sortie de crise rapide et nette.

445. Un regret cependant. Le projet, suivant en cela les propositions de la commission Avril, s'en tenait à la majorité absolue. Au nom d'un apparent bon sens – puisque le manquement doit être « manifestement » incompatible il paraît logique d'exiger une majorité qualifiée pour le constater – les parlementaires ont préféré imposer la règle des deux tiers. C'est dangereux. Si la destitution est effectivement méritée, cette majorité sera aisément atteinte et l'aurait été même sans cette exigence. Cette dernière, paradoxalement, rend des manœuvres possibles et, de ce seul fait, incite à les tenter : des assemblées hostiles peuvent très bien faire en sorte que la destitution soit votée à 55 ou 60 %. Le président ne serait pas destitué puisqu'il faudrait 66,67 %, mais, condamné par un vote contraire et solennel, dans les deux chambres, son autorité politique serait largement sapée, de sorte que, sans profit pour le pays, ce dernier conserverait son chef de l'État mais un chef de l'État sérieusement diminué.

Le souvenir des « votes calibrés » que pratiquaient les Républiques antérieures donne crédit à cette sombre hypothèse que le maintien de la majorité absolue aurait suffi à conjurer.

446. La loi organique du 24 novembre 2014 s'est substituée à l'ordonnance du 2 janvier 1959 sur la Haute Cour de Justice. Elle précise les conditions d'application de l'article 68. La proposition de résolution doit être signée par au moins un dixième des membres de l'Assemblée devant laquelle elle est déposée. En revanche, le Conseil constitutionnel a censuré la limitation du droit de chaque membre du Parlement à ne signer qu'une seule proposition de résolution par mandat présidentiel (n° 2014-703 DC du 18 novembre 2014). Un règlement de la Haute Cour doit préciser les règles relatives au débat devant celles-ci, notamment quant aux interventions du président de la République. Le Conseil a censuré la présence du Premier ministre dans les débats devant la Haute Cour alors que cette procédure ne le met pas en cause.

En outre, il serait opportun de modifier la loi organique relative à l'élection présidentielle pour imposer des engagements aux candidats, afin de tirer certaines des conséquences de l'immunité que son élection offrira à l'un d'entre eux. Ces engagements devraient porter, par exemple, sur le transfert à un tiers de tout contrat de travail dans lequel le candidat serait employeur, de tout bail dont il serait titulaire, ceci pour mettre ses salariés éventuels ou son propriétaire à l'abri des effets de l'immunité juridictionnelle. Pour faire bonne mesure, l'obligation de souscrire une assurance couvrant sa responsabilité civile pour tout dommage qu'il pourrait causer ne serait pas superflue.

Quatre-vingts députés Les Républicains ont engagé, pour la première fois, la procédure de l'article 68 en déposant le 10 novembre 2016 une proposition de résolution tendant à la destitution du chef de l'État à la suite de la parution d'un livre dans lequel des propos de celui-ci étaient rapportés. Dès le 23 novembre 2016, le bureau de l'Assemblée nationale a déclaré irrecevable cette proposition considérant que celle-ci « ne justifie pas des motifs susceptibles de caractériser un manquement au sens du premier alinéa de l'article 68 de la Constitution », c'est-à-dire un manquement du président à ses devoirs manifestement incompatible avec l'exercice de son mandat. Le bureau a ainsi opéré un contrôle au fond de la proposition de résolution et des justificatifs qu'elle comprend, disposant de la sorte d'un droit de veto sur la suite de la procédure.

447. Pour quitter le terrain des hypothèses et revenir à celui de la réalité, le paradoxe a été maintes fois souligné qui fait du premier responsable politique le premier irresponsable juridique. Il est superficiel.

D'une part, cette irresponsabilité, on vient de le voir, n'est pas absolue. D'autre part, et surtout, elle est seulement synonyme d'irrévocabilité relative. Mais elle ne fait pas obstacle, il s'en faut de beaucoup, à ce que le premier responsable politique soit aussi le premier à être politiquement responsable de l'action qu'il conduit. Cette responsabilité a bien d'autres traductions que la destitution. C'est la responsabilité présidentielle qui est aussi mise en cause à l'occasion des élections législatives, qui ont pour effet, en cas de défaite, à défaut de l'obliger à partir, du moins de le priver de l'essentiel de ses pouvoirs. C'est la responsabilité présidentielle qui est mise en cause, de manière informelle mais constante, par l'état de l'opinion, qui a pour effet, à défaut de lui faire perdre ses pouvoirs, du moins d'entamer la puissance et l'autorité sans lesquelles il ne peut user de ses capacités comme il l'entend. Enfin, Nicolas Sarkozy est venu rappeler, après Valéry Giscard d'Estaing, que la responsabilité présidentielle devant les électeurs n'est pas une simple vue d'esprit.

Alors, certes, il est formellement irresponsable mais, quoiqu'elles soient le produit de causes discutées (opinion, sondages, etc.), il est des réalités tangibles qu'on ne saurait passer sous silence. Elles sont insaisissables par le droit constitutionnel. Elles font néanmoins de l'irresponsabilité proclamée à peine plus qu'une apparence.

TITRE X

DE LA RESPONSABILITÉ PÉNALE DES MEMBRES DU GOUVERNEMENT

Article 68-1

Les membres du Gouvernement sont pénalement responsables des actes accomplis dans l'exercice de leurs fonctions et qualifiés crimes ou délits au moment où ils ont été commis.

Ils sont jugés par la Cour de justice de la République.

La Cour de justice de la République est liée par la définition des crimes et délits ainsi que par la détermination des peines telles qu'elles résultent de la loi.

448. Jusqu'en 1993, la responsabilité pénale des membres du gouvernement était traitée, en même temps que celle du président de la République, par l'article 68. La conjugaison des obstacles intrinsèques de la procédure (*supra*, **438**), d'une part, et, d'autre part, de la jurisprudence de la Cour de cassation (qui considérait que seule la Haute Cour de justice pouvait juger des ministres pour des crimes ou délits commis *pendant* l'exercice de leurs fonctions) rendait toute responsabilité pénale illusoire en fait, et aucune des dix procédures engagées sous la Ve République (de 1980 à 1992) n'avait jamais abouti à la réunion effective de la Haute Cour de justice.

C'est l'affaire du sang contaminé qui fit paraître ces obstacles insupportables. Aussi la loi constitutionnelle n° 93-953 du 27 juillet 1993 créa-t-elle une juridiction nouvelle, la Cour de justice de la République, chargée de juger les membres du gouvernement, selon des formes et procédures rendues plus accessibles (*infra*, article 68-2).

En contrepartie de cet accès facilité, les incriminations ont été précisées. Les crimes et délits sont ceux qualifiés tels au moment où ils ont été commis, et la Cour de justice de la République ne peut ni altérer leur définition légale, ni prononcer d'autres condamnations que celles prévues par le droit commun.

Ainsi aucune confusion n'est possible entre la responsabilité de l'article 68-1, strictement pénale, et toute forme de responsabilité politique, qui reste assujettie aux procédures prévues à cet effet (*supra*, article 49).

Article 68-2

La Cour de justice de la République comprend quinze juges : douze parlementaires élus, en leur sein et en nombre égal, par l'Assemblée Nationale et par le Sénat après chaque renouvellement général ou partiel de ces assemblées et trois magistrats du siège à la Cour de cassation, dont l'un préside la Cour de justice de la République.

Toute personne qui se prétend lésée par un crime ou un délit commis par un membre du Gouvernement dans l'exercice de ses fonctions peut porter plainte auprès d'une commission des requêtes.

Cette commission ordonne soit le classement de la procédure, soit sa transmission au procureur général près la Cour de cassation aux fins de saisine de la Cour de justice de la République.

Le procureur général près la Cour de cassation peut aussi saisir d'office la Cour de justice de la République sur avis conforme de la commission des requêtes.

Une loi organique détermine les conditions d'application du présent article.

449. La Cour de justice de la République met à égalité l'Assemblée nationale et le Sénat, chaque chambre élisant six de ses membres comme juges, au lendemain des renouvellements, général ou partiel.

Mais, contrairement à l'ancienne Haute Cour de justice, la

Cour de justice de la République n'est pas exclusivement parlementaire, puisque les douze élus voisinent avec trois magistrats du siège hors hiérarchie à la Cour de cassation, dont l'un préside la Cour. La loi organique n° 93-1252 du 23 novembre 1993, relative à la Cour de justice de la République, a précisé que ces magistrats étaient élus par la Cour de cassation elle-même, qui désigne également celui d'entre eux qui présidera.

Il s'agit bien de soumettre les membres du gouvernement à la loi pénale, non d'exercer une justice politique, et c'est ce que doit garantir la présence de hauts magistrats professionnels.

450. L'innovation la plus significative tient au fait que les parlementaires ont perdu, en même temps que le monopole du jugement, le pouvoir de déclencher les poursuites, qu'ils détenaient seuls jusqu'alors et qu'ils ne détiennent plus du tout (sauf si un parlementaire s'estime lui-même victime d'un crime ou d'un délit commis par un membre du gouvernement).

Désormais, le procureur général près la Cour de cassation mais aussi « toute personne qui se prétend lésée » peuvent en appeler à la Cour de justice de la République.

Comme les ministres sont, plus que d'autres, exposés à la malignité, la Constitution a prévu un filtre qui opère en tout état de cause. C'est en effet une commission des requêtes qui apprécie s'il y a lieu de classer sans suite une plainte ou au contraire de la transmettre au procureur général près la Cour de cassation, qui saisit la Cour de justice. Et si ce procureur général, de lui-même, souhaite saisir la Cour, il ne peut le faire que sur avis conforme de la commission des requêtes.

451. La loi organique prévoit la composition de cette commission des requêtes : trois magistrats du siège hors hiérarchie à la Cour de cassation, deux conseillers d'État et deux conseillers maîtres à la Cour des comptes. Tous sont élus pour cinq ans par leurs pairs, au sein de chacune des trois hautes juridictions. La commission des requêtes dispose des larges pouvoirs définis par le texte organique, mais c'est une autre commission qui, s'il y a lieu, instruira ensuite le dossier.

En ce qui concerne la notion d'actes accomplis par les membres du gouvernement *dans l'exercice de leurs fonctions*, les termes sont inchangés par rapport à l'ancienne rédaction de l'article 68. Mais, de manière assez logique à la suite de la révision, la Cour de cassation a modifié son interprétation antérieure : les intéressés étant désormais justiciables en tout état de cause, et non plus sur décision parlementaire, elle considère en conséquence que seuls les actes effectivement accomplis en qualité de ministre (en « lien direct avec la détermination des affaires de l'État », Cass. crim., 13 décembre 2000) relèvent de la Cour de justice de la République, tous les autres ressortissant aux juridictions de droit commun

452. La révision de 1993 a marqué une étape importante : un système démocratique ne saurait offrir l'impunité à ceux qui, chargés de l'exécution des lois, ne sauraient être au-dessus d'elles, et il n'y a rien que de normal à pouvoir sereinement instruire une affaire contre un ministre, à condition que ce soit effectivement à charge *et* à décharge.

Pour autant, dans une civilisation qui, à force de protections, n'admet plus ni le risque ni la fatalité, derrière lesquels elle exige que soient trouvés des responsables, il faut prendre garde que ce progrès de la justice ne se retourne pas contre l'idée même de justice, que ne soient pas amalgamés le drame et le crime, l'émotion et l'équité, le droit des victimes à la réparation et celui, inacceptable, à la vengeance, bref, que ne soient pas confondus la voix de la foule et le verdict des juges.

Faute de cela, toute tragédie peut conduire à rechercher la responsabilité pénale d'un ministre, même très éloignée, totalement indirecte et nullement personnelle. La démocratie y perdrait sans que la justice y gagne.

L'idéal, en réalité, serait de faire revivre les saines logiques de la responsabilité politique, celles qui se sont si souvent évanouies en France alors qu'elles demeurent vivaces dans les pays voisins. Pour ne pas en rester sur ce point aux soupirs nostalgiques, il est une piste à creuser : les techniques de rationalisation ont plutôt bien fonctionné en matière de législation et de contrôle collectif du gouvernement ; il n'est pas impossible de s'en inspirer pour rationaliser la mise en œuvre de la responsabilité politique individuelle des ministres, afin de les amener à l'assumer en contraignant les parlementaires à y veiller (v. « Rationaliser la responsabilité politique », *Mélanges Pactet*, 2003), ce qui présenterait le notable avantage de supprimer cette Cour de justice de la République, mi-chair, mi-poisson, sans laquelle notre démocratie vivrait plus saine. François Hollande s'est engagé sur cette suppression. Y procéder sans autres précautions serait risqué.

Dans l'affaire dite de « l'arbitrage Tapie », à la suite en 2011 d'une plainte de neuf députés socialistes saisissant le procureur général près la Cour de cassation, agissant en tant que ministère public près la CJR, de la transmission par celui-ci de la procédure à la commission des requêtes puis de la transmission par celle-ci à la commission d'instruction, celle-ci a renvoyé en décembre 2015 Mme Lagarde devant la CJR. L'audience a eu lieu du 12 au 19 décembre 2016. L'ancienne ministre de l'Économie, des Finances et de l'Industrie a été reconnue coupable, du fait de sa décision de ne pas exercer de recours en annulation contre la sentence arbitrale rendue au bénéfice de M. Tapie à l'encontre du CDR (Consortium de réalisation), du délit de négligence par une personne dépositaire de l'autorité publique dont il est résulté un détournement de fonds publics par un tiers, à hauteur de 45 millions d'euros. La CJR a prononcé à son endroit une dispense de peine. Ainsi la CJR a considéré que la décision de la ministre de ne pas exercer un recours en annulation contre la décision arbitrale ne résultait pas d'un choix politique échappant à son contrôle mais d'une négligence au sens de l'article 432-16 du Code pénal, peu importe que cette faute n'ait pas été la seule cause des détournements, dès lors qu'elle en a été l'une des causes. On voit bien là toute la particularité et la difficulté du jugement des ministres pour les actes pris dans l'exercice de leurs fonctions.

453. Au-delà, Pierre Bérégovoy, Premier ministre, a créé un précédent qui fut confirmé par Édouard Balladur et encore, implicitement, par leurs successeurs : tout membre du gouvernement mis en examen pour des faits significatifs antérieurs ou étrangers à ses fonctions ministérielles les quitte aussitôt.

La règle est dure. Elle est sage. On y a vu une atteinte à la présomption d'innocence. C'est inexact. L'intéressé, comme justiciable, reste présumé innocent tant qu'il n'a pas été déclaré coupable. Il bénéficie évidemment de tous les droits qui sont les siens. Mais le ministre, lui, n'a pas la même protection que le citoyen. Si l'accusation portée contre lui prend suffisamment de consistance, et porte sur des imputations incompatibles avec la dignité de ses fonctions, il doit démissionner. Et lorsque, ensuite, il apparaît finalement qu'il a été injustement accusé, s'il est éminemment désolant qu'il ait dû, dans l'intervalle, renoncer à ses fonctions, cela reste préférable à la situation inverse. Quiconque entre au gouvernement doit savoir, et accepter, que pèse sur sa fonction, mais pas sur sa personne, une véritable présomption de culpabilité s'il est sérieusement accusé. La femme de César doit être insoupçonnable. Ses ministres plus encore.

Article 68-3

Les dispositions du présent titre sont applicables aux faits commis antérieurement à son entrée en vigueur.

454. En créant la Cour de justice de la République, la loi du 27 juillet 1993 avait ajouté à la Constitution un article 93 qui, à titre transitoire, liait son entrée en vigueur à celle des lois organiques prises en application de la révision et, à titre pérenne, faisait entrer dans son champ d'application les faits antérieurs.

La loi constitutionnelle du 4 août 1995 a supprimé la disposition transitoire, qui n'avait plus lieu d'être depuis la promulgation de la loi organique n° 93-1252 du 23 novembre 1993, et a inséré, dans le titre qu'elle concerne, la disposition pérenne.

455. Comme la création de la Cour de justice de la République réagissait à l'affaire du sang contaminé, le pouvoir constituant avait entendu que celle-ci pût donner lieu à une procédure devant la nouvelle juridiction. Ce fut le cas puisque trois anciens membres du gouvernement furent jugés à ce titre.

Si la Constitution n'avait pas apporté cette précision, le principe de non-rétroactivité eût pu poser un problème. Certes, il est normalement limité à la loi répressive, de fond, plus sévère. Et la loi qui attribue une compétence à une juridiction autre que celle dont elle relevait auparavant est habituellement considérée comme une loi de procédure, qui peut donc s'appliquer à des faits commis antérieurement à sa promulgation. Toutefois, en l'occurrence, c'est précisément l'impossibilité avérée de saisir la Haute Cour de justice qui avait conduit à créer la Cour de justice de la République. À une procédure en vigueur qui n'avait pas donné les résultats voulus par les plaignants on substitua une procédure nouvelle qui permît de leur donner satisfaction. Toute loi de procédure n'est décidément pas neutre. À celle-ci le principe de non-rétroactivité aurait pu s'opposer. Mais le pouvoir constituant avait pris soin de l'exclure, et il est souverain.

TITRE XI

LE CONSEIL ÉCONOMIQUE, SOCIAL ET ENVIRONNEMENTAL

Article 69

Le Conseil économique, social et environnemental, saisi par le Gouvernement, donne son avis sur les projets de loi, d'ordonnance ou de décret ainsi que sur les propositions de loi qui lui sont soumis.

Un membre du Conseil économique, social et environnemental peut être désigné par celui-ci pour exposer devant les assemblées parlementaires l'avis du Conseil sur les projets ou propositions qui lui ont été soumis.

Le Conseil économique, social et environnemental peut être saisi par voie de pétition dans les conditions fixées par une loi organique. Après examen de la pétition, il fait connaître au Gouvernement et au Parlement les suites qu'il propose d'y donner.

456. Ce Conseil n'est pas une assemblée *parlementaire*, mais c'est bien une assemblée *constitutionnelle*. Il est né en 1925, sous le nom de Conseil national économique. Il est devenu Conseil économique et assemblée constitutionnelle avec la IVe République, puis Conseil économique et social au début de la Ve et, depuis 2008, Conseil économique, social et environnemental.

C'est parce qu'il ne s'agit pas d'une assemblée parlementaire que sa saisine est facultative, hormis deux cas particuliers (*infra*, **461**).

Son champ de compétences a été élargi, en même temps que sa dénomination modifiée, pour y intégrer la préoccupation environnementale. Après l'adoption de la Charte (*infra*), il fallait bien qu'une autorité constitutionnelle fût nommément chargée du sujet.

457. Le Conseil économique, social et environnemental est usuellement considéré comme représentant les « forces vives de la Nation ». C'est une expression désobligeante pour les autres, réputées, de ce fait, en refléter les forces nécrosées.

Quoi qu'il en soit, la tentative de révision constitutionnelle, qui s'était mal terminée avec le référendum du 27 avril 1969 (*supra*, **95**), visait à fondre le Conseil économique et social dans le Sénat ou, plutôt, à fondre le Sénat dans le Conseil économique et social, puisque l'assemblée envisagée eût emprunté à la deuxième chambre sa dénomination mais à la troisième son rôle purement consultatif. Les Français ne le voulurent pas.

458. Le Conseil économique et social a, au 1er mars 2017, été saisi par le gouvernement à 293 reprises avec une première demande d'avis sur un projet de loi en 1961. Ce chiffre cumule les 49 saisines sur des textes prévues par l'article 69, les 61 saisines sur des projets de loi de programmation prévues à l'article 70 et les 183 saisines sur des problèmes, envisagées à l'article 70. En 2016, le CESE a ainsi été saisi 9 fois par le gouvernement.

Lorsqu'il désigne un de ses membres pour exposer son avis devant les assemblées parlementaires (ce qui ne s'est jamais produit jusqu'en 1973, mais une cinquantaine de fois depuis), et quoique les règlements de ces dernières organisent précisément la chose, il est fréquent que l'intéressé se borne, dans une ambiance compassée, à une brève allocution, reçue par des oreilles distraites. L'échange est formel et, d'un côté, à peine poli.

459. La révision de 2008 a fait resurgir le droit de pétition, qui n'était plus évoqué que dans les règlements des assemblées (et à l'article 72-1, *infra*). Voilà qui, certes, pourra offrir un débouché aux pétitionnaires, mais il n'est pas assuré qu'ils le jugent très attractif : pourquoi passer par le CESE plutôt que par les commissions parlementaires ? On jugera à l'usage, mais on pardonnera, à ce stade, un certain scepticisme. renforcé par la pétition déposée à l'occasion du « mariage pour tous ». En outre, en l'état de la loi organique, les pétitions ne peuvent être organisées par voie électronique.

Article 70

Le Conseil économique, social et environnemental peut être consulté par le Gouvernement et le Parlement sur tout problème de caractère économique, social ou environnemental. Le Gouvernement peut également le consulter sur les projets de loi de programmation définissant les orientations pluriannuelles des finances publiques. Tout plan ou tout projet de loi de programmation à caractère économique, social ou environnemental lui est soumis pour avis.

460. Rien ne justifiait le monopole sur la saisine que la Constitution attribuait au gouvernement, jusqu'à ce que la révision de 2008 l'entamât. De deux choses l'une en effet : ou ce Conseil est une assemblée sans consistance et rien ne justifie son existence ; ou, au contraire, ses avis enrichissent le débat – ce qui peut souvent être le cas – et il n'y a que des avantages à ce qu'ils puissent être sollicités aussi par l'une des deux chambres du Parlement. Il ne s'agit cependant là que d'un souci de symétrie : les assemblées parlementaires témoignent traditionnellement, à l'égard des assemblées consultatives, d'une attitude qui mêle ou qui alterne la méfiance et la condescendance. Ayant désormais la faculté de saisir le CESE, il est peu probable qu'elles en abusent et refuseront de s'imaginer incapables de faire elles-mêmes, ou obligées de sous-traiter, ce qu'elles pourraient demander au palais d'Iéna. Au 1er mars 2017, le Parlement a fait usage à trois reprises de cette nouvelle possibilité qu'il a de saisir le CESE.

Hors les saisines qui peuvent lui être adressées par le seul gouvernement sur des textes, en application de l'article 69, le CESE peut être invité, par celui-ci ou par le Parlement, à se pencher sur des problèmes. Il a fréquemment produit des rapports intéressants qui mériteraient d'être mieux connus.

De surcroît, allant au-delà de ce que la Constitution semblait permettre, l'article 3 de l'ordonnance n° 58-1360 du 29 décembre 1958, portant loi organique relative au Conseil économique et social, avait ouvert à celui-ci la capacité de s'autosaisir, ce qu'il fait en moyenne une vingtaine de fois par an.

Enfin, la loi organique n° 2010-704 du 28 juin 2010, qui a mis à jour l'ordonnance n° 58-1360 du 29 décembre 1958, toujours en vigueur, confie bizarrement aux présidents des deux assemblées un pouvoir de saisine que la Constitution semble pourtant réserver, bizarrement aussi d'ailleurs, au Parlement lui-même, ce que le Conseil constitutionnel, toujours aussi bizarrement, a néanmoins laissé passer.

461. S'agissant des saisines obligatoires, elles sont limitées à deux hypothèses qui s'interprètent de manière littérale : une loi de programmation, en effet, est celle qui répond à la définition qu'en donne l'antépénultième alinéa de l'article 34 (*supra*). Quant au plan, « ardente obligation » selon de Gaulle, il n'est plus très ardent, a rarement été une obligation, et sa manifestation la plus tangible aujourd'hui – les contrats de plan, notamment avec les régions – ne passe pas par le palais d'Iéna.

De ce fait, les saisines imposées n'occupent finalement qu'une place très réduite dans l'activité du CESE.

Article 71

La composition du Conseil économique, social et environnemental, dont le nombre de membres ne peut excéder deux cent trente-trois, et ses règles de fonctionnement sont fixées par une loi organique.

462. Selon l'ordonnance du 29 décembre 1958, modifiée par la loi organique du 28 juin 2010, le CESE compte désormais

233 membres au plus, désignés pour cinq ans. À eux peuvent s'adjoindre des *personnalités associées*, désignées par le gouvernement pour une période et sur un sujet déterminés, avec un statut moins gratifiant.

Cent quarante membres siègent « au titre de la vie économique et du dialogue social » (dont 69 représentent les salariés, 27 les entreprises privées, 20 les activités agricoles, 10 les artisans, 4 les professions libérales et 10 personnalités qualifiées), tandis que soixante autres membres sont présents « au titre de la cohésion sociale et territoriale et de la vie associative » (dont 8 représentent les mutuelles et coopératives non agricoles, 4 les mutuelles et coopératives agricoles, 10 les associations familiales, 8 la vie associative et les fondations, 11 l'outre-mer, 4 les jeunes et étudiants et 15 personnalités qualifiées), enfin trente-trois membres siègent « au titre de la protection de la nature et de l'environnement (18 représentants des associations et fondations spécialisées, 15 personnalités qualifiées).

Le contentieux éventuel des nominations relève du Conseil d'État.

Le Conseil économique, social et environnemental élit son président et son bureau.

463. Du fait des modalités de désignation, organisées par un décret du 4 juillet 1984, les membres de chaque catégorie sont en fait choisis par les structures syndicales ou professionnelles représentatives. Toutes les organisations concernées sont désormais assujetties à l'obligation de nommer un nombre égal de femmes et d'hommes.

Le statut raisonnablement avantageux de membre du CESE fait de la désignation des personnalités qualifiées un enjeu de négociation assez sensible au sein de l'exécutif : c'est un moyen toujours apprécié de remercier des fidèles, d'assurer un revenu à d'anciens parlementaires ou ministres ou, tout simplement, de distribuer de ces cadeaux qui entretiennent l'amitié politique. Le roi accordait des bénéfices ecclésiastiques, le président peut offrir des sinécures républicaines (il ne dépend que du bénéficiaire de travailler ou non).

TITRE XI *BIS*

LE DÉFENSEUR DES DROITS

Article 71-1

Le Défenseur des droits veille au respect des droits et libertés par les administrations de l'État, les collectivités territoriales, les établissements publics, ainsi que par tout organisme investi d'une mission de service public, ou à l'égard duquel la loi organique lui attribue des compétences.

Il peut être saisi, dans les conditions prévues par une loi organique, par toute personne s'estimant lésée par le fonctionnement d'un service public ou d'un organisme visé au premier alinéa. Il peut se saisir d'office.

La loi organique définit les attributions et les modalités d'intervention du Défenseur des droits. Elle détermine les conditions dans lesquelles il peut être assisté d'un collège pour l'exercice de certaines de ses attributions.

Le Défenseur des droits est nommé par le président de la République pour un mandat de six ans non renouvelable, après application de la procédure prévue au dernier alinéa de l'article 13. Ses fonctions sont incompatibles avec celles de membre du Gouvernement et de membre du Parlement. Les autres incompatibilités sont fixées par la loi organique.

Le Défenseur des droits rend compte de son activité au président de la République et au Parlement.

464. *Ombudsman* en Scandinavie, *Parliamentary Commis-sioner for Administration* au Royaume-Uni, *Defensor del Pueblo* en Espagne, les exemples ne manquaient pas, auxquels le Médiateur de la République, institué en 1973 en France, ne ressemblait que de manière pâle, malgré l'énergie qu'ont déployée certains des titulaires. C'est pour y remédier, et renforcer ainsi la position de l'institution, donc, à travers elle, la protection de ceux qui y font appel, que le comité Balladur avait suggéré sa constitutionnalisation.

La voici faite, avec un titre nouveau – le seul à porter un numéro *bis* – et un article unique. C'est la loi organique n° 2011-333 du 29 mars 2011, complétée par une loi ordinaire n° 2011-334 du même jour, qui dessine la réalité dont les grandes lignes sont fixées par la Constitution. Le Conseil constitutionnel a jugé que cette loi organique peut étendre, mais non sans limites, les prérogatives du Défenseur des droits. Ainsi, s'il peut recevoir mission d'orienter les lanceurs d'alerte et de veiller à leurs droits et libertés, il ne peut avoir à leur accorder une aide financière ; on est là trop loin de ses missions constitutionnelles (2016-740 DC du 8 décembre 2016).

465. La mission – le respect des droits et libertés, les droits de l'enfant, la lutte contre les discriminations, la déontologie des activités de sécurité – et le champ d'intervention – administrations nationales et locales, services et établissements publics, nationaux et locaux, personnes privées investies d'une mission de service public, mais aussi quiconque a pu porter atteinte aux droits de l'enfant ou opérer des discriminations illégales – sont entendus largement. Contrairement au médiateur, le Défenseur des droits peut être saisi sans intermédiaire, par toute personne physique ou morale, française ou étrangère, qui y verra intérêt, et il peut s'autosaisir.

Il est nommé, après audition parlementaire (*supra*, **116**), pour un mandat assez long, six ans, et non renouvelable qui assure son indépendance. Le premier titulaire, Dominique Baudis, présente de ce point de vue toutes les garanties souhaitables.

Cette institution a récupéré ainsi les missions de quelques autres autorités administratives indépendantes, mais n'a pas fait disparaître celles dont le maintien a paru indispensable (CNIL…).

On doit se féliciter de la constitutionnalisation d'une figure dont l'autorité a été très renforcée à l'égard des administrations, dont les recommandations seront ainsi mieux suivies, dont, tout simplement, le bon sens et l'équité protégeront les administrés contre ce que la rigueur administrative peut parfois produire d'excessif ou d'injuste. C'est là une modernisation qui en vaut bien d'autres. Le premier titulaire de la fonction a donc été Dominique Baudis (2011 à 2014) auquel a succédé Jacques Toubon.

Cette réforme s'avère un succès. Le Défenseur des droits traite environ 130 000 demandes d'intervention par an qui ont donné lieu à l'ouverture de 87 000 dossiers de réclamations en 2016 (plus de 80 % sont relatives aux services publics, 10 % relatives à des discriminations, 5 % relatives aux enfants, 2 % relatives aux questions de déontologie de la sécurité). Plus de 80 % des règlements amiables que le DDD engage aboutissent favorablement. Il formule une centaine d'observations par an devant les tribunaux. Il s'appuie sur 240 agents et 450 délégués territoriaux.

TITRE XII

DES COLLECTIVITÉS TERRITORIALES

Article 72

Les collectivités territoriales de la République sont les communes, les départements, les régions, les collectivités à statut particulier et les collectivités d'Outre-mer régies par l'article 74. Toute autre collectivité territoriale est créée par la loi, le cas échéant en lieu et place d'une ou de plusieurs collectivités mentionnées au présent alinéa.

Les collectivités territoriales ont vocation à prendre les décisions pour l'ensemble des compétences qui peuvent le mieux être mises en œuvre à leur échelon.

Dans les conditions prévues par la loi, ces collectivités s'administrent librement par des conseils élus et disposent d'un pouvoir réglementaire pour l'exercice de leurs compétences.

Dans les conditions prévues par la loi organique, et sauf lorsque sont en cause les conditions essentielles d'exercice d'une liberté publique ou d'un droit

constitutionnellement garanti, les collectivités territoriales ou leurs groupements peuvent, lorsque, selon le cas, la loi ou le règlement l'a prévu, déroger, à titre expérimental et pour un objet et une durée limités, aux dispositions législatives ou réglementaires qui régissent l'exercice de leurs compétences.

Aucune collectivité territoriale ne peut exercer une tutelle sur une autre. Cependant, lorsque l'exercice d'une compétence nécessite le concours de plusieurs collectivités territoriales, la loi peut autoriser l'une d'entre elles ou un de leurs groupements à organiser les modalités de leur action commune.

Dans les collectivités territoriales de la République, le représentant de l'État, représentant de chacun des membres du Gouvernement, a la charge des intérêts nationaux, du contrôle administratif et du respect des lois.

466. Ces collectivités sont désormais qualifiées *territoriales* dans toute la Constitution (*supra*, **232**). La France compte aujourd'hui :

– 35 416 communes ;

– 101 départements (96 en métropole, 5 outre-mer) ;

– 17 régions (13 en métropole, 4 outre-mer) ;

– 2 collectivités métropolitaines à statut particulier (Corse, métropole de Lyon) ;

– 4 collectivités d'outre-mer (Saint-Barthélemy, Saint-Martin, Saint-Pierre-et-Miquelon, Wallis-et-Futuna) ;

– 1 collectivité d'outre-mer autonome (Polynésie française) ;

– 1 collectivité d'outre-mer à statut constitutionnel particulier (Nouvelle-Calédonie) ;

– 3 provinces au sein de la Nouvelle-Calédonie.

Dans cette énumération, il faut mentionner le cas aberrant de l'île de la Réunion, dont le département et la région ont été rendus constitutionnellement intangibles (*infra*, **484**). Quant aux terres australes et antarctiques, elles ont cessé d'être des collectivités territoriales (*infra*, article 72-3), cependant que le nombre de départements et régions a évolué puisque Martinique et Guyane ont, en janvier 2010, voté en faveur d'une assemblée commune à leurs département et région respectifs (*infra*, **483**), tandis que Mayotte relève désormais de l'article 73 (*infra*), étant devenu département après le renouvellement de son assemblée délibérante en 2011 (article LO 3446-1 du CGCT).

Hormis les communes, départements et collectivités d'outre-mer prévus par la Constitution, toutes les autres collectivités territoriales ont été créées par des lois.

Compétente pour leur donner naissance, la loi l'est également pour déterminer les principes fondamentaux de leur libre administration, de leurs attributions et de leurs ressources (*supra*, article 34).

Cet article a été intégralement réécrit, de même que les suivants ont été introduits, par la loi constitutionnelle n° 2003-276 du 28 mars 2003. Le changement est tel qu'il faut l'analyser alinéa par alinéa.

Premier alinéa

467. Les régions ont fait leur entrée dans la Constitution en 2003. Les voici désormais placées sur le même plan que les communes et départements. La loi du 16 janvier 2015 a modifié la délimitation des régions en métropole pour en ramener le nombre de 22 à 13.

Mais le plus important est ailleurs, dans la possibilité enfin ouverte d'introduire de la souplesse et des géométries raisonnablement variables : en prévoyant qu'une collectivité peut, sur décision législative, se substituer à d'autres, l'on met fin à la rigidité antérieure : si, par exemple, les Alsaciens considèrent que le maintien de leurs deux départements n'a plus d'utilité réelle, la loi pourra les fondre dans la région. C'est nouveau et c'est heureux, puisqu'il faut une vision obtuse pour assimiler l'indispensable égalité à l'opprimante uniformité (*infra*, **469**). En outre, le dernier alinéa de l'article 72-1 autorise le législateur à subordonner les décisions principales à la consultation des électeurs inscrits dans l'ensemble intéressé (*infra*, **476**).

S'agissant de la création de nouvelles collectivités territoriales, le législateur n'a pas l'obligation, aujourd'hui moins encore qu'hier, de donner aux collectivités un statut identique. Ainsi une région d'outre-mer peut-elle ne couvrir qu'un seul département (Guadeloupe), un territoire métropolitain peut-il n'avoir pas de région mais une collectivité particulière (Corse), un territoire d'outre-mer peut-il être divisé en provinces érigées elles-mêmes en collectivités territoriales (Nouvelle-Calédonie) et des collectivités avoir des statuts propres à chacune (Saint-Pierre-et-Miquelon, Saint-Barthélemy, Saint-Martin)... Collectivité locale à statut particulier, la métropole de Lyon se substituera ainsi, à compter du 1er janvier 2015, à la communauté urbaine de Lyon et, dans ses limites territoriales, au conseil général du Rhône.

La Constitution assigne cependant des limites à la créativité du législateur : ainsi doit-il respecter, par exemple, l'indivisibilité de la République ou l'unité du peuple français (91-290 DC du 9 mai 1991). En outre, chaque catégorie de collectivité doit obéir à peu près aux mêmes règles (même si Paris et Marseille présentent des particularités, ce sont néanmoins, pour l'essentiel, des communes comme les autres). Mais le législateur, si cela est justifié, peut créer un type de collectivité en un exemplaire unique.

À ce stade, la Constitution n'envisage pas – mais n'interdit pas non plus – que soient érigés en collectivités territoriales de plein exercice, comme le demandent des voix de plus en plus nombreuses, les EPCI – établissements publics de coopération intercommunale –, c'est-à-dire les regroupements de communes. Il y aurait une logique à ce que ceux d'entre eux qui disposent d'une fiscalité propre soient élus directement. Il y aurait une logique, mais il n'y a pas d'urgence absolue, si cela devait compromettre le mouvement en cours qui, par suite des incitations adressées par le législateur, a vu ces regroupements se multiplier (on en comptait, au 1er mars 2017, 1 266 contre 2 062 un an auparavant concernant la quasi-totalité des communes). Une solution pragmatique au problème de l'émiettement en 35 416 communes a été ainsi apportée. Une solution à la variété des situations a aussi été trouvée avec la création de la métropole, EPCI regroupant des communes autour d'une grande ville ; aux 15 métropoles déjà créées pourraient rapidement s'en ajouter 7.

Deuxième et troisième alinéas

468. Cette nouvelle rédaction commence par l'affirmation de ce que l'on a coutume d'appeler le *principe de subsidiarité*. Il est formulé de manière assez claire pour indiquer une intention, assez vague pour ne pas trop contraindre. Le législateur, à l'inverse, doit, d'une part, respecter le principe de libre administration, d'autre part, prévoir des conseils élus, enfin, ce qui est plus nouveau, ménager un pouvoir réglementaire local. Le Premier ministre, pour autant, ne voit pas entamer le sien propre (*supra*, article 21), puisque celui envisagé ici ne concerne que les compétences et les limites territoriales. Surtout, ce pouvoir réglementaire local ne saurait se substituer à celui du chef du gouvernement en matière d'exécution des lois, l'intervention d'un décret d'application demeurant nécessaire s'il y a lieu. La mention de ce pouvoir réglementaire résiduel s'analyse alors comme la consécration de l'existant, dans les limites que lui assignent les jurisprudences constitutionnelle et administrative.

Il résulte de tout cela que resteront pertinents un certain nombre de principes antérieurs. En effet, le Conseil constitutionnel a déjà eu l'occasion de rappeler que « si [...] les collectivités territoriales *s'administrent librement* par des conseils élus, chacune d'elles le fait *dans des conditions prévues par la loi* » (92-316 DC du 20 janvier 1993). Aussi faut-il toujours concilier la liberté d'administration des collectivités et le droit de réglementation du législateur, toujours, bien entendu, dans le respect, s'il y a lieu, d'autres principes de valeur constitutionnelle. L'on sait déjà que plusieurs conséquences en découlent.

Premièrement, la loi, même si elle encadre l'exercice de leurs compétences par les collectivités, ne doit pas prévoir des dispositions telles que finalement elles entravent la libre administration (90-277 DC du 25 juillet 1990). Elles doivent, à cette fin, préserver une marge d'appréciation suffisante, et suffisamment effective, pour que ne soit pas méconnu le principe (92-316 DC du 20 janvier 1993).

Deuxièmement, les collectivités territoriales doivent bénéficier d'une autonomie financière (2004-500 DC du 29 juillet 2004) mais non d'une autonomie fiscale (2009-599 DC du 29 décembre 2009). La loi ne saurait avoir pour effet de restreindre les ressources fiscales ou les dotations des collectivités territoriales au point d'entraver leur libre administration (2016-745 DC du 26 janvier 2017).

Troisièmement, si leur libre administration n'interdit nullement au Parlement d'imposer des sujétions à ces collectivités, c'est à condition que celles-ci soient précises (90-274 DC) et n'impliquent aucune sanction incompatible avec l'article 72 (83-168 DC du 20 janvier 1984).

Quatrièmement, le pouvoir donné à la loi n'est donné qu'à elle seule. Le législateur ne peut donc abandonner au pouvoir réglementaire le soin de prendre des décisions qui ne peuvent relever que du Parlement (83-168 DC du 20 janvier 1984).

Cinquièmement, la décentralisation est devenue non seulement un fait acquis, mais encore un droit acquis. Il en va en effet du principe de libre administration des collectivités locales comme de toutes les autres libertés : leur régime peut stagner, mieux encore progresser, il ne peut pas gravement reculer, sauf à « priver de garanties légales des exigences de caractère constitutionnel » (92-316 DC du 20 janvier 1993).

Sixièmement, la Constitution n'implique pas qu'existe une clause de compétence générale au profit des collectivités territoriales qu'elle mentionne. Ces dernières ne doivent pas pouvoir intervenir dans les domaines dans lesquels aucune autre personne publique ne dispose d'une compétence articulée par la loi (2016-565 QPC du 16 septembre 2016).

Quatrième alinéa

469. La nation s'est fondée, à dater de 1789, sur une équation compréhensible alors et devenue abusive depuis : l'unité suppose l'égalité, l'égalité implique l'uniformité. Ce dogme utile avait construit l'unité nationale, avait matérialisé l'indivisibilité du royaume, de l'empire puis de la République. C'est ainsi que, du jour au lendemain, toutes les paroisses avaient été transformées en autant de communes, soumises exactement au même régime, et que les départements furent créés sur un modèle qui devait beaucoup moins à la géographie qu'à la géométrie.

Mais justement parce que, en partie grâce à cela, cette unité et cette indivisibilité sont faites, et ne sont plus sérieusement mises en cause malgré, ici ou là, des effrois excessifs, elles exigent toujours l'égalité mais n'imposent plus forcément l'uniformité.

Pourtant, jusqu'à 2003, tout, partout, en tout, à tout moment devait être rigoureusement identique. C'était particulièrement vrai de l'organisation territoriale, au moins pour les communes et les départements, surtout en métropole. Ce qui existait ici devait obligatoirement exister là aussi. Ce que l'un souhaitait pouvoir faire, il en était empêché si tous ne recevaient pas le même droit, y compris sans qu'ils l'eussent revendiqué. Où l'égalité prohibe le privilège, utilement, l'uniformité interdit l'originalité, inutilement.

À ce jour, nul n'a encore tenté d'exploiter ces souplesses nouvelles. Mais, tôt ou tard, quelqu'un se lancera, qui fera très rapidement école.

470. Le Conseil constitutionnel s'étant fait le gardien sourcilleux de cela, c'est à force de buter sur cet obstacle que l'on a finalement choisi de le lever en révisant la Constitution. C'est donc la loi constitutionnelle du 28 mars 2003 qui a inséré ce nouvel alinéa. Désormais, le législateur pourra, dans certaines limites, adopter des dispositions qui ne soient pas les mêmes pour tous. Il n'est pas fortuit que cette innovation ait été introduite à l'occasion de la réforme des collectivités territoriales, puisque ce sont elles, sans doute, qui doivent être concernées au premier chef, et l'on se rappelle que, pour les autres domaines, c'est le nouvel article 37-1 (*supra)* qui régit, bien peu, le droit d'expérimentation.

Pas question, naturellement, qu'il existe un code civil breton, un code pénal alsacien, ni, *horresco referens*, un code des impôts corse. Contre cela, le bon sens et ce quatrième alinéa suffisent à prémunir. Si, en revanche, une région a des raisons de souhaiter disposer de compétences élargies dont d'autres n'ont pas l'utilité, il ne sera plus formellement interdit de les lui attribuer, sachant que c'est toujours la loi qui le fera et, le cas échéant, pourra le défaire.

471. Quoique frappante par son audace (du moins au regard des traditions françaises car, partout autour de nous en Europe, l'on trouverait cette avancée timorée), cette disposition recèle quelque incohérence. Si le constituant a eu évidemment raison d'exiger un objet circonscrit, il a été moins bien inspiré en exigeant une durée limitée à cinq années susceptibles d'être prolongées pour une nouvelle période de trois ans, selon les articles LO 1113-1 à LO 1113-7 du code général des collectivités territoriales. Si, en effet, une singularité légitime fait la preuve de son efficacité, dans une région par exemple, il ne s'en déduit pas qu'elle soit aussi nécessaire ou aussi efficace dans toutes les régions. Pourtant, à raison de la limitation de durée, il faudra soit renoncer à l'expérience, soit l'étendre à tout le monde. L'uniformité n'est ainsi rompue qu'à titre transitoire et l'on doit s'empresser de la rétablir ensuite. Chassez le naturel…

Décidément, l'on peine à reconnaître la diversité, même étroitement contrôlée, alors qu'il eût sans doute été plus fécond de l'admettre de manière pérenne, puisque le législateur organique conserve entre ses mains le pouvoir de remettre de l'ordre à tout moment, si cet ordre peut être contrarié. Mais l'expérimentation a fait moins peur que la variété. L'on peut constater rapidement que c'est dommage, comme nous le prouvent nos voisins espagnols depuis trente ans.

Aussi bien ne serait-on pas surpris de découvrir un jour que, pour échapper à l'alternative brutale entre mettre fin à l'expérience ou l'étendre à tout le monde, la loi ou le règlement estime, le moment venu, que l'expérimentation n'est pas encore assez concluante et qu'il y a donc lieu de la poursuivre pour une nouvelle période. Après tout, la tour Eiffel, initialement destinée à être démantelée après vingt ans seulement, est là pour démontrer les mérites du provisoire qui dure.

Cinquième alinéa

472. La libre administration profite à chaque collectivité et l'organisation décentralisée de la République exclut toute tutelle, celle de l'État, bien sûr, mais aussi, *a fortiori*, celle d'une autre collectivité. Si la structure des pouvoirs publics est optiquement pyramidale, elle ne l'est pas juridiquement, une commune n'étant pas plus subordonnée à son département qu'un département ne l'est à sa région. C'est ce que réaffirme la première phrase de cet alinéa. Cela allait sans dire – libre administration oblige – et il n'est pas certain que cela aille mieux en l'écrivant. Mais cette phrase n'a pas d'autre objet que de dissiper les inquiétudes qu'aurait pu soulever la suivante. Celle-ci est incongrue. La décentralisation par blocs, opérée depuis les années 80, rend inévitables les enchevêtrements de compétences et les financements croisés. Lorsque, en conséquence, plusieurs collectivités, de plusieurs niveaux, doivent travailler ensemble sur des sujets transversaux (politique de la ville, transports…), il n'est pas absurde que l'une d'entre elles soit désignée comme « chef de file ». C'est si vrai que le code général des collectivités locales prévoit déjà que la loi puisse œuvrer en ce sens. Mais justement parce que la possibilité existe déjà, que le Conseil constitutionnel veille déjà à ce que le législateur exerce pleinement cette compétence (94-358 DC du 26 janvier 1995), il était superflu d'introduire cet alinéa dans la Constitution, ainsi alourdie d'une rédaction que l'on croirait tout droit sortie d'une circulaire ministérielle.

Sixième alinéa

473. Après la circulaire, voici le décret, élevé au rang constitutionnel ! Jusqu'à 2003, le dernier alinéa de l'article 72 évoquait le « délégué du gouvernement ». Le voici remplacé par « le représentant de l'État, représentant de chacun des membres du gouvernement ». Il s'agit de réaffirmer le principe qu'un modeste décret, du 10 mai 1982, avait suffi à établir, selon lequel le préfet représente tous les ministres et non le seul ministre de l'Intérieur.

Si la Constitution fait référence aux intérêts nationaux, au contrôle administratif et au respect des lois, elle se garde bien de les définir. C'est heureux, puisque c'est ce qui avait permis, en 1982, de procéder à la décentralisation sans avoir besoin d'une révision constitutionnelle préalable. Il avait suffi de considérer que le contrôle administratif et le respect des lois, assurés jusqu'alors de manière préventive avec la tutelle préfectorale, se feraient désormais par décision juridictionnelle, sur initiative préfectorale notamment, le contrôle de légalité se substituant ainsi au contrôle d'opportunité.

En contrepartie, les prérogatives que l'État a toujours détenues en application directe de cet alinéa de l'article 72 ne sauraient être ni restreintes, ni privées d'effets, même temporairement (82-137 DC du 25 février 1982).

474. Il est frappant de constater que la réforme qui, durant les trente dernières années, a le plus profondément bouleversé le fonctionnement des pouvoirs publics en France s'était faite par une loi ordinaire. Cela rappelle le caractère ouvert de la Constitution, qui pouvait s'appliquer indifféremment à un État hautement centralisé et à un système sérieusement décentralisé.

Après les premiers moments d'euphorie, cette décentralisation a suscité bien des critiques : empilage des niveaux, imprécision des compétences, dilution des responsabilités, tendances mégalomaniaques ou pharaoniques des élus… Tout cela est en partie vrai. Mais, faisant suite à plusieurs siècles de centralisme, la décentralisation était justement dans son âge ingrat. Ses maladies infantiles méritaient quelque indulgence. Il n'en est qu'une qui, restant chronique même après révision de la Constitution, deviendra de plus en plus grave : c'est celle qui, par les effets du cumul, fait que près de 100 % des sénateurs, ce qui n'est pas choquant, mais aussi l'écrasante majorité des députés, ce qui est indéfendable, sont des élus locaux. Comment s'étonner alors que, face à cette coalition puissante, soudée par une communauté d'intérêts qui l'emporte sur les clivages politiques, ceux que l'on appelle les « technocrates » aient le sentiment qu'ils sont seuls à incarner l'intérêt de la Nation, si souvent délaissé par ceux-là mêmes qui sont ses représentants authentifiés ? Avec les lois organique et ordinaire du 14 février 2014, interdisant le cumul de fonctions exécutives locales avec le mandat de député ou de sénateur, le cumul des mandats aura disparu en septembre 2017. *Cumulatio deleta fuerit.*

475. Enfin, si l'on admet que la démocratie moderne suppose la réunion de trois conditions (*supra*, introduction), force est de constater qu'on les trouve présentes au niveau communal et, à peu près, au niveau régional. Dans les départements, au contraire, les administrés ne choisissent pas effectivement les administrateurs (car le mode de scrutin ne le permet pas véritablement) ; les administrateurs n'ont pas toujours effectivement les moyens d'administrer (car il n'existe pas toujours de majorités claires), et les administrateurs ne sont pas effectivement responsables devant les administrés (parce que, du fait des deux éléments qui précèdent, les chefs d'exécutif départementaux sont peu connus, leur action peu perçue, leur mise en cause presque déplacée).

Le gouvernement Fillon eut soudain une illumination : pour régler tous ces problèmes, on allait supprimer ces conseillers régionaux et généraux et les remplacer par des conseillers territoriaux qui, les mêmes, siégeraient dans les deux assemblées. Cette réforme bête et dangereuse avait été adoptée au Parlement. Elle devait n'entrer en application qu'en 2014. La gauche, élue dans l'intervalle, l'a abrogée.

Article 72-1

La loi fixe les conditions dans lesquelles les électeurs de chaque collectivité territoriale peuvent, par l'exercice du droit de pétition, demander l'inscription à l'ordre du jour de l'assemblée délibérante de cette collectivité d'une question relevant de sa compétence.

Dans les conditions prévues par la loi organique, les projets de délibération ou d'acte relevant de la compétence d'une collectivité territoriale peuvent, à son initiative, être soumis, par la voie du référendum, à la décision des électeurs de cette collectivité.

Lorsqu'il est envisagé de créer une collectivité territoriale dotée d'un statut particulier ou de modifier son organisation, il peut être décidé par la loi de consulter les électeurs inscrits dans les collectivités intéressées. La modification des limites des collectivités territoriales peut également donner lieu à la consultation des électeurs dans les conditions prévues par la loi.

476. Puisque, nationalement, la souveraineté est exercée par les représentants et le référendum (*supra*, article 3), pourquoi ne pas transposer cette logique localement ? C'est l'objet de l'article 72-1.

Une première observation, sémantique : le texte parle tantôt de référendum (alinéa 2), tantôt de consultation (alinéa 3). Quoique l'on se soit empressé de confondre les deux termes (Jacques Chirac lui-même, à propos de la Corse, dans son intervention du 14 juillet 2003), celui de référendum doit être alors réservé aux seuls cas dans lesquels les électeurs sont appelés à *décider*, tandis que, lorsque la décision reste aux mains d'autrui, ils sont seulement *consultés*.

Voici de nouveau (*supra*, **459**) le droit de pétition. Né avec la Révolution, il avait disparu de nos textes constitutionnels après 1852 mais, comme le notait Eugène Pierre, « c'est là un droit naturel qui subsiste et s'exerce tant qu'il n'est pas interdit par un texte formel ». Seuls les règlements des assemblées y faisaient jusqu'ici référence. Il est derechef élevé à la dignité constitutionnelle mais, ici, ramené au niveau local. Les pétitionnaires n'auront aucun pouvoir de décision, puisque la pétition, étymologiquement, n'est jamais qu'une demande. En revanche, ils pourront obliger une collectivité à statuer sur un sujet relevant de ses compétences. Ce sera un instrument de lutte contre les faux-fuyants, et comme est bon tout ce qui peut obliger des responsables à assumer leurs responsabilités, on regrettera seulement qu'il n'existe pas un équivalent au niveau national.

Au deuxième alinéa, la loi organique requise a déjà été adoptée (articles LO 1112-1 à LO 1112-14 du code général des collectivités territoriales). Elle interdit sagement que des référendums locaux puissent se télescoper avec des campagnes nationales ou intervenir dans les dix derniers mois du mandat. Mais le plus important est ailleurs : ce n'est que sur l'exercice de l'une de ses propres compétences qu'une collectivité peut provoquer un référendum. Sont ainsi renvoyés au chapitre des impostures démocratiques les pseudo-référendums par lesquels des élus ont invité leurs électeurs à se prononcer sur des décisions ne relevant pas d'eux : l'on peut comprendre la gêne que le tunnel du Mont-Blanc cause aux habitants de la vallée ; ils ne sont pour autant ni les propriétaires de cette vallée ni les détenteurs d'un pouvoir particulier sur elle ; en conséquence, les appeler à voter sur la réouverture du tunnel aux poids lourds n'était qu'un attrape-nigauds, comme le sont toutes les consultations de ce type.

En revanche, que des élus puissent désormais demander aux électeurs de la commune, du département ou de la région de décider eux-mêmes sur un sujet qui ne concerne qu'eux-mêmes n'a rien qui puisse choquer, au contraire.

Enfin, le troisième alinéa ouvre une perspective très intéressante que ne doit pas boucher la déconvenue causée par la victoire du non lors de sa première utilisation, en Corse, le 6 juillet 2003. La Constitution autorise la diversité. Le fait, s'il y a lieu, de pouvoir recueillir le sentiment des premiers intéressés peut donner à des réformes le surcroît de légitimité qui facilite leur adoption. Ce n'est jamais une exigence, toujours une faculté. C'est la définition même d'une souplesse opportune, laquelle laisse subsister des interrogations : si, par exemple, un département souhaite changer de région (la Loire-Atlantique pour rejoindre la Bretagne), qui sont les électeurs intéressés ? Ceux de Loire-Atlantique seuls ? Ceux de Bretagne aussi ? Ceux encore de la région, Pays-de-la-Loire, qu'il s'agirait d'amputer ? Aucun texte ne le précise en l'état.

Article 72-2

Les collectivités territoriales bénéficient de ressources dont elles peuvent disposer librement dans les conditions fixées par la loi.

Elles peuvent recevoir tout ou partie du produit des impositions de toutes natures. La loi peut les autoriser à en fixer l'assiette et le taux dans les limites qu'elle détermine.

Les recettes fiscales et les autres ressources propres des collectivités territoriales représentent, pour chaque catégorie de collectivités, une part déterminante de l'ensemble de leurs ressources. La loi organique fixe les conditions dans lesquelles cette règle est mise en œuvre.

Tout transfert de compétences entre l'État et les collectivités territoriales s'accompagne de l'attribution de ressources équivalentes à celles qui étaient consacrées à leur exercice. Toute création ou extension de compétences ayant pour conséquence d'augmenter les dépenses des collectivités territoriales est accompagnée de ressources déterminées par la loi.

La loi prévoit des dispositifs de péréquation destinés à favoriser l'égalité entre les collectivités territoriales.

477. Cet article a l'ambition d'être la véritable charte des finances locales. Il s'ouvre et se clôt sur deux principes – l'autonomie d'un côté, la péréquation de l'autre – contradictoires comme il est fréquent en droit constitutionnel, tout l'art du légiste consistant à les concilier au mieux, ou au moins mal, sous l'œil attentif du juge.

L'amusant est que ceux qui ont adopté ce texte ont voté comme une motion de défiance contre eux-mêmes ! Les problèmes sont connus. Premièrement, la libre administration est un leurre si les collectivités n'ont aucune maîtrise sur leurs ressources. Deuxièmement, les transferts de compétence sont une servitude s'ils ne s'accompagnent pas des ressources correspondantes. Troisièmement, même accompagnées du transfert de ressources, ces attributions nouvelles sont un piège si le montant des crédits est largement inférieur aux besoins. Quatrièmement, tout abattement, dégrèvement, exemption consenti par l'État sur des impôts qui ne sont pas les siens est une pénalité douloureuse pour les finances locales, d'autant plus menaçante qu'est forte sa tendance à faire le généreux avec l'argent des autres.

Il reste que rien ici ne se fait jamais sans que le gouvernement l'ait proposé, ou au moins accepté, et que le Parlement l'ait décidé. Ce sont pourtant ces mêmes gouvernement et Parlement qui ont projeté et adopté cet article comme pour se protéger contre eux-mêmes, et pratiquer en passant un acte de foi à l'égard du Conseil constitutionnel, puisqu'il s'agit explicitement d'armer son contrôle. Les élus locaux-parlementaires se défient des parlementaires-élus locaux. En plus de tout le reste, le cumul des mandats rend schizophrène.

478. En recettes, l'article 72-2 offre un assouplissement et une garantie.

L'assouplissement porte sur la capacité des collectivités à déterminer elles-mêmes non seulement le taux mais aussi l'assiette des impositions de toute nature qui leur reviennent. Certes, elles ne peuvent le faire que dans les limites fixées par la loi mais le changement demeure notable : en matière de taxe d'habitation, par exemple, les communes pouvaient déjà fixer les pourcentages, mais elles n'avaient aucun pouvoir sur la détermination des valeurs locatives auxquelles ces taux s'appliquaient.

La garantie tient à ce que leurs ressources propres, c'est-à-dire celles qui relèvent de leurs compétences, doivent représenter « une part déterminante » de l'ensemble. Le Sénat l'aurait voulue

« prépondérante ». La Constitution l'exige déterminante, et s'en remet au Conseil pour apporter des éléments de définition à ce concept incertain.

En dépenses, l'article 72-2 offre une règle et une promesse.

La règle est celle selon laquelle toute création ou extension des compétences locales doit être financée. Le Parlement demeure maître du mode de financement choisi, mais il a l'obligation de le prévoir et ne pourra plus s'y soustraire. En même temps, c'est quelque peu contradictoire avec la garantie précédente : si les ressources viennent de l'État, cela fait diminuer d'autant la part des ressources propres, qui doit pourtant rester déterminante.

La promesse est celle de la péréquation destinée à favoriser l'égalité entre les collectivités. Même constitutionnalisée, une promesse reste ce qu'elle est : un engagement qui vaut ce que vaut la vertu de celui qui le souscrit.

Et, puisqu'il est question de vertu, rappelons que l'État l'a imposée aux collectivités territoriales, en matière d'équilibre budgétaire, cependant qu'il répugne toujours à l'envisager sérieusement pour lui-même (*supra*, **233**).

Article 72-3

La République reconnaît, au sein du peuple français, les populations d'Outre-mer, dans un idéal commun de liberté, d'égalité et de fraternité.

La Guadeloupe, la Guyane, la Martinique, la Réunion, Mayotte, Saint-Barthélemy, Saint-Martin, Saint-Pierre-et-Miquelon, les îles Wallis-et-Futuna et la Polynésie française sont régis par l'article 73 pour les départements et les régions d'Outre-mer, et pour les collectivités territoriales créées en application du dernier alinéa de l'article 73, et par l'article 74 pour les autres collectivités.

Le statut de la Nouvelle-Calédonie est régi par le titre XIII.

La loi détermine le régime législatif et l'organisation particulière des Terres australes et antarctiques françaises et de Clipperton.

479. La République a de bons yeux, puisqu'elle parvient à distinguer les populations d'outre-mer au sein du peuple français. À quoi les reconnaît-elle donc ? Au fait qu'elles vivent outre-mer ? ou en viennent ? ou s'y installent ? ou autre chose ? Ne glosons pas trop, la méditation sur cette formule étrange pourrait ouvrir des abîmes sous nos pas.

Pour la première fois depuis 1795, la Constitution cite toutes les collectivités d'outre-mer (les îles éparses – Tromelin, Europa, Bassas da India, Glorieuses, Juan de Nova, mouchetées autour de Madagascar n'ont ni habitants sédentaires ni, partant, statut de collectivité territoriale). Deux conséquences politiques et une juridique en résultent. Quoique régie par un titre constitutionnel spécifique (*infra*, Titre XIII), la Nouvelle-Calédonie figure néanmoins dans l'énumération. Surtout, Mayotte, quoique toujours revendiquée par l'Union des Comores, voit réaffirmée son appartenance française. Enfin, alors qu'une simple loi pouvait suffire jusqu'ici, la question peut se poser un jour de savoir si une de ces collectivités peut quitter la communauté nationale sans qu'une révision de la Constitution l'ait autorisé.

480. En plus de la Nouvelle-Calédonie, deux catégories distinctes de collectivités d'outre-mer sont envisagées, relevant respectivement des articles 73 et 74 (*infra*). Mais apparaît aussi une collectivité hors catégorie, visée au dernier alinéa, celle des terres Australes et Antarctiques françaises (composées de la terre Adélie, dans le cercle polaire antarctique, des archipels de Kerguelen et de Crozet, dans l'océan Indien, et des îles australes de Nouvelle-Amsterdam et Saint-Paul), auxquelles le constituant de 2008 a ajouté Clipperton, îlot du Pacifique au large du Mexique. L'ancien article 74 prévoyait un statut organique, disproportionné avec le besoin et peu respecté. Ce nouvel alinéa revient à un statut législatif, plus conforme à la réalité de territoires surtout peuplés de manchots, lesquels n'objectent pas à l'administration directe.

S'agissant de la terre Adélie, comme l'a rappelé le rapporteur du projet de loi constitutionnelle devant l'Assemblée nationale, « la souveraineté de la France s'exerce dans le cadre du traité de Washington de 1959 qui a gelé [c'est vraiment le cas de le dire] toutes les revendications territoriales et affirmé la liberté de la recherche scientifique sur tout le continent ».

Article 72-4

Aucun changement, pour tout ou partie de l'une des collectivités mentionnées au deuxième alinéa de l'article 72-3, de l'un vers l'autre des régimes prévus par les articles 73 et 74, ne peut intervenir sans que le consentement des électeurs de la collectivité ou de la partie de collectivité intéressée ait été préalablement recueilli dans les conditions prévues à l'alinéa suivant. Ce changement de régime est décidé par une loi organique.

Le président de la République, sur proposition du Gouvernement pendant la durée des sessions ou sur proposition conjointe des deux assemblées, publiées au Journal officiel, peut décider de consulter les électeurs d'une collectivité territoriale située Outre-mer sur une question relative à son organisation, à ses compétences ou à son régime législatif. Lorsque la consultation porte sur un changement prévu à l'alinéa précédent et est organisée sur proposition du Gouvernement, celui-ci fait, devant chaque assemblée, une déclaration qui est suivie d'un débat.

481. Il y avait déjà le référendum et la consultation (*supra*, article 72-1), voici qu'apparaît le consentement. Entre les deux régimes des articles 73 et 74 (*infra*), des passerelles sont établies, mais que l'on ne peut franchir sans l'accord des intéressés. Le Conseil constitutionnel avait déjà admis la possibilité de telles consultations, mais en précisant que les autorités de la République « ne sauraient être liées... par le résultat » (2000-428 DC du 4 mai 2000). À l'avenir, la loi organique nécessaire à opérer le changement de régime ne pourra intervenir que si les électeurs intéressés y ont expressément consenti, ce qui signifie que non seulement cette consultation sera obligatoire mais encore que ses résultats, au moins s'ils devaient être négatifs, lieraient les autorités de la République.

À ces conditions, le mouvement peut en principe se faire dans les deux sens. Il est intéressant de constater de plus qu'une partie de collectivité peut évoluer seule. Ce fut le cas de Saint-Barthélemy et de Saint-Martin, îles administrativement rattachées à la Guadeloupe, relevant à ce titre de l'article 73, qui ont, le 7 décembre 2003, souhaité devenir autonomes et basculer dans l'article 74, ce qu'elles ont fait depuis.

La procédure applicable à la consultation s'inspire directement de l'article 11 (*supra*) dont elle reproduit les principaux éléments. Obligatoire en cas de changement de catégorie, elle a aussi été rendue possible, de manière plus large, sur toute question relative à l'organisation ou au régime législatif, de sorte que de telles consultations pourront désormais intervenir, si le gouvernement le propose et que le président de la République le décide, sans qu'il soit nécessaire d'adopter une loi à cette fin.

Article 73

Dans les départements et les régions d'Outre-mer, les lois et règlements sont applicables de plein droit. Ils peuvent faire l'objet d'adaptations tenant aux caractéristiques et contraintes particulières de ces collectivités.

Ces adaptations peuvent être décidées par ces collectivités dans les matières où s'exercent leurs compétences et si elles y ont été habilitées, selon le cas, par la loi ou par le règlement.

Par dérogation au premier alinéa et pour tenir compte de leurs spécificités, les collectivités régies par le présent article peuvent être habilitées, selon le cas, par la loi ou par le règlement, à fixer elles-mêmes les règles applicables sur leur territoire, dans un nombre limité de matières pouvant relever du domaine de la loi ou du règlement.

Ces règles ne peuvent porter sur la nationalité, les droits civiques, les garanties des libertés publiques, l'état et la capacité des personnes, l'organisation de la justice, le droit pénal, la procédure pénale, la politique étrangère, la défense, la sécurité et l'ordre publics, la monnaie, le crédit et les changes, ainsi que le droit électoral. Cette énumération pourra être précisée et complétée par une loi organique.

La disposition prévue aux deux précédents alinéas n'est pas applicable au département et à la région de la Réunion.

Les habilitations prévues aux deuxième et troisième alinéas sont décidées, à la demande de la collectivité concernée, dans les conditions et sous les réserves prévues par une loi organique. Elles ne peuvent intervenir lorsque sont en cause les conditions essentielles d'exercice d'une liberté publique ou d'un droit constitutionnellement garanti.

La création par la loi d'une collectivité se substituant à un département et une région d'outre-mer ou l'institution d'une assemblée délibérante unique pour ces deux collectivités ne peut intervenir sans qu'ait été recueilli, selon les formes prévues au second alinéa de l'article 72-4, le consentement des électeurs inscrits dans le ressort de ces collectivités.

482. Les *mesures d'adaptation* applicables aux collectivités régies par l'article 73, les DROM (départements et régions d'outre-mer), n'ont pas l'ampleur de la *spécialité législative* des collectivités relevant de l'article 74 (*infra*). Jusqu'à la révision constitutionnelle de 2003, elles pouvaient au plus « se traduire par un aménagement limité des compétences des régions et des départements d'outre-mer par rapport aux autres régions ou départements, sans pour autant méconnaître le principe d'égalité… » (84-174 DC du 25 juillet 1984). Jusqu'à la révision constitutionnelle de 2008, elles ne pouvaient être autorisées que par la loi, même quand ces adaptations nécessaires pouvaient ne porter que sur des aspects réglementaires. C'est pour en tenir compte que la mention de la loi a été, chaque fois que pertinent, remplacée par « selon le cas, par la loi ou le règlement ».

Quant à l'objet, la nature et la portée de ces mesures d'adaptation, ainsi qu'à la situation particulière qui les justifiait, c'était au législateur qu'il revenait de les définir, sous le contrôle du juge au cas par cas, s'il était saisi.

La loi, ou au moins ses travaux préparatoires, devait alors indiquer en quoi la situation était particulière et en quoi elle nécessitait une mesure d'adaptation (84-174 DC du 25 juillet 1984). Mais la règle demeurait selon laquelle les DOM étaient des départements avant d'être d'outre-mer : ainsi ne pouvait-on faire élire leurs assemblées à la représentation proportionnelle quand celles de la métropole étaient issues du scrutin majoritaire (82-147 DC du 2 décembre 1982).

En prenant soin de distinguer le régime législatif d'une part de l'organisation administrative d'autre part, l'article 73 laissait subsister la répartition normale des compétences : les mesures d'adaptation du régime législatif procédaient de la loi, celles qui touchaient à l'organisation administrative relevaient de l'autorité administrative compétente (82-152 DC du 14 janvier 1983).

483. Les DROM aspiraient à plus. Ils furent entendus. Dans le débat constitutionnel, l'accent fut mis sur trois principes.

Au nom du principe d'*assimilation*, qui caractérise les DROM, lois et règlements sont applicables de plein droit. Au nom du principe d'*adaptation*, toutes sortes d'aménagements nouveaux sont désormais possibles, lesquels, au nom du principe de *participation*, pourront exiger de recueillir préalablement le consentement des électeurs concernés.

L'assimilation, depuis sa mise en œuvre en 1946, a toujours été considérée comme un facteur d'intégration et de progrès, offrant effectivement aux habitants des droits, notamment sociaux, identiques à ceux de la métropole. Elle reste garantie mais se trouve sensiblement assouplie.

Surtout, les collectivités elles-mêmes pourront désormais procéder à des aménagements, chaque fois que le Parlement les y aura autorisées.

Tantôt il s'agira d'adaptations locales des normes nationales, applicables dans les domaines de compétence de ces collectivités : la loi pourra les habiliter à y procéder elles-mêmes, sous le contrôle du juge administratif, plutôt que de recourir, selon les cas, à des lois ou règlements particuliers.

Tantôt il s'agira, dans un nombre limité de compétences législatives, de normes que les collectivités concernées pourront être autorisées, par la loi, à établir elles-mêmes. Naturellement, ce ne sera pas possible dans les domaines les plus importants, ceux que vise l'article 73 dans une énumération qui, si besoin est, peut être précisée et complétée par une loi organique.

Ces diverses habilitations peuvent indifféremment être délivrées par une loi spécifique ou résulter d'un article particulier d'une loi générale. Enfin, une loi organique est encore nécessaire pour déterminer les conditions dans lesquelles les collectivités peuvent demander et obtenir les habilitations qu'elles souhaitent recevoir. L'on est bien passé du carcan rigide à l'encadrement souple.

S'il manquait à cela un élément encore, il est apporté par le dernier alinéa qui lève l'obstacle antérieur à l'assemblée unique : tel territoire pourra mettre fin à la superposition entre département et région, soit en les fusionnant au sein d'une même assemblée, soit en les supprimant au profit d'une collectivité nouvelle. Dans les deux cas, seule la loi pourra en décider mais elle-même ne pourra le faire qu'après la mise en œuvre de la consultation prévue au dernier alinéa de l'article 72-4 (*supra*). Le 7 décembre 2003, les électeurs inscrits en Martinique, à une courte majorité, et en Guadeloupe, massivement, avaient refusé la disparition de leurs départements et régions respectifs au profit d'une assemblée unique pour chaque île. Depuis, la Martinique s'est ravisée, suivie également par la Guyane, à l'occasion de consultations organisées le 24 janvier 2010.

484. Quoi qu'il en soit, force reste à la loi (ou au règlement) en tout état de cause. C'est la traduction nécessaire mais suffisante de l'indivisibilité. L'on peut faire beaucoup, très différencié d'un lieu à l'autre, mais rien, jamais, qui n'ait été expressément prévu ou autorisé par la loi, organique ou ordinaire selon les cas, c'est-à-dire par les représentants élus de la Nation, ou par le règlement, c'est-à-dire un décret signé au moins du Premier ministre.

Cela, qui est très satisfaisant, rend d'autant plus loufoque le cinquième alinéa, qui maintient la rigidité antérieure pour la seule Réunion, à la demande d'une fraction de ses parlementaires. S'il peut exister de bons motifs politiques à vouloir dissuader des revendications futures, il est imprudent et indécent de dresser contre elles un obstacle constitutionnel : imprudent car il sera infranchissable lors même que des adaptations locales pourraient se révéler indispensables ; indécent car c'est à la fois postuler la pusillanimité du législateur à venir, que rien n'obligerait à agir s'il ne le voulait pas, et utiliser la loi fondamentale pour régler un désaccord partisan.

Article 74

Les collectivités d'Outre-mer régies par le présent article ont un statut qui tient compte des intérêts propres de chacune d'elles au sein de la République.

Ce statut est défini par une loi organique, adoptée après avis de l'assemblée délibérante, qui fixe :

– les conditions dans lesquelles les lois et règlements y sont applicables ;

– les compétences de cette collectivité ; sous réserve de celles déjà exercées par elle, le transfert de compétences de l'État ne peut porter sur les matières énumérées au quatrième alinéa de l'article 73, précisées et complétées, le cas échéant, par la loi organique ;

– les règles d'organisation et de fonctionnement des institutions de la collectivité et le régime électoral de son assemblée délibérante ;

– les conditions dans lesquelles ses institutions sont consultées sur les projets et propositions de loi et les projets d'ordonnance ou de décret comportant des dispositions particulières à la collectivité, ainsi que sur la ratification ou l'approbation d'engagements internationaux conclus dans les matières relevant de sa compétence.

La loi organique peut également déterminer, pour celles de ces collectivités qui sont dotées de l'autonomie, les conditions dans lesquelles :

– le Conseil d'État exerce un contrôle juridictionnel spécifique sur certaines catégories d'actes de l'assemblée délibérante intervenant au titre des compétences qu'elle exerce dans le domaine de la loi ;

– l'assemblée délibérante peut modifier une loi promulguée postérieurement à l'entrée en vigueur du statut de la collectivité, lorsque le Conseil Constitutionnel, saisi notamment par les autorités de la collectivité, a constaté que la loi était intervenue dans le domaine de compétence de cette collectivité ;

– des mesures justifiées par les nécessités locales peuvent être prises par la collectivité en faveur de sa

population, en matière d'accès à l'emploi, de droit d'établissement pour l'exercice d'une activité professionnelle ou de protection du patrimoine foncier ;

– la collectivité peut participer, sous le contrôle de l'État, à l'exercice des compétences qu'il conserve, dans le respect des garanties accordées sur l'ensemble du territoire national pour l'exercice des libertés publiques.

Les autres modalités de l'organisation particulière des collectivités relevant du présent article sont définies et modifiées par la loi après consultation de leur assemblée délibérante.

485. Les TOM sont morts, vivent les COM ! La catégorie des territoires d'outre-mer (TOM) avait perdu toute unité, ne comptait plus que la Polynésie, Wallis-et-Futuna, ainsi que les terres Australes et Antarctiques, cependant que Mayotte au sud et Saint-Pierre-et-Miquelon au nord avaient des statuts législatifs particuliers. La révision du 28 mars 2003 a pris acte de cette décomposition et préfère désormais user de la notion de collectivité d'outre-mer (COM) qui permet de regrouper sous un même vocable, neutre, toutes les entités régies par l'article 74. Celui-ci est d'ailleurs le dernier élément qui leur soit commun, puisque chacune aura son statut propre. Il doit être adopté par une loi organique, ce qui ne change rien à l'égard des anciens TOM, pour lesquels la chose était déjà acquise depuis la révision du 25 juin 1992 (*infra*, **533**), mais innove pour Saint-Pierre-et-Miquelon tout comme pour les collectivités qui, à l'instar de Saint-Barthélemy et Saint-Martin récemment, emprunteront désormais la passerelle ouverte de l'article 73 à l'article 74 (*supra*, article 72-4) ou Mayotte, qui a emprunté la même passerelle mais en sens inverse, de 74 vers 73.

Le vent qui soufflait sur le Congrès de Versailles ayant débridé les inhibitions, le nouveau régime est ici allé très loin. Parfois trop.

Deux types de COM sont en réalité définis par le nouvel article 74, selon qu'elles sont, ou non, dotées de l'autonomie. Toutes seront régies par des statuts adoptés dans les mêmes conditions, incorporant les réponses, sans doute différenciées, aux mêmes questions, mais des droits spécifiques importants seront réservés à celles-là seules dont l'autonomie sera reconnue, comme la Polynésie déjà. Par qui ? Par le législateur organique. Sur quels critères ? Probablement ceux de la revendication en ce sens.

486. L'on connaissait déjà la notion de *spécialité législative*, au nom de laquelle le régime législatif des TOM faisait l'objet de dispositions spécifiques, sur lesquelles l'assemblée délibérante était consultée. Le principe en est maintenu en même temps que la loi organique est invitée à préciser les conditions dans lesquelles ces consultations devront intervenir, ce qui devrait mettre fin aux incertitudes antérieures en la matière, d'autant plus que ce sont les institutions de la collectivité qui seront consultées, c'est-à-dire celles d'entre elles que la loi organique qualifiera en fonction de la nature des actes concernés, et non pas nécessairement, comme jusqu'ici, la seule assemblée délibérante.

Les compétences déjà attribuées dans le passé ne peuvent être remises en cause. Pour les autres, une réserve de compétences est, ici aussi, consacrée au profit de l'État (*supra*, article 73), mais tout le reste peut, progressivement ou en bloc, être transféré aux collectivités.

487. Les COM bénéficiant de l'autonomie disposeront de pouvoirs beaucoup plus vastes encore, et c'est exclusivement par ces prérogatives que cette autonomie se définit. Pittoresque tautologie constitutionnelle : quelles sont les collectivités autonomes ? Celles qui bénéficient des prérogatives de l'autonomie. Lesquelles bénéficient-elles des prérogatives de l'autonomie ? Les collectivités autonomes !

Cela dit, ces attributs de l'autonomie portent sur quatre éléments distincts.

Premièrement, le régime contentieux des actes des collectivités concernées portant sur des matières relevant normalement du domaine de la loi. Le critère organique l'emportera sur le critère matériel et le Conseil d'État sera compétent. Mais dans le contrôle qu'il exercera à ce titre, il se fera juge de la constitutionnalité, et de cela seulement puisque, par hypothèse, il n'aura pas lieu à être juge de la légalité, ces actes étant par définition soustraits à la loi nationale (et bon courage aux enseignants qui voudront établir à l'usage de leurs étudiants un tableau synthétique de la hiérarchie des normes).

Deuxièmement, une procédure de déclassement (*supra*, article 37) est prévue pour protéger les compétences des COM autonomes contre les empiétements éventuels de la loi ultérieure. La collectivité aura ainsi le pouvoir, d'abord, d'en appeler au Conseil constitutionnel, ensuite, si ce dernier lui donne raison, de modifier elle-même et pour elle-même la loi promulguée.

Troisièmement, des nécessités locales peuvent, en matière d'emploi, d'établissement ou de foncier, autoriser la collectivité à prendre des mesures en faveur de sa population propre. Après n'avoir été saisi qu'une fois en 2007, le Conseil l'a été sur ce fondement sept fois en 2014.

Quatrièmement, même dans les compétences réservées à l'État, le statut pourra prévoir le principe et les modalités d'une participation de la collectivité, qui pourra prendre les formes et avoir les objets que le législateur organique jugera appropriés.

488. Les deux premières composantes de l'autonomie, même si elles remettent en cause bien des habitudes et des jurisprudences, obéissent à une logique indiscutable. À quoi bon reconnaître l'autonomie des collectivités et, partant, accroître leurs capacités si, dans le même temps, l'on ne prend pas les moyens de rendre ces changements réels et d'en protéger les acquis ?

Les deux dernières composantes, surtout la pénultième, sont beaucoup plus discutables.

Ce qui peut s'accepter en Nouvelle-Calédonie, où l'indépendance est inscrite au moins en perspective (*infra*, **497**), est beaucoup plus difficilement admissible dans des territoires qui font pleinement partie de la France et n'aspirent pas à la quitter. Que ces derniers connaissent des problèmes réels, dus souvent à l'arrivée de populations venues d'autres régions françaises qui, mieux formées ou plus dynamiques, occupent les emplois les plus gratifiants ou acquièrent les propriétés les plus attractives, est indéniable. Mais que cela conduise à admettre l'existence de plusieurs catégories de citoyens, pourtant tous français, ne bénéficiant pas des mêmes droits sur un même territoire, suscite un malaise d'autant plus vif que c'est la Constitution elle-même qui le rend explicitement possible.

Ce faisant, elle achève le travail (de sape ?) commencé par le projet de loi constitutionnelle qui visait à insérer un nouvel article 78 relatif à la Polynésie, projet adopté en termes identiques par les deux assemblées mais qui eut le malheur de se trouver encalminé au Congrès avec celui relatif au Conseil supérieur de la magistrature (*supra*, **428**), avant de disparaître des écrans radar.

489. Il est à noter, enfin, que les assemblées délibérantes des COM bénéficieront d'un privilège exclusif : celui de voir leur régime électoral relever intégralement de la loi organique alors que le mode de scrutin de toutes les autres assemblées, y compris parlementaires, relève de la loi ordinaire.

Article 74-1

Dans les collectivités d'Outre-mer visées à l'article 74 et en Nouvelle-Calédonie, le Gouvernement peut, par ordonnances, dans les matières qui demeurent de la compétence de l'État, étendre, avec les adaptations nécessaires, les dispositions de nature législative en vigueur en métropole ou adapter les dispositions de nature législative en vigueur à l'organisation particulière de la collectivité concernée, sous réserve que la loi n'ait pas expressément exclu, pour les dispositions en cause, le recours à cette procédure.

Les ordonnances sont prises en Conseil des Ministres après avis des assemblées délibérantes intéressées et du Conseil d'État. Elles entrent en vigueur dès leur publication. Elles deviennent caduques en l'absence de ratification par le Parlement dans le délai de dix-huit mois suivant cette publication.

490. Ici surgit un nouveau type d'ordonnances. Celles de l'article 38 (*supra*) coexisteront désormais avec celles de l'article 74-1, dont le régime est significativement différent.

Première différence : l'habilitation est permanente et n'a pas besoin d'être délivrée par une loi au cas par cas. Deuxième différence, contrepartie de la première, l'objet de ces ordonnances et leur périmètre sont d'ores et déjà déterminés – procéder aux adaptations nécessaires des lois adoptées dans les matières demeurant de la compétence de l'État (*supra*, article 74) – et limités – sauf si une loi l'a expressément exclu. Troisième différence : la ratification explicite doit, à peine de caducité, intervenir dans les dix-huit mois.

C'est d'une nouvelle facilité qu'il s'agit, et celle-ci est intelligente qui prémunit surtout contre des situations d'insécurité juridique, sans paraître pouvoir préjudicier aux droits de quiconque. Avec la première ordonnance du 24 juin 2005 portant adaptation des règles relatives aux conditions d'entrée et de séjour des étrangers à Mayotte, dans les îles Wallis-et-Futuna, en Polynésie française et en Nouvelle-Calédonie, vingt-neuf ordonnances ont été prises sur le fondement de l'article 74-1 de la Constitution, soit une moyenne de trois par an. Elles portent sur les sujets les plus variés (droit civil, santé, dopage, marché public, prestations familiales…).

Article 75

Les citoyens de la République qui n'ont pas le statut civil de droit commun, seul visé à l'article 34, conservent leur statut personnel tant qu'ils n'y ont pas renoncé.

491. Il s'agissait, en 1958, poursuivant ce qui s'était déjà fait en 1946, de permettre aux citoyens de l'outre-mer de conserver le statut civil qui était le leur avant la colonisation. Si cette disposition a perdu l'essentiel de sa portée avec la décolonisation, elle conserve une importance résiduelle.

À Mayotte, en effet, la propriété foncière est généralement collective, et la propriété immobilière est le plus souvent détenue et transmise par les femmes, offrant ainsi un système matriarcal, suffisamment rare et original pour mériter d'être préservé. Et cette tolérance constitutionnelle n'a sans doute pas été étrangère au souhait de Mayotte de demeurer dans un ensemble français (*supra*, **349**) respectueux de ses traditions. En revanche, quoique tout aussi traditionnelle, la polygamie n'a plus que quelques années devant elle puisque la loi du 22 juillet 2003 l'a rendue impossible pour ceux qui ont atteint l'âge légal du mariage après le 1er janvier 2005.

En Nouvelle-Calédonie, le statut coutumier est toujours au

cœur du débat politique. Il repose lui aussi sur une définition collective de la propriété foncière, qui serait incompatible avec le statut de droit commun de la propriété privée, et notamment ses règles cadastrales.

Dans les deux cas, donc, le droit dérogatoire donné à ces populations de conserver leur statut civil traditionnel, ou d'y renoncer, est une condition importante de leur maintien paisible dans la République. Ce statut *civil*, il faut y insister, n'a aucun effet sur le statut *civique* : tous, sous réserve de ce qui apparaît à l'article 74 et au titre XIII, sont des citoyens français, bénéficiant des mêmes droits et assujettis aux mêmes devoirs que les autres citoyens français.

Article 75-1

Les langues régionales appartiennent au patrimoine de la France.

492. C'est sur cette disposition, pourtant très mesurée, qu'ont eu lieu des affrontements parmi les plus vifs que la révision de 2008 a provoqués. L'Assemblée la voulait, le Sénat la refusait. Au sein des deux chambres, elle comptait des partisans et des adversaires dans les deux camps, majorité et opposition. L'on se serait parfois cru en Belgique tant cette question linguistique agita.

Le problème était né de la malencontreuse révision qui avait cru malin de constitutionnaliser la langue française (*supra*, 16), dans l'illusion de lutter ainsi contre son anglicisation. Peine perdue, évidemment, mais pas pour tout le monde puisque l'alinéa de l'article 2 qui s'était révélé impuissant à bouter l'anglois hors du françois servit en revanche à rendre impossible la ratification de la Charte européenne de protection des langues régionales et minoritaires, proposée par le Conseil de l'Europe.

Qu'importe que cette Charte ait été raisonnable, ait offert à ses signataires une liste d'environ soixante-dix engagements parmi lesquels chacun devait en souscrire au moins trente-cinq. Qu'importe encore que la France eût pu, sans difficultés graves, sélectionner ceux qui lui convenaient. La Charte fut accusée de tous les maux par ceux qui ne l'avaient pas lue ou pas comprise.

On remua le spectre d'autonomistes exigeant de ne s'exprimer que dans leur langue régionale, y compris en justice, sommant les administrations de faire de même, et autres fariboles que la Charte n'impose nullement et permet au contraire d'exclure.

À ces lectures superficielles ou malveillantes, le Conseil constitutionnel apporta son autorité par une bien mauvaise décision (99-412 DC du 15 juin 1999).

493. C'est pour régler cette difficulté artificiellement créée que la proposition fut faite, et adoptée à l'Assemblée nationale, de mentionner les langues régionales à l'article 2, aussitôt après la langue française. Le Sénat en fut épouvanté, mais recouvra son calme lorsque l'on eut l'idée de renvoyer cette mention beaucoup plus loin, à l'extrême fin du titre XII plutôt que vers le début du titre I. Cachez cet alinéa que l'on ne saurait voir, ou Tartufe et Picrochole dans la Constitution !

Demeure la question initiale : ce nouvel article rend-il possible la ratification française de la Charte ? Oui si l'on dresse la liste des engagements que notre pays pourrait souscrire. Oui encore si l'on mesure qu'elle se propose justement de protéger ces langues comme éléments de patrimoine. Oui enfin si l'on admet que la Constitution ne parle pas pour ne rien dire et que son article 75-1 doit donc avoir un sens. Mais non, si l'on choisit de rester inaccessible au raisonnement, comme cela paraît toujours être le cas du Conseil constitutionnel qui a déjà considéré que cette disposition n'institue pas un droit ou une liberté (2011-130 QPC du 20 mai 2011) au sens de l'article 61-1. Dans un avis du 30 juillet 2015, le Conseil d'État a souligné les difficultés posées par une révision de la Constitution aux fins d'autoriser la ratification de la Charte ; le Sénat a adopté le 27 octobre 2015 une motion opposant la question préalable à la délibération de ce projet de loi constitutionnelle.

* * *

TITRE XIII

DISPOSITIONS TRANSITOIRES RELATIVES À LA NOUVELLE-CALÉDONIE

494. Créer une sorte de *Commonwealth* français, équidistant de la colonie d'un côté et de l'indépendance de l'autre, était une idée très présente dans les préoccupations du général de Gaulle en 1958. Elle se donnait un objectif d'autonomie progressive.

Encore eût-il fallu que l'égalité entre la France et les peuples d'outre-mer, affirmée à l'article premier dans sa rédaction d'origine, ne fût pas démentie par tous les suivants, centrés sur la France seule et les privilèges que la Constitution lui réservait au sein de la *Communauté française*, qui se substituait ainsi à l'*Union française* de la IVe République.

La Guinée, dès le référendum constituant de 1958, avait choisi la sécession en donnant une majorité au non. Tous les territoires concernés, après avoir vu s'appliquer de manière chaotique les dispositions les intéressant, ont quitté la Communauté les uns après les autres, accédant à l'indépendance et ne laissant ainsi subsister dans la Constitution qu'un nid définitivement désert.

495. Depuis 1962, donc, non seulement l'article premier d'origine, mais encore les douze articles, allant de 76 à 87, étaient devenus obsolètes. Pourtant, il fallut attendre 1995 pour que le pouvoir constituant procédât aux abrogations nécessaires.

En revanche, il n'a pas opéré la nouvelle numérotation qui aurait pu en découler. Le constituant a préféré renoncer à cette nouvelle numérotation, sans doute pour éviter de créer le précédent qui, de proche en proche, eût conduit en quelque sorte à *débaptiser* des articles, dont certains sont bien connus sous le numéro qu'ils portent depuis 1958.

496. Mais comme l'histoire, décidément, ne s'arrête jamais, ce titre XIII, abrogé en 1995, a ressuscité moins de trois ans plus tard (loi constitutionnelle n° 98-610 du 20 juillet 1998), avec deux articles au contenu très différent et tout à fait nouveau, cependant que les articles 78 à 86 n'ont pas revu le jour, le texte sautant donc de son article 77 à son article 87, lui-même revitalisé en 1988 (*infra*).

Ainsi, le dispositif de la Constitution, qui commence à son article premier pour s'achever à son article 89, mais avec vingt-sept articles à tiret (*infra*, **536**), compte donc aujourd'hui en réalité 108 articles en tout, ce qui en fait, outre une loi fondamentale à la fois bourgeonnante et trouée, un texte constitutionnel assez bref.

Article 76

Les populations de la Nouvelle-Calédonie sont appelées à se prononcer avant le 31 décembre 1998 sur les dispositions de l'accord signé à Nouméa le 5 mai 1998 et publié le 27 mai 1998 au *Journal officiel de la République française*.

Sont admises à participer au scrutin les personnes remplissant les conditions fixées à l'article 2 de la loi n° 88-1028 du 9 novembre 1988.

Les mesures nécessaires à l'organisation du scrutin sont prises par décret en Conseil d'État délibéré en conseil des ministres.

497. On n'en finirait pas de dresser l'inventaire des singularités de cet article (le renvoi, dans la Constitution elle-même : à des accords conclus entre des personnes n'ayant, pour une partie d'entre elles, pas d'autre autorité que celle de responsables de formations politiques ; à une loi ordinaire, vieille de dix ans ; à une limitation du corps électoral ; à un scrutin de caractère indéterminé…).

En fait, lorsque, en 1988, Michel Rocard était miraculeusement parvenu, par les accords de Matignon, à mettre fin à une guerre civile déjà entamée, rendez-vous avait été solennellement pris, à l'occasion du référendum du 6 novembre 1988, pour dix ans plus tard.

C'est cette promesse respectée qu'ont traduite les accords de

Nouméa signés entre l'État et ses partenaires indépendantistes patients et anti-indépendantistes réalistes.

Un compromis en est issu. La Nouvelle-Calédonie reste française, mais elle se dirige clairement (il s'agit de dispositions « transitoires ») vers une indépendance à laquelle chacun, sagement, se garde bien de fixer une date, les uns par conscience du rapport de force politique, les autres dans l'espoir que les calendes deviendront grecques.

498. La consultation eut lieu. Elle se déroula le 8 novembre 1998 et donna sans surprise une nette victoire au oui. Mais parce que le FLNKS, échaudé par l'histoire, a craint de voir son poids électoral artificiellement dilué par des inscriptions nombreuses, sur les listes électorales, en provenance de la métropole, il a toujours exigé que l'avenir ne soit tranché que par des votants ayant avec le territoire des attaches suffisamment réelles.

Cette restriction du pouvoir de suffrage n'est évidemment pas conforme à la Constitution. En 1988, le problème avait été réglé par le recours au référendum, dont on sait qu'il ne donne pas lieu à contrôle par le Conseil constitutionnel (*supra*, **93**). En 1998, il fallait le régler dans la Constitution elle-même. C'est ce qu'a fait obligeamment le deuxième alinéa qui a élevé ainsi à la dignité constitutionnelle l'article 2 de la loi, ordinaire, du 9 novembre 1988.

Article 77

Après approbation de l'accord lors de la consultation prévue à l'article 76, la loi organique, prise après avis de l'assemblée délibérante de la Nouvelle-Calédonie, détermine, pour assurer l'évolution de la Nouvelle-Calédonie dans le respect des orientations définies par cet accord et selon les modalités nécessaires à sa mise en œuvre :

– les compétences de l'État qui seront transférées, de façon définitive, aux institutions de la Nouvelle-Calédonie, l'échelonnement et les modalités de ces

transferts, ainsi que la répartition des charges résultant de ceux-ci ;

– les règles d'organisation et de fonctionnement des institutions de la Nouvelle-Calédonie et notamment les conditions dans lesquelles certaines catégories d'actes de l'assemblée délibérante pourront être soumises avant publication au contrôle du Conseil constitutionnel ;

– les règles relatives à la citoyenneté, au régime électoral, à l'emploi et au statut civil coutumier ;

– les conditions et les délais dans lesquels les populations intéressées de la Nouvelle-Calédonie seront amenées à se prononcer sur l'accession à la pleine souveraineté.

Les autres mesures nécessaires à la mise en œuvre de l'accord mentionné à l'article 76 sont définies par la loi.

Pour la définition du corps électoral appelé à élire les membres des assemblées délibérantes de la Nouvelle-Calédonie et des provinces, le tableau auquel se réfèrent l'accord mentionné à l'article 76 et les articles 188 et 189 de la loi organique n° 99-209 du 19 mars 1999 relative à la Nouvelle-Calédonie est le tableau dressé à l'occasion du scrutin prévu audit article 76 et comprenant les personnes non admises à y participer.

499. Ce n'est plus un régime dérogatoire. C'est un régime d'exception. Pour une Nouvelle-Calédonie à mi-chemin de l'indépendance, la révision n'a pas donné dans la demi-mesure. Les fondements mêmes de notre ordre démocratique, à commencer par la citoyenneté, sont localement ébranlés, et il est tant de possibilités ouvertes, notoirement contraires à ce qui vaut pour le reste de la République, qu'il n'est pas exagéré d'observer que, en réalité, il s'agit moins de dispositions constitutionnelles particulières que d'une autre Constitution, celle de la Nouvelle-Calédonie, que le texte de 1958, bien accueillant, abrite désormais dans son titre XIII, à la façon des poupées russes.

500. La loi organique, longue et complexe, a permis au Conseil constitutionnel, si l'on ose dire, de se faire la main puisqu'il est désormais appelé à jouer un rôle nouveau à l'usage de ce seul territoire.

Ce rôle aurait pu être préoccupant. Autant on pouvait se résigner à ce qu'un nombre limité de décisions très importantes fussent directement soumises au juge constitutionnel, autant la liste des matières dans lesquelles interviendront ce que la loi organique appelle les «lois du pays» donne à penser que le Conseil pourrait être constamment saisi, sur un nombre considérable de dispositions.

À vrai dire, on ne sait ce qui est le plus menaçant, de l'excès ou du défaut. Si le juge est trop fréquemment sollicité, et quoiqu'un délai allongé à trois mois lui ait été consenti, il est exposé au double danger d'un travail bâclé, faute de temps ou de moyens, et d'un rôle banalisé par la fréquence de ses interventions. En sens inverse, des consensus politiques occasionnels peuvent aboutir à ce qu'aucun de ceux qui pourraient saisir le Conseil (le haut-commissaire, le président ou 18 des 54 membres du Congrès, les présidents des assemblées des trois provinces) n'use de ce pouvoir, offrant ainsi à ces «lois du pays», même inconstitutionnelles, une immunité absolue, définitive et sans recours, puisque aucune autre juridiction ne peut les contrôler.

À ce jour, c'est le défaut qui prévaut plutôt que l'excès. Le Conseil n'a en effet été appelé à prendre que six décisions, quatre de conformité, une d'irrecevabilité et une d'inconstitutionnalité (2014-4 LP du 21 novembre 2014).

501. Dans la décision qu'il avait rendue sur la loi organique (99-410 DC), le Conseil avait notamment émis une réserve d'interprétation (*supra*, **415**) bien embarrassante pour les signataires de l'accord, car elle portait sur la définition du corps électoral. Pour surmonter l'obstacle, le constituant fut sollicité, et les deux assemblées avaient ainsi adopté un nouvel alinéa à insérer dans l'article 77.

Pour faire bonne mesure, l'on avait profité de l'occasion pour donner à la Polynésie aussi, conformément au vœu du chef de l'État, un statut également dérogatoire, également constitutionnel.

Mais le malheur voulut que, par souci de ne pas aller trop souvent à Versailles, ce projet de loi constitutionnelle fût inscrit à l'ordre du jour du même congrès que celui, convoqué le 24 janvier 2000, pour ratifier la réforme du CSM (*supra*, **428**). Son report avait donc entraîné aussi celui des révisions tombées dans l'eau du Pacifique alors, avant d'être, en partie seulement, repêchées en 2003 (*supra*, article 74). À vouloir trop faire…

Finalement, c'est le 23 février 2007 que la loi constitutionnelle n° 2007-237 a inséré ce dernier alinéa. Texte curieux dans lequel la loi fondamentale élève à son propre niveau deux articles d'une loi organique. Si cette révision était un mal politiquement nécessaire, au moins eût-on pu se borner à l'adoption d'une loi constitutionnelle, sans que celle-ci fût insérée dans la Constitution elle-même, mais sans doute a-t-on reculé devant le précédent consistant à créer des pseudopodes constitutionnels.

La loi organique du 5 août 2015 relative à la consultation sur l'accession de la Nouvelle-Calédonie à la pleine souveraineté assure l'inscription automatique de certaines catégories d'électeurs mentionnés par l'accord de Nouméa sur la liste électorale pour cette consultation. Celle-ci se tiendra avant novembre 2018.

Articles 78 à 86 *abrogés*.

TITRE XIV

DE LA FRANCOPHONIE ET DES ACCORDS D'ASSOCIATION

Article 87

La République participe au développement de la solidarité et de la coopération entre les États et les peuples ayant le français en partage.

502. Encore un numéro d'article ressuscité. L'Organisation internationale de la francophonie compte cinquante-sept États et gouvernements membres et vingt États et gouvernements observateurs, qui n'affirment pas tous user du français mais estiment l'avoir en partage. Les parlementaires ont considéré que cela méritait un coup de chapeau de leur part. Ils l'ont très civilement donné, sous la forme de ce nouveau neutron constitutionnel.

Article 88

La République peut conclure des accords avec les États qui désirent s'associer à elle pour développer leur civilisation.

503. Initialement conçu à l'usage de pays qui, tout en ayant accédé à l'indépendance, pouvaient souhaiter maintenir des relations étroites avec la France, cet article n'a jamais trouvé preneur.

La loi constitutionnelle du 4 août 1995, qui a supprimé les dispositions devenues obsolètes (*supra*, **496**), a conservé celle-ci, après avoir supprimé la référence à la Communauté (au sens de 1958) qui y figurait auparavant.

C'est raisonnable. D'une part, en effet, il n'y a pas d'inconvénient, et il peut même y avoir des avantages, à conserver l'image d'une France toujours ouverte à une association avec des pays qui lui sont traditionnellement liés.

D'autre part, cette possibilité peut, un jour ou l'autre, se révéler utile au cas où tel ou tel territoire déciderait d'accéder à l'indépendance, sans que celle-ci signifie la rupture des liens avec la République. C'est d'ailleurs une perspective qu'avaient envisagée certaines familles politiques de Nouvelle-Calédonie. La suite, comme on sait, en a décidé autrement, mais cet article peut toujours se révéler utile, pour une situation ou pour un État que l'on imagine mal aujourd'hui. Le conserver était un choix prudentiel.

TITRE XV

DE L'UNION EUROPÉENNE

Article 88-1

La République participe à l'Union européenne constituée d'États qui ont choisi librement d'exercer en commun certaines de leurs compétences en vertu du traité sur l'Union européenne et du traité sur le fonctionnement de l'Union européenne, tels qu'ils résultent du traité signé à Lisbonne le 13 décembre 2007.

504. *La Communauté* instituée par la Constitution en 1958 avait disparu, en fait, dès 1962. *Les Communautés*, instituées par les traités de Rome en 1957, n'ont fait leur apparition dans la Constitution qu'en 1992. Le même mot n'a évidemment ni le même sens (il signifiait *Empire* en 1958, il signifie *Union* depuis 1992), ni le même objet (étape vers l'indépendance en 1958, étape vers l'intégration depuis 1992), ni, bien sûr, la même assise géographique (Afrique en 1958, Europe depuis 1992). Toujours est-il que la survivance constitutionnelle d'une Communauté disparue avait de quoi dérouter le lecteur non averti, qui pouvait la confondre avec les communautés vivantes. Ce risque d'équivoque et cet anachronisme se sont heureusement évanouis avec la loi constitutionnelle du 4 août 1995.

Mais il est frappant de constater que la construction européenne a pu se poursuivre pendant plus de trente ans, franchir des étapes aussi fondamentales que celle de l'Acte unique européen, sans que jamais la Constitution y ait fait obstacle. Cette situation aurait même pu se poursuivre, n'eussent été certaines stipulations du traité de Maastricht, et la volonté d'en contrôler la compatibilité avec notre Constitution.

505. Saisi de celui-ci (*supra*, **360**), le Conseil constitutionnel releva des incompatibilités avec la Constitution. Il n'y avait donc d'alternative qu'entre ne pas ratifier le traité ou réviser la

Constitution, préalablement à la ratification. C'est cette seconde voie qui fut choisie, matérialisée par la loi constitutionnelle n° 92-554 du 25 juin 1992 (*infra*, **533**), à la suite de laquelle le peuple put être invité, par référendum, à autoriser la ratification. Il le fit à une étroite majorité le 20 septembre 1992 (*supra*, **96**), au terme d'une campagne passionnée.

Un scénario similaire, au référendum près, se reproduisit à propos du traité d'Amsterdam qui, à la suite de la décision 97-394 DC du 31 décembre 1997, donna lieu à la loi constitutionnelle n° 99-49 du 25 janvier 1999 (*infra*, **533**). Il se reproduisit encore en 2005, à propos du traité établissant une Constitution pour l'Europe. L'on révisa la Constitution française par la loi constitutionnelle du 1er mars 2005 (*infra*, **508**), puis se déroula un débat de qualité beaucoup moins bonne qu'en 1992, aboutissant – et cela peut expliquer ceci – au résultat négatif du référendum du 29 mai 2005. Le schéma fut encore reproduit pour le traité de Lisbonne, avec la décision 2007-560 DC du 20 décembre 2007 puis la loi constitutionnelle n° 2008-103 du 4 février 2008 et, enfin, la révision du 23 juillet 2008 d'où est issu le texte actuel, entré en application avec la ratification du traité de Lisbonne.

506. Des voix s'étaient d'ailleurs élevées, parmi les partisans les plus résolus de la construction européenne, pour mettre en cause le caractère systématique des révisions préalables à la ratification de nouveaux traités : la France ayant clairement fait son choix (du moins le croyait-on avant mai 2005), ne serait-il pas préférable de l'exprimer une fois pour toutes dans la Constitution, de sorte que celle-ci n'ait plus besoin d'être remaniée trop souvent, ce qui laisserait entier le contrôle du Parlement, seul, avec le référendum, à pouvoir autoriser la ratification ? Et d'insister, car cet exemple est toujours influent, sur le cas de l'Allemagne dont la Loi fondamentale, dans son article 23, consent par avance aux transferts de souveraineté que provoqueront les traités européens.

Toutefois, dans le système d'outre-Rhin, ce sont les mêmes intervenants qui sont compétents aussi bien pour réviser la Loi fondamentale que pour autoriser la ratification d'un traité. Ainsi, que l'on choisisse une forme plutôt que l'autre, le résultat est en réalité le même. En France, au contraire, le constituant et le législateur sont nettement distingués : acteurs différents, agissant selon des procédures différentes, avec des pouvoirs différents. En conséquence, l'invocation du précédent allemand, si intéressant soit-il, n'est pas pertinente, et celle, techniquement plus probante, du choix identique opéré par l'Espagne, le Portugal et l'Italie a curieusement moins de poids. Quoi qu'il en soit, puisqu'il est des esprits nombreux qu'inquiètent le principe, le rythme ou les modalités de la construction européenne, et que rassure en partie la nécessité de faire précéder ses avancées d'une révision constitutionnelle, à quoi bon les priver de ce calmant ? Il sera toujours temps, quand la situation sera mûre, de faire la révision pour solde de tout compte, d'introduire la « clause européenne générale ». D'ici là, l'Europe vaut bien quelques aller-retour à Versailles ou quelques référendums, même ratés.

507. L'article 88-1 ouvre le titre consacré à l'Union européenne par une déclaration de principe qui remonte à 1992. Dès lors, en effet, qu'est posé celui selon lequel les États concernés exercent en commun certaines de leurs compétences, la Constitution entérine la construction européenne et fait ainsi bénéficier d'une présomption de régularité constitutionnelle toutes les décisions futures prises dans le cadre des traités, ou résultant de ceux-ci.

À celles-ci la République participera, à condition évidemment que l'exercice en commun de ces compétences ait été librement choisi. Cela ne signifie nullement que les interdits antérieurs aient laissé la place à des béances nouvelles.

Mais il se déduit de cela une conséquence qui, pour être implicite, n'en est pas moins essentielle : la rédaction de l'article 88-1 n'envisage que l'exercice en commun de compétences qui demeurent définies comme étant celles des États, même si chacun d'eux renonce, y compris sans limite de temps, à les exercer seul. Ces compétences ne sont donc pas, et, semble-t-il, ne peuvent donc pas être, des compétences que l'Union tiendrait d'une souveraineté qui lui serait propre. Quoique l'Europe puisse, par bien des traits, ressembler à un État, elle n'en est pas juridiquement un, et, en ce qui concerne la France, l'article 88-1, dans sa rédaction actuelle, ferait sans doute obstacle à ce que l'Union européenne devienne une véritable fédération.

508. En sens inverse, par une décision du 10 juin 2004 (2004-496 DC du 10 juin 2004) le Conseil constitutionnel a opéré un glissement : jusqu'alors, la primauté du droit communautaire sur le droit national était déduite de l'article 53 *(supra)*; désormais, le juge la fait découler non plus de cet article mais, plus spécifiquement, de l'article 88-1. Et il considère même que celui-ci fait peser sur les autorités françaises une exigence à ce point impérative qu'elle interdit de contester devant lui une loi qui se bornerait à « tirer les conséquences nécessaires des dispositions inconditionnelles et précises » d'une directive, sauf le cas où il existerait une « disposition expresse contraire de la Constitution » française. Et il a insisté dans la même voie en censurant d'office des dispositions législatives qu'il a jugées contraires à la directive qu'elles étaient supposées transposer (2006-543 DC du 30 novembre 2006). Cependant, cette jurisprudence a, depuis lors, très peu trouvé à s'appliquer, ce d'autant plus que cette exigence de transposition des directives ne constitue pas un droit ou une liberté garantie par la Constitution qui peut être invoqué en QPC (2010-605 DC du 12 mai 2010).

Surtout, il est à noter que la ratification du traité de Lisbonne, qui a mis à jour et modernisé le fonctionnement de l'Union, permet de faire l'économie, dans la Constitution, de son ancien article 88-2 où la situation du droit antérieur contraignait à détailler les règles relatives aux transferts de compétences, lesquelles sont aujourd'hui détaillées dans le traité le plus récent.

Enfin, le dernier traité en date, et pas le moins important, ne relève pas véritablement de cet article puisqu'il n'unit que les seuls membres de l'Union économique et monétaire et non ceux de l'Union européenne dans son ensemble.

Article 88-2

La loi fixe les règles relatives au mandat d'arrêt européen en application des actes pris par les institutions de l'Union européenne.

509. Cette phrase formait le dernier alinéa de l'ancien article 88-2. Elle a pris son autonomie.

C'est le souci, sur un objet très important mais aussi très limité, d'améliorer l'efficacité de la répression du crime en Europe qui a présidé à l'adoption de ce mécanisme. Le franchissement d'une frontière, au sein de l'Union, ne saurait mettre quiconque à l'abri des poursuites. Surtout, les policiers de toute l'Europe peuvent ainsi contribuer à la mise en œuvre de décisions prises par des juges de n'importe où en Europe.

Cette disposition avait été initialement introduite par la loi constitutionnelle n° 200-267 du 25 mars 2003. Sa place a été modifiée et sa rédaction retouchée depuis, mais la règle demeure inchangée et elle est bonne.

L'article 88-2 a conduit le Conseil constitutionnel à poser, pour la première fois, une question préjudicielle à la Cour de justice de l'Union européenne (2013-314 P QPC du 4 avril 2013). Cet article a levé les obstacles constitutionnels s'opposant à l'adoption de dispositions législatives découlant nécessairement des actes européens relatifs au mandat d'arrêt. Ainsi, le Conseil, saisi d'une disposition législative, doit déterminer si celle-ci relève ou non de la marge d'appréciation du législateur national. Face à des dispositions du code de procédure pénale (CPP) pour lesquelles le Conseil ne pouvait savoir si elles découlaient nécessairement de la décision cadre européenne, le Conseil ne pouvait exercer son contrôle de constitutionnalité sans saisir la CJUE. Celle-ci a alors précisé l'interprétation de cette décision cadre. Le Conseil a pu en déduire que les dispositions du CPP ne découlaient pas nécessairement de cette dernière. Il les a alors censurées car elles apportaient des restrictions injustifiées au droit à un recours juridictionnel effectif (2013-314 QPC du 14 juin 2013).

Article 88-3

Sous réserve de réciprocité et selon les modalités prévues par le Traité sur l'Union européenne signé le 7 février 1992, le droit de vote et d'éligibilité aux élections municipales peut être accordé aux seuls citoyens de l'Union résidant en France. Ces citoyens ne peuvent exercer les fonctions de maire ou d'adjoint ni participer

à la désignation des électeurs sénatoriaux et à l'élection des sénateurs. Une loi organique votée dans les mêmes termes par les deux assemblées détermine les conditions d'application du présent article.

510. L'approfondissement de l'Union ne peut se faire sans l'émergence d'une véritable citoyenneté, qui rende tangible aux peuples concernés une réalité qui leur reste lointaine et souvent négative. Plusieurs éléments existaient déjà, notamment la possibilité pour les citoyens de l'Union d'être candidats aux élections européennes dans un pays autre que le leur. Le traité de Maastricht avait entendu marquer une étape supplémentaire en posant le principe du droit de vote et d'éligibilité, aux élections municipales, pour tous les citoyens de l'Union dans le lieu où ils résident. Leur avaient également été ouverts, par la même occasion, les droits de vote et d'éligibilité aux élections européennes.

Le Conseil constitutionnel avait donné une interprétation restrictive du dernier alinéa de l'article 3 de la Constitution : « sont électeurs [...] tous les nationaux français... » était ainsi devenu « *seuls* les nationaux français » sont électeurs (92-308 DC du 9 avril 1992). Cela n'allait pas de soi. En revanche, il était indiscutable que le Sénat, comme l'avait également relevé le Conseil dans la même décision, participait à l'exercice de la souveraineté nationale et, sachant que les conseils municipaux fournissent l'essentiel des électeurs sénatoriaux, l'existence de conseillers étrangers pouvait rendre délicate leur immixtion, même indirecte et infinitésimale, dans l'exercice de la souveraineté nationale française. La révision constitutionnelle s'imposait donc. Mais pas nécessairement celle-là, qui est assez mesquine

511. Toujours sous les mêmes réserves (réciprocité et selon les modalités prévues par le traité), le droit de vote et d'éligibilité *peut* être accordé. Il ne s'agit cependant pas d'une faculté, mais bien d'une obligation que la France a formellement souscrite, ce qui n'ouvre donc pas à ses autorités un choix, mais témoignait seulement de la réticence avec laquelle s'était résignée la majorité sénatoriale (puisque c'était elle qui avait retenu cette rédaction).

Les conseillers municipaux européens ne sont pas les égaux

de leurs collègues français. L'accès à la fonction de maire leur est interdit, ce qui peut à la rigueur se comprendre compte tenu que le maire, au-delà de sa présence politique et de son pouvoir municipal, est également chargé de certaines tâches de l'État dans la commune. En revanche, l'interdiction d'exercice, en tout état de cause, de la fonction d'adjoint au maire (qui a acquis au passage une existence constitutionnelle) n'a certes pas pour elle le secours de l'évidence. Elle est inutilement vexatoire.

Ces mêmes conseillers ne peuvent pas non plus participer à la désignation des électeurs sénatoriaux ni à l'élection des sénateurs. Au nom de sa souveraineté même, le pouvoir constituant aurait pu faire le choix souverain de laisser participer à cet acte de la vie nationale les quelques dizaines d'étrangers qui seraient noyés parmi les dizaines de milliers d'électeurs sénatoriaux (quitte, au besoin, à prévoir une réserve pour le cas où ils se révéleraient spécialement nombreux dans une circonscription).

Le traité avait ouvert une petite porte, la révision constitutionnelle en a fait une chatière.

512. Mais, comme il faut une loi organique pour préciser les conditions d'application de l'article, le summum fut atteint par le Sénat, qui profita de l'occasion pour s'attribuer sur celle-ci un droit de veto. Comme il détenait les clés de la révision (*infra*, **533**), il monnaya son accord en exigeant que la loi organique dût être adoptée en des termes identiques par les deux assemblées.

C'est tout à fait dérogatoire à l'équilibre des pouvoirs voulu par la Constitution. Précisément parce que celle-ci interdit que les citoyens non français de l'Union puissent participer, même indirectement, aux élections sénatoriales, cette loi organique, par définition, n'est pas *relative au Sénat* (*supra*, **309**). Mais celui-ci n'a pas résisté à la tentation de prélever sa dîme, comme de coutume, sur toute révision, et le gouvernement fit preuve d'assez de faiblesse pour s'incliner.

Bref, dans chacune de ses phrases cet article témoigne une petitesse dont on eût aimé que la Constitution demeurât exempte.

Article 88-4

Le Gouvernement soumet à l'Assemblée Nationale et au Sénat, dès leur transmission au Conseil de l'Union européenne, les projets d'actes législatifs européens et les autres projets ou propositions d'actes de l'Union européenne.

Selon des modalités fixées par le règlement de chaque assemblée, des résolutions européennes peuvent être adoptées, le cas échéant en dehors des sessions, sur les projets ou propositions mentionnés au premier alinéa, ainsi que sur tout document émanant d'une institution de l'Union européenne.

Au sein de chaque assemblée parlementaire est instituée une commission chargée des affaires européennes.

513. Le droit communautaire (qu'en bonne logique, après le remplacement définitif des communautés par l'Union, il faudrait appeler « droit unioniste ») est formé de l'ensemble des traités européens. Ceux-ci, à leur tour, prévoient l'édiction des normes qui les mettent en œuvre : ce sont elles qui forment le droit *dérivé.* Il prend la forme de *directives*, qu'il appartient ensuite à chaque État d'incorporer à son droit interne, par la loi lorsqu'il s'agit de matières relevant d'elle. Mais il prend aussi la forme d'*actes législatifs*, qui sont directement applicables sur l'ensemble du territoire communautaire, sans qu'aucune intervention du législateur national ne soit nécessaire. Dans ce cas, c'est le gouvernement qui, au sein des institutions européennes, participe à des décisions sur lesquelles le Parlement national n'est pas appelé à se prononcer alors, pourtant, qu'elles interviennent dans ses domaines de compétence.

Les assemblées étaient donc fondées à regretter l'amputation de leurs prérogatives, qui pouvait conduire à ce que des dispositions législatives fussent modifiées sans que les chambres, à aucun moment, fussent appelées à intervenir.

Elles n'allaient pas laisser passer l'occasion, que leur offraient les révisions constitutionnelles, de remédier à cette situation. C'est l'objet de cet article.

514. Depuis 1992, l'obligation pèse sur le gouvernement de transmettre aux assemblées toutes les propositions d'acte communautaire comportant des dispositions de nature législative. À l'initiative de l'Assemblée nationale, la révision de 1999 a étendu cette obligation à l'essentiel des textes, projets comme propositions, de l'Union. Ils doivent être soumis au Parlement dès leur transmission au Conseil de l'Union. Si les chambres ne peuvent toujours pas s'autosaisir, en revanche, elles pourront désormais s'exprimer précocement sur tout document, émanant de n'importe quelle institution européenne (cela vise principalement ceux préparant des décisions à venir) que le gouvernement décidera (discrétionnairement) de leur soumettre.

On pouvait craindre, en 1992, que l'intervention du Parlement serait plus ou moins sollicitée, un peu à l'image de ce qui se produit pour les autorisations de ratification (*supra*, **346**), selon l'appréciation et l'interprétation faites par le gouvernement. Les présidents des assemblées s'étaient d'ailleurs émus auprès du Premier ministre, par une lettre commune du 22 avril 1994, de « l'interprétation très restrictive de l'article 88-4 » par le gouvernement.

La suite a largement dissipé ces inquiétudes. L'association du Parlement à la politique européenne s'est révélée globalement satisfaisante, de sorte que l'extension opérée par la révision de 1999 doit s'analyser comme un perfectionnement du système, et nullement comme sa remise en cause. Et c'est à une nouvelle extension qu'a procédé à son tour la révision de 2008 qui a supprimé la référence aux dispositions de nature législative : ainsi, le regard parlementaire peut porter sur tout acte futur, quel que soit son contenu.

515. Lorsqu'elles sont ainsi saisies, les assemblées ont le pouvoir d'adopter des résolutions. L'initiative appartient à n'importe quel parlementaire, à titre individuel, mais elle peut être prise aussi par une commission.

Ces propositions de résolution sont examinées selon des règles particulières, dans la mesure où, d'une part, elles peuvent, et elles seules, être définitivement *adoptées en commission*, sans passage en séance publique (qui peut néanmoins être imposé par la demande d'un président de groupe), et où, d'autre part, elles peuvent intervenir même hors session. Par ailleurs, les délais prévus par les règlements ne peuvent pas faire obstacle aux prérogatives du gouvernement sur l'ordre du jour (*supra*, article 48). Enfin, c'est chaque assemblée qui vote une résolution, et non le Parlement.

Durant la XIVe législature, 74 résolutions en application de l'article 88-4 ont été adoptées à l'Assemblée nationale et 93 au Sénat.

Si ces résolutions permettent un débat, si leur contenu fait connaître clairement à l'exécutif la position d'une assemblée sur un projet ou une proposition d'acte donné, elles ne produisent cependant pas d'effets juridiques, et elles n'ont pas le caractère d'un mandat (de négociation) impératif donné au gouvernement. La règle est donc maintenue selon laquelle ce dernier ne peut recevoir d'injonctions.

516. De surcroît, il est acquis que les spécialistes sont toujours ceux qui s'approprient les procédures spécialisées. Et, parmi eux, les plus motivés sont les plus actifs. Aussi est-il toujours à craindre qu'une procédure voulue pour une finalité indiscutable aboutisse en fait à donner une prime substantielle à l'euroscepticisme.

Était ainsi forcément posée la question de créer une commission permanente, compétente sur les sujets européens. Longtemps hostile à cette idée, par crainte de voir cette commission grignoter inexorablement le territoire de toutes les autres (*supra*, **289**), le constituant a fini par s'y rallier en 2008, au vu de ce que tous nos partenaires de l'Union ont procédé ainsi et, somme toute, ne s'en portent pas plus mal. Les autres commissions parlementaires sont parvenues à protéger leur compétence, tandis que celle spécialisée sur les affaires communautaires a pu très utilement développer et exercer les siennes.

Il reste à constater que s'est déjà renouvelé le scénario habituel, dans lequel les parlementaires réclament à cor et à cri un instrument supplémentaire, qu'ils délaissent dès qu'il a perdu le goût de la nouveauté, pour retourner où leurs affaires les appellent, c'est-à-dire pour beaucoup d'entre eux dans les collectivités locales qu'ils dirigent. Après tout, sur ce même sujet européen, Michel Rocard avait pris de bonne grâce l'engagement d'organiser au moins un débat par session. C'était revendiqué depuis des années et, lorsque le premier eut lieu, il réunit moins de cinquante députés en début de séance, moins de dix à la fin, et le renouvellement de l'expérience n'a guère été plus concluant. La seule chose qui soit clairement concluante, c'est, comme toujours, que ce dont manque le Parlement, ce ne sont pas des pouvoirs, ce sont des parlementaires pour les exercer.

Article 88-5

Tout projet de loi autorisant la ratification d'un traité relatif à l'adhésion d'un État à l'Union européenne est soumis au référendum par le président de la République.

Toutefois, par le vote d'une motion adoptée en termes identiques par chaque assemblée à la majorité des trois cinquièmes, le Parlement peut autoriser l'adoption du projet de loi selon la procédure prévue au troisième alinéa de l'article 89.

517. L'ombre de la Turquie planait sur le référendum du 29 mai 2005, bien que les deux sujets – la Constitution européenne et cet élargissement éventuel – fussent parfaitement étrangers l'un à l'autre. Jacques Chirac voulut la dissiper, avec le succès que l'on sait, en assurant aux Français que, le moment venu, la décision d'adhésion ne pourrait être prise sans leur accord. C'était vain. La même garantie pouvait être donnée de manière plus adéquate. Celle choisie était inepte, à moins d'être trompeuse.

Vain. De deux choses l'une : ou bien, dans une dizaine d'années au moins, le sujet a cessé d'exister, par suite de l'échec des négociations, ou a cessé d'être objet de conflit, par suite d'une évolution des esprits, et, dans les deux cas, il n'y aurait pas lieu d'en appeler au peuple ; ou bien, au contraire, le sujet reste aussi sensible qu'aujourd'hui et aucun chef de l'État ne pourrait tenter de passer en force, de sorte que l'obligation politique de recourir au référendum serait aussi contraignante qu'une obligation juridique qui, du coup, deviendrait superflue.

Inepte. La solution retenue, rigide, était la plus mauvaise

qui introduisait le référendum obligatoire. Certes, l'article 4 de la loi constitutionnelle du 1er mars 2005 avait déjà écarté de ce mécanisme les « adhésions faisant suite à une conférence intergouvernementale dont la convocation a été décidée par le Conseil européen avant le 1er juillet 2004 » (en clair, cette formule visait la Roumanie, la Bulgarie et la Croatie). Au-delà de ces trois adhésions, toutes les autres, sans exception, ne pourraient être autorisées, en France, que par un référendum. Cela valait pour la Turquie, puisque c'était l'objet, mais comme ces larges filets dérivants qui ramassent tout sur leur passage, l'article 88-5 concernait aussi le ralliement éventuel de la Norvège, de l'Islande, de la Suisse, tout autant que celui d'Andorre ! Ainsi, la voie parlementaire autoriserait à adopter une nouvelle constitution européenne, y compris comportant des changements fondamentaux, mais seul un référendum permettrait que Monaco devienne membre… L'exercice référendaire, dans plusieurs de ces hypothèses, serait à ce point ridicule que le constituant lui-même eût sans doute été prêt à se mobiliser pour l'éviter et, donc, pour écarter tardivement l'ineptie à laquelle il n'a pas résisté précocement.

Trompeuse. Seul devait être adopté par référendum un *projet* de loi autorisant la ratification. Or rien n'interdit le dépôt d'une *proposition* de loi autorisant une telle ratification. Même si la possibilité est inusitée, elle ne se heurtait à aucun obstacle constitutionnel. En conséquence, où l'article 88-5 paraissait avoir créé une obligation, elle n'était qu'une faculté. Ainsi, l'on ne sortait de l'ineptie que pour tomber dans la tromperie, le tout élevé au rang constitutionnel !

518. Heureusement, la révision de 2008 mit un terme à ces vaticinations en introduisant un second alinéa très astucieux. Sans révision nouvelle, mais selon une procédure calquée sur celle de l'article 89 (*infra*), le Parlement pourra délivrer l'autorisation qui ne justifie pas un référendum. La convergence requise de l'Assemblée nationale et du Sénat – les termes identiques – et le besoin d'une majorité élargie dans chaque chambre – les trois cinquièmes – garantissent que seules des adhésions consensuelles pourront satisfaire à ces exigences. Voici les inquiets rassurés et le sang-froid retrouvé.

519. Le référendum de l'article 88-5 est-il distinct, et indépendant, de celui de l'article 11 ? Oui sans doute car celui-là n'opère aucun renvoi à celui-ci, cependant que l'article 60 les mentionne séparément. De cette dissociation se déduisent deux différences.

Premièrement, en termes d'initiative, aucune proposition, qu'elle émane du gouvernement ou des assemblées, n'est ici prévue. Est-ce à dire que le président pourra décider seul ? Pas vraiment puisque, en amont, il faudra bien qu'il existe un projet de loi, donc que le Conseil des ministres l'ait délibéré et que le Premier ministre l'ait formalisé, tandis que, en aval, l'article 19 n'ayant pas été amendé, le décret de convocation du référendum devra être contresigné. Deuxièmement, en termes de procédure, le débat au Parlement, imposé dans le cadre de l'article 11, est absent de l'article 88-5. Il n'est pas interdit, mais pas non plus obligatoire.

Enfin, l'article visant l'adhésion « d'un État », si trois ou quatre adhésions interviennent simultanément (comme ce fut le cas en 1972), résultant d'un même traité, les Français devraient néanmoins consentir à chacune séparément et il faudrait donc organiser trois ou quatre référendums…

Article 88-6

L'Assemblée Nationale ou le Sénat peuvent émettre un avis motivé sur la conformité d'un projet d'acte législatif européen au principe de subsidiarité. L'avis est adressé par le président de l'assemblée concernée aux présidents du Parlement européen, du Conseil et de la Commission européenne. Le Gouvernement en est informé.

Chaque assemblée peut former un recours devant la Cour de justice de l'Union européenne contre un acte législatif européen pour violation du principe de subsidiarité. Ce recours est transmis à la Cour de justice de l'Union européenne par le Gouvernement.

À cette fin, des résolutions peuvent être adoptées, le cas échéant en dehors des sessions, selon des modalités

d'initiative et de discussion fixées par le règlement de chaque assemblée. À la demande de soixante députés ou de soixante sénateurs, le recours est de droit.

520. Cet article, comme le suivant, résulte de l'entrée en application du traité de Lisbonne.

Au sein de tous les États membres, les parlements nationaux souffraient de ne pouvoir s'intéresser qu'à la construction de la maison européenne – les traités qu'ils étaient appelés à ratifier – mais d'être laissés à l'écart de la vie qui s'y déroulait. Certes, ils pouvaient déjà voter des résolutions (*supra*, **515**), mais demeuraient désarmés s'ils n'étaient pas entendus.

La chose leur était d'autant plus pénible qu'ils avaient parfois le sentiment que les institutions européennes poussaient trop loin leur attention. Même les plus europhiles pouvaient s'agacer d'immixtions malvenues dans l'exercice de compétences qui eussent gagné à demeurer nationales.

Longtemps implicite, le principe de subsidiarité était apparu dans l'Acte unique européen de 1986. Mais, parce qu'il pouvait limiter leur champ d'action et que, après tout, c'était bien de pouvoir qu'il s'agissait, les institutions européennes le traitaient de façon assez cavalière.

C'est ainsi qu'est née, pour revenir à plus de raison, l'idée d'un dialogue direct, mais d'un dialogue armé.

521. Le dialogue direct est celui qu'envisage le premier alinéa. Il a déjà donné, lorsqu'il se pratiquait informellement, des résultats encourageants, les autorités de l'Union reconnaissant que les autorités nationales n'avaient pas toujours tort lorsqu'elles s'insurgeaient contre des empiètements excessifs. Lisbonne a donc formalisé la chose dans son article 12.

Avant qu'une décision ne soit prise (premier alinéa), les parlements nationaux peuvent réagir. S'ils sont suffisamment nombreux à le faire, le traité prévoit que la décision doit être réexaminée voire, dans certaines situations, écartée.

Après que la décision a été prise (deuxième alinéa), les chambres peuvent se faire justiciables, en formant recours devant la CJUE dans les deux mois, permettant ainsi à la juridiction de l'Union d'arbitrer définitivement le conflit entre autorités européennes et nationales, à propos de l'application du principe de subsidiarité dans pratiquement tous les domaines de compétences de l'Union, après la fusion de ses anciens « piliers ».

Enfin, il n'est pas indifférent de souligner que le recours est de droit à la demande de soixante députés ou de soixante sénateurs, ce qui fait un droit de plus, discret mais éventuellement important, reconnu à l'opposition.

Durant la XIVe législature, sur le fondement de l'article 88-6, 3 propositions de résolution ont été adoptées par l'Assemblée nationale et 13 par le Sénat.

Article 88-7

Par le vote d'une motion adoptée en termes identiques par l'Assemblée Nationale et le Sénat, le Parlement peut s'opposer à une modification des règles d'adoption d'actes de l'Union européenne dans les cas prévus, au titre de la révision simplifiée des traités ou de la coopération judiciaire civile, par le traité sur l'Union européenne et le traité sur le fonctionnement de l'Union européenne, tels qu'ils résultent du traité signé à Lisbonne le 13 décembre 2007.

522. Le droit de l'Union incorpore trois procédures, de lourdeur inégale, pour modifier les traités qui le fondent : la *procédure ordinaire*, seule applicable aux changements fondamentaux, ceux, notamment, par lesquels il serait décidé d'« exercer en commun » des compétences nouvelles ; la *procédure simplifiée*, qui ne peut concerner que les politiques internes, est moins pesante, mais elle exige néanmoins, en tout état de cause, l'approbation de chacun des États membres, ce qui, le cas échéant, met leur parlement en mesure d'y faire obstacle ; enfin, la *clause passerelle générale* et les *clauses passerelles spécifiques*, qui, dans les règles de fonctionnement de l'Union, permettent de faire glisser un domaine (sauf s'il a des implications militaires ou porte sur la défense) du régime de l'unanimité à celui de la majorité ou encore de mettre fin à l'exigence d'une procédure législative spéciale.

Dans ces derniers cas, les parlements nationaux pourraient n'être que passifs, bien que directement concernés. Alors que le droit de l'Union se montre déjà précautionneux (en exigeant une décision du Conseil prise à l'unanimité et en dotant le parlement européen d'un droit de veto), le traité de Lisbonne a souhaité aller plus loin en offrant aux assemblées de chacun des États le droit de s'opposer et, ce faisant, de faire échec à la modification.

Parce que ce droit est important, il ne peut être exercé que par le Parlement, c'est-à-dire par les deux chambres qui doivent être d'accord en tout. Si elles le sont, les voici donc dotées d'un droit inédit puisque même un référendum ne saurait ici permettre de passer outre leur refus. Durant la XIVe législature, aucune proposition de résolution n'a été adoptée sur le fondement de l'article 88-7 de la Constitution.

TITRE XVI

DE LA RÉVISION

Article 89

L'initiative de la révision de la Constitution appartient concurremment au président de la République, sur proposition du Premier Ministre, et aux membres du Parlement.

Le projet ou la proposition de révision doit être examiné dans les conditions de délai fixées au troisième alinéa de l'article 42 et voté par les deux assemblées en termes identiques. La révision est définitive après avoir été approuvée par référendum.

Toutefois, le projet de révision n'est pas présenté au référendum lorsque le président de la République décide de le soumettre au Parlement convoqué en Congrès ; dans ce cas, le projet de révision n'est approuvé que s'il réunit la majorité des trois cinquièmes des suffrages

exprimés. Le Bureau du Congrès est celui de l'Assemblée Nationale.

Aucune procédure de révision ne peut être engagée ou poursuivie lorsqu'il est porté atteinte à l'intégrité du territoire.

La forme républicaine du Gouvernement ne peut faire l'objet d'une révision.

523. La Ve République a apporté à la France à la fois un régime perçu comme légitime et un système jugé efficace, ce qui lui avait toujours fait défaut jusqu'alors. Ces acquis méritent de n'être pas remis en cause, mais cela ne signifie pas que chacun de ces éléments doive être gravé dans l'airain. Le temps qui passe, les situations qui changent, l'expérience qui enseigne sont autant de causes qui peuvent justifier çà et là des retouches, voire franchement des réformes.

La Constitution en organise elle-même les modalités, afin de permettre l'intervention du pouvoir constituant *dérivé*, qui s'exerce en application de la Constitution elle-même, par opposition au pouvoir constituant *originaire*, qui, procédant plus ou moins *ex nihilo*, conclut un pacte constitutionnel entièrement nouveau, comme ce fut le cas, juridiquement, en 1946 (la IVe République n'étant nullement née d'une procédure de révision conforme aux textes constitutionnels de la IIIe) et, matériellement, en 1958 (la Ve République est formellement née d'une révision de la IVe mais celle-ci a été conduite selon une procédure inventée pour l'occasion).

524. Le pouvoir constituant dérivé n'est pas exactement aussi souverain que le pouvoir constituant originaire, dans la mesure où la Constitution elle-même fixe des bornes à son exercice. Ainsi une révision ne peut-elle être engagée ou poursuivie lorsque la présidence de la République est l'objet d'intérim (*supra*, **57**) ou lorsqu'il est porté atteinte à l'intégrité du territoire (quatrième alinéa). Il s'agit là de dissiper le spectre du vote du 10 juillet 1940 par lequel l'Assemblée nationale avait conféré les pleins pouvoirs, y compris constituant, à Pétain. Le Conseil constitutionnel a d'ailleurs légitimement déduit de cet alinéa l'impossibilité de réviser la Constitution lorsque l'article 16 est en vigueur (92-312 DC du 2 septembre 1992), ce qui exclut à plus forte raison une révision opérée par une décision prise en application de celui-ci.

De plus, le dernier alinéa, souvenir lui aussi du 10 juillet 1940 mais également conjuration d'un danger monarchiste (!), interdit que soit mise en cause la forme républicaine du gouvernement. Il s'agit moins d'une limitation, inefficace au demeurant (si les conditions politiques étaient réunies, il suffirait de procéder en deux temps : d'abord abroger le dernier alinéa de l'article 89, puis, une fois cela fait, transformer la France en principauté, royauté, empire ou grand-duché…), que de la simple réaffirmation d'un attachement à la République.

525. Sous ces seules réserves, le pouvoir constituant, même dérivé, est souverain. Le Conseil constitutionnel l'a rappelé, précisant : « Il lui est loisible d'abroger, de modifier ou de compléter des dispositions de valeur constitutionnelle dans la forme qu'il estime appropriée […], rien ne s'oppose à ce qu'il introduise dans le texte des dispositions nouvelles qui, dans le cas qu'elles visent, dérogent à une règle ou à un principe de valeur constitutionnelle […], cette dérogation peut être aussi bien expresse qu'implicite » (92-312 DC du 2 septembre 1992).

Depuis, des sénateurs socialistes ont cru pouvoir déférer au Conseil la révision relative à la décentralisation, dans laquelle ils ont voulu voir une mise en cause de la forme républicaine du gouvernement. S'il se déclarait incompétent, le Conseil risquait, du même coup, de s'interdire dans l'avenir tout contrôle sur le respect des conditions, de forme et de fond, imposées par la Constitution. Mais, s'il se déclarait compétent, le Conseil admettait du même coup l'existence de principes supra-constitutionnels, auxquels le pouvoir constituant lui-même serait subordonné, et que le juge seul saurait sélectionner et imposer. Il a choisi la première solution (2003-469 DC du 26 mars 2003). D'un côté, le risque est faible que soit méconnu l'un des interdits très rares (et il serait toujours possible de faire évoluer la jurisprudence sur ce point s'il y avait lieu). De l'autre côté, en revanche, le risque aurait été considérable d'entraver le pouvoir constituant en lui opposant des principes dont la liste et la portée ne sont déterminées nulle part. En préférant courir le premier, fort peu vraisemblable, plutôt que le second, que la saisine elle-même a déjà matérialisé, le Conseil s'est mis à l'abri de quelques contestations oiseuses et a fait preuve de plus de sagesse que ceux qui l'avaient saisi.

Est-ce à dire que rien ne peut entraver la volonté du pouvoir constituant, aucun principe supérieur à la Constitution elle-même, aucun droit de l'homme, aucune liberté, dont le respect vaudrait en tout état de cause, aucune convention internationale qu'il serait impossible de dénoncer et jusqu'à la souveraineté même de la Nation qu'une révision pourrait anéantir ? Juridiquement, oui. Le droit a ses limites. Dans l'hypothèse, absurde, où le pouvoir constituant voudrait tout autre chose que ce que la République et la démocratie commandent, que ce à quoi le peuple adhère ou à quoi il consent, bref, si le pouvoir constituant saisi de folie niait l'État de droit ou la souveraineté de la Nation, le remède à ces aberrations ne pourrait plus relever du droit positif.

526. L'article 89 fait intervenir un régisseur et quatre acteurs décisifs. C'est le Premier ministre qui assure la régie (ou au moins veille à ce qu'elle soit assurée, par le garde des Sceaux, traditionnellement « ministre de la Constitution ») : outre la proposition initiale qu'il fait au chef de l'État, c'est lui qui inscrit le débat à l'ordre du jour des assemblées et soutient la discussion devant elles, puis devant le Congrès. Il n'a cependant aucun pouvoir de décision sur la révision même. Les quatre acteurs décisifs sont en effet le président de la République, l'Assemblée nationale, le Sénat et le peuple.

Pour qu'une révision soit opérée, il faut l'accord d'au moins trois d'entre eux, dont, toujours, celui de chacune des assemblées : si celles-ci s'accordent avec le chef de l'État, la ratification populaire n'est pas indispensable ; si elles s'accordent avec le peuple, l'intervention présidentielle n'est théoriquement pas requise. En revanche, l'accord sur une même révision entre le président de la République et le peuple, même renforcé par l'une des assemblées, ne suffit pas à modifier la Constitution dans le cadre de son article 89, ce qui ne laisse éventuellement subsister que la voie, contestée, du référendum direct de l'article 11 (*supra*, **100**).

527. L'initiative peut provenir de l'exécutif ou du législatif. Dans le premier cas, elle appartient au président de la République sur proposition du Premier ministre. Si une proposition est faite par le chef du gouvernement, le chef de l'État n'est naturellement pas tenu d'y donner suite. S'il est vrai qu'il ne peut pas non plus agir sans être saisi par le Premier ministre, s'il est vrai que sa décision prend la forme d'un décret qui doit être contresigné, il est tout aussi vrai que la subordination habituelle du chef du gouvernement au chef de l'État (*supra*, **67**) contraint celui-là à proposer ce que souhaite celui-ci. Et aucun des Premiers ministres qui, hors cohabitation, ont proposé une révision au président de la République n'a eu l'outrecuidance de revendiquer la paternité de l'idée. Ce n'est qu'en période de divergences des majorités que cette proposition acquiert une véritable signification, comme ce fut le cas, à cinq reprises, pour les projets qui allaient devenir les lois constitutionnelles du 25 novembre 1993 (*supra*, article 53-1), du 25 janvier 1999 (*supra*, **505**), du 8 juillet 1999 (*supra*, 14 et article 53-2), du 2 octobre 2000 (*supra*, article 6), ainsi que pour les projets mort-nés portant sur le Conseil supérieur de la magistrature (*supra*, **428**) et l'outre-mer (*supra*, **488**).

L'article 89 permet également une initiative parlementaire, présentée par tout député ou sénateur. Et si les élus ne se privent pas de cette possibilité, en déposant chaque année entre dix et vingt propositions de loi constitutionnelle, c'est sans se faire trop d'illusions sur leur sort. D'une part il leur faudrait être inscrites à l'ordre du jour, ce qui ne va pas de soi, d'autre part leur adoption nécessiterait la convocation d'un référendum (*infra*, **531**), qui souvent semblerait disproportionné aux yeux mêmes des auteurs de la proposition.

528. Une fois l'initiative enregistrée, c'est, à peu de chose près, la procédure législative ordinaire qui s'applique, y compris pour les délais prévus, depuis 2008, par l'article 42 (*supra*, **281**). Le texte est soumis à la commission des lois (dont le nom véritable est justement Commission des lois *constitutionnelles*, de la législation et de l'administration générale de la République), qui présente un rapport (généralement confié au président de la commission lui-même). S'il s'agit d'une proposition, c'est le texte adopté par la commission qui sert de base à la discussion en séance, tandis que s'il s'agit d'un projet, c'est toujours celui-ci (*supra*, **283**) qui sera discuté par l'assemblée plénière. Cela pose un problème quant à l'exercice du droit d'amendement par les parlementaires : sachant que la procédure ultérieure ne sera pas la même (référendum si l'initiative est parlementaire, référendum ou congrès si elle vient de l'exécutif), la rigueur voudrait que soient exclus les amendements portant articles additionnels à un projet présidentiel (faute de quoi des initiatives parlementaires peuvent être adoptées sans référendum, contrairement à ce qu'exige l'article 89 – *infra*, **531**). Toutefois, cette rigueur peut compromettre à la fois la logique (la modification d'un article visé par le projet peut nécessiter celle, purement rédactionnelle, d'un autre article non visé par le projet) et le succès de la révision (s'il est subordonné à des concessions). C'est pourquoi, en réalité, les amendements élargissant l'initiative présidentielle sont désormais admis, dès lors que le gouvernement n'y fait pas politiquement obstacle. Rien, d'ailleurs, n'interdit à ce dernier le recours au vote bloqué (*supra*, **296**), et il est au moins un cas (*supra*, **512**) dans lequel on peut regretter qu'il ait été trop inhibé, une fois n'est pas coutume, pour en user.

529. L'article 45 est partiellement neutralisé. Il est habituellement considéré que l'exigence d'une adoption en termes identiques par les deux assemblées interdit au Premier ministre de provoquer la réunion d'une commission mixte paritaire (*supra*, **302**). La chose ne va pas d'elle-même : autant il est certain que l'article 89 interdit l'application du dernier alinéa de l'article 45 (qui permet aux seuls députés de statuer définitivement), autant rien, dans la Constitution, ne fait formellement obstacle à la convocation d'une CMP et à la limitation consécutive du droit d'amendement si celle-ci parvient à un accord que, au demeurant, les premier et deuxième alinéas de l'article 45 pourraient occasionnellement faciliter.

Toujours est-il que, l'interprétation traditionnelle n'étant pas celle-là, les navettes se poursuivent jusqu'à ce que les assemblées parviennent à un texte rigoureusement identique ou que, au contraire, le gouvernement renonce à réinscrire le texte à l'ordre du jour.

Faute d'une CMP, c'est un déjeuner entre les hiérarques de la majorité qui en tint lieu en juillet 1995. C'était à la fois choquant sur le principe – quelle que soit son ampleur, une majorité n'est pas propriétaire de la loi fondamentale – et gênant dans les effets – les conclusions d'agapes sont moins précises que celles d'une réunion de commission, ce qui donne lieu à des rédactions discutables (*supra*, article 28).

530. Quatre projets n'ont pu, de manière avérée, franchir cette première étape de l'accord entre les deux assemblées. L'initiative prise par Valéry Giscard d'Estaing, le 27 septembre 1974, pour permettre aux anciens ministres de retrouver leur siège parlementaire (*supra*, article 25), fut abandonnée après trois lectures infructueuses. La tentative de François Mitterrand, lancée le 24 juillet 1984 pour sortir du guêpier politique créé par la mise en cause de l'enseignement privé, d'élargir le champ du référendum (*supra*, **91**) échoua immédiatement après son rejet par le Sénat. De même, l'initiative de François Mitterrand, le 30 mars 1990, pour introduire l'*exception d'inconstitutionnalité* (*supra*, **402**) fut abandonnée du fait de l'opposition larvée de la seconde chambre. À cette liste il conviendrait d'ajouter le projet du 11 mars 1993, qui ne fut adopté que partiellement (*supra*, **428**). Enfin, la révision constitutionnelle annoncée par François Hollande dans son discours au Congrès du 16 novembre 2015 consécutif aux attentats du 13 novembre, et relative tant à la constitutionnalisation de l'état d'urgence qu'à la déchéance de nationalité, n'a pu aboutir.

531. Lorsque les deux assemblées sont parvenues à un texte identique, la révision ne devient définitive, si l'initiative résultait d'une proposition de loi, qu'après sa ratification par référendum. Cette procédure a pu traduire le souci de permettre théoriquement au Parlement, à condition que le peuple l'approuve, d'obtenir une révision même contre le vœu de l'exécutif (plus prosaïquement, il y a des raisons de penser que c'est simplement par inadvertance que les rédacteurs de l'article ont oublié de mentionner les propositions). L'article 89 est muet sur l'organisation de ce référendum. Il est généralement admis qu'il devrait être convoqué par le président de la République (ce qui, si le problème surgissait réellement, se révélerait extrêmement discutable), et que celui-ci ne pourrait manquer à le faire, mais rien dans la Constitution ne permettrait de l'y contraindre (sauf à voir dans son abstention un motif de destitution – *supra*, **440**).

La question ne s'était pas posée jusqu'à 2000 : aucune révision n'avait jamais été opérée à partir d'une initiative parlementaire, aucune, non plus, n'avait préféré le référendum au Congrès.

Si l'accord entre les deux assemblées se fait autour d'un projet du président de la République, alors celui-ci dispose d'un choix, qu'il exerce par un décret soumis à contreseing (*supra*, article 19) : soit il soumet la révision au référendum, soit il demande au Parlement réuni en congrès de l'approuver, ce que celui-ci doit faire à la majorité des trois cinquièmes des suffrages exprimés (les bulletins blancs et nuls, ainsi que les abstentions, ne sont donc pas pris en compte).

532. À une seule exception près, toutes les révisions intervenues en application de l'article 89 ont été adoptées par le Congrès, et aucun référendum n'avait jamais été organisé dans ce cadre avant celui du 24 septembre 2000 sur la durée du mandat présidentiel (*supra*, article 6), ni depuis.

Lorsque le Parlement se réunit en congrès, dans les locaux prévus à cet effet au château de Versailles, la séance est présidée par le président de l'Assemblée nationale, puisque c'est le bureau de celle-ci qui exerce les fonctions de bureau du Congrès. La réunion est fatalement formelle, dès lors que le texte ne peut plus être amendé : l'article 89 ne prévoit que l'approbation (ou son refus), car toute modification pourrait remettre en cause l'accord entre les deux chambres (une majorité au Congrès pourrait, par la force du nombre et le hasard des coalitions, s'imposer à la majorité d'une des deux assemblées). S'expriment donc le gouvernement et, pour explications de vote, les représentants des groupes.

Le Congrès dispose d'un règlement intérieur dont le Conseil constitutionnel a accepté de vérifier la conformité à la Constitution, laquelle, pourtant, non seulement ne lui attribue pas expressément cette compétence, tandis que la loi organique l'exclut (l'article 17 de l'ordonnance organique n° 58-1067 évoque les règlements « adoptés par *l'une ou l'autre* assemblée »).

À ce jour, quatre projets ont, comme à Auteuil, refusé cet obstacle. Il s'est agi d'abord de la réduction de la durée du mandat présidentiel, proposée par Georges Pompidou le 10 septembre 1973, adoptée par les deux assemblées en des termes identiques, mais, sous prétexte de guerre du Kippour (crise consécutive au conflit armé entre Israël et Égypte, notamment) et surtout pour cause de désaccords au sein de la majorité (au point que les trois cinquièmes risquaient de n'être pas atteints), le projet ne fut soumis ni au référendum ni au Congrès. Il n'était pas pour autant caduc, et tout président pouvait parfaire cette révision. Vingt-huit ans après, Jacques Chirac préféra reprendre la procédure à zéro. D'autres projets égarés entre Paris et Versailles ont connu des sorts divers : celui sur le CSM (*infra*, **428**), celui sur la Nouvelle-Calédonie (*supra*, **498**) et la Polynésie (*supra*, article 74). Enfin, le projet relatif à l'équilibre des finances publiques, adopté en termes identiques par les deux assemblées le 13 juillet 2011, ne fut pas soumis au Congrès par son auteur et ne le sera pas par son successeur, la révision n'ayant pas été jugée, par le Conseil constitutionnel, indispensable à la ratification du Traité passé entre les membres de l'Union économique et monétaire (*supra*, **360**)

Seul donc Nicolas Sarkozy en 2008 osa le pari d'un Congrès sans être assuré de réunir les trois cinquièmes.

533. Outre l'introduction de l'élection présidentielle au suffrage universel, opérée par référendum direct (*supra*, **32**), et une révision relative à la Communauté, intervenue en application de l'ancien article 85 (loi constitutionnelle n° 60-52 du 4 juin 1960), vingt-deux révisions ont abouti conformément à l'article 89. Elles ont concerné le régime des sessions (loi constitutionnelle n° 63-1327 du 30 décembre 1963), l'élargissement de la saisine du Conseil constitutionnel (loi constitutionnelle n° 74-904 du 29 octobre 1974), les remèdes aux accidents pouvant perturber le déroulement de l'élection présidentielle (loi constitutionnelle n° 76-527 du 18 juin 1976), les conséquences de l'adoption du traité sur l'Union européenne (loi constitutionnelle n° 92-554 du 25 juin 1992), la première réforme du Conseil supérieur de la magistrature et la création de la Cour de justice de la République (loi constitutionnelle n° 93-952 du 27 juillet 1993), la restriction du droit d'asile (loi constitutionnelle n° 93-1256 du 25 novembre 1993), le champ du référendum, les immunités, le régime des sessions et l'abrogation des dispositions obsolètes (loi constitutionnelle n° 95-880 du 4 août 1995), la création des lois de financement de la Sécurité sociale (loi constitutionnelle n° 96-138 du 22 février 1996), les dispositions transitoires relatives à la Nouvelle-Calédonie (loi constitutionnelle n° 98-610 du 20 juillet 1998), les conséquences du traité d'Amsterdam (loi constitutionnelle n° 99-49 du 25 janvier 1999), la Cour pénale internationale et l'égalité entre les sexes (lois constitutionnelles nos 99-568 et 99-569 du 8 juillet 1999), la réduction de la durée du mandat présidentiel (loi constitutionnelle n° 2000-964 du 2 octobre 2000), le mandat d'arrêt européen (loi constitutionnelle n° 2003-267 du 25 mars 2003), l'organisation décentralisée de la République (loi constitutionnelle n° 2003-276 du 28 mars 2003), la Constitution européenne et le référendum obligatoire pour les adhésions futures (loi constitutionnelle n° 2005-204 du 1er mars 2005), la Charte de l'environnement (loi constitutionnelle n° 2005-205 du 1er mars 2005) puis, afin de démontrer qu'il n'est jamais trop tard pour bien faire, les trois ultimes révisions chiraquiennes du 23 février 2007 sur la Nouvelle-Calédonie (loi constitutionnelle n° 2007-237), le statut juridictionnel du chef de l'État (loi constitutionnelle n° 2007-238) et l'abolition totale de la peine de mort (loi constitutionnelle n° 2007-239), suivies d'une nouvelle révision du titre XV consécutive à la signature du traité de Lisbonne (loi constitutionnelle n° 2008-103 du 4 février 2008) et, enfin, de la modernisation des institutions de la Ve République (loi constitutionnelle n° 2008-724 du 23 juillet 2008).

534. Dans cette longue liste, la dernière révision en date occupe une place un peu à part que lui valent son titre même et l'ambition qu'elle a voulu traduire, mais aussi les conditions de son élaboration, puisque le comité Balladur eut beaucoup plus de chance que la commission Vedel, et même les conditions de l'adoption, sur laquelle le suspense dura jusqu'au bout et qui ne fut acquise qu'à deux voix (elle recueillit 539 voix quand il en fallait 538).

Il est encore trop tôt pour savoir si cette vaste révision justifiera tous les espoirs placés en elle, mais ils ne sont nullement déraisonnables. D'excellentes réformes ont été introduites, souvent attendues de longue date, et l'on peut déjà se féliciter de leur adoption.

Subsiste néanmoins un arrière-goût saumâtre, celui des occasions manquées ou saisies seulement à moitié : on attendait le référendum d'initiative populaire, il n'y aura pas d'initiative populaire et peut-être pas de référendum (*supra*, **98**) ; où il était souhaitable que tout découpage fût préparé par une commission indépendante, celle-ci se bornera à un avis public (*supra*, **179**) ; on espérait une règle, même souple et limitée, d'équilibre budgétaire, on n'aura qu'un objectif dans l'attente des nouvelles dispositions organiques (*supra*, **233**) ; on proposait un délai d'au moins deux mois entre dépôt et discussion d'un projet, il est ramené à six semaines (*supra*, **281**) ; on pouvait envisager dix ou douze commissions permanentes, elles ne sont que huit (*supra*, **287**) ; il paraissait essentiel qu'une semaine parlementaire sur quatre fût consacrée au contrôle, celui-ci ne bénéficie que d'une simple priorité (*supra*, **328**). Et l'on pourrait allonger cet inventaire qui est celui des déceptions, quand ce n'est pas des faux-semblants, le gouvernement ayant pris un soin parfois maniaque à user du rabot, cela pour ne rien dire des réformes volontairement ignorées (de la dose de proportionnelle à l'amélioration de la procédure de révision et, bien sûr, à la suppression des cumuls).

Il n'y avait pas là des raisons suffisantes de voter contre la réforme, mais peut-être de ne voter pour qu'avec quelques regrets.

535. Au total, par rapport aux 92 articles initiaux de la Constitution,

– 30 sont demeurés *sans changement* à ce jour (8, 9, 10, 14, 15, 19, 20, 21, 22, 23, 27, 29, 30, 31, 32, 33, 36, 37, 40, 50, 52, 53, 55, 57, 58, 59, 63, 64, 66 et 75) ;

– 47 ont été, peu ou prou, *modifiés* (1 [trois fois], 2 [deux fois], 3 [deux fois], 4 [deux fois], 5, 6 [trois fois], 7 [trois fois], 11 [deux fois], 12, 13, 16, 17, 18, 24, 25, 26, 28 [deux fois], 34 [quatre fois], 35, 38, 39 [trois fois], 41, 42, 43, 44, 45, 46, 47, 48 [deux fois], 49 [deux fois], 51, 54, 56, 60 [trois fois], 61, 62, 65 [deux fois], 67, 68 [deux fois], 69, 70, 71, 72, 73 [deux fois], 74 [deux fois], 88, 89), à quoi il faut encore ajouter que les 47-1, 72-3, 74-1, 77, 88-1 à 88-5 ont tous été déjà modifiés depuis leur insertion ;

– 15 ont été *abrogés* (76 à 87, 90 à 92) ;

– 3 sont *ressuscités* (76, 77 et 87) ;

– 28 ont été *ajoutés* (34-1, 37-1, 47-1, 47-2, 50-1, 51-1, 51-2, 53-1, 53-2, 61-1, 66-1, 68-1, 68-2, 68-3, 71-1, 72-1, 72-2, 72-3, 72-4, 74-1, 75-1, 88-1, 88-2, 88-3, 88-4, 88-5, 88-6 et 88-7).

Enfin, la seconde révision du 1er mars 2005 a, pour la première fois, modifié le préambule, non sans fatuité (*infra*, Charte).

Comptant aujourd'hui 108 articles, ce dispositif constitutionnel reste assez laconique. Pour autant, l'on ne peut qu'être frappé de ce que la qualité rédactionnelle et la précision se soient dégradées, comme l'a déjà montré la révision sur la décentralisation et comme l'a corroboré celle sur la Charte de l'environnement.

Ces chiffres ne doivent pas donner une fausse idée de l'importance des révisions. Quantitativement, elle est bien moindre qu'en Allemagne, par exemple, où la Loi fondamentale a été modifiée à plus d'une cinquantaine de reprises depuis 1949. Qualitativement, si certaines révisions ont révélé à l'usage une importance majeure, en modifiant significativement les conditions d'exercice du pouvoir (notamment par l'élargissement, en 1974, de la saisine du Conseil constitutionnel), d'autres, comme celle de 1976 sur l'élection présidentielle, n'ont encore jamais connu d'application.

536. En réalité, les mécanismes de la révision présentent des obstacles que seule une forte volonté politique permet de surmonter. Encore l'existence de celle-ci est-elle insuffisante car il faut en outre qu'elle soit partagée. Il avait longtemps suffi de l'inertie d'un seul, les présidents de la République successifs, pour que la totalité de la Nation fût privée du droit de se prononcer, en quelque sens que ce fût, sur la réduction du mandat présidentiel (*supra*, **37**). Il suffit également de l'opposition du Sénat (en fait de 175 de ses membres) pour faire échec à une révision que pourraient vouloir, tous ensemble, le chef de l'État, le gouvernement, l'Assemblée nationale et les Français.

Le droit de veto sénatorial a deux conséquences. D'une part, il réserve à une tendance politique, celle qui détient au Sénat une majorité coutumière, le quasi-monopole de la révision et l'utilisation discrétionnaire de ce pouvoir, sans que le peuple lui-même puisse en principe être interrogé. D'autre part, même lorsqu'il est disposé, ou amené, à accepter une révision, le Sénat ne rechigne pas à imposer une sorte de bakchich pour rétribuer son consentement : droit de veto sur la loi organique prévue par la révision du 25 juin 1992 ou maîtrise sur ses semaines, jours et heures de séance lors de la révision du 4 août 1995 ou encore priorité d'examen sur les projets relatifs aux collectivités territoriales lors de la révision du 28 mars 2003.

Tout cela est intrinsèquement choquant, et l'on ne peut qu'adhérer aux conclusions de la commission présidée par Georges Vedel, qui proposait une révision de l'article 89 afin de permettre au président de la République de soumettre au référendum, après deux lectures dans chaque chambre, tout projet de révision qui, sans être adopté par elles en des termes identiques, aurait été voté à la majorité des trois cinquièmes par l'une des deux assemblées.

537. Mais, pour que soit ainsi révisée la révision, il faudrait l'accord du Sénat. La gauche, qui s'y trouve aujourd'hui majoritaire, pourrait en profiter pour promouvoir cette révision de la révision. Sinon, c'est précisément parce que rien ne justifie qu'une institution isolée, quelle qu'elle soit, puisse s'opposer à la volonté que manifesteraient ensemble, de manière univoque, l'exécutif, une partie du législatif et le peuple qu'il est indispensable que subsiste l'ultime recours du référendum direct de l'article 11.

On peut volontiers convenir que l'utilisation de celui-ci pour réviser la Constitution est des plus discutables sur le plan juridique, mais moins, sans doute, que l'impossibilité de réformer la loi fondamentale du seul fait de l'opposition de la majorité d'une assemblée qui ne peut être ni réformée, ni dissoute, ni soumise à quelque contrôle que ce soit exercé par le peuple, qu'au demeurant elle ne représente pas (*supra*, **20**, **181**). Et, à nouveau, *bis, ter, decies... repetita placent...*

DÉCLARATION DES DROITS DE L'HOMME ET DU CITOYEN

et

PRÉAMBULE DE LA CONSTITUTION DE 1946

et

CHARTE DE L'ENVIRONNEMENT DE 2004

538. Le commentaire détaillé de la Déclaration de 1789, du préambule de la Constitution de 1946 et de la Charte de l'environnement doit porter sur chacun de ces trois ensembles et sur chacun de leurs articles ou alinéas. Il obligerait à passer en revue toutes les décisions du Conseil constitutionnel, mais aussi de la Cour de cassation et du Conseil d'État, qui ont cité, utilisé ou développé tel ou tel des principes proclamés. D'une part les dimensions du présent ouvrage ne le permettent pas, d'autre part cela a déjà été fait, de manière exhaustive, par les professeurs Thierry S. Renoux, Michel de Villiers et Xavier Magnon (*Code constitutionnel*, 2016, p. 13 à 602) puis le professeur Michel Lascombe (*Code constitutionnel et des droits fondamentaux,* 2016, p. 1 à 547). Aussi, après avoir renvoyé à ces excellents ouvrages, se bornera-t-on ici à quelques remarques.

539. La Déclaration des droits de l'homme et du citoyen, adoptée le 26 août 1789, n'a été modifiée qu'une fois, le 8 août 1791, lorsque l'Assemblée a décidé d'insérer le texte en tête de la Constitution de 1791. À cette occasion, elle opéra trois retouches : dans l'article XII, « de ceux qui » a été remplacé par « de ceux auxquels » ; dans l'article XIV, « les Citoyens » a été remplacé par « tous les Citoyens » ; surtout, au début de l'article XVII, le pluriel initial, « les propriétés », a été remplacé par le singulier « la propriété », plus général, plus cohérent avec l'article II et, à ce double titre, plus idoine.

Elle envisage un ensemble de droits et de libertés, avant tout individuels. Outre ceux qui sont expressément proclamés et directement opérationnels, la manière, souvent sobre et laconique, dont la Déclaration est rédigée a permis de faire découler de cette matrice tantôt des prolongements, tantôt des corollaires.

La liberté d'expression est ainsi formulée qu'on a pu, sans difficulté, en étendre la protection aux formes modernes de la communication, que ne pouvaient anticiper les députés à la Constituante.

De la même manière, la conjugaison entre le droit de propriété, inaliénable et sacré selon l'article XVII, et la liberté, telle que la définit l'article IV, préparait la consécration prudente de la liberté d'entreprendre (81-132 DC 16 janvier 1982).

Ainsi la Déclaration de 1789, qui, par ce qu'elle proclame, est déjà l'un des plus grands textes que la pensée et l'action politiques aient produits, vaut aussi par ce qu'elle suggère, implique ou autorise.

540. Le préambule de la Constitution de 1946 est un peu plus alambiqué, fruit des circonstances politiques et de la diversité des inspirations qui ont entouré sa rédaction. On ne peut relire ses deux derniers alinéas sans au moins un malaise, en se rappelant la valeur que leur ont donnée des guerres coloniales que la France a conduites, en vain mais longuement, cruelles et sanglantes.

Il reste que les seize autres alinéas consacrent les droits et libertés économiques et sociaux, collectifs ou internationaux, qui étaient presque totalement absents en 1789.

Le Conseil constitutionnel a imposé leur respect, en même temps que de certains d'entre eux il a déduit des conséquences. La plus ébouriffante – qui ne serait significative que dans des cas extrêmes, qu'on espère ne pas voir surgir – a été, s'appuyant sur la première phrase du premier alinéa, la consécration du principe constitutionnel de « sauvegarde de la dignité de la personne humaine contre toute forme d'asservissement et de dégradation » (94-343-344 DC du 27 juillet 1994).

541. Le Professeur Yves Coppens et les membres de la commission qu'il a présidée ont été plus influents que les Siéyès, Mirabeau, et autres Talleyrand : où ces derniers durent batailler, parfois en vain, pour faire adopter le texte qu'ils avaient préparé et qui allait devenir la Déclaration de 1789, le président de la République imposa que le travail des premiers fût repris tel quel, hormis quelques amendements purement formels et, parce qu'il n'en était plus à une humiliation près, le Parlement accepta de s'y résigner.

Résultat : si le principe d'une protection constitutionnelle de l'environnement est sans doute bienvenu, si le recours à une Charte est tout à fait défendable, sa rédaction, rarement inspirée et souvent maladroite, a été insuffisamment pensée, et l'on ne peut que souhaiter bon courage à ceux, en commençant par le Conseil constitutionnel, qui devront lui donner sa signification et sa portée réelles.

542. Nul ne peut aujourd'hui dresser une liste exhaustive des droits et libertés de valeur constitutionnelle. Il ne serait possible que d'énumérer ceux qui résultent d'une proclamation formelle ou ont été consacrés par la jurisprudence constitutionnelle quand, et si, l'occasion lui en a été offerte.

Mais, même si l'on peut le supposer en voie d'épuisement, il subsistera toujours un gisement constitutionnel dans l'interprétation que le Conseil pourra donner de ces textes fondateurs (il suffit de songer, par exemple, au régime législatif des libertés de réunion et de manifestation). La Constitution est active, le juge est réactif. Il ne peut trancher que les questions qui lui sont posées. Même s'il lui arrive de faire émerger un principe de manière préventive (celui des exigences propres à la justice pénale des mineurs), le Conseil constitutionnel conserve – il n'en abuse pas – la possibilité de recourir, pour faire face à toute difficulté nouvelle qui pourrait surgir, à des méthodes déjà éprouvées.

Quand le droit y perd en certitudes – un peu –, ce sont la démocratie et les libertés qui y gagnent en garanties – beaucoup.

DÉCLARATION DES DROITS DE L'HOMME ET DU CITOYEN

Les représentants du Peuple Français, constitués en Assemblée Nationale, considérant que l'ignorance, l'oubli ou le mépris des droits de l'Homme sont les seules causes des malheurs publics et de la corruption des Gouvernements, ont résolu d'exposer, dans une Déclaration solennelle, les droits naturels, inaliénables et sacrés de l'Homme, afin que cette Déclaration, constamment présente à tous les Membres du corps social, leur rappelle sans cesse leurs droits et leurs devoirs; afin que les actes du pouvoir législatif et ceux du pouvoir exécutif, pouvant être à chaque instant comparés avec le but de toute institution politique, en soient plus respectés; afin que les réclamations des Citoyens, fondées désormais sur des principes simples et incontestables, tournent toujours au maintien de la Constitution, et au bonheur de tous.

En conséquence, l'Assemblée Nationale reconnaît et déclare, en présence et sous les auspices de l'Être suprême, les droits suivants de l'Homme et du Citoyen.

543. En la forme, l'idée de disposer d'une déclaration des droits n'était pas nouvelle. Un siècle plus tôt, en 1689, l'Angleterre s'était dotée de son *Bill of Rights*. Plus récemment, la formule avait été mise en œuvre de l'autre côté de l'Atlantique. Avant même la déclaration d'indépendance du 4 juillet 1776, certains États avaient adopté des déclarations, proclamant des droits que l'Angleterre déniait aux colons d'Amérique. Le plus significatif de ces textes était celui de la déclaration de l'État de Virginie, du 12 juin 1776, dû pour l'essentiel à la plume de Jefferson.

En France, c'est Mounier qui, dès le 9 juillet 1789, reprenant une idée avancée par certains cahiers de doléances, affirme qu'il faut « pour préparer une Constitution, connaître les droits que la justice naturelle accorde à tous les individus, il faut rappeler les principes qui doivent former la base de toute espèce de société, et que chaque article de la Constitution puisse être la conséquence d'un principe… ». Très vite, l'Assemblée sera saisie de plusieurs dizaines de projets. Les tentatives de synthèse se révéleront vaines, et ce seront finalement les députés eux-mêmes, près de 1 200, qui, au cours de longues séances enthousiastes et passionnées, élaboreront le texte, article après article, phrase après phrase, sur la base d'un projet initial (celui dit du *sixième bureau*) dont la médiocrité relative explique qu'il n'en soit pas resté grand-chose.

Le préambule est, quasi intégralement, repris de la proposition du *Comité des Cinq*, présidé par Mirabeau, dont le reste n'avait pourtant pas été retenu. Plusieurs éléments méritent de retenir l'attention, qui, presque tous, se situent dans le prolongement des principes que Mounier avait énoncés dès le 9 juillet.

544. La Déclaration, en premier lieu, a une vocation universelle. Elle n'est pas destinée à régir le peuple français, en 1789, mais concerne tous les hommes, en tout temps et tout lieu. On peut railler l'outrecuidante prétention de quelques centaines d'élus nationaux à légiférer pour le monde entier. Mais on peut préférer y voir un trait majeur du génie propre de la France, qui n'est vraiment elle-même que quand elle se soucie de l'universel.

La Déclaration, en deuxième lieu, ne prétend pas créer les droits, seulement les reconnaître. Ils sont naturels, liés à l'existence même de l'homme, et le rôle de qui les proclame est simplement de garantir ce qui doit être, de sorte que cela ne risque plus « l'ignorance, l'oubli ou le mépris ».

La nature elle-même, en troisième lieu, a cependant un créateur dénommé l'*Être suprême*, formulation prudente qui respecte la foi chrétienne, satisfait au déisme ambiant, n'insulte pas à l'athéisme éventuel et, accessoirement, donne à la Déclaration ce qu'il faut de sacré, que la sanction royale, au demeurant incertaine, ne suffirait plus à apporter.

C'est à une courte majorité, enfin, que l'Assemblée a décidé de s'en tenir aux droits, non qu'elle fût sans égard pour les devoirs, mais parce que ceux-ci, au-delà de ceux d'entre eux qu'impose nécessairement le respect des droits d'autrui, lui ont semblé relever d'une logique distincte, sans doute moins naturelle.

Finalement, le but, contre toute attente raisonnable, a été atteint. La vigueur de la pensée, produit de plusieurs siècles de philosophie et plusieurs décennies de Lumières, la clarté et la sobriété du style, produit de débats ouverts entre rédacteurs désireux d'être compris de tous, et jusqu'à l'anonymat de la paternité, qui prémunit contre le possible discrédit ultérieur d'un auteur identifié, tout cela s'est conjugué pour donner à ce texte un retentissement mondial et une actualité sans cesse renouvelée. Les principes qu'elle contient situent l'étiage de la démocratie : au-delà de cet incompressible minimum, on discute ; en deçà, on combat.

Article Ier

Les hommes naissent et demeurent libres et égaux en droits. Les distinctions sociales ne peuvent être fondées que sur l'utilité commune.

545. Malgré l'ordre que l'article premier donne aux deux termes, il faut se rendre aux arguments du doyen Vedel et considérer avec lui que l'égalité précède la liberté : « L'égalité, c'est l'homme même ; elle identifie l'homme […]. Si l'on peut dire que tous les hommes sont égaux, à l'inverse tous les égaux sont des hommes, car si un homme refuse à un autre la qualité d'égal […], il lui refuse la qualité d'homme […]. L'égalité est non un droit naturel mais le fondement même de tout droit naturel, car il n'y a plus de droit naturel si les hommes ne sont pas égaux entre eux, autrement dit si les hommes n'existent pas» («L'égalité», *La Déclaration des droits de l'homme et du citoyen de 1789*, 1990). Le constituant de 1958 a dû en être bien convaincu, qui n'a fait, dans l'article premier, aucune référence explicite à la liberté, mais a réaffirmé l'égalité (*supra*, **11**).

Les plus ingénieux peuvent même trouver là, dès le troisième mot, un fondement à l'objectif de parité : lorsqu'il est écrit que les hommes *naissent*, ils le font toujours en dernière analyse, quelque progrès que la médecine ait accompli, d'un homme *et* d'une femme qui, dès lors, n'appartiennent pas à des «catégories», mais sont, à la fois ensemble et distinctement, la source unique et duale de l'humanité même.

Article II

Le but de toute association politique est la conservation des droits naturels et imprescriptibles de l'Homme. Ces droits sont la liberté, la propriété, la sûreté et la résistance à l'oppression.

546. Comme le précédent, cet article énumère des principes que la suite détaille et met en œuvre. L'absence de l'égalité n'est fortuite ni gênante compte tenu de ce qui en a été dit ci-dessus.

Les quatre droits énoncés vont deux par deux. Dans un premier appariement, Jean Carbonnier considère que *liberté* et *propriété* sont les finalités ultimes, que *sûreté* et *résistance à l'oppression* permettent d'atteindre ou de retrouver. On peut aussi, prenant en considération non plus la substance mais la nature de ces buts, les accoupler autrement, en observant que deux d'entre eux – *liberté* et *résistance à l'oppression* – se définissent négativement, et les deux autres – *propriété* et *sûreté* – positivement.

Il est de l'essence même de la liberté que d'être incompatible avec une définition positive préalable. Parce que la liberté est la règle, seules peuvent être prévues les exceptions, lorsque leur absence, comme il est dit à l'article IV, pourrait nuire à autrui. De la même manière, l'oppression, qui légitime la résistance, se caractérise négativement par la méconnaissance des droits de l'homme et du citoyen. L'article VII, qui envisage ses manifestations pénales, les plus plausibles, prévoit aussi de les punir. Et si les articles 432-4 à 432-9 du Code pénal répriment effectivement les abus d'autorité, les articles 433-6 à 433-10 sanctionnent très durement la rébellion, définie dans des termes qui rendent la soumission à l'autorité, même abusive et quitte ensuite à la poursuivre comme telle, plus prudente que le refus d'obtempérer *a priori* à une injonction, même plausiblement illégale.

La propriété est définie positivement, au contraire, par l'article 544 du Code civil et protégée sérieusement par celui-ci, épaulé si nécessaire par l'article XVII de la Déclaration. Quant à la sûreté, elle peut s'interpréter de diverses manières, dans la mesure où la Déclaration de 1789, contrairement à celle de 1793, ne la précise pas. Il peut s'agir d'une protection limitée à l'arrestation ou à la détention arbitraires. Il peut également s'agir d'un droit à l'ordre public, assurant la sécurité des biens et des personnes. Il peut s'agir enfin, plus globalement, d'une sécurité juridique, par laquelle chacun sait, à tout moment, ce qu'il est en droit de faire ou non. La première conception est restrictive, redondante avec les autres principes du droit répressif, également contenus dans la Déclaration de 1789, et que la sûreté n'enrichirait pas si elle se bornait à en être le résumé. La deuxième conception, qui séduit les régimes à tentations autoritaires, sous-entend sûreté *publique*, et elle devient alors le prétexte à toutes sortes d'atteintes à la liberté *privée*. La troisième conception, qu'on peut rattacher à l'évidente nécessité de la garantie des droits, mentionnée à l'article XVI, serait plus satisfaisante. Le Conseil constitutionnel a progressivement fait une place plus grande à la sécurité juridique, en limitant très sensiblement le pouvoir parlementaire d'adopter des dispositions fiscales rétroactives (2012-867 DC et 2012-862 DC du 29 décembre 2012) et en intégrant la protection de la confiance légitime (2013-682 DC du 19 décembre 2013).

Par ailleurs, le Conseil n'hésite pas à mobiliser l'article II, comme une sorte d'*a fortiori*, lorsque est en cause l'un des droits qu'il proclame (par exemple, 81-132 DC du 16 janvier 1982). C'est la liberté qui implique le respect au droit de la vie privée. Sur ce fondement, le Conseil censure par exemple les traitements de données à caractère personnel portant, même au nom de l'ordre public et de la lutte contre la fraude, une atteinte disproportionnée au droit au respect de la vie privée (2012-652 DC du 22 mars 2012), l'accessibilité au public d'un registre des trusts mentionnant diverses informations personnelles (2016-591 QPC du 21 octobre 2016) ou encore les dispositions sur la surveillance et le contrôle des transmissions empruntant la voie hertzienne (2016-590 QPC du 21 octobre 2016).

Article III

Le principe de toute Souveraineté réside essentiellement dans la Nation. Nul corps, nul individu ne peut exercer d'autorité qui n'en émane expressément.

547. En 1789, la souveraineté est purement nationale. Elle sera mâtinée de populaire dans la Constitution de 1958 (*supra*, article 3), mais le principe demeure. Il a pour premiers effets d'interdire que la souveraineté puisse être infranationale (la France ne peut se transformer en fédération – *supra*, **467**) ou supranationale : la France ne peut se transformer ni en fédération (*supra*, **467**), ni en entité fédérée (*supra*, **510**). Si l'article III entraîne de nombreuses autres conséquences, qui s'égrènent dans les décisions du Conseil constitutionnel, il fixe également la place de ce dernier, l'amène sagement à s'autolimiter, en ne prétendant pas exercer un « pouvoir général d'appréciation et de décision identique à celui du Parlement ».

Article IV

La liberté consiste à pouvoir faire tout ce qui ne nuit pas à autrui : ainsi l'exercice des droits naturels de chaque homme n'a de bornes que celles qui assurent aux autres Membres de la Société la jouissance de ces mêmes droits. Ces bornes ne peuvent être fixées que par la Loi.

548. Dans le trou du souffleur, Montesquieu et Rousseau ont ici cédé la place à Emmanuel Kant : le cercle de la liberté individuelle s'arrête au cercle de la liberté d'autrui.

D'un point de vue opérationnel, la liberté peut être soumise à plusieurs régimes : *répressif*, le plus libéral, malgré sa dénomination, puisque tout ce qui n'est pas interdit est permis ; *préventif*, le plus exigeant puisque ce n'est qu'après avoir obtenu une autorisation (permis de construire, de conduire…) que l'exercice de la liberté est possible ; *déclaratif*, compromis entre les deux précédents qui subordonne l'exercice d'une liberté à une information préalable (droit de grève dans la fonction publique, de manifestation…). Dans tous les cas, le législateur doit retenir celui des régimes qu'imposent les caractéristiques de la liberté en cause, son choix étant ainsi dicté. Dans tous les cas encore, la réglementation est au service de la liberté, pour en organiser harmonieusement la jouissance, non à son détriment.

D'un point de vue opérationnel toujours, l'article vaut aussi par l'attribution de compétences. C'est la loi qui fixe les bornes. Elle seule peut le faire. Elle doit le faire sans que ces bornes soient si étroitement définies qu'elles portent à la liberté des atteintes excessives (*supra*, **406**), mais elle doit le faire elle-même et complètement, sans jamais s'en remettre à autrui de ce soin (*supra*, **235**, **405**).

Le Conseil constitutionnel fonde la protection de la liberté en général et de la liberté d'entreprendre et de la liberté contractuelle en particulier sur l'article 4 de la Déclaration de 1789. La liberté d'entreprendre se conçoit comme la liberté d'accéder à une profession ou à une activité économique et comme la liberté dans l'exercice de cette profession et de cette activité (2012-285 QPC du 30 novembre 2012). Sa protection s'est progressivement renforcée (n° 2014-692 DC du 27 mars 2014) surtout quand elle doit se concilier non pas avec un autre principe constitutionnel mais avec un motif d'intérêt général (2013-672 DC du 13 juin 2013).

Article V

La Loi n'a le droit de défendre que les actions nuisibles à la Société. Tout ce qui n'est pas défendu par la Loi ne peut être empêché, et nul ne peut être contraint à faire ce qu'elle n'ordonne pas.

549. Ainsi est permis tout ce qui n'est pas expressément interdit, et l'on ne peut interdire n'importe quoi. Toutefois, une évolution récente a conduit un législateur paternel à considérer qu'est nuisible à la société tout ce qui peut nuire à n'importe lequel de ses membres. De là une intrusion de plus en plus fréquente dans ce qui relevait de la sphère des comportements individuels – port du casque ou de la ceinture de sécurité, consommation de tabac ou d'alcool –, et le moment n'est peut-être pas éloigné où, sida aidant, la loi prétendra pénétrer dans les alcôves.

Cet article V n'occupe pas, dans la jurisprudence constitutionnelle et, plus généralement, dans la doctrine, la place qui devrait être la sienne. C'est pourtant lui, deux siècles avant mai 68, qui proclamait déjà que « il est interdit d'interdire ». C'est lui aussi qui donne son fondement le plus solide au triple test que le juge fait désormais subir à toutes les atteintes portées à une liberté : qu'elles soient simultanément « nécessaires, adaptées et proportionnées » (2008-562 DC du 21 février 2008). Pourquoi « nécessaires » et pas seulement utiles ou opportunes ? Parce que l'article V l'exige ainsi.

Article VI

La Loi est l'expression de la volonté générale. Tous les Citoyens ont droit de concourir personnellement, ou par leurs Représentants, à sa formation. Elle doit être la même pour tous, soit qu'elle protège, soit qu'elle punisse. Tous les Citoyens, étant égaux à ses yeux, sont également admissibles à toutes dignités, toutes places

ou emplois publics, selon leur capacité, et sans autre distinction que celle de leurs vertus et de leurs talents.

550. Finalement, c'est la Ve République qui a donné son véritable sens à la première phrase, en mettant durablement le peuple, par le référendum, sur le même plan que ses représentants (*supra*, article 11). La deuxième n'ajoute pas vraiment à ce qui figure déjà dans l'article premier de la Déclaration. La troisième phrase est celle qui a substitué la méritocratie à l'aristocratie. Vraie révolution, jamais achevée.

Si, aujourd'hui, elle justifie le contrôle vigilant que le Conseil constitutionnel exerce en matière de droit de la fonction publique, en revanche, elle ne suffit pas à faire échec à des nominations (*supra*, article 13) fondées plus sur la faveur politique que sur les vertus et talents. En écartant ceux qui pourraient avoir des sympathies pour l'opposition, afin de ne confier les tâches de direction qu'à des amis, les membres du gouvernement cherchent à se rassurer. C'est illusoire. Il n'y a pas de hauts fonctionnaires désobéissants, il n'y a que des ministres qui ne savent pas commander.

Article VII

Nul ne peut être accusé, arrêté, ni détenu que dans les cas déterminés par la Loi, et selon les formes qu'elle a prescrites. Ceux qui sollicitent, expédient, exécutent ou font exécuter des ordres arbitraires doivent être punis ; mais tout Citoyen appelé ou saisi en vertu de la Loi doit obéir à l'instant : il se rend coupable par la résistance.

551. C'est la base même de tout droit pénal démocratique qui est ici posée. Le principe de légalité des infractions, et des peines qui leur sont applicables, définit *a contrario* l'arbitraire et prévoit sa sanction. Les lettres de cachet ne peuvent ressusciter, par lesquelles l'autorité royale embastillait qui lui déplaisait trop. Nul ne peut se voir imputer un délit inventé pour les besoins de la cause. Il doit avoir été défini, par la loi, avec précision (2012-240 QPC du 4 mai 2012). Et les règles ainsi posées excèdent le champ du seul droit pénal pour s'étendre, logiquement, à toute législation répressive. Même lorsqu'il arrive que les peines soient seules déterminées (sanctions disciplinaires pour les fonctionnaires), les infractions le sont aussi, en réalité, même si leur nature contraint à ne le faire que sommairement (*manquement à ses obligations* par un fonctionnaire).

Les ordres arbitraires doivent être punis mais il n'est pas précisé, contrairement à ce qui est écrit à l'article IX, qu'ils doivent l'être *sévèrement*. Est-ce à cette omission qu'on doit attribuer la chronique des bavures ?

Article VIII

La Loi ne doit établir que des peines strictement et évidemment nécessaires, et nul ne peut être puni qu'en vertu d'une Loi établie et promulguée antérieurement au délit, et légalement appliquée.

552. La nécessité des peines est affaire d'appréciation et le législateur de l'Alabama n'a pas jugé mauvais de recréer les travaux forcés, pour des détenus de surcroît enchaînés ! Sans doute la reconnaissance du principe de valeur constitutionnelle de sauvegarde de la dignité de la personne humaine contre toute forme d'asservissement ou de dégradation (94-343-344 DC du 27 juillet 1994) interdirait en France une telle régression, si la tentation devait en saisir un Parlement qui s'oublierait. Il demeure, si la stricte et évidente nécessité est celle que le législateur qualifie telle, que l'article VIII impose à son imagination répressive des limites lointaines, mais néanmoins tangibles. C'est ce que l'on appelle le *principe de proportionnalité*, qui doit être respecté, entre la gravité de l'infraction et celle de sa sanction (par exemple 93-321 DC du 20 juillet 1993), ce que méconnaît par principe toute *peine automatique* (99-410 DC du 15 mars 1999). Le Conseil constitutionnel censure la disproportion manifeste entre l'infraction et la peine encourue (2010-604 DC du 25 février 2010, 2013-679 DC du 4 décembre 2013).

Quant au principe de non-rétroactivité, indispensable à la

sûreté dans quelque acception qu'on lui donne, il interdit que quiconque puisse être poursuivi et condamné, ou l'être plus gravement, en application d'une loi intervenue postérieurement aux faits. Ce principe n'est pas général. Toute disposition rétroactive n'est pas, *ipso facto*, inconstitutionnelle. Seule est interdite la rétroactivité de *dispositions* (pas seulement législatives) *répressives* (pas seulement pénales, mais aussi disciplinaires, fiscales…) *de fond* (par opposition à celles purement procédurales, réputées neutres) *plus sévères* (celles moins sévères s'appliquent rétroactivement puisque, par définition, la sévérité antérieure a cessé d'être considérée comme nécessaire).

Le comité Balladur avait proposé d'étendre le principe de non-rétroactivité bien au-delà du domaine répressif, sous les réserves nécessaires d'intérêt général. L'Assemblée nationale le vota. Le Sénat le refusa.

Notons, enfin, la mise en garde à l'égard de la loi : elle « ne doit » établir que des peines strictement et évidemment nécessaires. Sans cette mise en garde, le législateur eût pu méconnaître les droits naturels. Donc la loi pourrait être contrainte à ces derniers. Donc il faut contrôler qu'elle ne l'est pas. Donc le contrôle de constitutionnalité est nécessaire, et même induit par les discrets signes de défiance que la Déclaration elle-même adresse çà et là, dès 1789, à l'égard de la loi, bien qu'expression de la volonté générale.

Article IX

Tout homme étant présumé innocent jusqu'à ce qu'il ait été déclaré coupable, s'il est jugé indispensable de l'arrêter, toute rigueur qui ne serait pas nécessaire pour s'assurer de sa personne doit être sévèrement réprimée par la Loi.

553. Ici se mêlent le fond et la forme. La forme, c'est celle que doit revêtir l'arrestation, qui exclut toute violence, tant au moment où il y est procédé qu'ensuite. Le fond, c'est la présomption d'innocence. Certaines de ses conséquences sont pratiques. D'autres demeurent théoriques.

Au nombre des conséquences pratiques, on peut ranger, quoique le Conseil constitutionnel ne le fasse pas avec l'appui de cet article 9 mais avec celui de l'article 16 de la Déclaration de 1789, la garantie de l'ensemble des droits de la défense. Il n'est pas abusif de considérer en effet que c'est parce qu'il est accusé que l'intéressé a besoin de se défendre, et que c'est parce qu'il est présumé innocent qu'il doit détenir tous les moyens (accès au dossier, droit de parole, ministère d'avocat...) de répondre efficacement à ses accusateurs.

Cela dit, la présomption d'innocence oscille entre deux excès contraires. D'un côté, elle est invoquée comme une sorte d'absolu, alors pourtant qu'elle n'est que relative, et disparaît au moins dans tous les cas, de loin les plus nombreux, où l'intéressé ne conteste ni les faits ni sa responsabilité. Dans les autres situations, une tendance désolante s'est développée à confondre présomption d'innocence et innocence : au nom de la première, on prétend interdire, notamment à la presse, de douter de la seconde, même lorsqu'elle est plus que suspecte. Dès lors, le principe, présent en 1789 comme une incidente simplement destinée à exclure les mauvais traitements, est devenu un paravent à l'abri duquel ceux qui ont commis des fautes défendent un semblant de respectabilité et continuent d'exercer des fonctions jusqu'à épuisement, des années plus tard, de toutes les voies de recours (quoique déjà condamné en première instance et en appel, Alain Carignon demeura, en prison, président du conseil général de l'Isère jusqu'au rejet de son pourvoi en cassation !).

D'un autre côté, diamétralement opposé, la présomption d'innocence cède fréquemment le pas devant la religion de l'aveu. C'est lui que trop souvent le judiciaire recherche, de préférence à la vérité, moins facile à établir. Non seulement c'est pernicieux en soi, trompeur à l'occasion, mais encore cela conduit à une utilisation abusive de la détention provisoire. Où le Code de procédure pénale définit limitativement, dans son article 144, les cas dans lesquels cette grave décision peut être prise, il arrive qu'il en soit fait usage, de manière pratiquement explicite, pour rafraîchir la mémoire d'un suspect, l'inciter à l'aveu. C'est alors tout ensemble la négation de la présomption d'innocence et le rétablissement de la *question*, sous une forme que n'a adoucie, sur un principe inchangé, que la substitution de la cellule au chevalet. La loi relative à la présomption d'innocence a voulu y remédier enfin. Son succès demeure relatif.

Article X

Nul ne doit être inquiété pour ses opinions, même religieuses, pourvu que leur manifestation ne trouble pas l'ordre public établi par la Loi.

554. La liberté d'opinion est générale. On l'appelle aujourd'hui liberté de conscience, ce qui atteste l'immodestie des juristes modernes. La conscience a toujours été libre, non parce qu'il plaisait au pouvoir qu'elle le fût, mais parce que pas plus hier qu'aujourd'hui il ne pouvait sonder les âmes et débusquer le délit qu'il eût aimé sanctionner. La conscience est une zone de non-droit. La torture même ne pouvait y donner qu'un accès aléatoire et controuvé.

Tout autre est le cas de l'opinion qui ne devient telle que quand on la professe, mais retrouve l'abri de la conscience dès qu'on la garde pour soi. Chacun peut donc manifester celle de son choix, et cette affirmation ne fait pas double emploi avec l'article suivant, puisqu'il est des convictions qui peuvent se passer de parole, d'écriture ou d'imprimerie. Prier, ou ne pas prier, participer, ou non, à une procession, c'était, dès 1789, l'expression d'une opinion, même religieuse, comme le dit drôlement l'article X, et elle devait bénéficier d'un régime de liberté. Si la République, plus tard, est devenue laïque, les individus ont conservé le droit naturel de ne pas l'être. C'est la République seule qui est laïque, pas la France ni les Français. Comme à l'accoutumée, la loi reçoit compétence pour fixer des limites, celles-là seules qu'exigerait la sauvegarde de l'ordre public qu'il lui revient de définir.

Article XI

La libre communication des pensées et des opinions est un des droits les plus précieux de l'Homme: tout Citoyen peut donc parler, écrire, imprimer librement, sauf à répondre de l'abus de cette liberté, dans les cas déterminés par la Loi.

555. Les médias ont changé, pas les principes. L'orateur juché sur des tréteaux, sans micro ni relais, sans autre vecteur que sa voix, éprouvait un besoin de liberté en tous points égal à celui du locuteur audiovisuel ou de l'internaute. Le nombre de ceux qui pouvaient lire était incomparablement moindre, mais cette différence quantitative est sans effet sur le droit de celui qui écrit. Le papier, enfin, épuisait l'impression, qui se prête désormais à d'autres supports, dont le celluloïd cinématographique ou l'enregistrement numérique, sans que cela puisse altérer le libre choix de qui les utilise. La Déclaration de 1789 s'est souciée de principes. Techniques et volumes n'étaient pas son affaire (par extension, et quoique la Révolution les ait omis, on peut sans doute ajouter, aux pensées et opinions, les sentiments, également dignes de communication, et étendre à toutes les formes d'expression, notamment plastiques, la liberté consacrée au profit de la parole, l'écriture et l'imprimerie).

Mais en faisant de cette libre communication un des droits les plus précieux de l'homme, elle invitait à entourer sa protection d'une vigilance particulière. Ainsi le Conseil a pu en déduire que cette liberté profitait non seulement aux *émetteurs*, mais encore aux *destinataires*, c'est-à-dire au public, qui y a trouvé, parmi d'autres choses, le fondement d'un droit au pluralisme – le but – et à la transparence – l'un des moyens de l'atteindre.

Quant à la capacité de la loi à définir des abus, elle s'exerce normalement à la lumière de la définition que l'article IV donne de la liberté: l'usage de la liberté de communication ne peut devenir abusif que lorsqu'il entre en conflit avec d'autres exigences constitutionnellement protégées. C'est ce qui seul explique que certaines lois aient pu limiter la liberté d'expression, par exemple au nom du respect de la personne humaine (protection de la vie privée, répression du racisme ou de l'antisémitisme…) ou de l'ordre ou la morale publics (législation sur la presse, protection de la jeunesse, réglementation des œuvres à caractère pornographique…). C'est ce nécessaire équilibre qui a conduit le Conseil à censurer la disposition interdisant qu'il soit porté atteinte au secret des journalistes pour la répression de tout délit. Ces dispositions n'assuraient pas une conciliation équilibrée entre, d'une part, la liberté d'expression et de communication et, d'autre part, certaines exigences constitutionnelles (protection de la vie privée, sauvegarde des intérêts fondamentaux de la Nation, recherche des auteurs d'infraction…) (2016-738 DC du 10 novembre 2016).

Ne répond pas à cette saine logique l'article 9 de la loi n° 90-615 du 13 juillet 1990, dite « loi Gayssot ». Pour lutter contre des thèses « révisionnistes », méprisables autant qu'infondées, il a fait entrer dans notre droit le précédent troublant d'une vérité officielle par détermination de la loi. Il n'y a que la Cour de cassation pour nier qu'il puisse y avoir un problème (7 mai 2010) puis refuser d'en saisir le Conseil constitutionnel. Celui-ci, en revanche, n'a pas laissé passer l'occasion de censurer, sur ce fondement, la loi qui prétendait pénaliser la négation du génocide arménien de 1915 (2012-647 DC du 28 février 2012) ou celle qui, dans le même but, entendait réprimer la négation, la minoration et la banalisation de certains crimes n'ayant fait l'objet d'aucune condamnation judiciaire préalable (2016-745 DC du 26 janvier 2017). Très attentif à la liberté de communication, le Conseil a aussi censuré le délit de consultation habituelle de sites internet terroristes (2016-611 QPC du 10 février 2017).

Article XII

La garantie des droits de l'Homme et du Citoyen nécessite une force publique : cette force est donc instituée pour l'avantage de tous et non pour l'utilité particulière de ceux auxquels elle est confiée.

556. L'État, selon Max Weber, se caractérise par le monopole de la violence légitime. Lui seul peut être fondé à recourir à la force, à la coercition, et il lui faut pouvoir le faire afin d'assurer le respect effectif des droits de chacun et de tous contre qui y porterait, ou y aurait porté, atteinte. L'emploi de la force publique ne peut lui-même se faire que dans le respect du droit, et c'est le fait que l'État se plie à cette exigence qui définit justement ce qu'on appelle l'*État de droit* (par opposition à l'*État de police*, qui ne connaît pas d'autres limites à sa volonté ou à son action que celle de ses forces). De plus, même quand elle est légalement prévue, l'exécution forcée ne doit intervenir qu'« en cas de nécessité » (79-109 DC du 9 janvier 1980).

Quant à ceux auxquels est confiée la force publique, qu'elle soit civile ou militaire, tous sont soumis à une stricte subordination, à l'égard, selon les cas, du pouvoir politique ou de l'autorité judiciaire. Ils ne sont pas les maîtres de leur propre puissance, qui ne leur vient que du mandat que leur donne la Nation.

Enfin, le Conseil constitutionnel a considéré, de manière logique quoique inattendue, que puisque cette force, de quelque façon qu'elle s'exerce, doit toujours être « publique », c'est cet article qui interdit qu'un pouvoir de police puisse être délégué à une personne privée (2011-625 DC du 10 mars 2011).

Article XIII

Pour l'entretien de la force publique, et pour les dépenses d'administration, une contribution commune est indispensable. Elle doit être également répartie entre tous les Citoyens, en raison de leurs facultés.

557. La nécessité et la proportionnalité de l'impôt sont affirmées, sa progressivité n'est que déduite.

Parce que l'impôt est nécessaire, la lutte contre la fraude fiscale constitue un objectif de valeur constitutionnelle (2013-684 DC du 29 décembre 2013), même si la recherche et la répression de la fraude fiscale doivent évidemment respecter les libertés constitutionnellement protégées (83-164 DC du 29 décembre

1983). La nécessité l'a également emporté sur son objet initial : elle n'est plus limitée à l'entretien de la force publique et aux dépenses d'administration mais peut s'étendre à l'ensemble des charges publiques, sous réserve des différences de nature qui les soumettent à différents régimes (impositions de toute nature, redevances…), de même que l'impôt peut servir des finalités incitatives, sans souci de son rendement.

Quant à la rétroactivité éventuelle de la loi fiscale, le Conseil constitutionnel contrôle qu'elle répond à un motif d'intérêt général suffisant. Tel n'est pas le cas de la volonté du législateur d'assurer des recettes supplémentaires (2012-662 DC du 29 décembre 2012).

Quant à la progressivité, le juge l'apprécie positivement dans son principe (90-285 DC du 28 décembre 1990), mais se satisfait que ne soit pas remis « en cause le caractère progressif du montant de l'imposition globale » (93-320 DC du 21 juin 1993), même si la progressivité disparaît en partie de l'un des éléments importants, la CSG en l'occurrence, de cette imposition globale.

Les promesses – ou menaces – fiscales du nouveau gouvernement ont déjà conduit le Conseil à affirmer, préventivement, la nécessité constitutionnelle d'un plafonnement des prélèvements (2012-654 DC du 9 août 2012). Il a ensuite veillé à ce que ce plafonnement n'inclut pas des revenus latents et non réalisés. Il veille aussi à ce que le niveau d'imposition ne fasse pas peser sur les contribuables une charge excessive au regard de leurs facultés contributives, ce qui serait contraire au principe d'égalité devant les charges publiques. Il censure, en fonction de l'assiette de l'impôt, des taux marginaux maximaux jugés confiscatoires (2012-662 DC du 29 décembre 2012).

Article XIV

Tous les Citoyens ont le droit de constater, par eux-mêmes ou par leurs Représentants, la nécessité de la contribution publique, de la consentir librement, d'en suivre l'emploi et d'en déterminer la quotité, l'assiette, le recouvrement et la durée.

558. «*No representation, no taxation*»: c'est au nom de cette exigence que les treize colonies entrèrent en rébellion, d'abord fiscale, contre l'Angleterre, rébellion qui allait donner naissance aux États-Unis d'Amérique. Quelques années plus tard, des causes similaires ont joué un rôle essentiel dans l'effervescence d'où allait exploser la Révolution française. Ce n'est pas le principe de l'impôt qui est contesté, comme l'atteste l'article précédent, c'est le droit d'y consentir qui est exigé. Historiquement, il n'a pas été un principe démocratique parmi les autres, il a été celui qui a donné naissance à la démocratie elle-même.

La Constitution le met directement en œuvre (*supra*, article 47), et s'il est vrai qu'aucun référendum fiscal n'a été organisé à ce jour, au moins les représentants des citoyens, l'Assemblée nationale ici, sont-ils dotés des moyens effectifs de décision et de contrôle qu'implique l'article XIV. L'entrée en application de la loi organique du 1er août 2001, en rénovant profondément la matière, a voulu donner leur pleine signification aux exigences proclamées ici. Et c'est aussi l'article XIV qui impose, ou au moins induit, les quatre principes fondamentaux du droit budgétaire (*supra*, **313**). Pour autant, le Conseil constitutionnel a considéré que le consentement à l'impôt ne relève pas des «droits et libertés que la Constitution garantit» au sens de l'article 61-1 (2010-5 QPC du 18 juin 2010) en ce qu'il est tourné vers le respect des droits des parlementaires davantage que vers ceux des justiciables. Voilà qui est plus péremptoire que convaincant s'agissant d'un droit que l'article confère expressément à «tous les citoyens».

Article XV

La Société a le droit de demander compte à tout Agent public de son administration.

559. Point de responsabilités exercées sans responsabilité assumée. Le principe est sain, qu'ont mis en œuvre à titre principal, chacune dans son domaine, les juridictions administratives et financières. En amont de leur intervention, c'est aussi une exigence de bonne administration que celle qui impose inspections et contrôles sur les détenteurs de l'autorité, le tout étant couronné, en bonne logique démocratique, par la responsabilité politique du gouvernement, qui « dispose de l'administration et de la force armée » (*supra*, article 20). Il reste que peut être menaçante une conception abusive de ce droit de demander des comptes (*supra*, **452**), mais que son exercice plus méthodique et déterminé contribuerait à remédier au constat affolant qui fait que tout Français qui naît aujourd'hui le fait avec environ 30 000 euros de dettes que nous avons accumulées sur sa tête !

Notons, enfin, que tout le droit des finances publiques trouve sa source dans ces articles XIII, XIV et XV. Si complexes qu'en soient les règles, toutes découlent des principes énoncés ici et leur donnent à la fois leur légitimité et leur intérêt.

Article XVI

Toute Société dans laquelle la garantie des droits n'est pas assurée, ni la séparation des pouvoirs déterminée, n'a point de Constitution.

560. Autant, depuis Montesquieu, la littérature est abondante, passionnée, sur la séparation des pouvoirs, autant la garantie des droits a excité moins de verve, lors même qu'on peut la considérer comme la fin, dont la séparation des pouvoirs ne serait que le moyen. C'est bien pour prévenir l'oppression qu'il faut que le pouvoir arrête le pouvoir.

Formellement, la garantie des droits se traduit par le *principe de légalité*, qui domine l'ensemble des activités publiques et, pour les personnes publiques comme pour les personnes privées, en amont par l'étendue des compétences législatives, en aval par l'existence même des ordres juridictionnels. Ce n'est pas rien. Mais la marge de progrès est encore vaste, qui permettrait de déduire de la garantie des droits une conception plus exigeante de la notion de sûreté (*supra*, article II).

C'est la Constitution elle-même qui met en œuvre le principe de séparation des pouvoirs. Au-delà de ce qu'elle prévoit expressément, le principe se décline également en un certain nombre de règles que le Conseil constitutionnel n'a pas manqué de réaffirmer quand le besoin s'en est fait sentir. Ainsi, par exemple, celle qui interdit au législatif d'adresser des injonctions à l'exécutif (82-142 DC du 27 juillet 1982), ou de censurer des décisions de justice (87-228 DC du 26 juin 1987), ou encore de répartir de manière hasardeuse les compétences entre juridictions administratives et judiciaires (89-261 DC du 28 juillet 1989).

La nécessaire règlementation de l'activité des lobbys est, comme l'a rappelé le Conseil constitutionnel, à combiner avec la séparation des pouvoirs. La loi du 9 décembre 2016 relative à la transparence, à la lutte contre la corruption et à la modernisation de la vie économique a mis en place un répertoire des représentants d'intérêts auxquels incombent des obligations dont le contrôle est confié à la Haute Autorité pour la transparence de la vie publique. Mais la séparation des pouvoirs s'oppose à ce que la HATVP ait le pouvoir d'imposer des obligations aux parlementaires ou à leurs collaborateurs. De même la loi ne lui confie pas le pouvoir d'imposer des obligations aux responsables publics gouvernementaux et administratifs (2016-741 DC du 8 décembre 2016).

L'article 16 est aujourd'hui la clé de la protection des droits et libertés constitutionnels. Du 1er mars 2010 au 1er mars 2014, il a été invoqué dans plus de 150 décisions devant le Conseil constitutionnel et cité 88 fois par celui-ci. Il a entraîné 18 réserves d'interprétation, une question préjudicielle à la Cour de justice de l'Union européenne et 38 censures. Il recouvre le droit à un procès équitable (2004-496 DC du 10 juin 2004) les principes d'indépendance et d'impartialité (2012-280 QPC du 12 octobre 2012), la confiance légitime (2013-682 DC du 19 décembre 2013) ou encore le contrôle des lois de validation (2013-366 QPC du 14 février 2014).

Quant à dénier l'existence d'une Constitution là où les droits ne sont pas garantis et les pouvoirs séparés, c'est ce qui disqualifie les *constitutions antidémocratiques*. Il y a là une contradiction dans les termes. Si les enseignants du droit constitutionnel ne l'ont pas toujours perçue, les constituants de 1789 ne s'y étaient pas trompés, eux, qui liaient la forme et la substance et dénonçaient par avance les impostures à venir. Une Constitution stalinienne est autant une Constitution qu'une démocratie populaire est une démocratie, pas même une contrefaçon, un mensonge pur et simple, celui, ordinaire, que font les dictatures dans l'espoir, hélas pas toujours vain, de leurrer quelques gogos.

Article XVII

La propriété étant un droit inviolable et sacré, nul ne peut en être privé, si ce n'est lorsque la nécessité publique, légalement constatée, l'exige évidemment, et sous la condition d'une juste et préalable indemnité.

561. C'est avant tout cet article qui a conduit le socialisme révolutionnaire du XIXe siècle à voir dans la Déclaration de 1789 le palladium de la bourgeoisie : « La propriété, c'est le vol » aux yeux de Proudhon, qui enrage de la voir proclamée sacrée, seule à l'être, qui plus est. Et, à sa suite, le marxisme se gaussera d'un texte qu'il juge moins dangereux que dérisoire parce qu'exposé au balai de l'histoire. C'est pourtant la propriété, son sens peut-être plus que son droit, qui a eu raison du communisme. Et, chez nous, la France des petits propriétaires, fille du Code civil et de son héritage égalitaire (voir Jean Carbonnier, « Le Code civil », *Les Lieux de mémoire*, t. II. *La Nation*, Gallimard), lui a donné le maillage méticuleux des cadastres.

Mais la critique a été si durable et si vive qu'elle a même conduit le Conseil constitutionnel, peu coutumier du fait, à disserter pour considérer que « si, postérieurement à 1789 et jusqu'à nos jours, les finalités et les conditions d'exercice du droit de propriété ont subi une évolution caractérisée à la fois par une notable extension de son champ d'application à des domaines individuels nouveaux et par des limitations exigées par l'intérêt général, les principes mêmes énoncés par la Déclaration des droits de l'homme ont pleine valeur constitutionnelle tant en ce qui concerne le caractère fondamental du droit de propriété dont la conservation constitue l'un des buts de la société politique et qui est mise au même rang que la liberté, la sûreté et la résistance à l'oppression, qu'en ce qui concerne les garanties données aux titulaires de ce droit et les prérogatives de la puissance publique» (81-132 DC du 16 janvier 1982).

Pour la protection du droit de propriété, le Conseil constitutionnel distingue nettement l'article 17 de la Déclaration de 1789 relatif à la privation de ce droit et l'article 2 relatif, en l'absence de privation au sens de l'article 17, aux atteintes portées à ce droit (2011-208 QPC du 13 janvier 2012). Les mesures relevant de l'article 17 doivent être justifiées par une nécessité publique légalement constatée et comporter une juste et probable indemnité; celles relevant de l'article 2 doivent être fondées sur un motif d'intérêt général et ouvrir une atteinte proportionnée à l'objectif poursuivi (2013-370 QPC du 28 février 2014).

La propriété, ainsi protégée, est à la fois immobilière et mobilière, privée bien sûr, mais également publique (86-207 DC du 26 juin 1986). Parce qu'elle fait partie des libertés individuelles (*supra*, article 66), l'autorité judiciaire se trouve compétente. Le droit de l'article XVII et la liberté de l'article IV, en s'accouplant, ont engendré une fille, la liberté d'entreprise, vouée à rester mineure puisque placée sous la tutelle éternelle de la loi. Cette liberté seconde «il est loisible au législateur d'y apporter les limitations exigées par l'intérêt général, à la condition que celles-ci n'aient pas pour conséquence d'en dénaturer la portée» (90-283 DC du 8 janvier 1991). Elle n'est «ni générale ni absolue», mais n'est-ce pas là le lot commun de toutes les libertés ?

PRÉAMBULE DE LA CONSTITUTION DE 1946*

(1) Au lendemain de la victoire remportée par les peuples libres sur les régimes qui ont tenté d'asservir et de dégrader la personne humaine, le peuple français proclame à nouveau que tout être humain, sans distinction de race, de religion ni de croyance, possède des droits inaliénables et sacrés. Il réaffirme solennellement les droits et libertés de l'homme et du citoyen consacrés par la Déclaration des droits de 1789 et les principes fondamentaux reconnus par les lois de la République.

562. C'est avec beaucoup d'imagination constructive que le Conseil constitutionnel avait déduit de cet alinéa le droit à la sauvegarde de la dignité humaine (94-343-344 DC du 27 juillet 1994). Le législateur, depuis, connaît la tentation occasionnelle de se substituer aux individus pour décider à leur place de ce qui est digne d'eux. Aussi faut-il lui rappeler sans cesse que ce principe n'a été érigé que pour l'amener à combattre les traitements inhumains ou dégradants, pas pour l'autoriser à interdire ce qui le heurte *(supra*, **549**).

* Les alinéas de ce préambule ne sont pas numérotés. Toutefois, l'habitude s'est répandue, notamment dans les décisions du Conseil constitutionnel, de les désigner par une numérotation. C'est celle qui figure ici entre parenthèses.

Surtout, ce premier alinéa incorpore, explicitement, parmi les principes de valeur constitutionnelle, une catégorie originale, composée d'éléments qu'il n'énumère ni ne limite : les *principes fondamentaux reconnus par les lois de la République*.

On sait que c'est en recourant à cette notion que le Conseil constitutionnel a, pour la première fois, censuré une loi prise en violation des principes évoqués dans le préambule de la Constitution (71-44 DC du 16 juillet 1976, *supra*, **396**). Aussitôt s'est manifestée la crainte de voir le juge constitutionnel inventer, au gré de ses besoins, voire de ses lubies, des principes qu'il imposerait au législateur.

Le Conseil, trop avisé pour alimenter ce procès, a lui-même défini les conditions que devait réunir un principe pour être considéré comme appartenant à cette catégorie.

Il faut qu'il ait été mis en œuvre, premièrement, sans discontinuité, deuxièmement, par des dispositions législatives, troisièmement, adoptées par un Parlement républicain, quatrièmement, avant 1946.

Il faut aussi que la règle en question intéresse les droits et libertés fondamentaux, la souveraineté nationale ou l'organisation des pouvoirs publics (2013-669 DC du 17 mai 2013). Il n'en va pas ainsi pour le mariage en tant qu'union d'un homme et d'une femme.

Si manque n'importe lequel de ces éléments, il ne s'agit pas d'un principe fondamental reconnu par les lois de la République.

Mais cela ne signifie pas que la présence simultanée de tous ces éléments suffise à faire entrer de plain-pied dans la catégorie. En effet, confronté à la question du *droit du sol*, selon lequel tout enfant né en France a droit, de ce fait, à acquérir la nationalité française, le juge, tout en constatant implicitement que les quatre conditions étaient réunies (il n'y a eu discontinuité que sous le régime de Vichy, que le Conseil ne pouvait songer à invoquer), la décision relève que cette disposition, instituée par la loi du 26 juin 1889, confirmée par celle du 10 août 1927, l'a été « pour des motifs tenant notamment à la conscription » (93-321 DC du 20 juillet 1993). Le Conseil se livre ainsi à un contrôle rétrospectif, pour faire le départ entre ce qui résultait de la véritable volonté d'ériger un principe et ce qui n'était que le fruit de contingences, accidentellement répétitives.

563. C'est ce qui permet de faire la distinction entre les traditions, coutumes ou simples habitudes du droit positif et les principes auxquels le préambule de 1946 a entendu donner valeur constitutionnelle. Comme le souligne le Conseil, « la tradition républicaine ne saurait être utilement invoquée pour soutenir qu'un texte législatif qui la contredit serait contraire à la Constitution qu'autant que cette tradition aurait donné naissance à un principe fondamental reconnu par les lois de la République » (88-244 DC du 20 juillet 1988).

Le Conseil a dégagé une dizaine de principes fondamentaux reconnus par les lois de la République et considéré qu'entraient dans cette catégorie, notamment, la liberté d'association (71-44 DC du 16 juillet 1971), la liberté de l'enseignement (77-87 DC du 23 novembre 1977), l'indépendance des professeurs de l'enseignement supérieur – merci pour eux – (83-165 DC du 20 janvier 1984), l'indépendance (80-119 DC du 22 juillet 1980) et la préservation des compétences (86-224 DC du 23 janvier 1987) des juridictions administratives, la justice pénale des mineurs (2002-461 DC du 29 août 2002), l'existence d'un droit propre à l'Alsace-Moselle (2011-157 QPC du 5 août 2011). Les droits de la défense, initialement dégagés à ce titre (76-70 DC du 2 décembre 1976) sont aujourd'hui rattachés par le Conseil à l'article 16 de la Déclaration de 1789 (2006-535 DC du 30 mars 2006).

(2) Il proclame, en outre, comme particulièrement nécessaires à notre temps, les principes politiques, économiques et sociaux ci-après :

564. Comme on le verra, les principes annoncés ici varient beaucoup dans leur nature – tantôt ils consacrent un droit, tantôt ils affirment un objectif – et dans leur champ – politique, économique, social, voire international. Mais leur mention dans le préambule, quelque forme qu'elle prenne, suffit aux yeux du juge à leur donner valeur constitutionnelle, une valeur, toutefois, qui ne produira pas les mêmes effets selon qu'il s'agit de principes ou règles, d'une part, ou d'objectifs, d'autre part.

Les temps ayant changé, de nouveaux principes peuvent être particulièrement nécessaires aux nôtres. Tenter de les identifier était la tâche redoutable que Nicolas Sarkozy avait confiée à la commission présidée par Simone Veil qui, après mûre (et juste) réflexion, proposa de ne rien changer.

(3) La loi garantit à la femme, dans tous les domaines, des droits égaux à ceux de l'homme.

565. Cela devait aller sans dire, mais le long refus du droit de vote aux femmes, dans un cadre républicain qui pourtant affirmait déjà sa volonté d'égalité, imposait que cela fût écrit. Si, schématiquement, on peut désormais considérer que cette égalité est respectée en droit, on sait que le constat des faits exige un jugement moins flatteur. Il reste que le droit ne peut donner que ce qu'il a, l'égalité de droit. Il peut même se produire que cela fasse échec à un progrès vers l'égalité de fait dans la mesure où c'est, indirectement il est vrai, l'impossibilité juridique de l'*affirmative action* (*supra*, **12**) qui avait conduit le Conseil constitutionnel à refuser l'imposition d'un quota minimal de 25 % de femmes sur les listes de candidature aux élections municipales (82-146 DC du 18 novembre 1982), rendant ainsi nécessaire la révision des articles 3 et 4 et utile celle de l'article 1er (*supra*, **14**).

(4) Tout homme persécuté en raison de son action en faveur de la liberté a droit d'asile sur les territoires de la République.

566. Cet alinéa a été implicitement modifié par la révision constitutionnelle du 25 novembre 1993 (*supra*, article 53-1), et il n'y a pas lieu d'en être fier.

(5) Chacun a le devoir de travailler et le droit d'obtenir un emploi. Nul ne peut être lésé, dans son travail ou dans son emploi, en raison de ses origines, de ses opinions ou de ses croyances.

567. La première phrase impose une obligation de moyens, la seconde une obligation de résultats.

Le devoir de travailler est avant tout moral et, par exemple, le revenu minimum d'inse rtion pouvait parfaitement être versé sans contrepartie. Quant au droit d'obtenir un emploi, il ne s'agit pas d'un droit subjectif, individuellement justiciable, mais d'un principe qui doit être poursuivi au niveau collectif dont découle par exemple le droit au reclassement de salariés licenciés (2004-509 DC du 15 janvier 2005).

Dans la mesure où elles sont détectables, et ceux qui s'y livrent ont généralement l'astuce minimale de les dissimuler, les discriminations prohibées par la fin du présent alinéa détaillent, plus qu'elles n'enrichissent vraiment, des principes déjà consacrés par la Déclaration de 1789. Toutefois, la création de la Haute Autorité de lutte contre les discriminations et pour l'égalité (HALDE) avait permis une progression sensible, tant dans la détection que dans la dissuasion ou la sanction qui relève désormais du Défenseur des droits (*supra*, article 71-1).

Il reste que le dixième alinéa de l'article 74 (*supra*) permet exactement l'inverse de ce que celui-ci prohibe.

(6) Tout homme peut défendre ses droits et ses intérêts par l'action syndicale et adhérer au syndicat de son choix.

568. La liberté syndicale est consacrée en des termes très généraux. Elle n'exclut personne, ni les étrangers, ni les employeurs, ni les non-salariés. Constitutionnellement, n'importe quel droit ou intérêt peut être défendu par l'action syndicale (il est question de tout homme, non de tout travailleur), et c'est plutôt la loi qui privilégie, pour cette forme d'action, le domaine des relations du travail. La liberté d'adhérer au syndicat de son choix suppose celle de ne pas adhérer, massivement exercée en France, où le taux de syndicalisation est le plus bas en Europe (tandis que le taux de couverture des salariés par des conventions collectives, 97 %, est le plus élevé…).

De cette proclamation constitutionnelle le législateur a tiré des conséquences nombreuses, à la fois pour associer les organisations représentatives à la gestion des organismes sociaux ou de certaines structures internes aux entreprises et en vue de donner un statut protégé aux représentants syndicaux, plus exposés, du fait de cette fonction même, à certaine inimitié patronale. La loi peut réserver certaines prérogatives aux syndicats représentatifs pour la négociation collective (2006-544 DC du 14 décembre

2006) et le déclenchement de la grève (2007-556 DC du 16 août 2007).

L'action syndicale n'affranchit cependant pas du respect des lois, ou du moins pas toujours – sauf, peut-être, si elle est corse ou agricole –, et, ainsi, le droit à réintégration résultant d'une amnistie « ne saurait être étendu aux représentants du personnel ou responsables syndicaux licenciés en raison de fautes lourdes [...] en effet, dans cette hypothèse, on est en présence d'un abus certain de fonctions ou mandats protégés » (88-244 DC du 20 juillet 1988).

(7) Le droit de grève s'exerce dans le cadre des lois qui le réglementent.

569. La formule symbolise parfaitement l'exigence de conciliation sur laquelle reposent souvent les droits et principes de valeur constitutionnelle. Le droit de grève a valeur constitutionnelle, tout comme a valeur constitutionnelle le droit du législateur de le réglementer. Il peut donc en soumettre l'exercice à des conditions, mais sous réserve que celles-ci n'aboutissent pas à le priver de sa substance. C'est ce que le Conseil a rappelé en considérant que « les constituants ont entendu marquer que le droit de grève est un principe de valeur constitutionnelle, mais qu'il a des limites, et ont habilité le législateur à tracer celles-ci en opérant la conciliation entre la défense des intérêts professionnels, dont la grève est un moyen, et la sauvegarde de l'intérêt général, auquel la grève peut être de nature à porter atteinte » (80-117 DC du 22 juillet 1980).

En outre, le droit de grève peut se heurter à d'autres principes de valeur constitutionnelle, qui peuvent même aller jusqu'à lui imposer de s'effacer, comme c'est le cas notamment, en vertu de dispositions organiques ou législatives, pour les magistrats, les militaires ou, théoriquement, les personnels de l'administration pénitentiaire. Ainsi l'exigent, par exemple, tantôt la continuité du service public (79-105 DC du 25 juillet 1979), tantôt la protection de la santé et de la sécurité des personnes et des biens (80-117 DC du 22 juillet 1980). La loi peut ainsi rendre obligatoire une procédure de prévention des conflits, avec indication 48 heures à l'avance de l'intention des salariés de se joindre ou non à la grève (2007-556 DC du 16 août 1987), y compris en l'absence de service public (2012-650 DC du 15 mars 2012).

Le législateur ne saurait, en revanche, imposer dans l'audiovisuel, en cas d'arrêt de travail, un programme normal au lieu du programme minimum, et créer ainsi la catégorie des grèves platoniques (79-105 DC du 25 juillet 1979).

(8) Tout travailleur participe, par l'intermédiaire de ses délégués, à la détermination collective des conditions de travail, ainsi qu'à la gestion des entreprises.

570. S'il ne guide pas la plume du législateur, cet alinéa le soumet à des obligations claires. Le Parlement n'avait pas attendu le Conseil constitutionnel pour leur donner un sens, tant dans le Code du travail et le régime des conventions collectives que dans le statut général de la fonction publique. Le Conseil reconnaît valeur constitutionnelle au principe de participation (77-79 DC du 5 juillet 1977) qu'il applique aussi aux personnels soumis à un régime de droit public (2010-91 QPC du 28 janvier 2011). Le Conseil a peu l'occasion d'appliquer cette disposition. En réalité, la marge d'initiative du législateur est ici à peu près illimitée. Il lui serait seulement interdit de remettre gravement en cause ce qui a été acquis, avant même la Ve République souvent, mais il est d'autant moins probable qu'il en ait la tentation que cette participation, déjà très réelle, va tendanciellement plutôt dans le sens de l'extension que de la régression.

(9) Tout bien, toute entreprise, qui a ou acquiert les caractères d'un service public national ou d'un monopole de fait, doit devenir la propriété de la collectivité.

571. Marqué par le contexte de 1946, cet alinéa n'évoque que la nationalisation, tandis que c'est l'article 34 de la Constitution qui, lui, envisage les transferts de propriété du secteur public vers le secteur privé, c'est-à-dire les privatisations.

Invoqué à plusieurs reprises, principalement pour faire obstacle à des privatisations (86-207 DC des 25 et 26 juin 1986, 86-217 DC du 18 septembre 1986 et 87-232 DC du 7 janvier

1988), ce qui a permis au Conseil constitutionnel de préciser les notions de « service public national » et de « monopole de fait » cet alinéa n'a jamais fondé aucune censure, mais il eut pour conséquence inattendue de retarder de plusieurs mois la privatisation de Gaz de France (2006-543 DC du 30 novembre 2006). Une autre occasion s'était présentée avec la précédente loi sur l'électricité. Elle ne fut pas saisie, puisque le Conseil constitutionnel ne l'avait pas été. Dommage ! Le texte préservait un monopole partiel et l'on eût aimé savoir si c'était constitutionnel. Logiquement, l'état de monopole est comme celui de la grossesse : il est ou il n'est pas, et l'on conçoit aussi mal un monopole à 66 % qu'une femme enceinte aux deux tiers ! Ce neuvième alinéa n'est pas un droit ou une liberté qui peut être invoqué au soutien d'une QPC (2015-459 QPC du 26 mars 2015).

(10) La Nation assure à l'individu et à la famille les conditions nécessaires à leur développement.

572. À une époque où la traque des étrangers semblait déjà devenue un sport législatif national, qui ne laissait jamais le Parlement indifférent tant il était certain que l'opinion ne l'était pas, le Conseil constitutionnel avait fait de cet alinéa une barrière anti-démagogie : elle ne suffit pas à stopper les avalanches, mais elle contribue à éviter le pire. Il a rappelé que « si le législateur peut prendre à l'égard des étrangers des dispositions spécifiques, il lui appartient de respecter les libertés et droits fondamentaux de valeur constitutionnelle reconnus à tous ceux qui résident sur le territoire de la République », au nombre desquels figure « le droit de mener une vie familiale normale » (93-325 DC du 13 août 1993), étant par ailleurs entendu que « les conditions d'une vie familiale normale sont celles qui prévalent en France, pays d'accueil, lesquelles excluent la polygamie » (*ibid.*).

Ainsi les droits que la France affirme ne se limitent-ils pas à ses seuls ressortissants, mais profitent, selon leur contenu, soit au citoyen seul lorsqu'ils sont liés à la nationalité, soit, le plus souvent, à l'homme par cela seul qu'il est homme.

Ce qui interdit la régression ne se dresse pas contre le progrès. Ainsi ce même alinéa ne s'oppose-t-il nullement à ce que « les conditions du développement de la famille soient assurées par des dons de gamètes ou d'embryons dans les conditions prévues par la loi» (94-343-344 DC du 27 juillet 1994).

Il n'interdit pas davantage des politiques familiales prenant des formes renouvelées après réforme du quotient familial (2012-662 DC du 29 décembre 2012).

(11) Elle garantit à tous, notamment à l'enfant, à la mère et aux vieux travailleurs, la protection de la santé, la sécurité matérielle, le repos et les loisirs. Tout être humain qui, en raison de son âge, de son état physique ou mental, de la situation économique, se trouve dans l'incapacité de travailler a le droit d'obtenir de la collectivité des moyens convenables d'existence.

573. Garantir la protection de la santé «était un optimisme que chaque maladie dément au moins à titre temporaire et l'encombrement des cimetières à titre définitif». L'observation de René de Lacharrière (*Pouvoirs*, n° 13) marque la distance nécessaire entre l'obligation de résultats et celle de moyens. Mais, quoique moins intense, celle-ci reste une obligation. En effet, aux autorités législative et réglementaire il «appartient en particulier de fixer des règles appropriées tendant à la réalisation de l'objectif» défini par ce onzième alinéa (89-269 DC du 22 janvier 1990), dont, au demeurant, la diminution de certains honoraires pourra «permettre l'application effective» (*ibid.*). Le préambule n'est pas ennemi de la maîtrise des dépenses de santé. Ouf!

D'une manière plus générale, le système de protection sociale, le droit aux congés payés, à la retraite, à l'assistance trouvent des garanties dans la législation existante. Le rôle du Conseil constitutionnel à leur égard n'est donc pas, et ne peut être, d'imposer la réalisation de l'objectif, mais, ce qui n'est pas négligeable, de veiller à ce que les dispositifs destinés à sa réalisation ne soient pas diminués ou supprimés sans être remplacés par d'autres offrant des garanties au moins équivalentes (*supra*, **405**).

(12) La Nation proclame la solidarité et l'égalité de tous les Français devant les charges qui résultent des calamités nationales.

574. La solidarité, ici, relève moins de l'élan du cœur que du droit budgétaire pour la dépense, du droit fiscal pour la recette. Toutes les calamités ne suscitent pas la même compassion, et leur prise en charge sur les fonds publics évite des sélections spontanées et malséantes. Aussi, au-delà des systèmes d'assurance, dont certains sont rendus obligatoires, le législateur prévoit ou décide l'indemnisation de toutes sortes de calamités, selon des règles et barèmes qui, parfois, doivent moins à l'objectivité des malheurs qu'au poids électoral des victimes.

(13) La Nation garantit l'égal accès de l'enfant et de l'adulte à l'instruction, à la formation professionnelle et à la culture. L'organisation de l'enseignement public gratuit et laïque à tous les degrés est un devoir de l'État.

575. Le droit à la formation et à la culture va ici de pair avec les moyens de le matérialiser, l'enseignement gratuit. Ne pèse sur l'État que l'obligation de l'organiser, mais il peut, comme il l'a fait avec la décentralisation, déléguer aux collectivités territoriales des responsabilités importantes, notamment en matière de constructions scolaires. Le principe d'égal accès fait certainement du financement d'un système de bourses une exigence de valeur constitutionnelle. Quant à la laïcité, le Conseil constitutionnel l'a citée, sans véritablement s'y arrêter (93-329 DC du 13 janvier 1994), mais il ne fut pas saisi, et le regretta sans doute, de la loi du 15 mars 2004 qui interdit le port de signes religieux ostentatoires au sein des établissements scolaires publics. Le principe de laïcité, en général, découle de l'article 1er de la Constitution (2012-297 QPC du 21 février 2013).

576. Ce n'est pas de cet alinéa mais d'un principe fondamental reconnu par les lois de la République (*supra*, **565**) que coule la source de la liberté constitutionnelle de l'enseignement. Ce treizième alinéa, selon le Conseil, « ne saurait exclure l'existence de l'enseignement privé, non plus que l'octroi d'une aide de l'État à cet enseignement » (77-87 DC du 23 novembre 1977). En revanche, le principe de la liberté de l'enseignement – synonyme en France de légalité de l'enseignement privé et de son financement partiellement public – figurait bien dans les lois de la République antérieures à 1946 et « a notamment été rappelé à l'article 91 de la loi de finances du 31 mars 1931 » (*ibid.*).

Mais, s'il a ainsi préservé un statut protecteur à l'enseignement privé, le Conseil constitutionnel a néanmoins tenu à en fixer les limites. En premier lieu, « les dispositions que le législateur édicte ne sauraient conduire à ce que les conditions essentielles d'application d'une loi relative à l'exercice de la liberté de l'enseignement dépendent de décisions des collectivités locales et, ainsi, puissent ne pas être les mêmes sur l'ensemble du territoire » (93-329 DC du 13 janvier 1994). Même le principe de libre administration des collectivités locales, donc, ne peut autoriser une prise en charge totale des investissements de l'enseignement privé. En second lieu, le Conseil reste attentif au fait que, justement parce qu'il est gratuit et doit, de plus, être en mesure d'accueillir tous les enfants, l'enseignement public est soumis à des obligations particulières qui ne pèsent pas sur son homologue privé. Consentir un effort identique en faveur de l'un et de l'autre signifierait, en fait, aider le privé davantage. Aussi le législateur doit-il « prévoir les garanties nécessaires pour prémunir les établissements publics contre des ruptures d'égalité à leur détriment au regard des obligations particulières que ces établissements assument » (*ibid.*). En conciliant ainsi le principe particulièrement nécessaire à notre temps – l'existence de l'enseignement public, gratuit et laïque – et le principe fondamental reconnu par les lois de la République – l'existence de l'enseignement privé et son subventionnement –, le juge a fixé un plafond : non seulement les aides à l'enseignement privé ne sauraient être supérieures, par élève, et les placer « dans une situation plus favorable que celle des établissements d'enseignement public », mais elles doivent même être inférieures, « compte tenu des charges et des obligations de ces derniers » (*ibid.*).

(14) La République française, fidèle à ses traditions, se conforme aux règles du droit public international. Elle n'entreprendra aucune guerre dans des vues de

conquête et n'emploiera jamais ses forces contre la liberté d'aucun peuple.

(15) Sous réserve de réciprocité, la France consent aux limitations de souveraineté nécessaires à l'organisation et à la défense de la paix.

577. La construction européenne, entamée sous et par la IVe République, n'est pas concernée par ces deux alinéas. De fait, elle était si peu actuelle en 1946, au-delà de quelques cercles visionnaires, qu'il n'est pas surprenant de ne point la trouver parmi les motifs pouvant justifier des limitations de souveraineté.

C'est pourtant elle principalement qui a donné à ces alinéas, dont le premier est cité dans la décision 92-308 DC du 9 avril 1992 rendue à propos du traité de l'Union européenne, un regain d'actualité constitutionnelle. Mais, dans ce domaine, les titres VI (*supra*, articles 52 à 55) et XV (*supra*, articles 88-1 à 88-7) de la Constitution sont plus précis et circonstanciés que le préambule de 1946, auquel ils se substituent donc, pour l'essentiel.

Seule demeure véritablement, faute d'avoir été expressément reprise dans le texte de 1958, l'affirmation, qui est loin d'être inconsistante, du respect, par la République française, des règles du droit public international, notamment de la règle d'or de celui-ci : *pacta sunt servanda.*

(16) La France forme avec les peuples d'outre-mer une Union fondée sur l'égalité des droits et des devoirs, sans distinction de race ni de religion.

(17) L'Union française est composée de nations et de peuples qui mettent en commun ou coordonnent leurs ressources et leurs efforts pour développer leurs civilisations respectives, accroître leur bien-être et assurer leur sécurité.

(18) Fidèle à sa mission traditionnelle, la France entend conduire les peuples dont elle a pris la charge à la liberté de s'administrer eux-mêmes et de gérer démocratiquement leurs propres affaires ; écartant tout système de colonisation fondé sur l'arbitraire, elle garantit à tous l'égal accès aux fonctions publiques et l'exercice

individuel ou collectif des droits et libertés proclamés ou confirmés ci-dessus.

578. Oublions-les ! Ces trois derniers alinéas sont morts avec l'Union française de la IVe République, et même avant elle, qui les avait tous trois outrageusement, et violemment, méconnus. Si le dernier alinéa ne fait pas de référence explicite à cette Union défunte, il serait faux d'en déduire sa survie : il s'applique en effet aux peuples que la France a pris en charge. La notion a perdu son contenu, l'alinéa avec elle, puisque, en matière de peuple, la Ve République (*supra*, **12**) n'en connaît qu'un seul – et unique ? –, le peuple français, doté, malgré tout, d'une robuste Constitution.

CHARTE DE L'ENVIRONNEMENT

579. La voilà donc adossée à la Constitution, sans que l'on sache si cette position est bien confortable. Adoptée selon la procédure de l'article 89, adjointe au texte, même si c'est sous la forme d'un appendice, elle fait partie intégrante de celui-ci et, à ce titre, chacun des deux éléments qui la composent, les considérants et le dispositif, a valeur constitutionnelle, au moins en ce qui concerne « l'ensemble des droits et des devoirs définis dans la Charte » (2008-564 DC du 19 juin 2008).

S'agissant des considérants, cela laisse d'autant plus perplexe qu'il s'agit d'une sorte d'exposé des motifs, qui se trouve ainsi placé au sommet de la hiérarchie des normes, et l'on ne doute pas qu'il se trouvera tôt ou tard des saisissants imaginatifs qui, s'appuyant sur lui, poseront au Conseil constitutionnel des questions embarrassantes.

Au-delà, ce complément *naturaliste* apporté à un texte jusqu'alors *humaniste* pose inévitablement la question du rapport entre ces deux ensembles : la Charte se borne-t-elle à faire peser sur tous des exigences nouvelles, que chacun devra respecter dans l'exercice de ses attributions, ou peut-elle aller jusqu'à altérer la définition même de ces attributions, par exemple (*infra*, **582**) en permettant au Parlement d'exercer son pouvoir fiscal de manière différente lorsqu'il intervient dans ce domaine désormais affirmé comme spécifique ?

Sur le fond, l'essentiel de ce qui figure ici existait déjà, mais au niveau de la loi ordinaire, et l'effet premier de la réforme a donc consisté non à créer mais à rehausser.

Le Peuple français,

Considérant :

Que les ressources et les équilibres naturels ont conditionné l'émergence de l'humanité ;

Que l'avenir et l'existence même de l'humanité sont indissociables de son milieu naturel ;

Que l'environnement est le patrimoine commun des êtres humains ;

Que l'homme exerce une influence croissante sur les conditions de la vie et sur sa propre évolution ;

Que la diversité biologique, l'épanouissement de la personne et le progrès des sociétés humaines sont affectés par certains modes de consommation ou de production et par l'exploitation excessive des ressources naturelles ;

Que la préservation de l'environnement doit être recherchée au même titre que les autres intérêts fondamentaux de la Nation ;

Qu'afin d'assurer un développement durable, les choix destinés à répondre aux besoins du présent ne doivent pas compromettre la capacité des générations futures et des autres peuples à satisfaire leurs propres besoins,

Proclame :

580. Passons sur le fait que le Peuple français n'a rien considéré ni proclamé puisqu'il n'a pas eu la parole (*supra*, **4**) ; passons aussi sur la référence à un « milieu naturel » qui, en France au moins où la main de l'homme est partout visible, n'existe plus depuis longtemps ; passons encore sur l'étrangeté qui met sur le même plan la diversité biologique, l'épanouissement de la personne et le progrès des sociétés (Ah, la souffrance d'élever des enfants dans un monde d'où ont disparu mammouths et ptérodactyles !) ; passons enfin sur le style qui pourrait faire honneur à une copie laborieuse de classe terminale et, sans grincer davantage, retenons l'essentiel : la prise de conscience – ou au moins l'appel à celle-ci – de nos devoirs indivis à l'égard des générations actuelles et surtout futures, qui nous oblige à des comportements plus responsables. Au passage, cela réintroduit l'humanisme dans le naturalisme : la Charte ne consacre pas des droits de la terre, mais plutôt le droit de l'homme à habiter une planète vivable et, partant, à exiger que chacun consente les efforts indispensables.

C'est juste, important, nécessaire. Seul problème : ces considérants semblent se suffire à eux-mêmes ; leur solennité doit assurer leur respect, et l'on n'en entend déjà pratiquement plus parler même si le Conseil constitutionnel a repris la notion d'intérêts fondamentaux de la Nation dans sa décision sur le secret de la défense nationale (2011-192 QPC du 10 novembre 2011). Heureusement, il y a le dispositif. Ces sept alinéas ne constituent pas des droits ou des libertés qui peuvent être invoqués à l'appui d'une QPC (2014-394 QPC du 7 mai 2014).

581. Celui-ci comporte dix articles qui souffrent d'un désordre certain. Le droit constitutionnel fait des différences raisonnablement claires entre des *proclamations*, qui peuvent être dénuées de contenu normatif direct, des *objectifs*, qui identifient avant tout des obligations de moyens, et des *règles ou principes*, auxquels correspondent des obligations de résultat, plus ou moins précises. Même schématique, cette ventilation aurait pu guider la rédaction et, ainsi, exprimer clairement la valeur que le constituant entendait assigner à chacun des éléments évoqués. Le Conseil d'État d'abord, les assemblées ensuite auraient pu se livrer à cet utile exercice. On ne leur en laissa pas la possibilité. De ce fait, des normes voisinent au hasard avec des vœux, des souhaits, des intentions.

Peut néanmoins retenir l'attention l'accent mis sur les devoirs, très discrets partout ailleurs dans la Constitution, très présents ici, d'autant plus qu'ils sont ceux de « toute personne », physique ou morale, française ou étrangère. Ainsi, ceux que les considérants n'auraient pas assez convaincus pour leur faire adopter des comportements responsables pourront toujours être rattrapés par le rappel des devoirs que la Charte leur impose, quitte, comme il est plausible, à ce qu'ils se traduisent surtout en termes fiscaux.

Article premier

Chacun a le droit de vivre dans un environnement équilibré et respectueux de la santé.

582. L'on connaît le créancier, « chacun », mais, comme souvent, on ignore le débiteur : la nation, l'État, le législateur, tout le monde ? S'agit-il d'un droit objectif, qu'il appartient aux pouvoirs publics de mettre en œuvre et faire respecter, ou d'un droit subjectif qui me qualifie pour saisir le juge de toute atteinte dont je m'estimerais victime ? La vérité est que le texte autorise toutes sortes d'interprétations. Même si ses travaux préparatoires plaident pour une approche prudente, le risque n'est pas nul, surtout si l'excite un accident impressionnant, de déchaîner des torrents contentieux qui pourraient un jour soumettre l'autorité juridictionnelle à une pression pénible.

L'on eût pu l'éviter en faisant référence, comme dans des articles suivants, aux conditions définies par la loi. La disposition y eût gagné en sécurité, mais perdu en majesté. C'est donc au juge, d'abord mais pas seulement le Conseil constitutionnel, qu'il reviendra de préciser une portée incertaine. L'article 1er est invocable à l'appui d'une QPC (2011-116 QPC du 8 avril 2011).

Article II

Toute personne a le devoir de prendre part à la préservation et à l'amélioration de l'environnement.

583. Je suis parti débroussailler et ramasser des papiers gras, mais je reviens de suite.

Article III

Toute personne doit, dans les conditions définies par la loi, prévenir les atteintes qu'elle est susceptible de porter à l'environnement ou, à défaut, en limiter les conséquences.

Article IV

Toute personne doit contribuer à la réparation des dommages qu'elle cause à l'environnement, dans les conditions définies par la loi.

584. Prévention et réparation obéissent aux mêmes logiques. La Charte n'en fait pas des principes mais les exprime sous forme de devoirs et renvoie au législateur le soin de définir les conditions. Cela peut se révéler fécond.

Tout principe doit s'harmoniser avec d'autres principes, à commencer par l'égalité. Au contraire, à raisonner en termes de devoirs, pesant sur chacun d'entre nous, c'est la situation et l'attitude de chacun au regard de l'enjeu, environnemental en l'occurrence, qui permet d'apprécier la manière dont il s'acquitte de son devoir, ce qui doit normalement déboucher sur beaucoup plus de souplesse ou de diversité que le principe d'égalité n'en autorise.

En effet, en matière de pollutions, certaines sont impératives – la sidérurgie peut trouver un intérêt direct à diminuer sa consommation d'énergie, mais elle ne peut se passer d'une utilisation massive de celle-ci – d'autres ne le sont pas – comme en témoigne le succès croissant de l'agriculture biologique préférée à la culture intensive. Produire c'est polluer, mais aussi vivre c'est polluer : l'eau de la douche devra être récupérée et assainie, le déchet ménager être collecté et traité…

Il faut donc tantôt traquer ou sanctionner les pollutions évitables, tantôt prévenir ou limiter les pollutions inévitables, toujours, enfin, essayer de réparer les dommages que les unes ou les autres ont pu causer. Lorsque la pollution fait suite à un comportement fautif, le droit commun de la responsabilité offre des solutions, mais lorsqu'elle procède de comportements non fautifs le coût qui s'y attache peut ou doit être fiscalisé ou mutualisé.

Les articles 3 (devoir de précaution) et 4 (devoir de contribuer à la réparation du dommage), de même que l'article 7 renvoient à la loi le soin de fixer les « conditions » et « limites » de ces principes. Le Conseil constitutionnel juge en conséquence qu'il incombe au législateur et, dans le cadre défini par la loi, aux autorités administratives, de déterminer, dans le respect des principes ainsi énoncés, les modalités de la mise en œuvre de ces dispositions » (2011-116 QPC du 8 avril 2011).

585. La référence au devoir peut, mieux que n'aurait fait l'affirmation d'un principe, sophistiquer les comportements publics : si un impôt est prélevé, au titre de l'article 34, son produit est versé au budget général de l'État qui, ensuite, l'affecte comme il l'entend, au nom du principe d'universalité (*supra*, **313**) ; au contraire, si un impôt est prélevé au titre des articles 3 ou 4 de la Charte, la totalité de son produit doit être affectée à l'objet que lui assignent ces mêmes articles. Dans ces conditions, la logique voudrait que le législateur ait non seulement la faculté mais bien l'obligation, dans le domaine de l'écofiscalité, de déroger au droit commun et de s'assurer que les sommes payées dans ce cadre ne seront pas détournées de leur destination.

Il s'agit là d'une interprétation constructive. Soit ! Mais de deux choses l'une : ou la Charte n'a rien changé, ou elle a changé quelque chose. Si l'on considère qu'elle s'ajoute au reste, sans l'altérer, sa portée reste déclamatoire. Si, au contraire, elle est appréhendée comme la norme constitutionnelle spéciale qui, dans le domaine qu'elle touche et sous le contrôle du juge, permet de déroger raisonnablement à la norme constitutionnelle générale, alors son apport devient substantiel. Dans le premier cas, elle enfonce des portes déjà béantes, dans le second, elle ouvre des horizons nouveaux.

Lorsqu'il a examiné la « contribution carbone », le Conseil a pris en compte le fait que les devoirs énoncés par les articles 2, 3 et 4 de la Charte s'imposent à « toute personne ». Cela conduit à un renforcement du contrôle des exemptions à cette contribution dont l'objet était de taxer des activités polluantes (2009-599 DC du 29 décembre 2009).

586. Notons enfin que, jusqu'à présent, seule la Défense nationale permettait, selon l'article 34, d'imposer des « sujétions… aux citoyens en leur personne… » (au point que l'on devait douter de la constitutionnalité du service civique obligatoire, un moment envisagé pour se substituer à l'ancien service militaire). Désormais, les articles 2 à 4 de la Charte, et l'insistance qu'ils mettent sur les *devoirs* qu'ils font peser sur chacun, paraissent rendre possible, au moins dans son principe, un *service écologique obligatoire*, que la loi pourrait instituer si un jour il y avait lieu, ne serait-ce que pour faire face à des catastrophes que le bénévolat ne suffirait pas à surmonter.

Article V

Lorsque la réalisation d'un dommage, bien qu'incertaine en l'état des connaissances scientifiques, pourrait affecter de manière grave et irréversible l'environnement, les autorités publiques veillent, par application du principe de précaution et dans leurs domaines d'attributions, à la mise en œuvre de procédures d'évaluation des risques et à l'adoption de mesures provisoires et proportionnées afin de parer à la réalisation du dommage.

587. Il est l'article qui a fait couler le plus d'encre, suscité le plus d'émotions, alimenté le plus de fantasmes. Ce que cette discussion a eu d'oiseux aurait pu être aisément évité en omettant le membre de phrase « par application du principe de précaution » : juridiquement, il n'apporte rien de substantiel ; politiquement, la lecture rapide a pu donner à penser que ce principe pourrait être invoqué sur tout sujet, en toutes circonstances, à l'égard de toute autorité, et entraver ainsi toute forme de progrès. Le doute était d'autant plus taraudant que la référence à la santé, dans l'article premier, pouvait étendre le périmètre du principe très au-delà du domaine, déjà vaste, de l'environnement.

Plusieurs interprétations étaient ainsi envisageables, dont certaines seraient de bon sens et pas d'autres. Sans véritable surprise, le Conseil constitutionnel a lu cette disposition comme se bornant à énoncer une règle sage : lorsque cela paraît justifié – à raison de risques exclusivement environnementaux – les autorités publiques – et inexplicablement elles seules – doivent procéder à une évaluation préalable – le risque n'est pas condamné en lui-même – et prendre s'il y a lieu des mesures provisoires et proportionnées –, ce qui est bien le moins. C'est ce qui résulte tant du texte que de la manière dont le Conseil l'a appliqué dans sa première décision qui y a fait référence (2008-564 DC du 19 juin 2008). Par ailleurs, le Conseil a jugé qu'une loi qui met en place une interdiction pérenne ne fait pas application de cet article V de la Charte et n'a donc pas à être contrôlé au regard du principe de précaution (n° 2014-694 DC du 28 mai 2014). Pour le moment, le Conseil n'a jamais eu à juger si le principe de précaution est invocable en QPC.

588. Certes, contrairement aux articles 3 et 4, celui-ci ne renvoie pas à la loi, ce qui semble rendre le principe d'application directe. Mais il ne s'agit là que d'une apparence : les autorités publiques, tenues au respect du principe de légalité, ne peuvent exercer que les pouvoirs que la loi leur attribue, de sorte que l'article 5 se borne à guider leur action dans les cas qu'il évoque, et non à leur donner une compétence nouvelle et générale qui les autoriserait, par exemple, à interdire la poursuite de recherches ou d'expérimentations qui les préoccuperaient. Il n'y a pas là de quoi fouetter un chat, ni une souris de laboratoire.

Bien sûr, il pourra se trouver, car il s'en trouve toujours, des juges qui feront de cet article une interprétation abusive. Mais les juges supérieurs y mettront bon ordre et, après tout, déjà présent en droit interne et international, ce principe n'a pas soulevé de problèmes majeurs à ce jour, et son élévation dans la hiérarchie des normes ne suffit pas à justifier qu'il en fasse surgir.

Article VI

Les politiques publiques doivent promouvoir un développement durable. À cet effet, elles concilient la protection et la mise en valeur de l'environnement, le développement économique et le progrès social.

589. Le rappel n'est pas vain de ce que, dans le développement durable, subsiste le développement. Les préoccupations environnementales doivent occuper leur juste place, éminente mais pas unique puisqu'il faut les concilier au mieux avec les soucis économiques et sociaux.

Toutefois, ce libellé peut armer un nouveau type de contentieux constitutionnel, celui par lequel des saisissants reprocheraient à une loi de n'avoir pas assez pris en considération simultanée les trois types de finalités que l'article oblige à poursuivre concurremment. Pas plus qu'aucun autre, il ne donne au Conseil constitutionnel le pouvoir général d'appréciation et de décision qui seul pourrait l'amener à substituer ses choix à ceux du législateur. Il ne le fera donc pas et se limitera, le cas échéant, à contrôler l'erreur manifeste d'appréciation, si l'une des trois préoccupations devait trop outrageusement souffrir au nom des deux autres. Le Conseil constitutionnel a jugé que l'article 6 de la Charte n'est pas invocable à l'appui d'une QPC (2012-283 QPC du 23 novembre 2012).

Article VII

Toute personne a le droit, dans les conditions et les limites définies par la loi, d'accéder aux informations relatives à l'environnement détenues par les autorités publiques et de participer à l'élaboration des décisions publiques ayant une incidence sur l'environnement.

590. Cet article referme quand il paraît ouvrir. Le titulaire sera « toute personne », mais les droits consacrés ne portent que sur les informations « détenues par les autorités publiques » et sur la participation « à l'élaboration » de leurs décisions. Ces restrictions sont raisonnables – faute de quoi l'on aurait gravement mis en cause le secret de la recherche ou des affaires, d'un côté, le pouvoir de décision des personnes publiques de l'autre – mais, du coup, l'on est en droit de se demander si c'était bien la peine de claironner des principes d'information et de participation qui, en réalité, vont nettement moins loin que ce qu'exigent déjà les textes nationaux et internationaux en vigueur.

Cet article est la « surprise » constitutionnelle de la Charte. C'est le plus invoqué. Le Conseil a déjà statué à dix reprises sur le principe de participation du public qu'il reconnaît. Il a prononcé six censures (2011-183/184 QPC du 14 octobre 2011, 2012-262 QPC du 13 juillet 2012, 2012-269 QPC du 27 juillet 2012, 2012-270 QPC du 27 juillet 2012, 2012-282 et 283 QPC du 23 novembre 2012). Le législateur a voté plusieurs dispositions nouvelles pour remédier à ces inconstitutionnalités et faire respecter le droit à la participation du public. Qui a dit que la Charte n'avait pas d'effet ?

Article VIII

L'éducation et la formation à l'environnement doivent contribuer à l'exercice des droits et devoirs définis par la présente Charte.

Article IX

La recherche et l'innovation doivent apporter leur concours à la préservation et à la mise en valeur de l'environnement.

Article X

La présente Charte inspire l'action européenne et internationale de la France.

591. On connaissait les neutrons législatifs (*supra*, **231**). Voilà les neutrons constitutionnels. On a connu le constituant mieux inspiré mais, au moins, en s'occupant à cela il ne pense pas à mal. Par les temps qui courent – sauf à ce qu'ils fassent du surplace ou reculent – cela aurait pu être pire et cela peut l'être encore, par exemple si la frénésie de changement institutionnel allait jusqu'à ruiner, par inconscience ou par inconséquence, ce que la Ve République a apporté : une démocratie perfectible, comme elles le sont toutes, mais une démocratie claire, efficace et, espérons-le, solide.

25 novembre 1995
1er janvier 1997
31 janvier 1999
9 mars 2000
1er janvier 2002
8 décembre 2003
9 juillet 2005
27 février 2007
12 novembre 2008
9 septembre 2010
30 août 2012
17 mars 2014
1er septembre 2016
1er juillet 2017

INDEX

Les numéros renvoient aux paragraphes, sauf ceux en gras qui renvoient aux articles de la Constitution. Cet index ne couvre pas la préface.

RÉALISATION : PAO ÉDITIONS DU SEUIL
NORMANDIE ROTO IMPRESSION S.A.S. À LONRAI
DÉPÔT LÉGAL : SEPTEMBRE 2017. N° 137261 (1702587)
Imprimé en France

Éditions Points

Le catalogue complet de nos collections est sur Le Cercle Points, ainsi que des interviews de vos auteurs préférés, des jeux-concours, des conseils de lecture, des extraits en avant-première…

www.lecerclepoints.com

Collection Points Essais

680. La Construction de soi, *par Alexandre Jollien*
681. Tableaux de famille, *par Bernard Lahire*
682. Tibet, une autre modernité
par Jean-Pierre Barou et Sylvie Crossman
683. D'après Foucault
par Philippe Artières et Mathieu Potte-Bonneville
684. Vivre seuls ensemble. La signature humaine 2
par Tzvetan Todorov
685. L'Homme Moïse et la Religion monothéiste
par Sigmund Freud
686. Trois Essais sur la théorie de la sexualité
par Sigmund Freud
687. Pourquoi le christianisme fait scandale, *par Jean-Pierre Denis*
688. Dictionnaire des mots français d'origine arabe
par Salah Guemriche
689. Oublier le temps, *par Peter Brook*
690. Art et figures de la réussite, *par Baltasar Gracián*
691. Des genres et des œuvres, *par Gérard Genette*
692. Figures de l'immanence, *par François Jullien*
693. Risquer la liberté, *par Fabrice Midal*
694. Le Pouvoir des commencements
par Myrian Revault d'Allonnes
695. Le Monde moderne et la Condition juive, *par Edgar Morin*
696. Purifier et détruire, *par Jacques Semelin*
697. De l'éducation, *par Jean Jaurès*
698. Musicophilia, *par Oliver Sacks*
699. Cinq Conférences sur la psychanalyse, *par Sigmund Freud*
700. L'oligarchie ça suffit, vive la démocratie, *par Hervé Kempf*
701. Le Silence des bêtes, *par Élisabeth de Fontenay*
702. Injustices, *par François Dubet*
703. Le Déni des cultures, *par Hugues Lagrange*
704. Le Rabbin et le Cardinal
par Gilles Bernheim et Philippe Barbarin

705. Le Métier d'homme, *par Alexandre Jollien*
706. Le Conflit des interprétations, *par Paul Ricœur*
707. La Société des égaux, *par Pierre Rosanvallon*
708. Après la crise, *par Alain Touraine*
709. Zeugma, *par Marc-Alain Ouaknin*
710. L'Orientalisme, *par Edward W. Said*
711. Un sage est sans idée, *par François Jullien*
712. Fragments de vie, *par Germaine Tillion*
713. Le Délire et les Rêves dans la Gradiva de W. Jensen *par Sigmund Freud*
714. La Montée des incertitudes, *par Robert Castel*
715. L'Art d'être heureux, *par Arthur Schopenhauer*
716. Une histoire de l'anthropologie, *par Robert Deliège*
717. L'Interprétation du rêve, *par Sigmund Freud*
718. D'un retournement l'autre, *par Frédéric Lordon*
719. Lost in management, *par François Dupuy*
720. 33 Newport Street, *par Richard Hoggart*
721. La Traversée des catastrophes, *par Pierre Zaoui*
722. Petit dictionnaire de droit constitutionnel *par Guy Carcassonne*
723. La Tranquillité de l'âme, *par Sénèque*
724. Comprendre le débat européen, *par Michel Dévoluy*
725. Un monde de fous, *par Patrick Coupechoux*
726. Comment réussir à échouer, *par Paul Watzlawick*
727. L'Œil de l'esprit, *par Oliver Sacks*
728. Des yeux pour guérir, *par Francine Shapiro et Margot Silk Forrest*
729. Simone Weil, le courage de l'impossible *par Christiane Rancé*
730. Le Philosophe nu, *par Alexandre Jollien*
731. Le Paradis à la porte, *par Fabrice Hadjadj*
732. Emmanuel Mounier, *par Jean-Marie Domenach*
733. L'Expérience concentrationnaire, *par Michael Pollak*
734. Agir dans un monde incertain, *par Michel Callon, Pierre Lascoumes et Yannick Barthe*
735. Le Travail créateur, *par Pierre-Michel Menger*
736. Comment survivre à sa propre famille, *par Mony Elkaïm*
737. Repenser la pauvreté *par Abhijit V. Banerjee et Esther Duflo*
738. Faites vous-même votre malheur, *par Paul Watzlawick*
739. Au-delà du principe de plaisir, *par Sigmund Freud*
740. Psychologie de masse et analyse du Moi, *par Sigmund Freud*
741. Lacan, envers et contre tout, *par Élisabeth Roudinesco*
742. Les Structures sociales de l'économie, *par Pierre Bourdieu*
743. La Double Absence, *par Abdelmalek Sayad*
744. Pourquoi l'amour fait mal, *par Eva Illouz*
745. Fin de l'Occident, naissance du monde, *par Hervé Kempf*

746. Vers un nouvel ordre du monde
par Gérard Chaliand et Michel Jan
747. Les Mots de l'histoire, *par Jacques Rancière*
748. À la recherche de l'école de Palo Alto
par Jean-Jacques Wittezaele et Teresa García-Rivera
749. L'Art de l'insulte, *par Arthur Schopenhauer*
750. Mythe et religion en Grèce ancienne
par Jean-Pierre Vernant
751. L'Art ou la Vie !, *par Tzvetan Todorov*
752. Sur l'État, *par Pierre Bourdieu*
753. La Force de l'ordre, *par Didier Fassin*
754. Tolstoï, *par Christiane Rancé*
755. Petit traité de l'abandon, *par Alexandre Jollien*
756. Nourrir sa vie à l'écart du bonheur, *par François Jullien*
757. Stratégie de la thérapie brève
par Paul Watzlawick et Giorgio Nardone
758. La Dictature, *par Carl Schmitt*
759. Petite Métaphysique des tsunamis, *par Jean-Pierre Dupuy*
760. Penser/Classer, *par Georges Perec*
761. Les Sept Savoirs nécessaires à l'éducation du futur
par Edgar Morin
762. La Fin des sociétés, *par Alain Touraine*
763. L'Échec de l'islam politique, *par Olivier Roy*
764. Mozart, *par Norbert Elias*
765. La Guerre civile, *par Giorgio Agamben*
766. Cioran, *par Stéphane Barsacq*
767. Les Banlieues de l'islam, *par Gilles Kepel*
768. Sortir de la malédiction, *par Abdelwahab Meddeb*
769. Les animaux aussi ont des droits, *par Boris Cyrulnik, Elisabeth de Fontenay et Peter Singer*
770. Le Savant et le Populaire, *par Claude Grignon et Jean-Claude Passeron*
771. Comment Woody Allen peut changer votre vie
par Eric Vartzbed
772. La Musique et l'Ineffable, *par Vladimir Jankélévitch*
773. Les Termes clés de l'analyse du théâtre
par Anne Ubersfeld
774. Les Sociétés et leur école, *par François Dubet, Marie Duru-Bellat et Antoine Vérétout*
775. Le Moi et le Ça, *par Sigmund Freud*
776. La Société des affects, *par Frédéric Lordon*
777. La Vie au guichet, *par Vincent Dubois*
778. Les Rebelles, *par Jean Ziegler*
779. Main basse sur l'Afrique, *par Jean Ziegler*
780. Le Pouvoir africain, *par Jean Ziegler*
781. La Victoire des vaincus, *par Jean Ziegler*
782. Une Suisse au-dessus de tout soupçon, *par Jean Ziegler*

783. Le Mystère français, *par Emmanuel Todd et Hervé Le Bras*
784. Courts voyages au pays du peuple, *par Jacques Rancière*
785. Sollers écrivain, *par Roland Barthes*
786. La Traversée des frontières, *par Jean-Pierre Vernant*
787. L'Apathie libérale avancée, *par François Châtelet*
788. L'Encre de la mélancolie, *par Jean Starobinski*
789. La Deuxième gauche, *par Hervé Hamon, Patrick Rotman*
790. Le Mythe de l'islamisation, *par Raphaël Liogier*
791. Self islam, *par Abdennour Bidar*
792. Le Moïse de Michel-Ange, *par Sigmund Freud*
793. L'Odeur du si bémol, *par Oliver Sacks*
794. Sociologie de l'expérience, *par François Dubet*
795. Sociologie d'une crise religieuse, *par Emmanuel Todd*
796. Puisque tout est en voie de destruction, *par Fabrice Hadjadj*
797. Les Moments et leurs hommes, *par Erving Goffman*
798. Pari de civilisation, *par Abdelwahab Meddeb*
799. Procès ou Création, *par François Jullien*
800. Manet, une révolution symbolique, *par Pierre Bourdieu*
801. Retour sur la question juive, *par Élisabeth Roudinesco*
802. La Seconde Main, *par Antoine Compagnon*
803. La Faillite de la pensée managériale, *par François Dupuy*
804. La Crise sans fin, *par Myriam Revault d'Allonnes*
805. Roland Barthes, *par Tiphaine Samoyault*
806. Vienne fin de siècle, *par Carl Schorske*
807. État de vigilance, *par Michaël Fœssel*
808. Une histoire du wahhabisme, *par Hamadi Redissi*
809. Le Bon Gouvernement, *par Pierre Rosanvallon*
810. L'Ombre du monde, *par Didier Fassin*
811. Le Bonheur d'être suisse, *par Jean Ziegler*
812. La Fable cinématographique, *par Jacques Rancière*
813. Un islam pour notre temps, *par Abdennour Bidar*
814. Sigmund Freud, en son temps et dans le nôtre
par Élisabeth Roudinesco
815. Quel bouddhisme pour l'Occident ?, *par Fabrice Midal*
816. Abrégé de théorie analytique (1931), *par Sigmund Freud*
817. Lou Andreas-Salomé, *par Stéphane Michaud*
818. L'Inscription corporelle de l'esprit, *par Francisco Varela, Evan Thomson, Eleanor Rosch*
819. En mouvement, *par Oliver Sacks*
820. En quête de l'Orient perdu, *par Olivier Roy*
821. La Diversité du monde, *par Emmanuel Todd*
822. Écrits sur le signe, *par Charles S. Peirce*
823. Jésus selon Mahomet, *par Gérard Mordillat et Jérôme Prieur*
824. Le Temps de la consolation, *par Michaël Foessel*
825. Sauve qui peut la vie, *par Nicole Lapierre*
826. Nouvelles Relations internationales
par Philippe Moreau Defarges